BALK/Eisenreich (Hrsg.)

# Handbuch Pflegemanagement

BALK/Eisenreich (Hrsg.)

# Handbuch Pflegemanagement

## Erfolgreich führen und wirtschaften in der Pflege

2., komplett überarbeitete Auflage

Luchterhand

Bibliografische Information Der Deutschen Bibliothek

Die Deutsche Bibliothek verzeichnet diese Publikation in der Deutschen Nationalbibliografie; detaillierte bibliografische Daten sind im Internet über http://dnb.ddb.de abrufbar.

ISBN 3-472-05210-4



Bei den in diesem Handbuch verwendeten Personen- und Berufsbezeichnungen werden, auch wenn sie nur in einer Form auftreten, gleichwertig beide Geschlechter angesprochen.

Produktmanagerin: Sigrid Wischer



Umschlaggestaltung: Reckels, Schneider-Reckels, Wiesbaden
Satz: TGK Wienpahl, Köln
Druck, Binden: Bercker, Kevelaer

Printed in Germany, November 2002

# Vorwort

Liebe Leserinnen und Leser,

die Tatsache, dass die 1. Auflage des Handbuchs Pflegemanagement bereits drei Monate nach Erscheinen vergriffen war, hat uns darin bestärkt, die Neuauflage des Werkes umgehend in Angriff zu nehmen. Was mit unserer Vision, ein Werk für die Praktiker des Pflegemanagements zusammenzustellen, begonnen hat, liegt nun in der 2., komplett überarbeiteten Auflage vor Ihnen. Auch bei dieser Ausgabe war es unser Ziel, keine hochwissenschaftlichen Beiträge, sondern konkrete Lösungsansätze für die tägliche Praxis bei den bestehenden und auf uns zukommenden Herausforderungen des Sozial- und Gesundheitsmarktes zu liefern.

Als neues Kapitel haben wir den Teil „Recht in der Pflege" aufgenommen. Nachdem zum 1. Januar 2002 nach langen Diskussionen das Gesetz zur Qualitätssicherung und zur Stärkung des Verbraucherschutzes in der Pflege (Pflege-Qualitätssicherungsgesetz – PQsG, BGBl I 2001, S. 2320) in Kraft getreten ist, widmen wir auch diesem Thema einen Beitrag. In einem zweiten Beitrag informieren wir über die haftungsrechtlichen Aspekte im Pflegedienst. Während in der Vergangenheit Haftpflicht- bzw. Schadenersatzansprüche von Patienten sich hauptsächlich gegen Krankenhausträger und Ärzte richteten, zeigt die Erfahrung, dass sich zunehmend auch Pflegekräfte Vorwürfen und Ansprüchen von Patienten ausgesetzt sehen.

Den bewährten bereichsübergreifenden Aufbau haben wir beibehalten. Somit finden Sie im Werk wiederum spezifische Beiträge für die ambulante und stationäre Altenhilfe, die ambulante und stationäre Krankenpflege sowie angrenzende Bereiche (Rehabilitation, Kinderkrankenpflege etc.). Einen Hinweis darauf, welche Beiträge welche Gruppe in besonderem Maße ansprechen, geben die Piktogramme zu Beginn der einzelnen Aufsätze. Erscheinen sie in Schwarz, ist der Beitrag speziell für diese Zielgruppe geeignet. Graue Symbole zeigen, auf welche anderen Pflegebereiche das Thema übertragbar ist.

**Stationäre Krankenpflege**

**Ambulante Krankenpflege und Altenhilfe**

**Stationäre Altenhilfe**

**Rehabilitation**

Viele Themen sind dabei für alle Gruppen relevant. Zudem haben Sie über diesen Ansatz die Möglichkeit, sich über aktuelle Veränderungen bei den Kolleginnen und Kollegen der anderen Sparten im Gesundheitswesen zu informieren, deren Problematiken kennen zu lernen und eine Kooperation durch ein besseres gegenseitiges Verständnis zu optimieren.

Die Veränderungen des Gesundheits- und Sozialwesens zeigen sich nicht nur anhand der Diskussion über die „leeren Kassen" der öffentlichen Hand und der Kostenträger. Insbesondere die gesetzlichen Anforderungen an ein umfassendes Qualitätsmanagement, das mit der Vergütung oder der Ausgestaltung der Versorgungsverträge korreliert, bringen neue Anforderungen an die Leistungserbringer. Besonders deutlich wird dies anhand der Entwicklung der professionellen Pflege zu einem Dienstleistungsbereich mit höchsten Qualitätsansprüchen. Die Dienstleistung Pflege muss dabei mit einem leistungs- und kostengerechten Preis versehen werden, der wiederum mit einem beschreibbaren und messbaren Qualitätsstandard verknüpft ist. Diese Entwicklung braucht Zeit, auf Seiten der Pflegekunden wie auch der professionell Pflegenden. In anderen Dienstleistungsbereichen sind solche produktorientierten Entwicklungen schon vor Jahren angestoßen oder gar abgeschlossen worden. Überträgt man die Erfahrungen aus diesen Veränderungsprozessen auf die sich abzeichnende Entwicklung im Dienstleistungsbereich Pflege, dann wird deutlich, dass uns noch einige Jahre in diesem Prozess bevorstehen.

Das eigene Verständnis von Pflege als eine mit einem Preis versehene Dienstleistung wird sich nicht von heute auf morgen wandeln, der Prozess einer grundlegenden Veränderung ist jedoch angestoßen, wie die Diskussionen zeigen. Ein steigendes Selbstbewusstsein der Pflegenden, insbesondere hinsichtlich der Wertorientierung von Pflege, zeugt schon heute von diesem Veränderungsprozess. Auf der anderen Seite begreifen die Pflegekunden erst langsam, und hier vor allem in der jüngeren, dienstleistungsgeprägten Generation, dass Pflege einen Preis hat, der bezahlt werden muss. Für die Pflegenden in den unterschiedlichen Sparten des Gesundheits- und Sozialwesens werden damit ihr Beruf und ihre Aufgabe einen neuen Stellenwert erhalten, auch aufgrund der steigenden Nachfrage nach professioneller Pflege. Es wird jedoch noch einige Jahre dauern, bis der Wandel auch durchgreifend erfolgt ist und spürbar für alle Beteiligten wird.

Diesen Prozess wollen wir mit diesem Handbuch auch in den weiteren Ausgaben verfolgen und fördern. Selbstverständlich ist uns bewusst, dass man bei der Fülle an Veränderungen kaum alles aufgreifen und in einem Buch behandeln kann. Jedoch ist auch in der täglichen Praxis eine komplette Organisation nicht von heute auf morgen umzustellen. Das Handbuch Pflegemanagement, das jeweils zum Ende eines Kalenderjahres in einer neuen Ausgabe erscheinen wird, hat sich zum Ziel gesetzt, aktuelle Themen schnell aufzugreifen. Den Leserinnen und Lesern wollen wir Tendenzen möglichst frühzeitig aufzeigen und praxisrelevante Lösungsansätze bieten. Für Ihre Aufgaben wünschen wir Ihnen weiterhin viel Erfolg.

*Bad Krozingen/Bochum im September 2002*

*Peter Bechtel (für die BALK)* *Thomas Eisenreich*

# Inhaltsverzeichnis

# Qualitätsmanagement 1

## 1.1 Einführung in das Qualitätsmanagement

*von Sabine Girts*

Die Einführung eines Qualitätsmanagements in Krankenhäuser soll die Weiterentwicklung der Krankenhäuser in Richtung unternehmerisch geführte Einrichtungen fördern. Voraussetzung für das Funktionieren der Bemühungen ist die Kooperation aller Mitarbeiter. Grundlage aller Qualitätsmanagementverfahren ist ein Regelkreis, der in einem Prozess der ständigen Verbesserung wieder und wieder durchlaufen werden muss. Von den zahlreichen aus der Industrie bekannten Ansätzen findet in Krankenhäusern häufig das EFQM-Modell für Excellence Anwendung, bisweilen als Vorbereitung für eine Zertifizierung nach KTQ® (Kooperation für Transparenz und Qualität im Krankenhaus). Die branchenneutrale Normenreihe der ISO-9000-Familie bietet eine weltweit anerkannte Rahmenempfehlung für die Einführung eines Qualitätsmanagementsystems, die Umsetzung, Auditierung und abschließende Zertifizierung.

Gesetzgeber und Krankenkassenverbände fordern zunehmend eine ausreichende Versorgung und Qualität zum günstigen Preis. Der mündige Patient erwartet auch bei knapper werdenden Ressourcen eine optimale Versorgung. Um diesen Ansprüchen gerecht zu werden, durchlaufen die Krankenhäuser erhebliche Veränderungsprozesse. Die Beteiligten werden vor neue Aufgaben gestellt, sie müssen an gemeinsamen Profilen, Zukunftsstrategien und integrativen Konzepten mitwirken. Sie werden sich modernen Organisationsstrukturen im Krankenhaus anpassen müssen, um zukünftig für den Gesundheitsmarkt gerüstet zu sein. Diese Anforderungen können nur erfüllt werden, wenn insbesondere die einzelnen Berufsgruppen gemeinsam Lösungsstrategien erarbeiten und umsetzen.

**Das Unternehmen Krankenhaus**

Verlangt wird eine Weiterentwicklung der Krankenhäuser in Richtung auf unternehmerisch geführte Einrichtungen, also unter anderem

- Beobachtung der Marktentwicklung,
- Einführung von Qualitätsmanagement,
- konsequente Personalentwicklung,
- kritische Überprüfung der eigenen Ablaufsystematik,
- Durchführung von regelmäßigen Patientenbefragungen und
- professionelle Vermarktung der einzelnen Dienstleistungen nach innen und außen.

Im Krankenhaus werden immer häufiger die Maßnahmen zur Erreichung der wirtschaftlichen Ziele über einen quantitativen Leistungsdruck auf die Mitarbeiter realisiert. Das bereits vorbelastete Betriebsklima wird dadurch nicht selten verschärft. Darüber hinaus sollen die Mitarbeiter motiviert werden, sich an der Steigerung der Leistungsqualität zu beteiligen.

**Bedürfnisse der Gesamtorganisation**

Der Grund für das Scheitern vieler einst hochgelobter und geförderter Qualitätsprojekte liegt darin, dass nur Einzelthemen und Einzelprobleme in Arbeitsgruppen behandelt wurden. Die Bedürfnisse der Gesamtorganisation und der verschiedenen in Beziehung zueinander stehenden Abteilungen, die Schnittstellenproblematik und Ähnliches wurden komplett außer Acht gelassen. Vor dem Hintergrund des guten Willens und der Einsatzbereitschaft der Mitarbeiter im Krankenhaus, ihr Bestes für den Patienten geben zu wollen, drängt sich die Frage auf, warum bei der Leistungserbringung im Krankenhaus überhaupt Probleme auftreten. Fakt ist jedoch, dass die Berufsgruppen nicht im erforderlichen Ausmaß miteinander sprechen, sich abkapseln und sich eher zurückziehen. Die Realität der Arbeitswelt sieht also anders aus als die in Visionen und Konzepten beschriebenen patientenorientierten Verhaltensweisen. Angesichts des Einsatzwillens der Mitarbeiter im Gesundheitswesen erscheint dies als paradox.

**Qualitätsmanagement-konzepte**

Auch in der heutigen Zeit mangelt es in einigen Krankenhäuser immer noch an Kenntnissen zur Umsetzung von Qualitätsmanagementkonzepten. Qualitätsmanagement ist in den letzten Jahren ein Schlüsselbegriff geworden und bedeutet – richtig umgesetzt – auch mehr Wirtschaftlichkeit. Das einzelne Krankenhaus wird durch Schlagwörter wie

- EFQM-Modell für Excellence,
- DIN EN ISO,
- KTQ® (Kooperation für Transparenz und Qualität im Krankenhaus),
- externe Qualitätssicherung,
- Zertifizierung,
- strukturierter Qualitätsbericht usw.

vor die Frage gestellt, durch welche Maßnahmen ein umfassendes Qualitätsmanagementsystem am besten umgesetzt werden kann. Wie soll man sich in einer solchen Vielfalt von Begriffen noch zurechtfinden? Welche Wege führen zu einem erfolgreichen Qualitätsmanagement?

**Verfahren**

Mit dem EFQM-Modell für Excellence und dem Qualitätsmanagementsystem der DIN EN ISO 9000:2000 werden vorgegebene Verfahren zur Einführung, Anwendung, Umsetzung und Weiterentwicklung von Qualitätsmanagement geliefert. Der Einsatz dieser Verfahren führt ein Unternehmen zwangsläufig auf den Weg zur ständigen Verbesserung.

### 1.1.1 Gründe für die Einführung eines Qualitätsmanagements

Immer mehr Krankenhäuser erkennen, dass es kaum noch möglich ist, mit den herkömmlichen Methoden und Strategien dem begonnenen Wettbewerb im Gesundheitswesen zu begegnen. Unter den sich immer schneller verändernden Gegebenheiten ist es schwierig, neue Märkte zu finden oder bestehende Märkte auszubauen. Bei Entscheidungen des Krankenhausmanagements wird der Faktor Qualität nicht immer entsprechend berücksichtigt, obwohl davon auszugehen ist, dass auf lange Sicht der Erfolg eines Krankenhauses aus der überlegenen Qualität der Ergebnisse gegenüber dem Wettbewerb resultiert. Ebenso bietet die Fokussierung auf die Qualität der Prozesse betriebswirtschaftliche Potenziale, deren Ausschöpfung einen Kostenvorteil gegenüber den Wettbewerbern zulässt. Neben den Aspekten der Wirtschaftlichkeit zählt darüber hinaus die Kundenzufriedenheit immer mehr. Um die Krankenhäuser auch in Zukunft zu erhalten, bietet die Einführung eines Qualitätsmanagements den wesentlichsten Ansatz.

**Qualitätsmanagement als Prozess**

Die Einführung von Qualitätsmanagement soll die Qualität der Leistung gewährleisten und sicherstellen. Die daraus resultierenden Ergebnisse werden dann nicht stagnieren oder sich gar verschlechtern, sondern sich weiterentwickeln und verbessern. Qualitätsmanagement ist ein Prozess, der nicht von heute auf morgen umgesetzt werden kann. Mit Qualitätsmanagement zu arbeiten und es umzusetzen erfordert Zeit, Kenntnisse und Fertigkeiten. Es bedeutet nicht, dass man den Patienten schon morgen eine bessere Pflege und Behandlung garantieren kann. Entschieden wird auf der Ebene der Bedürfnisse und Erwartungen, also mehr auf der subjektiven Ebene:

- Qualität ist die optimale Erfüllung der Kundenerwartungen.
- Qualität ist der Aufwand im Verhältnis zum Nutzen.

Die vorhandenen Ressourcen müssen optimal genutzt werden. Qualität ist nicht nur rationell, sondern auch effektiv. Werden die richtigen Dinge getan? Werden die Dinge richtig getan – fachlich und organisatorisch?

An den Leistungserbringer werden folgende Erwartungen gestellt:

- Qualität planen und fördern
- unnötige Leistungen vermeiden
- notwendige Leistungen rationalisieren

**Forderungen von Kostenträgern und Leistungsempfängern**

Aber nicht nur von den Kostenträgern, sondern auch von den Leistungsempfängern werden Erwartungen an das Krankenhaus gestellt. Steigen diese Erwartungen immer weiter an, wächst auch der Kostendruck. Qualitätsmanagement ist für das Krankenhaus daher mehr als ein Gesetzesauftrag. Bis zu seiner umfassenden Umsetzung im Spannungsfeld unterschiedlicher Interessenlagen in den Krankenhäusern ist es jedoch noch ein langer Weg.

### 1.1.2 Gesetzliche Regelungen

Die Entwicklung des GKV-Gesundheitsreformgesetzes 2000 verändert die Aufgaben aller Beteiligten im Krankenhaus durch drei wesentliche Schwerpunkte:

- Einführung eines pauschalierenden Entgeltsystems „German-Diagnosis Related Groups (G-DRGs)"
- integrierte Versorgung, das heißt Vernetzung mit anderen Leistungserbringern
- Verpflichtung zur Qualitätssicherung sowie zum Qualitätsmanagement

**Anforderungen an ein Qualitätsmanagement**

Vom Gesetzgeber werden erstmals verbindlich Maßnahmen zur Einführung und Umsetzung eines Qualitätsmanagements geregelt. Gemäß § 135 a SGB V Absatz 2 sind zugelassene Krankenhäuser nach Maßgabe des § 137 SGB V verpflichtet, einrichtungsintern ein Qualitätsmanagement einzuführen und weiterzuentwickeln. Der Gesetzgeber stellt folgende grundsätzliche Anforderungen an ein Qualitätsmanagement:

- Die Qualität der Arbeit ist systematisch und umfassend zu hinterfragen.
- Anstrengungen sind zu unternehmen, um die Qualität zu verbessern.
- Unter Qualitätsmanagement wird eine Managementmethode verstanden, die auf die Mitwirkung aller Mitarbeiter gestützt die Qualität in den Mittelpunkt ihrer Bemühungen stellt und kontinuierlich bestrebt ist, die Bedürfnisse der Patienten, Mitarbeiter, Angehörigen, zuweisenden Ärzte zu berücksichtigen.
- Berufsgruppen-, hierarchie- und fachübergreifende Zusammenarbeit.
- Stetige interne, systematische Bewertung des erreichten Standes der Qualitätssicherungsanstrengungen.
- Im Interesse eines kontinuierlichen und zielgerichteten Verbesserungsprozesses ist die interne Dokumentation der durchgeführten Maßnahmen ein wesentliches Instrument.

**Fallpauschalengesetz**

Mit dem Gesetz zur Einführung eines diagnoseorientierten Fallpauschalensystems für Krankenhäuser (Fallpauschalengesetz – FPG) hat der Gesetzgeber noch weitere Anforderungen an den Krankenhausbetrieb gestellt. Für den Bereich Qualitätsmanagement beinhaltet das Fallpauschalengesetz eine Erweiterung bisheriger sowie die Einführung neuer Aufgaben. Eine wesentliche Verpflichtung wird sein, dass Krankenhäuser im Abstand von zwei Jahren einen strukturierten Qualitätsbericht, erstmals im Jahr 2005 für das Jahr 2004, veröffentlichen müssen.

**Inhalte der Qualitätsberichte**

Die Spitzenverbände der Krankenkassen und der Verband der privaten Krankenversicherung haben mit der Deutschen Krankenhausgesellschaft unter Beteiligung der Bundesärztekammer sowie der Berufsorganisationen der Krankenpflege gemäß § 137 SGB V Regelungen über Inhalt und Umfang eines strukturierten Qualitätsberichtes zu vereinbaren. In dem Bericht sollen der Stand und die Maßnahmen der Qualitätssicherung eines Krankenhauses dargestellt werden. Folgende Anforderungen muss dieser Qualitätsbericht beinhalten:

- Struktur- und Leistungsdaten
- Aufbau eines einrichtungsinternen Qualitätsmanagements
- Teilnahme an externen Qualitätssicherungsmaßnahmen
- Umsetzung der Mindestmengenregelung (Hierzu müssen die o.g. Organisationen vorab einen Katalog planbarer Leistungen erstellen, bei denen die Qualität der Behandlungsergebnisse von der Leistungsmenge abhängt. Es müssen Mindestmengen je Arzt oder Krankenhaus festgelegt werden.)
- Basisinformationen zu Notwendigkeit und Qualität der Krankenhausbehandlung, inkl. Mindestanforderungen an die Struktur- und Ergebnisqualität

**Veröffentlichung im Internet**

Die Verbände der Krankenkassen haben die Qualitätsberichte der Krankenhäuser im Internet zu veröffentlichen. Die Kassenärztlichen Vereinigungen und die Krankenkassen können die Qualitätsberichte nutzen, um die Vertragsärzte und die Versicherten über die Qualitätsmerkmale vergleichend zu informieren und Empfehlungen auszusprechen.

### 1.1.3 Voraussetzungen für Qualitätsmanagement im Krankenhaus

Qualitätsmanagement

- wird zum Ausgangspunkt und gleichzeitig zum Instrument der Organisationsentwicklung im Krankenhaus,
- ist immer ein Soll-Ist-Vergleich,
- lässt sich umsetzen, wenn alle Ebenen vom Topmanagement bis zum Mitarbeiter einbezogen werden,
- ergibt sich aus der Unternehmensphilosophie, dem Führungsstil und der Zufriedenheit der Mitarbeiter.

**Qualitätspolitik und Qualitätsziele**

Für Qualität ist jeder verantwortlich. Erfolg stellt sich ein bei Kooperation aller Beteiligten, also einer ständigen Vernetzung innerhalb eines Krankenhauses. Dazu bedarf es einer ausreichend festgelegten Qualitätspolitik. Ziel des Qualitätsmanagements ist daher die Verankerung des Qualitätsbewusstseins im gesamten Wertesystem des Unternehmens. Ziel muss es sein, eine positive Grundhaltung bei Führungskräften und Mitarbeitern gegenüber dem Qualitätsmanagement herbeizuführen.

Dies ist nur erreichbar durch umfangreiche Information, die für die Mitarbeiter nachvollziehbar ist. Daher gehört die Erarbeitung und Festlegung der Qualitätspolitik und der Qualitätsziele zur Grundlagenarbeit, gemeinsam entwickelt von der Leitung des Krankenhauses und den leitenden Mitarbeitern unter möglichst breiter Einbeziehung der Mitarbeiter. Aus diesen Ergebnissen werden die Abteilungs- und Stationsziele sowie die Handlungsziele abgeleitet. Es muss klar festgelegt werden, was Qualität im Krankenhaus bedeutet.

**Leitsätze und Leitlinien**

Leitsätze sind ein wichtiger Einstieg in das Qualitätsmanagement. Die grundsätzliche Leitlinie muss erstellt sein, sonst arbeitet jeder vor sich hin. Um das Bewusstsein für Qualitätsmanagement bei allen Mitarbeitern zu wecken und zu fördern, sind Leitsätze eine konkrete Grundlage. Leitlinien und Behandlungskriterien sollten unter Berücksichtigung von Kosten-Nutzen-Analysedaten erstellt werden. Leitsätze sind Ziele, die man in einem ständigen Verbesserungsprozess nur annähernd erreichen kann, die aber für die tägliche Arbeit und Orientierung hilfreich sind. Um Leitsätze zu erarbeiten, bietet sich die Beschäftigung mit verschiedenen Themenschwerpunkten an, wie zum Beispiel Unternehmenskultur, Leitbild oder Führungsgrundsätze.

### 1.1.4 Rahmenbedingungen

**Schaffung geeigneter Führungsstrukturen**

Die Entscheidung für Qualitätsmanagement und damit für Veränderungen wird in der Führungsebene getroffen. Dadurch entwickelt sich eine Bewusstseins- und Verhaltensänderung. Diese muss von den Führungskräften vorgelebt werden, damit sie bei allen Mitarbeitern gefördert werden kann. Dies ist eine wichtige Voraussetzung für das umfassende Qualitätsmanagement. Es müssen geeignete Führungsstrukturen geschaffen werden. Bei der Umsetzung von Qualitätsmanagement im Krankenhaus sollte der Schwerpunkt auf die Prozess- und Ergebnisqualität gelegt werden.

Die erste Führungsebene hat neben der Bereitstellung erforderlicher und geeigneter Mittel zwei wesentliche Aufgaben, nämlich

- die Ergebniskontrolle und
- die Festlegung, unter welcher Philosophie das Qualitätsmanagement umgesetzt wird.

Alle anderen Kompetenzen und Verantwortungen sind an die nachgeordneten Mitarbeiter abzugeben. Werden keine Ergebnisse gebracht und halten sich die Beteiligten nicht an die Philosophie, haben die dafür Verantwortlichen die Konsequenzen zu tragen.

**Aufbau einer Qualitätsmanagementstruktur**

Für jedes Krankenhaus ist es erforderlich, neben der vorhandenen Linienstruktur eine eigenständige Qualitätsmanagementstruktur zu etablieren. Es entstehen zwei Ebenen:

- die Ebene der Routinearbeit, die in der Linienstruktur stattfindet und
- die Ebene der Verbesserungsarbeit innerhalb der Qualitätsmanagementstruktur.

Grundvoraussetzung für wirkungsvoll und dauerhaft in der Organisation verankerte Ergebnisse ist die Integration zwischen Steuerungs- und Ausführungsebene. Neben den Abläufen sollten auch die Verantwortungen und Kompetenzen in Stellenbeschreibungen und Organigrammen beschrieben werden, um die Verhaltenssicherheit der Mitarbeiter zu erhöhen.

**Beteiligung der Mitarbeiter**

Hauptziel der Krankenhäuser ist die Deckung des Bedarfs der Bevölkerung an Krankenhausleistungen. Der Produktionsprozess unterscheidet sich nicht von dem erwerbswirtschaftlicher Unternehmen. Auch werden Produktionsfaktoren wie menschliche Arbeit,

Güter und Betriebsmittel geplant bzw. organisiert und zur Erreichung des Leistungsziels eingesetzt. Diese Leistungen werden hauptsächlich von den beteiligten Mitarbeitern erbracht und gesteuert. Niemand im Krankenhaus kennt die Prozesse so gut wie die ausführenden Mitarbeiter selbst. Zur Verbesserung der Qualität müssen sowohl die speziellen Fachkenntnisse genutzt als auch das betriebswirtschaftliche Interesse der Mitarbeiter an der Arbeit gesteigert werden. Allerdings lassen sich Veränderungen nicht einfach anordnen, sie müssen von den Mitarbeitern akzeptiert werden.

**Kontinuierliche Fort- und Weiterbildung**

Eine grundlegende Voraussetzung zur Realisierung des Qualitätsmanagements sind Einführungsschulungen und eine ständige Fort- und Weiterbildung. Weiterhin sollte den Mitarbeitern die Möglichkeiten zum Erfahrungsaustausch geboten werden. Qualitätsmanagement ist ein dynamischer Prozess. Das Qualitätsmanagementsystem muss daher ständig hinterfragt und angepasst werden. Krankenhäuser sind Unternehmen, die von Berufsgruppen mit unterschiedlicher Ausbildung in interdisziplinärer Zusammenarbeit für den Patienten getragen werden. Da seit Jahren betriebswirtschaftliche Grundlagen Inhalte unterschiedlicher Weiterbildungen (z.B. von Stationsleitungs- und Pflegedienstleitungslehrgängen) sind, hat die Gruppe der Pflegenden hier einen elementaren Vorteil, denn zur Erfüllung von Kundenanforderungen lassen sich Flexibilität und Anpassungsfähigkeit dauerhaft nur mit Hilfe gut ausgebildeter Mitarbeiter erreichen, die in der Lage sind, „unternehmerisch" zu denken (Kamiske/Bauer 1995).

### 1.1.5 Deming-Zyklus oder PDCA-Zyklus

Die Grundlage aller Qualitätsmanagementverfahren hat als Methode immer einen Regelkreis zur Bedingung. Von zentraler Bedeutung ist das Wechselspiel von Bewertung und Rückkoppelung zur Optimierung mit dem Ziel einer ständigen Verbesserung der Prozesse. Das Prinzip der Ständigen Verbesserung basiert auf dem so genannten Deming-Zyklus, der zugleich Anwendungs- und Erklärungsmodell ist. Dieser Zyklus wird auch als Plan-Do-Check-Act-Zyklus (PDCA-Zyklus) bezeichnet. Demnach wird jeder Vorgang als Prozess betrachtet und kann als solcher schrittweise verbessert werden.

**Prinzip der ständigen Verbesserung**

Die Vorgehensweise erfolgt in den folgenden Teilschritten:

- planen (**p**lan)
- ausführen (**d**o)
- überprüfen (**c**heck)
- verbessern (**a**ct)

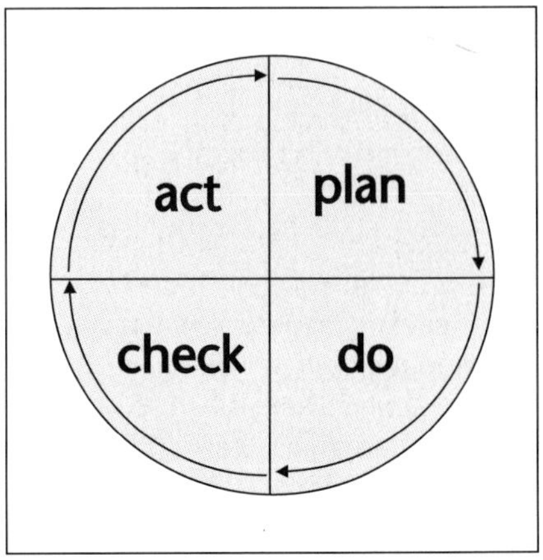


*Abb. 1: Deming-Zyklus oder PDCA-Zyklus*

**Planung, Ausführung, Prüfung und Verbesserung**

Kamiske und Bauer (1995) beschreiben das Verfahren wie folgt: „Es ist also zunächst ein Plan für eine effektive Verbesserung zu entwickeln (plan), wobei überlegt wird, welches die wichtigsten Ergebnisse und die größten Hindernisse sind, welche Änderungen und neuen Beobachtungen erforderlich werden. Danach ist dieser Plan auszuführen (do), zunächst in kleinerem Maßstab. Alle vorhandenen, relevanten Daten, die Antwort auf die Fragen der Planungsphase geben, sind zu sammeln bzw. die festgelegten Änderungen sind durchzuführen. Anschließend sind die Auswirkungen der Änderungen zu beobachten und die Ergebnisse festzuhalten und zu überprüfen (check). Schließlich werden die Ergebnisse studiert, um zu erkennen, was an dem Vorgang noch zu verbessern (act) und entsprechend als Eingangsgröße in den nächsten Durchlauf von Bedeutung ist.

**Erfolg durch Wiederholung**

Man durchläuft den Zyklus nun ein zweites, ein drittes Mal und so fort. Das wiederholte Durchlaufen ist besonders sinnvoll, da jedes Mal das Problem etwas mehr eingegrenzt wird und außerdem der Wissensinhalt des Anwenders zunimmt, indem die Erfahrungen aus den vorhergehenden Zyklen angewendet werden. Hieraus ist der Begriff der Ständigen Verbesserung entstanden, da der Zyklus immer wieder durchlaufen und bei jedem Durchlauf das Problem kontinuierlich eingegrenzt wird.

Trotz der Einteilung in vier Schritte bzw. Phasen bleibt festzuhalten, dass der Deming-Zyklus der Ständigen Verbesserung als Kreis im Sinne eines Prozesses ohne Anfangs- und ohne Endpunkt zu verstehen ist. Jeder leistet einen Beitrag, egal an welcher Stelle. Einen festgelegten Beginn gibt es nicht, die Verbesserungen sind ständig und kontinuierlich anzustreben."

### 1.1.6 Das EFQM-Modell

**Ziel der EFQM**

Zur Würdigung und Auszeichnung von Leistungen in Unternehmen wird seit 1992 jährlich von der European Foundation for Quality Management (EFQM) mit Sitz in Brüssel das erfolgreichste Unternehmen, das sich seiner Beurteilung stellt, mit dem European Quality Award ausgezeichnet. Ziel der EFQM ist es, die Anwendung der modernen Ansätze des Qualitätsmanagements voranzutreiben und zu fördern. Weiter soll auf wirksame Art die Bedeutung des umfassenden Qualitätsmanagements hervorgehoben werden. Für Unternehmen soll ein weiterer Anreiz geschaffen werden, Aktivitäten zur Qualitätsverbesserung zu entwickeln. Die in allen Geschäftsbereichen erreichbaren Ergebnisse sollen vorgezeigt werden. Grundlage ist die Erstellung eines strukturierten Qualitätsberichtes anhand der vorgegebenen EFQM-Kriterien.

**EFQM im Krankenhaus**

Dieses umfassende Qualitätsmanagementmodell weist mittlerweile auch einen starken Praxisbezug für Krankenhäuser auf und wird immer mehr als Vorbereitung für das KTQ®-Zertifizierungsverfahren genutzt. Voraussetzung für den Erhalt einer Auszeichnung ist der Nachweis, dass das Vorgehen des Bewerbers zur Verwirklichung des umfassenden Qualitätsmanagements in den vergangenen Jahren einen beträchtlichen Beitrag zur Erfüllung der Erwartungen von Kunden, Mitarbeitern und anderen Beteiligten geleistet hat. Ebenfalls nach den Kriterien der EFQM vergibt die Deutsche Gesellschaft für Qualität e.V. (DGQ) jährlich den nationalen deutschen Ludwig-Erhard-Preis.

Das Europäische Modell beschränkt sich auf eine schlagwortartige Beschreibung der Kriterien. Es dient dazu, Qualitätsmanagement allgemein umsetzen zu können, und basiert auf der Erkenntnis, dass die Zufriedenheit von Kunden und Mitarbeitern sowie eine allgemein positive Wirkung auf die Gesellschaft durch eine entsprechend verantwortliche Unternehmensführung, Politik und Strategie, Mitarbeiterführung, einen vernünftigen Umgang mit Ressourcen und die Konzentration auf wertschöpfende Prozesse erreicht wird und so letztlich die Ergebnisse positiv beeinflusst werden.

**Assessment-Instrument**

Dieses Modell wird als Assessment-Instrument angewendet. Daher ist jedem der neun Hauptkriterien (siehe Abbildung 2) eine maximal erreichbare Punktzahl zugeordnet. Die Summe der zu erreichenden Punkte aller Kriterien ist 1.000. Erfahrungen in der Anwendung zeigen, dass 1.000 Punkte genügend Spielraum für eine ausreichend differenzierte Bewertung zulassen. Das EFQM-Modell ist in zwei signifikante Kriterienbereiche gegliedert:

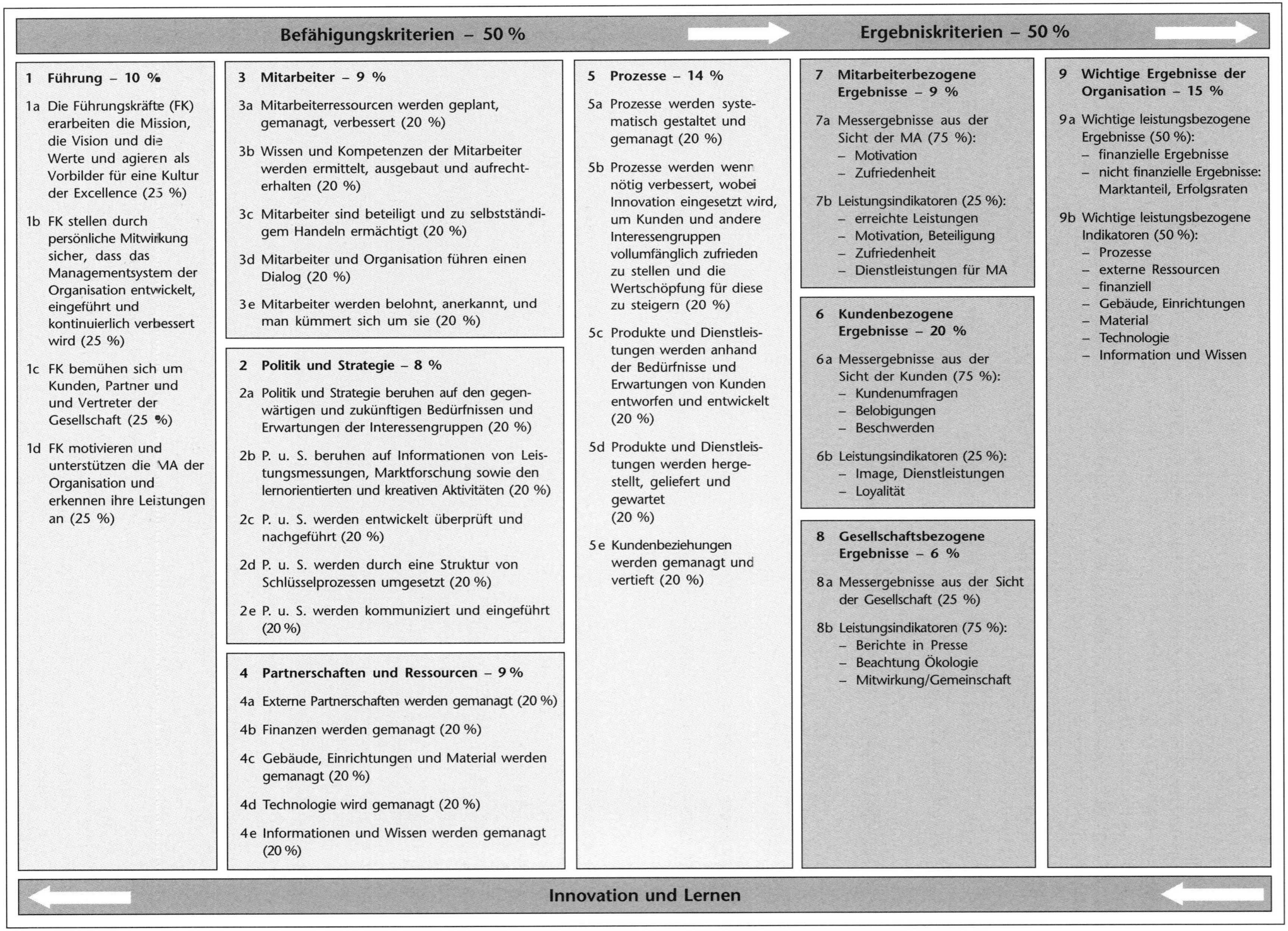


*Abb. 2: EFQM-Modell 2000*

- den Bereich Befähigungskriterien (Enablers) und
- den Bereich Ergebniskriterien (Results).

Diesen Bereichen sind jeweils 50 % der zu erreichenden 1.000 Punkte zugeordnet. Während der Ergebnisbereich das, „was ein Unternehmen erreicht hat", zum Gegenstand hat, wird im Befähigungsbereich danach gefragt, „wie diese Ergebnisse erreicht wurden". Damit weist das EFQM-Verständnis auch eine starke Ergebnisorientierung auf. Das Modell verfolgt in der gesamten Bewertung kein starres, normatives Vorgehen, sondern überlässt es den Unternehmen, einen eigenen Ansatz zur Erfüllung der Kriterien zu finden. Nachzuweisen ist die Durchführung des eigenen Ansatzes und der sich daraus ergebende Erfolg. Einige Ansatzpunkte für die Bewertung sind innerhalb der Unterkriterien des Europäischen Modells gelistet.

#### 1.1.6.1 RADAR-Bewertung

**RADAR-Logik als Leitlinie**

Bei der Punktbewertung für den Europäischen Qualitätspreis wird als Bewertungsmethode die RADAR-Bewertungsmatrix verwendet. Die RADAR-Logik ist das Kernstück des Modells, das auf dem Plan-Do-Check-Act-Gedanken von Deming basiert. Dieses logische Konzept sollte als mögliche Leitlinie und nicht als Vorschriftenliste angesehen werden.

Es sagt aus, ob in einer Organisation

- gute Leistungen vorliegen und ein positiver Trend erkennbar ist,
- die Ziele erreicht und angemessen sind,
- Vergleiche mit externen Organisationen, sowohl branchenübergreifend als auch mit dem Klassenbesten, stattfinden und positiv ausfallen,
- die Ergebnisse auf das Vorgehen zurückzuführen sind, d.h. ob sie mit dem Politik und Strategieprozess übereinstimmen und sich auf relevante Bereiche beziehen,

und wie die Organisation

- ein fundiertes und integriertes Vorgehen plant und begründet,
- die Vorgehensweisen auf systematische Art und Weise umsetzt,
- die Vorgehensweisen bewertet und überprüft,

um eventuelle Verbesserungen zu identifizieren, zu priorisieren, zu planen und einzuführen.

**Ziel der RADAR-Logik**

Ziel der RADAR-Logik ist es, dass Ergebnisse (**R**esults) zu neuen Ansätzen (**A**pproach) führen, deren Umsetzung (**D**eployment) durch Bewertung (**A**ssessment und **R**eview) wiederum zu Ergebnissen führen.

**Selbstbewertung zur Leistungsverbesserung**

Die EFQM empfiehlt, als Strategie zur Leistungsverbesserung ein Selbstbewertungsverfahren anhand des EFQM-Modells im Sinne einer umfassenden, systematischen und regelmäßigen Überprüfung der Tätigkeiten und Ergebnissen auf der Basis der vorgegebenen Punktevergabe einzuführen. Der Organisation wird durch den Selbstbewertungsprozess ermöglicht, Stärken und Verbesserungspotenziale zu erkennen, um daraus Verbesserungspläne zu entwickeln und zu realisieren. Dieser PDCA-Zyklus aus Bewertung und Optimierung soll fortlaufend wiederholt werden, damit so Verbesserungen erzielt werden können.

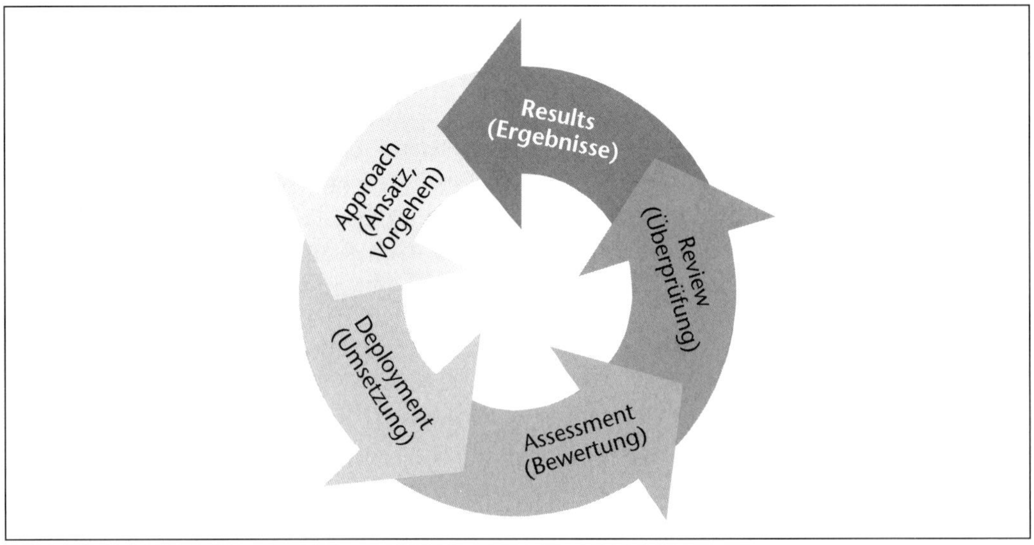


*Abb. 3: RADAR-Logik*

Dem Unternehmen wird durch den Selbstbewertungsprozess aufgezeigt, welche Fortschritte es macht und wie es im Vergleich mit anderen abschneidet. Nachdem ein Selbstbewertungsprozess nach diesen Bewertungshilfen praktiziert wurde, steht dem Unternehmen die Möglichkeit offen, sich für eine Bewerbung um den europäischen Qualitätspreis zu entscheiden. Bei einer Bewertung von mindestens 500 Punkten hat der Bewerber gute Chancen, in die Gruppe der Finalisten zu gelangen. Da die Qualitätsverbesserung das Charakteristikum ist, muss sich das Ergebnis der Gesamtbewertung Jahr für Jahr verbessert haben und weiter verbessern.

### 1.1.6.2 Erstellung eines Qualitätsberichtes nach EFQM-Kriterien zur Selbstbewertung

**Aufbau einer Projektstruktur**

Nach der Entscheidung der Krankenhausleitung, ein Qualitätsmanagement nach dem EFQM-Modell einzuführen, sollte eine Projektstruktur mit einem Qualitätsmanagementverantwortlichen geschaffen werden. Grundsätzliche Voraussetzungen für die Übernahme dieser Aufgabe sind Qualifikationsnachweise in der Einführung, Weiterentwicklung und Umsetzung von Qualitätsmanagement sowie der Umgang mit der Bewertungssystematik. Der Umfang des Qualitätsberichtes soll 75 Seiten möglichst nicht überschreiten, er muss auf jeden Fall unter 100 Seiten liegen. Bei der Erstellung muss darauf geachtet werden, dass die Assessoren bei der Bewertung alles Wesentliche lesen, verstehen und bewerten können. Je klarer der Bericht abgefasst ist, desto geringer ist die Gefahr der Fehlbeurteilung.

**Informations- und Datensammlung**

Dem Qualitätsmanagementverantwortlichen sollten Kriterienverantwortliche zur Seite stehen, die ebenfalls einheitlich nach der EFQM-Bewertungssystematik geschult wurden. Im ersten Schritt übernehmen sie die Informations- und Datensammlung für die Berichtsverfassung zu allen Haupt- und Teilkriterien. Qualitätsrelevante externe Informationen werden beispielsweise durch Patienten- und Einweiserbefragungen oder Beschwerden eingeholt. Interne Informationen werden etwa durch aussagekräftige Kennzahlen, Ergebnisse von Mitarbeiterbefragungen, innerbetriebliche Vorschläge oder Interviews beschafft.

**Prozessbeschreibung**

Im nächsten Schritt sind die Hauptprozesse aufzulisten und die Prozessabläufe zu beschreiben; sie sind unverzichtbar für die Ausrichtung auf die gesamte Prozesskette. Im

Krankenhaus und anderen Gesundheitseinrichtungen sollte der Patient im Mittelpunkt der Aufmerksamkeit stehen. Von seinen Bedürfnissen und Erwartungen haben die beteiligten Berufsgruppen ihre Handlungen und Entscheidungen abzuleiten. Betrachtet man den Patienten von der Aufnahme bis zur Entlassung, so richten sich die Haupt- und Teilprozesse der einzelnen Bereiche immer am Patienten aus. Da umfassendes Qualitätsmanagement die Summe aller einzelnen Prozesse ist und die Kostenbetrachtung eine immer stärkere Rolle spielt, sollten in allen Berufsgruppen immer folgende Fragen Ausgangspunkt sein:

- Was soll im Ergebnis erreicht werden?
- Was haben wir bisher gemacht?
- Wie haben wir die Prozesse durchgeführt?
- Was hat es uns gekostet?

**Erstellung des Gesamtberichtes**

Im dritten Schritt sind die einzelnen Berichte bezogen auf jedes Kriterium in einen Gesamtbericht zusammenzufassen. Mit diesem Gesamtbericht wird der Ist-Zustand dokumentiert. Nachdem der strukturierte Qualitätsbericht verfasst ist, sollte eine Bewertung von einem Assessorenteam durchgeführt werden, das in der Regel aus sechs Assessoren zusammengestellt wird. Zur Erleichterung einer möglichst objektiven Selbstbewertung können auch Assessoren aus verschiedenen Institutionen, wie beispielsweise anderen Krankenhäusern oder anderen Einrichtungen des Gesundheitswesens, hinzugezogen werden.

**Feedbackbericht**

Jeder Assessor arbeitet zunächst den Qualitätsbericht alleine durch. Er analysiert anhand der EFQM-Teilkriterien für sich mit Hilfe der RADAR-Logik die Aussagen des Berichtes zu Stärken und Verbesserungsbereichen. Für eine Bestätigung der gewonnen Einschätzungen aus dem Qualitätsbericht legt er aus seiner Sicht vorläufige Schwerpunkte für einen Vor-Ort-Besuch fest. Der Assessorenleiter erstellt gemeinsam mit dem ausgewählten Assessorenteam im Rahmen einer Konsensuskonferenz den Feedbackbericht, der die Punktebewertung anhand der RADAR-Logik, die Stärken und Verbesserungsvorschläge beinhaltet. Der Feedbackbericht wird abschließend der Krankenhausleitung mit dem Angebot übergeben, einzelne Anmerkungen zu erläutern oder zu erörtern.

**Kontinuierlicher Verbesserungsprozess**

Da Qualitätsmanagement immer einen Soll-Ist-Vergleich bedeutet, sind der Qualitätsbericht und der Feedbackbericht der Selbstbewertung des Assessorenteams die Grundlage für den kontinuierlichen Verbesserungsprozess. Dieser kann nun kommuniziert, geplant und priorisiert werden. Alle Führungskräfte und Mitarbeiter erhalten so eine gemeinsame Basis für das einheitliche Verständnis der Zusammenhänge und Abläufe im Unternehmen. Auf diese Weise werden Missverständnisse vermieden, und die vielfältigen Berufsgruppen im Krankenhaus erkennen ihre Tätigkeiten im Gesamtzusammenhang und können sich mit den Zielen besser identifizieren. Die Transparenz der zukünftigen Ziele sowie die Darstellung des Unternehmens nach außen hat eine starke Wirkung auf die Motivation der Mitarbeiter. Neue Mitarbeiter können dadurch leichter eingearbeitet werden. Auch Stillstände und Rückschläge werden erkannt und können besser bekämpft werden.

**Entwicklung eines Kennzahlensystems**

Mit der Einleitung zur Qualitätsverbesserung durch prozessartige Denkweise und Überprüfung wird der wirtschaftliche Erfolg eines Unternehmens erzielt. Erneute Selbstbewertungen werden in regelmäßigen Abständen durchgeführt. Auf dieser Grundlage sollte die Entwicklung eines Kennzahlensystems erfolgen. Zunächst wird ein Führungskennzahlensystems und anschließend ein Prozesskennzahlensystem aufgebaut werden. Auf diese Weise werden die strategischen Kennzahlen auf die operative Ebene heruntergebrochen.

## 1.1.7 DIN EN ISO[1] 9000:2000

**Branchenneutrale Normenreihe**

Mit der branchenneutralen Normenreihe DIN EN ISO 9000:2000 bzw. ISO-9000-Familie wird eine weltweit anerkannte Rahmenempfehlung für Aufbau, Ausgestaltung und Umfang eines Qualitätsmanagementsystems mit individuellen Zielsetzungen des jeweiligen Unternehmens vorgegeben. Die Grundlagen für Qualitätsmanagementsysteme und deren Begriffe werden in der ISO 9000 beschrieben. Welche Anforderungen an ein zertifizierbares Qualitätsmamagementsystem gestellt werden, sind in der ISO 9001 festgelegt.

**Ziel: Ständige Verbesserung**

Mit dieser Norm wird die Basis für die Darlegung des Qualitätsmanagementsystemes geschaffen. Die Organisation muss ihre Fähigkeit darlegen, Produkte oder Dienstleistungen bereitzustellen, die die Kundenanforderungen erfüllen und darüber hinaus anstreben, die Kundenzufriedenheit zu erhöhen. Ein entsprechender Leitfaden zur Betrachtung der Wirksamkeit und Optimierung des Qualitätsmanagementsystems wird mit der ISO 9004 zur Verfügung gestellt. Der Kunde steht im Vordergrund mit dem Ziel zur ständigen Verbesserung der Prozesse und Ergebnisse. Eine Anleitung für die Auditdurchführung von Qualitätsmanagementsystemen, die Qualifikationskriterien für Auditoren und das Management von Auditprogrammen ist in der ISO 10011 in den Teilen eins bis drei beschrieben.

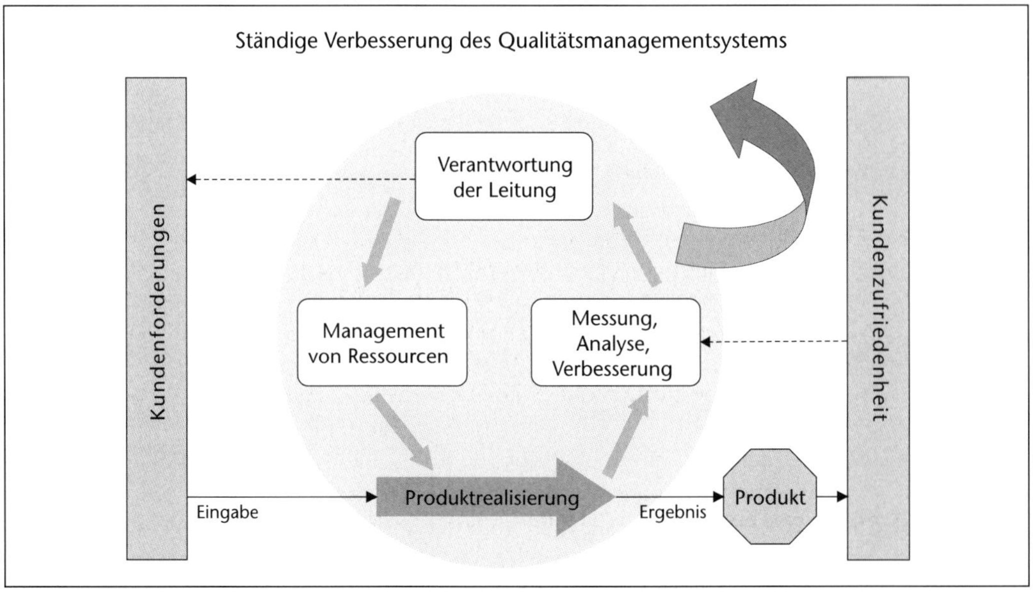


*Abb. 4: Prozessmodel DIN EN ISO 9000:2000*

**Grundsätze**

Um die Leistungsfähigkeit eines Unternehmens zu verbessern, sind acht Grundsätze als Grundlage für die Normen zu Qualitätmanagementsystemen in der ISO-9000-Familie (Revision 2000) gebildet worden:

- die Kundenorientierung
- die Führung
- die Einbeziehung von Personen
- der prozessorientierte Ansatz

1 DIN = Deutsches Institut für Normung; EN = Europa-Norm; ISO = International Organization for Standardization

- der systemorientierte Managementansatz
- die ständige Verbesserung
- der sachliche Ansatz zur Entscheidungsfindung
- die Lieferantenbeziehungen zum gegenseitigen Nutzen.

#### 1.1.7.1 Verantwortung der Leitung

Führungsprozesse, Verpflichtung und die aktive Beteiligung der obersten Leitung sind für die Entwicklung und Verwirklichung eines wirksamen und effizienten Qualitätsmanagementsystems wesentlich. Es muss sichergestellt werden, dass Kundenanforderungen ermittelt und mit dem Ziel der Erhöhung der Kundenzufriedenheit erfüllt werden. Qualitätsziele sind das Bindeglied zwischen Qualitätspolitik und ihrer Verwirklichung im Prozessmanagement, das heißt die Qualitätspolitik ist festzulegen, und die Ziele sind messbar zu machen.

**Qualitätsmanagementbeauftragter**

Verantwortungen und Befugnisse müssen innerhalb der Organisation festgelegt und bekannt gemacht werden. Es muss eine Beauftragter der obersten Leitung benannt werden, der unabhängig von anderen Verantwortungen sicherstellt, dass die für das Qualitätsmanagement erforderlichen Prozesse eingeführt, verwirklicht und aufrechterhalten werden. In geeigneten Abständen ist eine Bewertung des Qualitätsmanagementsystems durch die oberste Leitung durchzuführen.

#### 1.1.7.2 Management von Ressourcen

Für die Verwirklichung der Strategien und die Erreichung der festgelegten Ziele müssen Ressourcen ermittelt und zur Verfügung gestellt werden. Neben der Ermittlung des Bedarfs an finanziellen Mitteln zur Erreichung und Verwirklichung eines wirksamen und effizienten Qualitätsmanagements, die zur Erreichung der Qualitätsziele geplant, gelenkt und bereitgestellt werden, sollten die Mitarbeiter informiert, einbezogen, unterstützt, qualifiziert und gefördert werden, um die Ziele zur Leistungsverbesserung erreichen zu können.

#### 1.1.7.3 Produktrealisierung bzw. Dienstleistungsrealisierung

Die Organisation muss die Prozesse planen und entwickeln, die für die Dienstleistungsrealisierung erforderlich sind. Die Planung der Dienstleistungsrealisierung muss mit den Anforderungen der anderen Prozesse des Qualitätsmanagementsystems im Einklang stehen. An das Prozessmanagement werden erhöhte Anforderungen gestellt.

**Prozessbeschreibung**

Wesentliche Prozesse können mit Hilfe der Definition nach DIN EN ISO 8402 beschrieben werden. Jede Tätigkeit oder jeder Satz von Tätigkeiten, die bzw. der Ressourcen verwendet, um Eingaben in Ergebnisse umzuwandeln, kann als Prozess angesehen werden. Damit sich Organisationen wirksam bestätigen können, müssen sie zahlreiche miteinander verknüpfte und in Wechselwirkung zueinander stehende Prozesse erkennen und handhaben. Oft bildet das Ergebnis des einen Prozesses die direkte Eingabe in den nächsten. Die Absicht der Internationalen Norm besteht darin, die Übernahme des prozessorientierten Ansatzes zum Leiten und Lenken einer Organisation anzuregen. Nach den DIN EN ISO 9001:2000 kann wiederum auf alle Prozesse die PDCA-Methode angewendet werden.

Wie bereits erwähnt, ist der Hauptprozess im Krankenhaus der Gesamtversorgungsprozess, der beim Patienten beginnt und endet. Leistungs- bzw. Wertschöpfungsprozesse werden durch Führungs- und Unterstützungsprozesse ergänzt. Für die Einführung des neuen Vergütungssystems „G-DGRs" ist es unverzichtbar, mit der Festlegung von Hauptprozessen zu beginnen. Mit Hilfe eines Prozessgliederungsplans sollten zunächst alle Prozesse aufgelistet werden. Aus dieser Vielzahl der Prozesse werden dann die wenigen erfolgsbestimmenden ausgewählt.

**Hauptprozesse in Krankenhäusern**

In den meisten Krankenhäusern sind folgende Hauptprozesse zu finden:

- Zielplanungsprozess,
- Personalentwicklungsprozess,
- Qualitätsplanungsprozess,
- Budgetierungsprozess,
- Finanzplanungsprozess usw.

Nachdem sämtliche Prozesse im Krankenhaus identifiziert und benannt sind, werden diese kurz beschrieben, und es wird festgelegt, welche Teilprozesse zum jeweiligen Hauptprozess gehören. Für die Visualisierung bieten sich verschiedene Darstellungsmethoden an. Die DIN EN ISO bietet somit eine hervorragende Grundlage für das Prozessmanagement.

#### 1.1.7.4 Messung, Analyse, Verbesserung

Messungen sind für das Treffen von auf Fakten beruhenden Entscheidungen von Bedeutung und bilden die Basis für laufende Evaluierungen. Hierzu zählen

- die Messung und Überwachung der Kundenzufriedenheit,
- die interne Auditdurchführung,
- die Einführung der Selbstbewertung,
- die Messung und Überwachung von Prozessen und Dienstleistungen,
- die Bewertung und Behandlung von Fehlern sowie
- Korrektur- und Vorbeugemaßnahmen.

**Ständige Evaluierung**

Die Organisation muss mit angemessenen Methoden sowie geeigneten Messgrößen ermitteln, erfassen und analysieren, um die Eignung und Wirksamkeit des Qualitätsmanagementsystems darzulegen und zu beurteilen, wo ständige Verbesserungen des Qualitätsmanagementsystems vorgenommen werden können.

#### 1.1.7.5 Umsetzung

**Gliederung der Dokumentation**

Zunächst werden in der Dokumentation alle qualitätsrelevanten Prozesse und Schnittstellen festgelegt. Zur Erfüllung der Normenforderungen ist es sinnvoll, die Dokumentation in drei Ebenen zu gliedern:

- **Ebene 1: Qualitätsmanagementhandbuch**

Das Qualitätsmanagementhandbuch bildet die systembezogene Dokumentation und liefert einen schnellen Überblick zur Aufbau- und Ablauforganisation, dient zu internen und externen Darlegungszwecken und kann auch an externe Kunden weitergegeben werden.

- **Ebene 2: Qualitätsmanagementverfahrensanweisungen**

Die Verfahrensanweisungen sind für die interne Verwendung vorgesehen. Sie stellen die wichtigsten Regelungen zu den Abläufen im Unternehmen und somit eine praktikable Arbeits- und Orientierungshilfe für alle Mitarbeiter dar.

- **Ebene 3: Arbeits- und Prüfanweisungen**

Ebenfalls sind die Arbeits- und Prüfanweisungen für den internen Gebrauch vorgesehen, sie regeln genaue Anweisungen für einzelne Tätigkeiten.

#### 1.1.7.6 Qualitätsaudit

**Systematische und unabhängige Prüfung**

Gemäß DIN ISO 8402 wird eine systematische und unabhängige Überprüfung als Qualitätsaudit bezeichnet. In ihm wird festgestellt, ob die qualitätsbezogenen Tätigkeiten und die damit zusammenhängenden Ergebnisse sowohl den Erwartungen entsprechen als auch tatsächlich geeignet sind, um die Ziele zu erreichen. Sollten diese Anforderungen nicht oder nur teilweise erfüllt sein, so werden die vorhandenen Abweichungen und Probleme gesammelt und analysiert. Die daraus erfolgten Bewertungen und Folgerungen werden schriftlich festgehalten. Erstens lassen sich durch diese Beurteilung frühzeitig Korrektur- und Vorbeugemaßnahmen einleiten, die dann entsprechend umgesetzt werden sollten. Zweitens können Führungskräfte Qualitätsaudits als strategisches Managementinstrument einsetzen, um eigene Stärken und Schwächen herauszufiltern, mit dem Ziel, Aufschluss über vorhandenes Verbesserungspotenzial zu erhalten.

#### 1.1.7.7 Selbstbewertungsverfahren

Das Selbstbewertungsverfahren der DIN EN ISO zeichnet sich dadurch aus, dass es entweder auf das gesamte Qualitätsmanagementsystem, einen Teil, einen beliebigen Prozess, auf die gesamte Organisation oder nur einen Teil davon angewendet werden kann. Wenn die Unterstützung der obersten Leitung vorhanden ist, kann es mit internen Ressourcen von einem interdisziplinären Team oder auch nur von einer Person in der Organisation durchgeführt werden. Es ist behilflich als Eingabe für einen umfassenden Selbstbewertungsprozess des Managementsystems und ermöglicht die Prioritätensetzung bei Verbesserungsmöglichkeiten.

**Beurteilung des Reifegrades**

Ziel dieses Selbstbewertungsverfahrens ist die Beurteilung des Reifegrades einer Organisation auf der Grundlage bestimmter Abschnitte der ISO-Norm. Mittels einer Anleitung in Form von spezifischen Fragen sind die Leistungen für jeden Hauptabschnitt der ISO 9004 auf einer Skala von 1 (kein formelles System) bis 5 (Bestleistung) zu beurteilen. Dieses Selbstbewertungsverfahren stellt weder einen Ersatz für das interne Audit des Qualitätsmanagementsystems noch für vorhandene Qualitätspreismodelle dar.

#### 1.1.7.8 Zertifizierung

Nach der Einführung eines Qualitätsmanagementsystems, intern erfolgreich absolvierter Audits und einer eventuell durchgeführten Selbstbewertung besteht die Möglichkeit zur Zertifizierung. Die Zertifizierung im Sinne der DIN EN ISO ist der Nachweis, ob die festgelegten Forderungen an das Qualitätsmanagementsystems gemäß des Standes dieser Normenreihe erfüllt wurden. Die Zertifizierung ist immer freiwillig und erfolgt durch eine unabhängige Stelle. Zertifizieren darf nur eine Zertifizierungsstelle, die vom Deutschen Akkreditierungsrat (DAR) zugelassen ist. Dort ist ein Antrag auf Zertifizierung zu stellen, und nach Vertragsabschluss verpflichtet sich der Zertifizierer, das Unternehmen zu begutachten und zu begleiten. Anhand eines vereinbarten Auditplans werden die zu prüfenden Bereiche abgestimmt.

**Integration anderer Modelle**

Nach positivem Abschluss wird dem Unternehmen ein Zertifikat erteilt, mit dem die Wirksamkeit und Anwendung des Qualitätsmanagementsystems entsprechend der DIN EN 9001:2000 bescheinigt wird. Die Gültigkeitsdauer beträgt drei Jahre, wenn mindestens einmal im Jahr ein erfolgreiches Überwachungsaudit durchgeführt wird. Das Zertifikat stellt einen guten Ansatz für die Einführung eines umfassenden Qualitätsmanagements und Führungskonzeptes dar und ist somit ein modulares System im Sinne von Struktur-, Prozess- und Ergebnisqualität mit Integrationsmöglichkeiten anderer Qualitätsmanagementmodelle wie beispielsweise EFQM und dem krankenhausspezifischen Zertifizierungsverfahren KTQ®.

## Literaturempfehlungen

*Asklepios Kliniken GmbH:* Ausgewählte Beiträge zum Qualitätsmanagement bei den Asklepios Kliniken GmbH. Nidda 2000.

*Bundesministerium für Gesundheit:* Wegweiser Qualitätsmanagement im Krankenhaus. Stuttgart 1998.

*Deutsche Gesellschaft für Qualität e.V.:* Begriffe zum Qualitätsmanagement. Frankfurt 1995.

DIN EN ISO 9000:2000

*EFQM:* Das EFQM-Modell für Excellence. Brüssel 1999.

*Göbel, D. (Hrsg.):* Qualitätsmanagement im Krankenhaus. Berlin/Heidelberg 1999.

*Gump, G.; Wallisch, F. (Hrsg.):* ISO entschlüsselt. Landsberg/Lech 1995.

*Hessische Krankenhausgesellschaft, Arbeitsgruppe Qualitätsmanagement (Hrsg.):* Qualitätsmanagement Anforderungen 2000. Eine Orientierungshilfe für Krankenhäuser. Eschborn 2000.

*Hessische Krankenhausgesellschaft, Fachausschuss Qualitätssicherung in der stationären pflegerischen Versorgung (Hrsg.):* Ein Leitfaden für Krankenhausleitungen, Krankenhausträger, Verbände der Krankenkassen. Eschborn 1999.

*Kamiske, G.; Brauer, J.-P. (Hrsg.):* Qualitätsmanagement von A bis Z. München/Wien 1995.

*Kamiske, G. (Hrsg.):* Praxisbeiträge zur Qualitätswissenschaft, Pocket Power. München/Wien 2000.

## 1.2 Die neue DIN EN ISO 9001:2000 und ihre Anwendung im Gesundheits- und Sozialwesen

*von Ulrike Ackermann*

Die neue DIN EN ISO 9001:2000 wurde am 15. Dezember 2000 offiziell freigegeben. Das Modell zum Qualitätsmanagement nach DIN EN ISO 9000 ist wissenschaftstheoretisch begründet und spricht damit für einen Einsatz im Gesundheits- und Sozialwesen. Dieser Artikel erläutert die wichtigsten Änderungen der revidierten Norm. Intension und Inhalt ist es, einen Überblick zu verschaffen, der eine zielgerichtete Vorbereitung auf die Zertifizierung eines neu eingeführten bzw. bereits vorhandenen Qualitätsmanagementsystems möglich macht.

### 1.2.1 Einleitung

**Leitidee: Abbilden der Realität durch Dokumentation**

Das Modell zum Qualitätsmanagement nach DIN EN ISO 9001 ist wissenschaftstheoretisch begründet. Dies spricht für eine Anwendung im Gesundheitswesen. Der philosophische Kontext, in den die Normenreihe einzuordnen ist, ist der Konstruktivismus. Es handelt sich um ein dynamisches Modell von Regelkreisen, das die Erkenntnisse der Kybernetik nutzt. Leitidee des Führungssystems ISO 9001 ist das Abbilden der Realität durch Dokumentation. Dokumentiert soll immer dort werden, wo durch Nicht-Dokumentation voraussichtlich negative Konsequenzen für den Kunden zu erwarten wären.

Grundlegende Annahme ist, dass es möglich sei, die Erfordernisse und Bedürfnisse des wichtigsten Kunden einer Praxis zu erkennen und dann die qualitätsrelevanten Arbeitsabläufe so zu gestalten, dass damit die Kundenanforderungen erfüllt und gleichzeitig den Erwartungen des Praxiseigentümers, seiner Mitarbeiterinnen und Mitarbeiter, seiner Kooperationspartner und der Öffentlichkeit Rechnung getragen werden kann.

### 1.2.2 Was ist neu an der DIN EN ISO 9001:2000?

#### 1.2.2.1 Struktur

**Forderung nach prozessorientiertem Qualitätsmanagement**

Die neue DIN EN ISO 9001:2000 wurde am 15.12.2000 offiziell freigegeben. Die Struktur bzw. Kapitelnummerierung hat sich im Vergleich zur alten ISO 9001 deutlich geändert. Damit entfällt auch die bisher übliche Gliederung der Handbücher in 20 Elemente. Inhaltlich finden sich die 20 Elemente allerdings in den Forderungen der neuen Norm wieder. Die DIN EN ISO 9001:2000 fordert ein prozessorientiertes Qualitätsmanagementsystem (QMS).

#### 1.2.2.2 Produkte und Dienstleistungen

Eine häufig geäußerte Kritik an der bisherigen Norm war, dass der Dienstleistungssektor – und damit auch das Gesundheitswesen – zu wenig berücksichtigt wurde. Dies führte zu einer mehrmaligen Revision von Begriffen. Letztendlich wird aber an vielen Stellen der neuen Norm wieder nur der Begriff „Produkt" angewendet, weil die offizielle Begriffserklärung des „Produktes" die Dienstleistung mit beinhaltet. An anderen Stellen, wo Dienstleistungen explizit angesprochen werden, bleibt der Begriff „Dienstleistung" erhalten.

**QMS und Patientenzufriedenheit**

An zahlreichen Stellen wurden neue Forderungen integriert, beziehungsweise bestehende Forderungen praxisgerechter formuliert oder ausgeweitet. Dies betrifft ganz besonders die kontinuierliche Verbesserung, beispielsweise Maßnahmen zur Aufrecherhaltung eines Qualitätsmanagementsystems, sowie die Patientenzufriedenheitsanalyse. Beide Themen waren in der bisherigen Norm nur in Ansätzen enthalten.

#### 1.2.2.3 Kundenzufriedenheit

**Der Kundenbegriff**

Im Gesundheitswesen ist der Kundenbegriff schwer zu fassen, weil er heterogene Gruppen umfasst:

- Patienten
- Angehörige
- zuweisende Ärzte
- Krankenkassen
- Verwaltung
- andere Abteilungen oder Mitarbeiter

**Der Produktbegriff**

Ähnliches gilt für das „Produkt", unter dem ebenfalls völlig unterschiedliche Leistungen zusammengefasst sind:

- Behandlung
- Pflegeleistung
- Beratung
- Durchführung einer Laborleistung
- „Hotelleistung"
- Abwicklung einer Aufnahme
- Erstellen eines Arztbriefes

Hier gilt es, sich also von den Begrifflichkeiten zu lösen und stattdessen zu versuchen, das Konzept, das die Norm vermittelt, auf den eigenen Bereich zu übertragen.

#### 1.2.2.4 Inhaltliche Forderungen

**Verantwortung der Leitung**

Der Anspruch an die Verantwortung der Leitung wurde mit folgenden Forderungen verstärkt:

- Die Bedeutung der Erfüllung von Kundenanforderungen sowie behördlicher und gesetzlicher Forderungen muss durch die oberste Leitung vermittelt werden. Diese Forderungen müssen vor Ort auch umgesetzt werden.

- Verantwortlichkeiten sind festzulegen und zu dokumentieren (z.B. durch Stellenbeschreibungen).

- Die interne Kommunikation zwischen den verschiedenen Ebenen und Funktionsbereichen muss sichergestellt bzw. geregelt werden (z.B. durch entsprechende Verfahrensanweisungen).

- Interne Audits müssen durchgeführt und dokumentiert werden sowie Konsequenzen zeigen (nachweisliche Behebung der festgestellten Mängel).

- Das QMS muss bewertet werden. Dazu muss eine Qualitätspolitik formuliert werden, und Qualitätsziele sind festzulegen.

- Das Erreichen oder Nicht-Erreichen dieser Qualitätsziele sollte jährlich – z.B. in Form eines Qualitätsberichtes mit Erörterung von Verbesserungspotenzial, kontinuierlicher Verbesserung, Kundenzufriedenheit, Mitarbeiterzufriedenheit – ausgewertet und bewertet werden.

### 1.2.2.5 Kundenzufriedenheit und Mitarbeiterzufriedenheit

**Schulung und Weiterbildung des Personals als Basis**

Kundenanforderungen sind zu messen und zu bewerten (Punkt 7.2 der Norm), und die Kommunikation mit dem Kunden ist zu regeln. Entsprechende Verfahrens- und Arbeitsanweisungen müssen vorhanden sein. Genauso ist auch die Mitarbeiterzufriedenheit zu bewerten. Hierbei fällt der Schulung und Weiterbildung von Personal besondere Bedeutung zu (Punkt 6.2 der Norm). Nur qualifiziertes und geschultes Personal darf qualitätsbeeinflussende Tätigkeiten ausüben. Schulungen und Weiterbildungen müssen angeboten und deren Erfolg muss auch überprüft werden. Entsprechende Schulungspläne und Qualitätsaufzeichnungen müssen nachgewiesen werden.

### 1.2.2.6 Umstellen der Dokumentation auf die neue Norm

**Erforderliche Unterlagen**

Zur Umstellung der Dokumentation auf die neue Norm sind folgende Unterlagen erforderlich:

- prozessorientiertes Handbuch
- Darstellung der (Kern-)Prozesse
- Organigramm(e)
- Bewertung des QMS durch die Leitung
- Überwachung der Kundenzufriedenheit
- Überwachung der Mitarbeiterzufriedenheit
- Verfahrensanweisungen
- Arbeitsanweisungen
- Checklisten
- Qualitätsaufzeichnungen
- Informationen über relevante behördliche bzw. gesetzliche Vorschriften

**Darstellung der Kernprozesse**

Die meisten dieser Unterlagen können aus einem Qualitätsmanagementsystem nach der alten ISO 9001 unverändert übernommen werden. Allerdings fordert die neue Norm ein prozessbezogenes Handbuch, so dass eine Anpassung des Handbuches und Darstellungen der (Kern-)Prozesse erforderlich sind.

Hierfür sollte man sich zunächst einen Überblick über die Prozesse in der eigenen Einrichtung verschaffen und Kernprozesse herausarbeiten. Die Abfolge und Wechselwirkungen der Prozesse werden festgelegt, und (relevante) Schnittstellen werden definiert. Verantwortlichkeiten werden festgelegt und dokumentiert. Für die Dokumentation von

Prozessen bieten sich zum Beispiel Flussdiagramme an. Die Prozessbewertung dient als zentrales Steuerungsinstrument der Abläufe und der Qualität.

**Übernahme von Verfahrensanweisungen**

Verfahrens- und Arbeitsanweisungen können übernommen werden. Dabei sind folgende unbedingt erforderlich:

- Lenkung von Dokumenten
- Lenkung von Qualitätsaufzeichnungen
- interne Qualitätsaudits
- Lenkung von fehlerhaften Produkten (*)
- Korrekturmaßnahmen (*)
- Vorbeugungsmaßnahmen (*)

Dabei können die mit (*) gekennzeichneten Verfahrensanweisungen zusammengefasst werden, wenn dies aufgrund der Zusammenhänge sinnvoll ist. Allerdings müssen inhaltlich alle drei Forderungen enthalten sein.

#### 1.2.2.7 Ausschluss bestimmter Normforderungen

**Einbeziehung der Produktentwicklung**

Bei Zertifizierungen nach der alten ISO 9001 wurde die Produktentwicklung häufig ausgeschlossen unter der Annahme, dass im Gesundheitswesen keine Produkte entwickelt werden. Nach der neuen Norm ist aber auch die Anpassung von Dienstleistungen eine Produktentwicklung. Insofern sind nur noch in seltenen Ausnahmen Ausschlüsse von Forderungen der Norm zulässig. Stattdessen ist man gehalten, die Forderungen der Norm freier zu interpretieren, als dies bisher der Fall war. Eine Produktentwicklung könnte im Krankenhaus die Einführung neuer Behandlungsmethoden, aber auch Strategieplanungen für die Entwicklung bestimmter Disziplinen sein. Im Labor wäre es beispielsweise die Einführung neuer Parameter oder Beratungsangebote und in der Altenpflege die Erarbeitung von Pflegestandards oder veränderte Serviceangebote.

#### 1.2.2.8 Zertifikate nach der alten und neuen Norm

ISO 9001/9002/9003-Zertifikate, die gemäß Version 1994 ausgestellt wurden, behalten ihre Gültigkeit. Unternehmen, die sich jetzt noch nach der alten Norm zertifizieren lassen, erhalten ein Zertifikat, das am 14.12.2003 seine Gültigkeit verliert, müssen also spätestens im Dezember 2003 auf die neue Norm umstellen.

**(Re-)Zertifizierung nach der neuen Norm**

Seit Beginn dieses Jahres können Zertifizierungen nach der neuen Norm durchgeführt und Zertifikate nach der neuen Norm ausgestellt werden. Unternehmen, die bereits nach der alten Norm zertifiziert sind, können ihr Zertifikat entweder im Rahmen eines Überwachungsaudits oder im Rahmen eines Wiederholungsaudits umstellen.

**Umstellen des Zertifikats im Überwachungsaudit**

Für die notwendige Überprüfung der angepassten Dokumente ist von einem zeitlichen Mehraufwand auszugehen, der beim Überwachungsaudit in Rechnung gestellt werden muss. Es wird nach positiver Beurteilung im Überwachungsaudit die Empfehlung zur Zertifizierung nach der neuen Norm an die Zertifizierungsstelle weitergeleitet. Dem Unternehmen werden Urkunden nach der neuen Norm zugeschickt, die dieselbe Gültigkeitsdauer aufweisen wie die ursprünglichen Zertifikate nach der alten Norm – also noch ein oder zwei Jahre.

**Umstellen des Zertifikats im Wiederholungsaudit**

Der zeitliche Rahmen eines Wiederholungsaudits liegt unter dem eines Zertifizierungsaudits, da uns das Unternehmen ja bereits bekannt ist. Im Rahmen eines Wiederholungsaudits erfolgt immer eine erneute Dokumentenprüfung. Das heißt, der zeitliche Mehraufwand zur Prüfung der Dokumente wird durch das Wiederholungsaudit aufgefangen. Das Zertifikat hat eine Gültigkeit von drei Jahren. Ein Wiederholungsaudit muss nicht unbedingt zu einem bestimmten Termin stattfinden, sondern kann jederzeit erfolgen.

**Überwachung der Zertifizierungsstellen**

Nicht nur für die Organisationen, sondern auch für die Zertifizierungsstellen gilt der Prozessansatz der neuen ISO 9001:2000 als wesentliche Änderung. Bei der Überwachung der Zertifizierungsstellen achten die Akkreditierungsstellen besonders auf

- Darstellung der vom Unternehmen erkannten Prozesse,
- Festlegung der Abfolge und Wechselwirkungen dieser Prozesse,
- Aussagen zum Verbesserungspotenzial,
- kontinuierliche Verbesserung (Projekte) sowie
- Kunden- und Mitarbeiterzufriedenheit.

Dementsprechend werden wir in den ersten Audits nach der neuen Norm auf diese Punkte besonderen Wert legen.

### 1.2.3 Schlussfolgerungen

**Vorteile der Zertifizierung**

Die Einführung und das „Leben" eines QM-Systems erbringt den Nachweis eines kostenbewussten effizienten Ablaufs in der Einrichtung und somit auch einer kostenbewussten Organisation. Eine nach der ISO 9001:2000 zertifizierte Einrichtung profitiert

- von optimalen Prozessabläufen mit positiven Auswirkungen auf die Ergebnisqualität,
- von der Minimierung von Risiken (Risk Management) durch klar definierte Zuständigkeiten (z.B. die Darstellung professioneller Arbeit, unterstützt von Pflegemodellen, Leitlinien, Standards etc.) und
- von hoher Mitarbeiter- und Patientenzufriedenheit.

Ein weiteres Plus liegt in der Schaffung von Transparenz der eigenen Arbeit. Die Einbindung eines kontinuierlichen Verbesserungsprozesses sichert die Motivation der Mitarbeiter für notwendige Dokumentationen. Die DIN EN ISO 9001:2000 als Grundlage für die Einführung eines Qualitätsmanagementsystems bietet den Akteuren im Gesundheitswesen die Möglichkeit, sich in Vergleich mit anderen Einrichtungen zu stellen mit dem Ziel der ständigen Verbesserung der Leistungen und zur Wahrung der Konkurrenzfähigkeit zum Wohle des Patienten und Mitarbeiter.

Durch den prozessualen und dynamischen Charakter verdient die DIN EN ISO 9001:2000 in Zukunft mehr Aufmerksamkeit in ihrer Anwendung sowohl im stationären als auch im ambulanten Pflegebereich, als man ihr in der Vergangenheit gewidmet hat.

**Anmerkung**

Hinweise auf weiterführende Literatur erhalten Sie auf Wunsch bei der Autorin:

TÜV Arbeit und Gesundheit GmbH
FB Qualitätsmanagement und Zertifizierungen
Dipl. Pflegemanagerin Ulrike Ackermann
TÜV CERT Leit-Auditorin

D-50679 Köln

## 1.3 Praktische Umsetzung des KTQ®-Verfahrens im Krankenhaus

*von Jörg Blaesius und Ilona Michels*

Der Ruf nach Qualität und vor allem der Nachweis gelebter Qualität werden im Gesundheitswesen immer nachhaltiger. In zunehmendem Maße entwickelt sich die Qualität zum Entscheidungskriterium für das Überleben und Positionieren eines Hauses auf dem Gesundheitsmarkt. Zudem sind Krankenhäuser gesetzlich zum Aufbau eines Qualitätsmanagementsystems (SGB V § 135 und 137) verpflichtet. Im vorliegenden Beitrag wird das mittlerweile im Routinebetrieb eingesetzte Zertifizierungsverfahren „Kooperation für Transparenz und Qualität im Krankenhaus (KTQ®)" vorgestellt. Dabei wird nach einem kurzen Überblick über die Entstehung und Entwicklung zunächst auf die Struktur des KTQ®-Manuals eingegangen und im Anschluss daran der KTQ®-Prozess ausführlich beschrieben. Die dargestellten Erfahrungen in der praktischen Umsetzung resultieren aus der mehr als zweijährigen Beratungspraxis der Autoren.

### 1.3.1 Einleitung

Die Einführung der DRGs macht es auch aus ökonomischen Gründen notwendig, dass Krankenhäuser sich mit ihrer Ablauforganisation beschäftigen. Denn mittels eines Prozessmanagements als Teil des Qualitätsmanagements besteht für Krankenhäuser die Möglichkeit, in kurzer Zeit eine entsprechende Patientenversorgung unter definierten Anforderungen durchzuführen.

Es ist absehbar, dass die zukünftigen leistungsbezogenen Entgelte auch mit dem externen Nachweis eines QM-Systems verbunden sind und ein internes QM-System unabdingbar machen. Bereits in anderen Teilen des deutschen Gesundheits- und Sozialwesens hat man diesen Schritt getan (siehe Pflegeversicherung und Einführung des Pflege-Qualitätssicherungsgesetzes).

Seit Anfang der 90er-Jahre sind immer wieder Bestrebungen unternommen worden, Systematiken und auch entsprechende Überprüfungsverfahren zu entwickeln. Im Jahre 1997 haben der Verband der Angestelltenkrankenkassen (VDAK) und Ersatzkassen sowie die Bundesärztekammer einen gemeinsamen Entschluss zur Entwicklung der Überprüfungssystematik „Kooperation für Transparenz und Qualität im Krankenhaus" (KTQ®) gefasst. Diese Systematik bietet für Krankenhäuser Chancen bei der Strukturierung ihres QM-Systems. Dies setzt aber voraus, dass Krankenhäuser den Schritt in Richtung KTQ®-Zertifizierung nicht nur wegen des Zertifikates machen.

### 1.3.2 Überblick über Entstehung und Entwicklung

**Selbst- und Fremdbewertung**

Unter der Beteiligung des Bundesministeriums für Gesundheit (BMG) ist ab dem Jahr 1999 das Pilotverfahren für KTQ® zur speziellen QM-Zertifizierung entwickelt worden. Im Jahr 2002 ist der Routinebetrieb mit den ersten Zertifizierungen gestartet.

Es wurde eine Systematik entwickelt, die es ermöglicht, auf analytischem Wege eine interdisziplinäre und professionsübergreifende Standortbestimmung zur Qualität eines

Krankenhauses im Leistungserbringungsprozess zu erstellen. Der Schwerpunkt liegt hierbei auf der Struktur- und Prozessqualität. Vom Grundansatz sieht die Systematik des KTQ®-Prozesses hier zunächst eine Selbstbewertung und darauf folgend, falls erwünscht, eine Fremdbewertung durch qualifizierte Visitoren vor, die mit einem Zertifizierungsverfahren abgeschlossen werden kann.

**Projektpartner**

Bereits im Jahr 1997 wurde gemeinsam von der Bundesärztekammer (BÄK) und dem Verband der Angestellten- und Arbeiterersatzkassen (VdAK) der Beschluss gefasst, ein spezifisches QM-Zertifizierungsverfahren für Krankenhäuser zu entwickeln. Im Zuge der weiteren Entwicklung sind neben der Bundesärztekammer alle gesetzlichen Krankenversicherungen (u.a. IKK, AOK, BuKn) sowie der Deutsche Pflegerat (DPR) beteiligt.

**Entwicklung des KTQ®-Manuals**

Start war 1999 mit einer so genannten „Machbarkeitsstudie", bei der sechs Krankenhäuser nach dem ersten KTQ®-Manual 1.0 eine Selbstbewertung vornahmen. Kern des Manuals ist ein zweigeteilter Katalog bestehend aus Strukturfragen und inhaltlichen Fragen zu Prozessen und Abläufen im Krankenhaus. Basierend auf diesen ersten Ergebnissen wurden zwei weitere Überarbeitungen des KTQ®-Manuals vorgenommen. Im Jahr 2000 wurden auf Basis des KTQ®-Manuals 3.0 in 25 deutschen Krankenhäusern verschiedener Größen, Versorgungsstrukturen und Träger Selbst- und Fremdbewertungen durchgeführt. Gleichzeitig wurden Pilotvisitoren aus den Bereichen Medizin, Pflege und Krankenhausverwaltung für die Fremdbewertung geschult. Die Fremdbewertungen waren Anfang 2001 erfolgreich abgeschlossen. Im Sommer konnte dem BMG ein positiver Bericht vorgestellt werden.

**Gründung der KTQ® gGmbH**

Die eigentliche Routinephase wurde offiziell mit der Gründung der KTQ® gGmbH Ende 2001 eingeläutet. In diesem Zusammenhang wurde auch ein standardisiertes Verfahren festgelegt, welches den zukünftigen formalen Ablauf der KTQ®-Zertifizierung festlegt. Der öffentliche Teil der Zertifizierung der Häuser besteht aus dem Qualitätsbericht, der auf der Homepage der KTQ® gGmbH nachzulesen ist. Die Projektpartner aus der Pilotphase sind mittlerweile auch Gesellschafter der KTQ® gGmbH.

### 1.3.3 Struktur des KTQ®-Manuals 4.0

**Strukturteil mit Kernfragen**

Neben Beschreibungen und Erläuterungen zu KTQ® und dem Zertifizierungsverfahren besteht der Kern des Verfahrens aus dem Strukturteil und dem KTQ®-Katalog 4.0 mit den inhaltlichen Fragen. Im Strukturteil werden unter anderem Forderungen aus folgenden Bereichen abgefragt:

- angeschlossene Einrichtungen
- Fachabteilungen
- TOP 5-Diagnosen jeder Fachabteilung
- TOP 5-OPs der operativen Fachabteilungen
- Personalbereitstellungen
- Ausstattung der Fachabteilungen sowie der Patientenzimmer

**Sechs übergeordnete Kategorien**

Ausgangsbetrachtung des Fragenkataloges des KTQ®-Modells ist die Betrachtung des Unternehmens Krankenhaus in sechs übergeordneten Kategorien, die berufsgruppenunabhängige Kernprozesse und Schnittstellen einfordern:

1. Patientenorientierung in der Krankenversorgung
2. Sicherstellung der Mitarbeiterorientierung
3. Sicherheit im Krankenhaus
4. Informationswesen
5. Krankenhausführung
6. Qualitätsmanagement

**Subkategorien und Kriterien**

Die Kategorien untergliedern sich in 20 Subkategorien (ehemals in Manual-3.0-Standards), deren Aussagen erläutert sind. Zu den Subkategorien sind insgesamt 69 Kriterien formuliert worden, die den eigentlichen zu bewertenden Sachverhalt darstellen. Auch diese werden in einem beschreibenden Satz erläutert. Jedes Kriterium setzt sich aus verschiedenen Fragen zusammen, zu denen Stellung bezogen werden muss. Insgesamt besteht der Katalog aus 698 Fragen.

| **Struktur des Kataloges** | **Beispiel** | |
|---|---|---|
| **Kategorie** | 1. | Patientenorientierung |
| **Subkategorie** | 1.2 | Ersteinschätzung und Planung der Behandlung<br>Eine umfassende Befunderhebung jedes Patienten ermöglicht eine patientenorientierte Behandlungsplanung. |
| **Kriterium** | 1.2.2 | Nutzung von Vorbefunden<br>Für jeden Patienten wird ein körperlicher, seelischer und sozialer Status erhoben, der die Grundlage für die weitere Behandlung darstellt. |
| **Fragen** | Plan:<br>Do:<br><br>Check:<br>Act: | 1. Beschreiben Sie die Planung der Nutzung der Vorbefunde.<br>1. Inwieweit wird auf Vorbefunde und Anamnesen Bezug genommen?<br>[...]<br>——<br>—— |

*Abb. 1: Beispielhafte Struktur des KTQ®-Fragenkataloges*

Jede Frage ist einem der vier Phasen des Deming-Kreises zugeordnet (siehe Abb. 2), wobei nicht alle Kriterien einen kompletten Deming-Kreis abbilden.

In den bisherigen Selbstbewertungen hat sich gezeigt, dass die Fragen aus dem „Do-Schritt" am eindeutigsten zu beantworten sind. Unklarer bei der Beantwortung sind Fragen aus den drei anderen Phasen. Diese Antworten im Planungsschritt sollten sich auf die Organisation und den planerischen Aspekt begrenzen. Ebenso müssen entsprechend der KTQ®-Vorgaben die Verantwortlichen benannt werden.

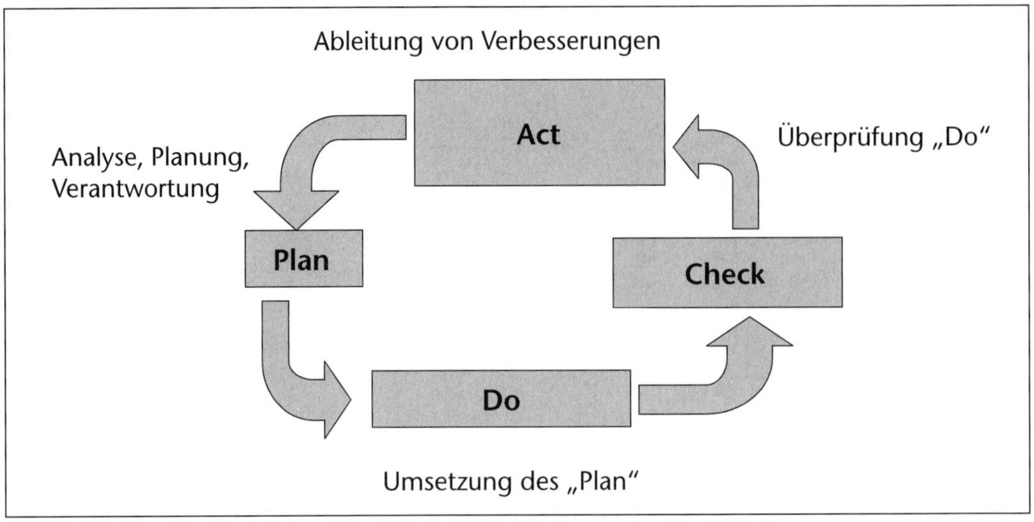


*Abb. 2: KTQ®-Verständnis des PDCA-Kreislaufes (Deming)*

In den Phasen „Check" und „Act" wird zum Teil mit Standardfragen gearbeitet:

- Check: Wie überprüfen Sie die unter „Plan" und „Do" genannten Maßnahmen?
- Act: Welche Maßnahmen ergreifen Sie aufgrund Ihrer unter „Check" festgestellten Ergebnisse?

In der vorliegenden Form des KTQ®-Manuals muss bei den Standardfragen nur jeweils eine Frage aus dem „Do-Schritt" beantwortet werden. Häuser, die sich auf den Weg machen, sollten aber für den eigenen Prozess prüfen, ob es nicht sinnvoll ist, sich eine grundsätzliche Systematik zu entwickeln, welche die Überprüfung aller Sachverhalte im „Do-Schritt" ermöglicht und dieses auch bei den Kriterien anwendet, die bisher noch keinen „Check-" und „Act-Schritt" eindeutig benannt haben. Für die Zertifizierungen werden solche Zusätze bisher nicht entsprechend positiv bewertet.

### 1.3.4 Aufbau und Abfolge des KTQ®-Prozesses

**Abgrenzung von KTQ®- und QM-System**

Um KTQ® richtig einordnen und von seiner Systematik darstellen zu können, ist es sicherlich sehr wichtig, herauszustellen, dass KTQ® kein QM-System ist.

Ein QM-System in einem Krankenhaus ist ein komplexes System, welches mit einem prozessorientierten Ansatz von interner/externer Logistik beginnend über Kundenorientierung bis hin zur Führung Leistungsprozesse optimieren will und durch Zielformulierungen und Kennzahlensysteme valide machen möchte. Hier ist der Faktor Mensch in den entscheidenden Positionen der Schlüsselmoment zur tatsächlichen Ausgestaltung der Qualität, und vor allem, was messbar gemacht wird.

KTQ® ist ein systematisches Verfahren, welches mit seinem analytischen Aufbau die vielfältigen Leistungsprozesse eines Krankenhauses strukturell und inhaltlich überprüft. Es bildet also durch diese differenzierte Abbildung des Unternehmens Krankenhaus eine gute Struktur, die die Möglichkeit bietet, mittels des Zertifizierungsverfahrens eine einheitliche Qualitätssystematik für ein Krankenhaus zu entwickeln.

**Vorgehensweise bei der Umsetzung**

Wenn sich ein Krankenhaus auf den Weg macht, KTQ® mit dem Ziel der Zertifizierung umzusetzen, ergibt sich hieraus folgende Vorgehensweise:

A. Grundlegende Entscheidung der Leitung
B. Informationsphase
C. Phase der Selbstbewertung
D. Formale Phase der Zertifizierung/Antrag
E. Fremdbewertung/Visitation
F. Formale Phase der Zertifizierung/Empfehlung/Zertifikat

**Grundlegende Entscheidung der obersten Leitung**

Aufgrund des interdisziplinären Ansatzes von KTQ® (fachabteilungs- und berufsgruppenübergreifend) ist es notwendig, dass bei einer Entscheidung für die Umsetzung von KTQ® mit dem Ziel einer erfolgreichen Zertifizierung eine grundlegende positive Entscheidung der gesamten obersten Leitung eines Krankenhauses vorhanden ist. Die Entscheidung sollte mit einer aktiven Auseinandersetzung der Inhalte und den daraus abzuleitenden Konsequenzen verbunden sein. Weiterhin sollte in dieser Phase seitens der Entscheidungsträger der interne Gewichtungsprozess für den Schritt hin zum QM abgeschlossen sein. Ein „Jein" bringt den Folgeprozess nicht auf einen Erfolg versprechenden Weg. Dieser endet meist in monetären und motivativen Verlusten und erschwert alle weiteren QM-Projekte.

**Zeit- und Personalressourcen**

Ebenso sollten sich Gedanken gemacht werden über Zeit- und Personalressourcen. Für ein durchschnittliches Krankenhaus (450 Betten, 5 bis 7 Fach- und Belegabteilungen) müssen bei einer Projektlaufzeit von zwei Jahren mindestens folgende Ressourcen berücksichtigt werden:

- ¾-Stelle Qualitätsbeauftragter
- interne Personalressourcen auf Ebene der Fachabteilungen (abhängig von Vorgehensweise und QM-System)
- externe Unterstützung (Seminare, Beraterleistungen) abhängig von individueller Situation des Hauses
- Kosten in Höhe von 20.000–25.000 € für die Zertifizierung

Gleichzeitig sollte geprüft werden, welche weiteren wesentlichen Veränderungen im Krankenhaus oder in wesentlichen Bereichen anstehen. Denn aufgrund der mittlerweile vielfach sehr dünnen Personaldecke in Fachabteilungen ist nur eine begrenzte Anzahl von Projekten neben dem Kerngeschäft der Patientenversorgung möglich.

**Informationsphase**

In der Informationsphase sollte sich das Krankenhaus zunächst mit dem KTQ®-Manual auseinander setzen, um so die Struktur und die Anforderungen einschätzen zu können. Um dem Titel des Verfahrens auch intern gerecht zu werden, sollte von Beginn des Projektes an seitens der Leitung eine entsprechende Informationspolitik gefahren werden. Hierzu gehört sowohl die Erstinformation aller Mitarbeiter als auch die regelmäßige Information zu den jeweiligen Projektschritten. Dies sollte bei der notwendigen Projektplanung stets berücksichtigt werden. Es hat sich bewährt, von Anfang an die Personalvertretung durch entsprechende Information systematisch in das Projekt einzubinden.

**Phase der Selbstbewertung**

Sind die Grundsatzentscheidungen gefällt worden, beginnt die Phase der Selbstbewertung. Diese gliedert sich in entsprechend der von KTQ® vorgeschlagenen Vorgehensweise in folgende Schritte:

1. Vorbereitung (organisatorisch, strukturell)
2. eigentliche Durchführung
3. Konsensfindung für die Gesamtdarstellung
4. Abschluss der Selbstbewertung

**Kernelement im KTQ®-Prozess**

Das Ziel ist eine aktuelle Standortbestimmung im Vergleich zu den Anforderungen des KTQ®-Kataloges. Diese muss für die Etablierung unbedingt um eine in der Regel notwendige Planung der Maßnahmen ergänzt werden. Da die Selbstbewertung das Kernstück im KTQ®-Prozess ist, wird der Gesamtprozess unter 1.3.5 gesondert dargestellt.

Die bisherige Praxis hat gezeigt, dass die erste Selbstbewertung nicht ausreichend ist für eine erfolgreiche Zertifizierung. Daher erfolgt in der Regel im Anschluss an die Selbstbewertung eine entsprechende Zwischenphase mit der Durchführung von Veränderungen und Anpassung. Am Ende dieser Phasen erfolgt eine erneute Selbstbewertung.

**Antragsverfahren**

Die formale Phase der Zertifizierung im Sinne des Antragsverfahrens kann begonnen werden, wenn folgende Anforderungen erfüllt sind:

- erfolgreiche Selbstbewertung mit einer 55%-Punktebewertung
- Bearbeitung des Strukturerhebungsbogens
- Erstellung des Qualitätsberichtes
- Nachweis an der Beteiligung der externen Qualitätssicherung

Die Erfahrungen aus der Pilotphase und vergleichbarer Verfahren haben gezeigt, dass die Selbstbewertung in der Praxis bei der Fremdbewertung um mindestens 15 % nach unten korrigiert wird.

**Auswahl der Zertifizierungsstelle**

Der nächste formale Schritt ist die Auswahl einer passenden Zertifizierungsstelle (die aktuelle Liste der akkreditierten Zertifizierungsstellen ist unter www.ktq.de zu finden), wobei die Kontaktaufnahme bereits während der Selbstbewertung erfolgen sollte, um im Anschluss einen zügigen Ablauf der Fremdbewertung und Zertifikatsvergabe zu gewährleisten. Der Vertrag zur Zertifizierung wird mit der Zertifizierungsstelle geschlossen. Hierbei ist die Gebühr für die Dienstleistung der Zertifizierungsstelle Verhandlungssache. Der Gebührentagessatz für die Visitation ist mit 1.000 € pro Visitor zzgl. Reisekosten und 1.000 € für alle Vorarbeiten festgelegt.

**Zusammensetzung des Visitorenteams**

Grundsätzlich setzt sich das Visitorenteam aus drei Fachleuten aus dem Bereich Pflege, Medizin und Verwaltung zusammen. Die Kosten für den Visitationsbegleiter sind nicht festgelegt. Die Anzahl der Visitorentage des Teams hangt von der Anzahl der zu prüfenden Abteilungen ab (siehe Abb. 3). Die vertraglich gewählte Zertifizierungsstelle prüft die Vollständigkeit der Unterlagen und benennt die Visitoren. Grundsätzlich setzt sich das Visitorenteam interprofessionell zusammen und hat mindestens einen erfahrenen Visitor bei sich. Das Krankenhaus hat das Recht, die vorgeschlagenen Visitoren abzulehnen.

| Anzahl Abteilungen/ Kliniken | Anzahl Teams | Anzahl Tage | Visitorentage + V-Begleiter |
|---|---|---|---|
| bis 6 | 1 (3 Visitoren + 1 Visitationsbegleiter) | 3 | 9 + 3 |
| 7 bis 10 | 1 (3 Visitoren + 1 Visitationsbegleiter) | 4 | 12 + 4 |
| über 10 | 2 (3 Visitoren + 2 Visitationsbegleiter) | 3 | 18 + 6 |

*Abb. 3: Anzahl der Visitoren für die Visitation*

**Ablauf der Fremdbewertung/Visitation**

Hat das Krankenhaus den Visitoren zugestimmt, beginnt die Fremdbewertung bzw. Visitation. Hierzu gehört im Vorfeld eine Analyse der Selbstbewertung durch die Visitoren. Bei der Visitation vor Ort durchläuft das Visitorenteam alle Bewertungsschritte gemeinsam, wodurch der interprofessionelle Betrachtungsansatz für alle Teilbereiche gewährleistet werden soll. Die Visitoren führen kollegiale Dialoge (vergleichbar mit Audits) mit der Krankenhausleitung und Mitarbeitern aus den spezifischen Bereichen. Hierbei werden die Mitarbeiter zu den einzelnen Kriterien befragt. In diesen Dialogen/Begehungen werden mindestens 30 Kriterien aus den 6 Kategorien thematisiert. Die bisherige Praxis hat gezeigt, dass jedoch alle 69 Kriterien im Rahmen der Visitation in unterschiedlicher Intensität und Ausprägung angefragt werden.

| | |
|---|---|
| **1. Tag** | ■ Willkommenstreffen und Übersichtsbegehung<br>■ kollegialer Dialog mit der KH-Leitung, Kurzbesprechung<br>■ kollegialer Dialog und Begehung spezifischer Bereiche inkl. Kurzbesprechung<br>■ Besprechung Visitorenteam |
| **2. Tag** | ■ morgendliche Besprechung<br>■ kollegialer Dialog und Begehung spezifischer Bereiche inkl. Kurzbesprechung<br>■ Besprechung Visitorenteam |
| **3. Tag** | ■ morgendliche Besprechung<br>■ kollegialer Dialog und Begehung spezifischer Bereiche inkl. Kurzbesprechung<br>■ Erörterung offener Fragen mit KH-Leitung<br>■ Ergebnisfindung und Abschlusstreffen |

*Abb. 4: Ablauf der Visitation*

**Prüfen von Dokumenten**

Bei der Fremdbewertung werden stets Fragen nach Ablaufbeschreibungen und Nachweisdokumenten gestellt. Kriterien sind hier die angegebenen Dokumente, die als Arbeitsgrundlage dienen, wie beispielsweise interne Leitlinien, Standardformulare, Dienstpläne etc. Durch diese Art der Überprüfung im Arbeitsbereich sollen die dokumentenbezogenen Angaben bzw. Anforderungen auf ihre tatsächlich gelebte Praxisumsetzung hin überprüft werden. Grundsätzlich unterliegen die Visitoren sowie die Zertifizierungsstelle den Bestimmungen des Datenschutzes und der ärztlichen Schweigepflicht.

Die Ergebnisse werden von den Visitoren an die Zertifizierungsstelle geleitet. Diese erstellt den abschließenden Visitationsbericht. Im Visitationsbericht werden auf der Kriterienebene die Details der Selbst- und Fremdbewertung inhaltlich bewertet und Stärken und Verbesserungspotenziale dargestellt.

**Formale Phase: Empfehlung und Zertifikat**

Der Visitationsbericht wird nach Genehmigung der Visitoren der Krankenhausleitung zugesandt (nicht öffentlich). Ergab die Bewertungssystematik mindestens 55 % der Gesamtpunktzahl, so wird die Zertifizierungsstelle das Krankenhaus bei der KTQ® gGmbH zur Zertifizierung vorschlagen. Diese prüft die eingegangenen Unterlagen und stellt das Zertifikat aus. Nach der Zertifikatsübergabe wird der Qualitätsbericht des Hauses auf der Homepage der KTQ® sowie des Krankenhauses veröffentlicht. Die Zertifizierung behält für drei Jahre ihre Gültigkeit, wobei im Sommer 2002 geprüft wird, inwieweit eine Zwischenvisitation sinnvoll ist.

### 1.3.5 Die Selbstbewertung als Kernelement des KTQ®-Prozesses

**Wichtiger Schritt beim Aufbau eines QM-Systems**

Hat sich ein Krankenhaus dazu entschieden, als Basis für das Qualitätsmanagement den Weg über den KTQ®-Prozess zu gehen, so ist die Selbstbewertung das Herzstück dieses Prozesses. Die Selbstbewertung liefert einen hervorragenden Ist-Stand über die verschiedenen Qualitätsparameter eines Hauses und der internen Schnittstellen. Weiterhin legt sie Arbeitsstrukturen wie Projektgruppen, themenspezifische Qualitätszirkel etc. zugrunde, die auch nach der Selbstbewertung ein wichtiges Element für ein kontinuierliches Qualitätsmanagement in einem Hause sind. Die Mitarbeiter werden geschult und setzen sich unter gleichen Vorgaben mit den Thematiken der Qualitätserfassung/-erarbeitung in ihren Arbeitsbereichen auseinander, so dass ein systematischer Handlungs- und Denkansatz in die Arbeitsbereiche hineinwachsen kann. Die Selbstbewertung ist ein wichtiger Schritt im Sinne eines konkreten Arbeitsinstrumentes beim Aufbau eines Qualitätsmanagements für ein Krankenhaus.

**Nachteile interdisziplinärer Qualitätszirkel**

Bei der Selbstbewertung gibt es verschiedene Vorgehensweisen. KTQ® schlägt vor, die Selbstbewertung in Qualitätszirkeln interdisziplinär (d.h. berufsgruppen- und fachabteilungsübergreifend) zu bearbeiten, wobei die Kriterien hierbei stets für das gesamte Haus behandelt werden. So werden abteilungsspezifische Besonderheiten in der Regel nur unzureichend in der Selbstbewertung abgebildet. In der Praxis hat sich aber gerade für die erste Selbstbewertung gezeigt, dass Mitarbeiter in Krankenhäusern trotz Fortbildungen nur begrenzt in der Lage sind, im Qualitätszirkel gemeinsam zu arbeiten. Hier zeigen sich häufig alte Vorbehalte und Grabenkämpfe zwischen Fachabteilungen und Berufsgruppen, die aufgrund menschlicher Erfahrungen schwer überwunden werden können. Die Qualität der Ergebnisse ist vielfach nur mit extremem Aufwand sinnvoll in den Gesamtprozess zu integrieren.

**Erste Bewertung abteilungsintern**

In der bisherigen Praxis hat sich daher abweichend von der empfohlenen Vorgehensweise im KTQ®-Manual bewährt, die erste Selbstbewertung auf Basis der Abteilungen durchzuführen. Hierzu werden die Kriterien und einzelnen Fragen dahingehend überprüft, ob und in welcher Form diese in den einzelnen Abteilungen relevant sind. In dieser Frage sollten Krankenhäuser sich nicht scheuen, aus ihrer Sicht ergänzende Fragestellungen hinzuzufügen. Dies gilt insbesondere für die Bereiche, wo bisher noch Fragen zum Check- und Act-Schritt im PDCA-Kreislauf fehlen.

#### 1.3.5.1 Erhebung der Daten

**Teilstrukturierte Interviews getrennt nach Berufsgruppen**

Die Praxis hat gezeigt, dass die eigentliche Datenerhebung in teilstrukturierten Interviews mit den verschiedenen Berufsgruppen der Abteilung erfolgt. Hierzu gehört bei den bettenführenden Abteilungen das Interview mit Mitarbeitern aus der Pflege und dem ärztlichen Bereich. Diese Interviews werden nach Berufsgruppen getrennt geführt, um die verschiedenen Sichtweisen zu Kriterien und Abläufen herauszufinden. Die Ergebnisse werden in einem Bericht auf Ebene der Fachabteilung zusammengefasst. Neben den eigentlichen Inhalten sollten bei den Interviews folgende Aspekte stets berücksichtigt werden:

- Verantwortlichkeiten
- vorhandene Vorgabedokumente (Dienstanweisungen, Verfahrens-/Arbeitsanweisungen, Standards, Behandlungspfade, hausinterne Leitlinien etc.)
- kurze Beschreibung des Ablaufes
- vorliegende Nachweisdokumente (Patientendokumentation, Protokolle, Berichte und Reports etc.)
- Benennung von Problemen
- Verbesserungspotenziale aus Sicht der Interviewpartner

Nach einer entsprechenden Einarbeitung ist ein geübter Interviewer in der Lage, ein Interview innerhalb einer Fachabteilung mit einer Berufsgruppe in drei Stunden zu führen.

Wenn keine weiteren Erläuterungen vorhanden sind, kann sich das Krankenhaus bei der Zertifizierungsselbstbewertung für einen Sachverhalt aus dem Do-Bereich entscheiden. In der Regel sind diese Bereiche in den meisten Krankenhäusern nicht ausgeprägt, so dass die Häuser und Abteilungen Handlungsbedarf haben.

**Ergebnisbericht für einzelne Fachabteilungen**

Die Ergebnisse werden in einem Bericht für die einzelnen Fachabteilungen zusammengefasst. Hierbei hat sich eine tabellarische Darstellung bewährt. In bestehenden Beratungsprojekten hat sich dabei folgende Aufteilung als praktikabel erwiesen:

- Benennung des Kriteriums und der einzelnen Fragen
- Verantwortlicher
- Beschreibung des derzeitigen Sachverhaltes
- vorhandene Vorgabedokumente
- vorhandene Nachweisdokumente
- Maßnahmenvorschläge

Auf Abteilungsebene ist auch eine erste Bewertung (durch Vergabe von Punkten) sinnvoll. Dies macht den Vergleich der Abteilungen einfacher und gewöhnt sowohl Leitungskräfte als auch Mitarbeiter an dieses Verfahren, wobei es gerade für Leitungskräfte vielfach das erste Mal ist, dass eine Bewertung bzw. Benotung ihrer Arbeit erfolgt. Es ist häufig schwer zu vermitteln, dass es sich hierbei nicht um eine Bewertung der medizinischen Qualität der Arbeit handelt, sondern um die Prozesse und Abläufe. KTQ® sieht folgende Bewertung anhand des PDCA-Kreislaufes vor:

- Plan: maximal 3 Punkte
- Do: maximal 9 Punkte
- Check: maximal 3 Punkte
- Act: maximal 3 Punkte

**Interpretation der Bewertung**

In den bisherigen Veröffentlichungen ist die Präzisierung der Bewertung unzureichend ausgeprägt (Wann gibt es wie viele Punkte bei einem Schritt?). Dies erschwert zum einen die Arbeit intern, zum anderen lassen sich die Bewertungen nur schwer im Haus kommunizieren. Um dieses intern transparent zu machen, sind von den Autoren in einem ersten Schritt Hilfestellungen für die Interpretation entwickelt worden:

| Text | Punkt | Interpretation |
|---|---|---|
| nicht erfüllt | 0 | nicht bearbeitet<br>individuelle Umsetzung der MA |
| ansatzweise erfüllt | 1 | Abläufe geregelt und in Teilen umgesetzt |
| teilweise erfüllt | 2 | Abläufe geregelt und umgesetzt<br>Ablaufbeschreibung oder Nachweisdokumente vorhanden |
| umfassend erfüllt | 3 | Abläufe geregelt und umgesetzt<br>Ablaufbeschreibung und Nachweisdokumente vorhanden |

*Abb. 5: Bewertung innerhalb der Schritte Plan, Act und Check*

Für den „Do-Schritt" wurde folgende Interpretation entwickelt:

<table>
<tr><th>Erfüllungsgrad</th><th>Punkte</th><th>beantwortete Sachverhalte</th><th>Umsetzung</th><th>Regelung (schriftlich)</th><th>Nachweis (schriftlich)</th></tr>
<tr><td>nicht erfüllt</td><td>0</td><td>0,00 %</td><td>0,00 %</td><td colspan="2" rowspan="3">0,00 %</td></tr>
<tr><td rowspan="3">ansatzweise erfüllt</td><td>1</td><td>25,00 %</td><td>25,00 %</td></tr>
<tr><td>2</td><td>50,00 %</td><td rowspan="2">50,00 %</td></tr>
<tr><td>3</td><td rowspan="2">75,00 %</td><td colspan="2" rowspan="2">25,00 %</td></tr>
<tr><td rowspan="3">teilweise erfüllt</td><td>4</td><td rowspan="2">75,00 %</td></tr>
<tr><td>5</td><td rowspan="5">100,00 %</td><td colspan="2" rowspan="2">50,00 %</td></tr>
<tr><td>6</td><td rowspan="3">100,00 %</td></tr>
<tr><td rowspan="3">umfassend erfüllt</td><td>7</td><td colspan="2">75,00 %</td></tr>
<tr><td>8</td><td colspan="2" rowspan="2">100,00 %</td></tr>
<tr><td>9</td><td>110,00 %[1]</td></tr>
</table>

*Abb. 6: Bewertung innerhalb des „Do-Schrittes"*

Die gewählten Interpretationen lassen sich zukünftig sicher verfeinern, stellen aber zum jetzigen Zeitpunkt eine Möglichkeit dar, um die einzelnen Schritte der Bewertung transparent zu machen.

**Gesamtbewertung anhand eines Algorithmus**

Im Rahmen der Zertifizierungsselbstbewertung muss die bisherige Bewertung mit einer entsprechenden Bewertung der Durchdringung kombiniert werden. Hierbei wird zusätzlich der Umsetzungsgrad im gesamten Haus bewertet. Für die Berechnung der Gesamtbewertung des Einzelkriteriums gibt es einen von KTQ® vorgegebenen Algorithmus. Dieser ist sowohl im Manual als auch in der Software von KTQ® hinterlegt.

1 Herausragende Erfüllung des Kriteriums mit Lösungen, die über die bisherigen Anforderungen hinausgehen.

### 1.3.5.2 Zeitplanung

Für die erste Selbstbewertung liegt das benötigte Zeitfenster bei mindestens drei Monaten. Bei entsprechender Ressourcenbereitstellung innerhalb des Hauses lässt sich dies eventuell auf acht Wochen verkürzen. Diese Phase sollte bewusst kurz gehalten werden, um den zeitlichen Fokus auf die notwendigen Veränderungen und Verbesserungen zu legen. Derzeit muss man für ein durchschnittliches Krankenhaus von einer Umsetzungslaufzeit von mindestens 18 Monaten rechnen. Hierbei sollte der zeitliche Verlauf stets begrenzt werden, ansonsten läuft man Gefahr, dass sich der gesamte Prozess verliert. Für die Zertifizierungsselbstbewertung sollte sich ein Krankenhaus mindestens sechs Monate Zeit nehmen. Die Praxis hat gezeigt, dass allein die Bearbeitung des Strukturteils im ersten Anlauf bei einem Mitarbeiter einen Zeitraum von vier Wochen in Anspruch nimmt, da die dafür notwendigen Daten in der Regel zentral vorhanden sind.

### 1.3.5.3 Maßnahmenplanung

**Schwachpunkte**

Die Mehrzahl der Häuser weist in der Regel gerade in folgenden Bereichen Schwachpunkte auf:

- Beschreibungen der Abläufe
- Nachweisdokumente
- systematische Planung
- systematische Überprüfungen und Veränderungen
- inhaltliche Themenbereiche wie die Kategorien
  - 2. Sicherstellung der Mitarbeiterorientierung
  - 5. Krankenhausführung
  - 6. Qualitätsmanagement

Im Zuge der Umsetzungsplanung sollten folgende Punkte beachtet werden:

- einheitliche Regelungen für das gesamte Krankenhaus
- Festlegung der Verantwortlichkeiten für einzelne Themen- und Aufgabenbereiche
- Transfer von guten Lösungen innerhalb des Hauses
- Festlegung der Organisationsstruktur
- Einbindung der Mitarbeiter
- Information
- Projektmanagement für die Umsetzung

**Grundlegende Bereiche**

Die Maßnahmenplanung sollte sich aus zwei grundlegenden Bereichen zusammensetzen. Zum einen in einer Lösung für das gesamte Haus inklusive übergreifender Lösungen, zum anderen in spezifischen Planungen für die Abteilungen, wobei im Hauptteil alle übergreifenden Aspekte berücksichtigt werden.

#### 1.3.5.4 Umsetzung

**Schulung der Mitarbeiter**

Vor der eigentlichen Umsetzung sollten die Mitarbeiter über die Ergebnisse informiert werden. Zu Beginn der Umsetzung sollte auf Basis der Maßnahmenplanung der Schulungsbedarf ermittelt und festgelegt werden. Je nach Ausgangssituation sind Schulungen folgender Themenbereiche notwendig:

- Moderationstraining
- Projektmanagement
- Grundlagen QM und KTQ®
- Prozessmanagement im Rahmen von QM
- Bewertung und Audits als interne Verbesserungsmaßnahmen

Um einen Gesamtzeitplan einzuhalten, ist ein stringentes Vorgehen erforderlich. Hierzu gehört auch eine systematische Überprüfung der einzelnen Maßnahmen. Um dies zu gewährleisten, sollte die Abarbeitung der Maßnahmen in acht Wochen erfolgt sein. Die Überprüfung sollte stets zeitversetzt vorbereitet werden. Der gesamte Umsetzungsprozess sollte ergänzt werden durch ein entsprechendes Projektmanagement und auch durch die regelmäßige Information der Mitarbeiter und der Leitung.

#### 1.3.5.5 Überprüfung des Gesamtprozesses

**Erneute Selbstbewertung**

Für eine Zertifizierung ist in der Regel eine erneute Selbstbewertung notwendig. Hierbei muss vom Haus überprüft werden, welche Informationen aus der ersten Selbstbewertung noch so aktuell sind, dass sie nicht wieder erhoben werden müssen, und welche erneut erhoben werden.

**Anforderungen von KTQ®**

Für die Zertifizierung ist es unbedingt notwendig, dass diese Selbstbewertung anhand der Anforderungen von KTQ® erfolgt. Hierzu gehörten folgende Aspekte:

- Erfassung der Selbstbewertung in der Software KTQ®.doc
- maximal 280.00 Zeichen ohne Leerzeichen für die Selbstbewertung (pro Kriterium zwischen 1.984 und 5.952 Zeichen)
- komplett bearbeiteter Strukturteil des Manuals
- Nachweis an der Beteiligung der externen Qualitätssicherung
- Erstellung des Entwurfes des Qualitätsberichtes mit maximal 34.500 Zeichen

### 1.3.6 Zusammenfassung und Ausblick

Das vorgestellte Vorgehen beruht auf der zweijährigen Erfahrung in verschiedenen durchschnittlichen Krankenhäusern unter Berücksichtigung deren realer Situation. Mit der Selbstbewertung auf Basis von Interviews und einer abteilungsspezifischen Betrachtung ist es möglich, dass Krankenhäuser bzw. Fachabteilungen schnell zur Umsetzung kommen und nicht extrem lange an der Erarbeitung einer ersten Selbstbewertung arbeiten. Im Zuge des Umsetzungs- und Veränderungsprozesses ist es aber notwendig, dass die verschiedenen Abteilungen von Seiten der Leitung und der Projektverantwortlichen zusammengeführt und verbunden werden. Hier haben die meisten Abteilungen Entwicklungspotenzial und brauchen Unterstützung.

Gerade auf Ebene der Fragen innerhalb der Kriterien sehen die Praktiker noch Notwendigkeiten für die Modifikation durch Verbesserung der Zuordnung. Hier wird es mit den zunehmenden praktischen Erfahrungen unumgänglich, die Inhalte durch vorgesehene Revisionen in das Verfahren einzuführen. Bis dato bildet die KTQ®-Systematik das Krankenhaus ab. Durch die Veränderungen im Gesundheitswesen werden sich die Grenzen zwischen den verschiedenen Versorgungsbereichen verändern; dies sollte ein System wie KTQ® zukünftig auch berücksichtigen.

## 1.4 QAP – Qualität als Prozess: eine EFQM-Branchenversion zur Qualitätssteuerung in Pflegeeinrichtungen

*von Roland Mangold, Carmen Steinmetz-Ehrt und Christoph Reichel*

EFQM steht als Abkürzung für European Foundation for Quality Management mit Sitz in Brüssel. Die EFQM hat ein (Qualitäts-)Managementmodell entwickelt und verbreitet dieses europaweit. Das EFQM-Modell liefert Kriterien bzw. Gesichtpunkte, mit denen ein Betrieb oder eine Abteilung eine umfassende Standortbestimmung durchführen kann. Die Allgemeinheit der EFQM-Gesichtspunkte bringt beim Einsatz im Sozial- und Gesundheitsbereich erfahrungsgemäß Probleme mit sich.

Aus diesem Grund haben Wissenschaftler und Fachkräfte eine branchenspezifische Konkretisierung von EFQM vorgenommen: QAP bedeutet „Qualität als Prozess". QAP ist eine EFQM-Branchenversion, die 1996 auf Initiative eines Verbandes von Pflegeeinrichtungen entwickelt wurde und heute im deutschsprachigen Raum von über 600 Sozial-, Bildungs- und Gesundheitsorganisationen genutzt wird. In diesem Fachbeitrag werden Aufbau, Inhalt und Funktionalität von QAP beschrieben.

### 1.4.1 Das Grundmodell der EFQM

**EFQM-Ebenen**

Das Modell, das die European Foundation for Quality Management (EFQM) öffentlich zur Verfügung stellt, betrifft zwei Ebenen:

- **Level I**: ein Übersichtsschema mit neun allgemeinen Kriterien und einer kurzen Umschreibung und
- **Level II**: die Konkretisierung zu jedem der neun Kriterien durch etwa fünf bis neun Subkriterien

Das folgende Schema zeigt den Level I der EFQM-Gesichtspunkte (Kriterien) mit der Gewichtung, die für die Zertifizierung oder die Bewerbung um den Qualitätspreis relevant ist (siehe Abb. 1).

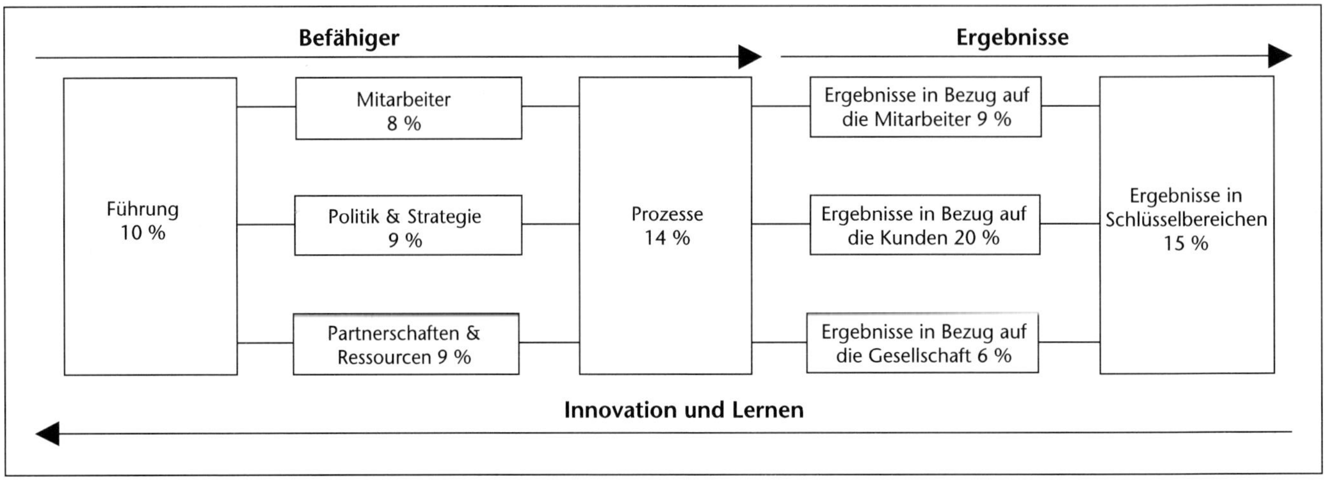


*Abb. 1: Grundschema EFQM-Kriterien Level I*

**Beurteilungskriterien des EFQM-Systems (Level I)**

Zu all diesen neun Kriterien gibt es Unterpunkte; so genannte Subkriterien. Es sind zwischen zwei und acht pro Kriterium. Sie bezeichnen im Detail, was bei Total Quality beachtet werden sollte.

**Interne oder externe Beurteilung**

Mit dem EFQM-Modell evaluiert der Betrieb oder die Abteilung den eigenen Qualitätsstand. Man beurteilt sich selbst. Dies nennt man „Self-Assessment". Assessment heißt wörtlich übersetzt Beurteilung oder Bewertung oder Evaluation. Der Betrieb hat auch die Möglichkeit, sich durch externe Bewerter beurteilen zu lassen. Man nennt diesen Vorgang „Externes Assessment". Die Personen, die dieses Assessment durchführen, sind speziell ausgebildete Assessoren. Die Ergebnisse einer internen oder externen Beurteilung führen in der Regel zu Maßnahmen, um die Stärken auszubauen und die Schwächen zu beheben. Nach ein bis zwei Jahren wird die Evaluation wiederholt.

**Gegenwärtiger Stellenwert von EFQM**

EFQM versteht sich als ein so genanntes „Total Quality System". In der Tat haben sich die neun Kriterien und die Subkriterien als recht umfassend erwiesen. EFQM deckt den gesamten Qualitätsbereich relativ breit ab. Pro Jahr wenden nach einer Schätzung von EFQM in Brüssel in Europa ungefähr 10.000 Organisationen im Profit- und Non-Profitbereich EFQM an.

## 1.4.2 Herkunft und Zweck der EFQM-Branchenversionen

**EFQM als Grundmuster**

Die Arbeit mit dem EFQM-Grundmodell inspiriert. Die zwei Niveaus schaffen eine gemeinsame Sprache und so etwas wie ein Grundmuster des Qualitäts- und Leistungsdenkens in Organisationen. Allerdings sind die im EFQM-Grundmodell vorgegebenen Gesichtspunkte sehr allgemein formuliert. Eine problemlose Bearbeitung setzt betriebswirtschaftliche Fachkenntnisse und die Fähigkeit, die allgemein gehaltenen Sachverhalte auf die eigene Situation zu übertragen, voraus. Dies stellt im Hinblick auf die zielführende Anwendung im Gesundheits- und Pflegebereich erfahrungsgemäß ein Problem dar.

**Schwächen des EFQM-Modells**

Eine weitere Folge dieser Allgemeinheit der vorhandenen EFQM-Kriterien ist, dass die Beurteilungszuverlässigkeit wissenschaftlichen Standards nicht genügt. Wer versucht, mit Hilfe dieser Kriterien und Subkriterien Altenheime, Krankenhäuser oder Behinderteneinrichtungen durch die Beteiligten oder Externe einzuschätzen, gelangt nicht zu zuverlässigen Resultaten.

Die Konkretisierungen der EFQM genügen in keiner Weise sozialwissenschaftlichen Standards, wie man sie für den Aufbau von leistungsorientierten Finanzierungssystemen oder bei Ratingverfahren erreichen muss. Ein haltbarer Leistungsbeleg (etwa für das Controlling, die Geldgeber oder die zentrale Dach- oder Konzernstruktur) ist mit der Grundversion von EFQM nicht zu erreichen. Auch Vergleiche zwischen Betrieben oder Abteilungen sind mit Daten, die auf der Ebene des EFQM-Grundmodells ermittelt wurden, problematisch.

**Konkretisierung durch Branchenversionen**

Deshalb haben Wissenschaftler und Fachkräfte eine branchenspezifische Konkretisierung von EFQM vorgenommen, die so genannten „Third Level Specifications". Das sind EFQM-Branchenversionen, die auf der Basis der Grundversion (Ebenen I und II von EFQM) erarbeitet werden. Die Ebene III macht nun den eigentlichen Inhalt aus. Hier beschreiben Experten einer speziellen Branche, wie Tätigkeiten, beispielsweise

- in der Pflege,
- in der Behindertenarbeit,
- bei der Leitung von Altenheimen usw.,

verrichtet werden können, damit gute oder beste Ergebnisse erreicht werden. Diese Beschreibung erfolgt – um Lern- und Entwicklungsprozesse zu ermöglichen – in mehreren „Reifestadien" (siehe Abb. 2).

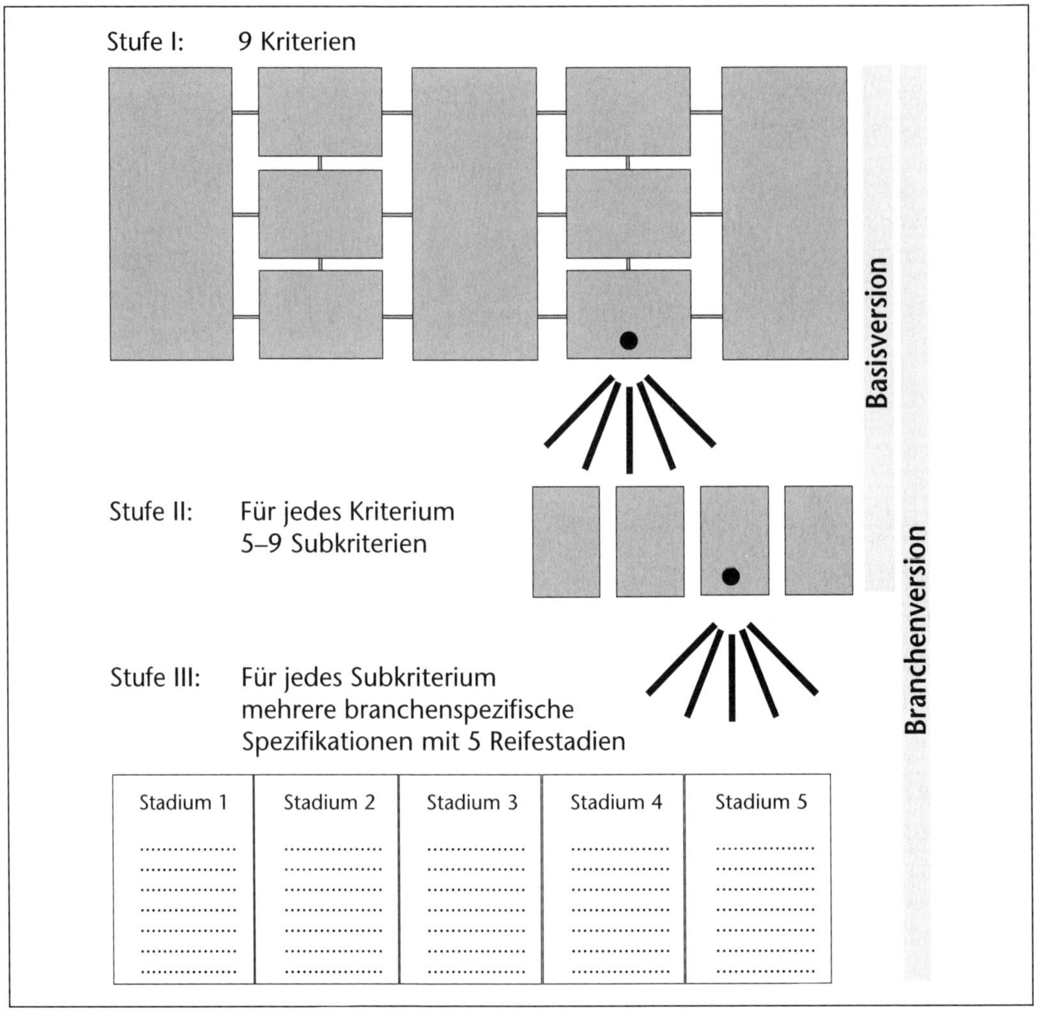


*Abb. 2: Die Zusammenhänge von EFQM-Grundversion und EFQM-Branchenversion*

**QAP als Version für Organisationen im Pflegebetrieb**

Eine erste derartige Version hat das niederländische Wirtschaftsministerium zum Zweck der Evaluation von Bildungsanbietern in der Wirtschaft finanziert. Die Version für Organisationen im Pflegebereich (QAP – Qualität als Prozess) entstand 1996 auf Initiative eines nationalen Verbandes in der Schweiz mit rund 2000 Mitgliedsorganisationen. Der Auftrag an das Forschungszentrum der frey Akademie lautete:

Entwicklung eines Systems, das

1. Lern- und Entwicklungsprozesse in Richtung „guter Ergebnisse" innerhalb von Einrichtungen/Einrichtungsteilen einleitet und aufrechterhält,
2. in der Anwendung verhältnismäßig einfach angelegt ist,
3. für Einrichtungen mit unterschiedlichen Ausgangsniveaus geeignet ist,

4. die besonderen Anforderungen von einzelnen Bereichen (Gesundheit, Pflege, Bildung, Management, Controlling) berücksichtigt und
5. die Daten für ein zuverlässiges, qualitatives Kennzahlen- oder Controllingsystem liefern kann.

### 1.4.3 Die Inhalte von QAP am Beispiel der Version für Pflegeeinrichtungen

**Aufbau von QAP**

QAP enthält alle Gesichtspunkte des EFQM-Grundmodells und zusäztlich konkrete Gesichtspunkte zum speziellen Anwendungsfeld bzw. zur jeweiligen Branche. Am Beispiel der Version für Pflegeeinrichtungen sind dies

- die 9 Bereiche (mit den 32 Unterpunkten) des EFQM-Grundmodells und
- 30 bis 60 weitere konkrete Gesichtspunkte für das Management von Pflegeeinrichtungen und die „Gute Arbeit" in der Pflege.

**Die Inhalte aus dem EFQM-Modell**

1. Führung des gesamten Betriebes
2. mittelfristige Planung und Strategie
3. Mitarbeiter/-innen
4. Ressourcen und Partnerschaften
5. Betriebs- und Arbeitsabläufe
6. Ergebnisse bei den Klienten/-innen und Kunden
7. Ergebnisse bei den Mitarbeitern/-innen
8. Ergebnisse bei der Gesellschaft
9. Ergebnisse im Hinblick auf die Ziele der Organisation (quantitative u. qualitative)

**Die zusätzlichen Inhalte von QAP für das Management von Pflegeeinrichtungen**

1. Eine Kultur erzeugen, in der Qualität gedeiht.
2. Die Beziehungen zu Leistungsempfängern/Interessenvertretungen produktiv gestalten.
3. Die Qualität in Fachorganisationen und -verbänden fördern.
4. Anstrengungen und Leistungen von Mitarbeitern/-innen anerkennen und würdigen.
5. Die Mitarbeiter/-innen bei der Entwicklung/Umsetzung der Strategie beteiligen.
6. Das interne Wissen- und Kompetenzmanagement aufbauen/aufrechterhalten.
7. Die Arbeit gesundheitsfördernd gestalten.
8. Herausfinden, welche Prozesse für den Erfolg wichtig sind.
9. Kunden-/Klientenbedürfnisse ermitteln und erfüllen.
10. Die Kreativität und Innovation innerhalb der Organisation anregen.
11. Mit Reklamationen produktiv umgehen.

**Die zusätzlichen Inhalte von QAP für die Arbeit in der Pflege (ab Januar 2003 verfügbar)**

1. Aufnahme
2. funktionelle Pflegediagnose
3. spezielle Pflegediagnose: degenerative Phänomene und Krankheiten
4. Pflegeplanung
5. Pflegekontrolle und Pflegewirkung
6. Pflegedokumentation
7. persönliche Zuwendung
8. Inkontinenz
9. Schlafstörungen
10. Dekubitus
11. Verwirrung (Desorientierung) und Demenz
12. Verstimmungen und Depressionen
13. Unterernährung und Essstörungen
14. sichere Medikamentenversorgung
15. Sturzprophylaxe
16. Autonomie
17. Sterbebegleitung
18. eigene Gesundheit: Sorge der Pflegenden für sich selbst

**Beispiel Fortbildung**

In QAP beschreiben Wissenschaftler und Experten aus der Branche, wie die Arbeit in diesen Bereichen – in fünf verschiedene Reifestadien gegliedert – aussehen kann:

Sie beschreiben für die Altenhilfe oder für Behinderteneinrichtungen,

- wie Fortbildung zu organisieren ist,
- von wem die Fortbildung anzubieten ist und
- wie die Wirkung im Betrieb zu evaluieren ist,

damit man längerfristig die Qualifikation und Gesundheit der Mitarbeiter/-innen gewährleisten kann.

Die Beschreibung erfolgt in fünf Reifestadien:

- **Stadium 1** beschreibt allgemeine Praxis,
- **Stadium 2** beschreibt mittelgute Praxis,
- **Stadium 5** beschreibt schließlich, wo beste Praxis, beste Strukturen und beste Resultate für diese Branche aufgeführt sind (siehe Abb. 3).

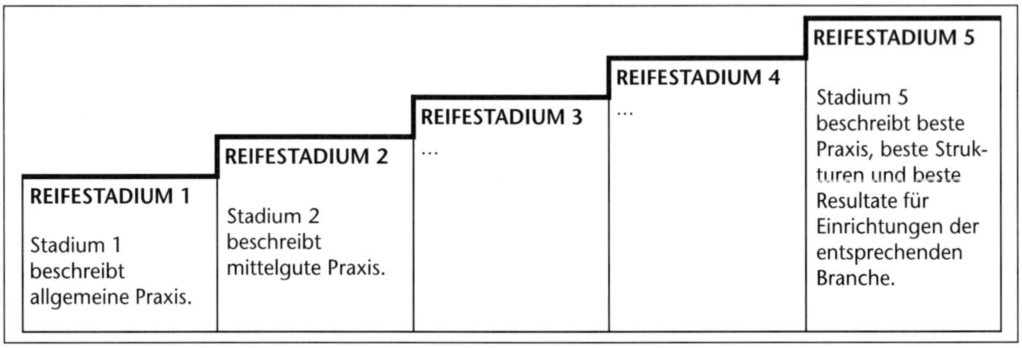


*Abb. 3: Die qualitätsrelevanten Tätigkeiten in fünf verschiedenen Reifegraden*

### 1.4.4 Die Einführung von QAP

**Einbeziehung der Mitarbeiter**

Der Start eines QAP-gestützten Lern- und Entwicklungsprozesses beginnt in der Regel bei den Mitarbeitern und Mitarbeiterinnen der mittleren, bei kleinen Einrichtungen der oberen Führungsebene. Parallel zur den ersten konkreten QAP-Anwendungen lernen die Führungskräfte, die eigenen Mitarbeiter Schritt für Schritt in den Prozess einzubeziehen. Je nach Unternehmenskultur und -strategie ist dann nach etwa einem Jahr ein Teil oder die gesamte Belegschaft im Prozess involviert.

**Vernetzung mit anderen Systemen**

Nach einer betrieblichen Lernphase von sechs bis zwölf Monaten wird QAP mit den anderen im Betrieb vorhandenen Management-, Controlling- und Personalentwicklungssystemen vernetzt. Das Ergebnis der Einführungsphase ist ein in den betrieblichen Alltag der Mitarbeiter und in die betrieblichen Strukturen integriertes Lern- und Entwicklungssystem.

### 1.4.5 Die regelmäßige Nutzung von QAP für das Erreichen der betrieblichen Ziele

**Prozessablauf in der Regelanwendung**

Im Zuge einer Regelanwendung gestaltet sich der Prozess wie folgt:

Die Mitarbeiter erhalten zu vorher ausgewählten Themenfeldern (Ableitung aus den Zielen, Strategien, Leitgedanken) Darstellungen von

(a) der guten/besten Praxis und
(b) vom aktuellen Stand des einschlägigen Wissenschaftswissens (Spezifikationen).

↓

Damit bilden sich die Fach- und Führungskräfte zunächst fort. Sie lernen Elemente bester Praxis und den aktuellen Wissensstand in der Forschung kennen.

↓

Dann führen sie eine Standortbestimmung durch und analysieren ihre eigenen Verhältnisse

(a) im Lichte dieses Wissens und
(b) auf Basis ihrer eigenen Erfahrungen.

↓

Schließlich entwickeln sie in einem speziell entwickelten Lerndialog Maßnahmen für die Weiterentwicklung der eigenen Arbeit. Diese Maßnahmen werden mit einfachen QAP-Hilfsmitteln ins „Tun" übergeleitet.

Die Daten und Informationen aus dem Prozess werden in das Controlling, das Managementsystem und bei der Personalentwicklung eingespeist und für das betriebliche Berichtswesen genutzt.

*Abb. 4: Prozessablauf in der Regelanwendung*

Die Effizienz und Nachhaltigkeit dieses QAP-gestützten Lern- und Entwicklungsprozesses ist durch die Konstruktion von QAP als „alltagstaugliches Werkzeug" sichergestellt. QAP wird daher nicht nur punktuell für die Erfassung der Qualität oder die Zertifizierung genutzt, sondern QAP kommt regelmäßig zum Einsatz: für die effiziente Abwicklung täglicher Arbeit oder die wirksame Umsetzung betrieblicher Herausforderungen (wie beispielsweise Kostensenkungsprogramme, Personalrekrutierung, Integration neuer Einrichtungen). Die einfach handhabbaren Instrumente von QAP stellen die Anwendung bis an die Basis des Betriebes hin sicher.

### 1.4.6 Das Berichtswesen des QAP-gestützten Entwicklungsprozesses

Organisationen, die QAP regelmäßig anwenden, bauen in der Regel auch ein qualitatives Berichtswesen auf. Im „QAP-Leistungs- und Qualitätsbericht" können beispielsweise der

- aktuelle Stand der Qualität,
- die Entwicklungen seit der letzten Standortbestimmung oder
- der Standort der eigenen Einrichtung im Vergleich zur Branche abgebildet werden.

Vergleichs- und Branchendaten sowie Auswerte- und Benchmarkingserviceleistungen können über eine speziell für QAP-Anwender aufgebaute Datenbank bezogen werden (www.qap.at).

**Beispiel Berichtswesen**

Die folgende Auswertung beantwortet beispielsweise die Frage: Wie viel Prozent liege ich über/unter dem Mittelwert der Branche (siehe Abb. 5)?

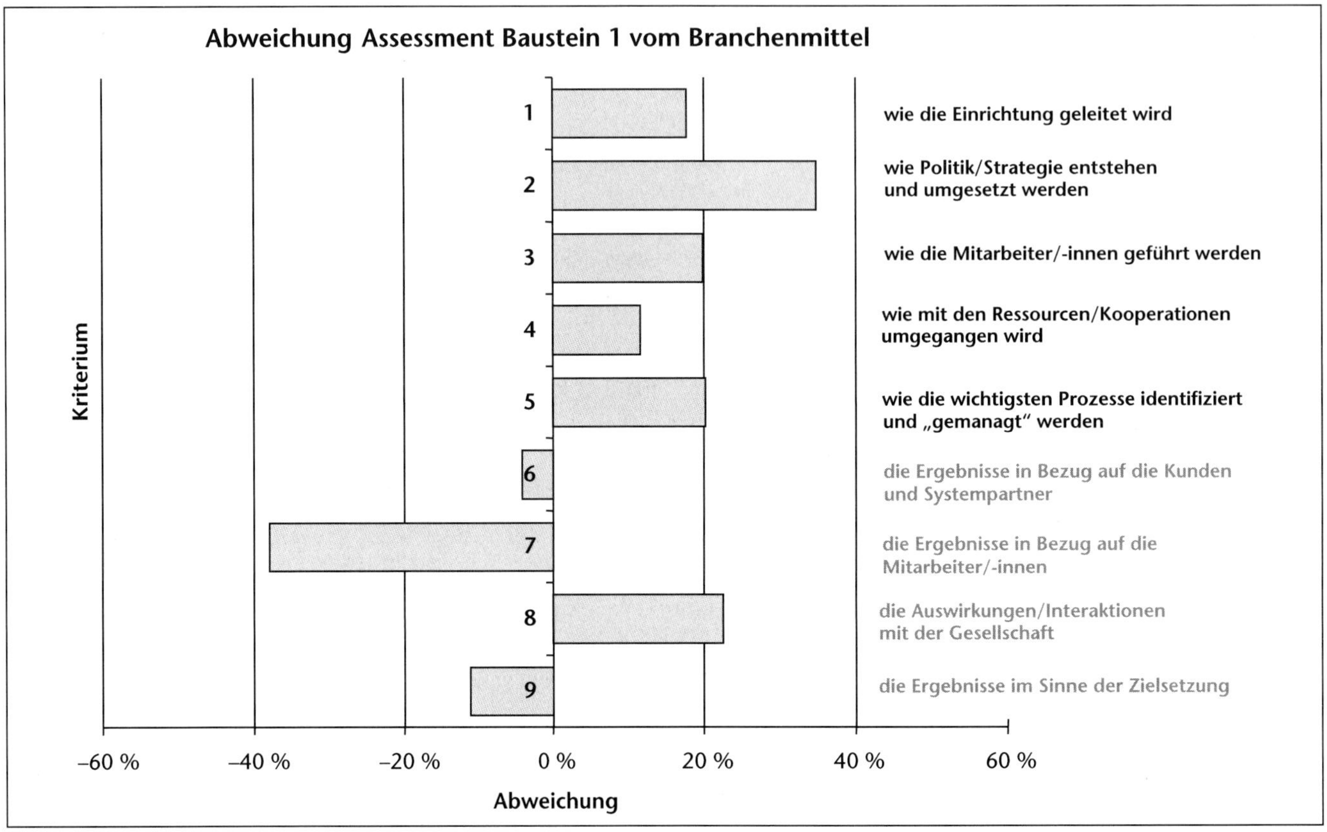


*Abb. 5: Das Berichtswesen bei der QAP-Anwendung*

Umfang und Inhalt des Berichtswesens ist gestaltbar. In der Regel werden die Ergebnisse sowohl in Datentabellen als auch in Grafiken dargestellt. Eine direkte Überleitung der Ergebniswerte zu Management- und Controllingsystemen (Balanced Scorecard, Managementinformationssysteme, integrierte Systeme) ist möglich. Diese Art von qualitativem Berichtswesen wird in Zukunft – insbesondere im Hinblick auf neue gesetzliche Vorgaben – von Bedeutung sein.

### 1.4.7 Die Wirkungen von QAP-Anwendungen

QAP ist auf die Einleitung und Aufrechterhaltung von internen Lern- und Entwicklungsprozessen angelegt. Betriebe und Organisationen, die befragt wurden, berichten von einer Aufbruchstimmung, die durch QAP erzeugt worden ist. Andere sprechen vom größten Vorwärtsschub der letzten 20 Jahre.

**Förderung des gesamtbetrieblichen Lernens**

Eine Besonderheit bei QAP ist der Lern- und Bildungsprozess in der gesamten Organisation. Während man beim ISO-System ein Handbuch schreibt oder bei 2Q (Qualität durch Qualifizierung) die eigenen Standards entwickelt, handelt es sich bei QAP um ein „wissens- und lernbasiertes" Qualitätssystem. Es liefert den Einrichtungen aktuelles Wissen über beste Praxis bzw. die einschlägige Wissenschaft und es bringt eine klaren Rahmen, in dem das individuelle und insbesondere das gesamtbetriebliche Lernen gefördert wird.

Die möglichen Systemaudits durch interne oder externe Prozessbegleiter und die Integration des Systems in den betrieblichen Alltag (QAP-Reglement) stellt die nachhaltige Wirkung des Systems sicher. Der einmal eingeleitete Lern- und Entwicklungsprozess bleibt aufrecht. Das System ist gut mit anderen betrieblichen Systemen vernetzt. Der materielle und emotionale Aufwand für die Einführung ist nicht verloren.

**Rasche Amortisierung der Kosten**

Analysen bei Anwendern im Sozialbereich haben ergeben, dass sich QAP zwischen dem 10. und 16. Monat nach dem Start der Einführung rechnet. Mit anderen Worten: Das Kosten-Nutzen-Verhältnis wird in der Regel nach etwa 1,5 Jahren für den Betrieb positiv.

### 1.4.8 Der European Quality Award

**Verfahren**

Die EFQM organisiert nach amerikanischer Art einen Wettbewerb auf europäischer Ebene und die nationalen Gesellschaften der EFQM auf nationaler Ebene. Dieser ist offen. Betriebe in Europa, die ein hohes Qualitätsniveau erreicht haben, können sich um einen Qualitätspreis bewerben. Zu diesem Zweck stellen sie eine Dokumentation über die Selbstevaluation und die entsprechenden Belege her. Bis zu sechs Bewerter beurteilen diese Dokumentation. Die maximale Punktzahl, die dabei erreicht werden kann, beträgt 1000 Punkte. Assessoren der EFQM nehmen die Bewertung vor. In einem so genannten Consensus-Prozess wird ein gemeinsamer Beurteilungswert festgelegt. Jährlich werden dann die Preise vergeben. Der Weg zu einem möglichen Preis ist jedoch aufwändig und wird nur von wenigen Unternehmen gegangen. Pro Jahr bewerben sich aus ganz Europa nur einige Dutzend Unternehmen.

### 1.4.9 Die Zertifizierung bei EFQM-Branchenversionen

**Nachweis tatsächlich erbrachter Leistungen**

Organisationen, welche mit EFQM-Branchenversionen von QAP arbeiten, haben die Möglichkeit, ein international angelegtes Qualitätszertifikat zu erreichen. Auf Wunsch ist im Zuge der QAP-Zertifizierung auch die ISO-Zertifizierung möglich. Anders als bei den Qualitätssystemen ISO oder 2Q verlangt QAP für das Zertifikat den Nachweis tatsächlich erbrachter Leistung. Das heißt, die so genannte Ergebnisqualität wird auch inhaltlich erfasst. Die Güte der Ergebnisse ist dafür ausschlaggebend, ob man das Zertifikat erreicht oder nicht.

### 1.4.10 Der Stellenwert von QAP in der Praxis

QAP ist in Zentraleuropa (Deutschland, Italien, Ungarn, Österreich, Schweiz) verbreitet. Der Einsatz erfolgt vor allem im sozialen Dienstleistungsbereich. In Österreich dürfte QAP die Vorreiterrolle übernommen haben. In unabhängigen Systemvergleichen erreicht QAP in der Regel gute bis beste Bewertungen (Kämmer et al. 2001).

**Einfache und kostengünstige Methodik**

Einer der Gründe dafür ist, dass QAP sich in der Anwendung als einfache und kostengünstige Methodik erwiesen hat. Dem steht jedoch ein relativ hoher Aufwand für die Entwicklung von Branchenversionen gegenüber. Deshalb ist QAP zu teuer, wenn eine Branchenversion nur für einen einzigen Betrieb entwickelt werden muss.

QAP hat sich als das zuverlässigste Instrument zur Selbstbeurteilung und zur Fremdbeurteilung der Qualität erwiesen. Die Korrelation zwischen internem und externem Assessment beträgt 0.90, zwischen den externen Assessoren 0.80. Die Daten beruhen auf einer Untersuchung bei 14 Betrieben. Aufgrund dieser hohen Zuverlässigkeit der Daten und der einfachen Anwendbarkeit gewinnen die QAP-Branchenversionen im öffentlichen Bereich stark an Bedeutung. Kombiniert mit Leistungskennzahlen und/oder qualitativen Controllingwerkzeugen (Balanced Scorecard) werden derzeit auf Basis von QAP „Leistungsorientierte Finanzierungssysteme" für den öffentlichen Bereich entwickelt.

**QAP als qualitativer Rahmen in Verbänden oder Konzernen**

Da die QAP-Spezifikationen (d.h. der Level III von EFQM) für jede Branche bzw. jede größere Organisationsstruktur angepasst und entwickelt werden kann, wird QAP immer häufiger als Instrument und Rahmen für Verbände, Konzerne und Geldgeber genutzt. Die übergeordneten Strukturen implementieren damit vergleichbare Qualitätsansprüche. Zum Teil wird QAP für alle Einheiten oder Mitglieder der Organisation verbindlich erklärt. In der Regel beteiligt sich die zentrale Organisation oder das Ministerium an der Entwicklung der Standards. Große Sozialkonzerne und Geldgeber (Kassen, Länder, Fonds) in Deutschland und Österreich nutzen QAP auch als Plattform zur Integration der verschiedenen Qualitätssysteme ISO, EFQM und 2Q auf der Management- und Controlling-Ebene.

### 1.4.11 Fazit

Die Grundidee, die EFQM-Grundversion branchenspezifisch weiterzuentwickeln, hat sich in der Praxis bewährt. Betriebe, Verwaltungseinheiten und Organisationen, die die EFQM-Branchenversion QAP einmal eingesetzt haben, arbeiten kontinuierlich damit. Insbesondere der Einsatz von QAP als internes Lern- und Entwicklungsinstrument wird geschätzt. Die Funktion als zuverlässiges qualitatives Analyseinstrument gewinnt im Zusammenhang mit der Professionalisierung und Effizienzsteigerung in den Sozial- und Gesundheitsorganisationen stark an Bedeutung.

## Literaturempfehlungen

*Conti, T.:* Self Assessment: Ein Werkzeug zur Verbesserung der Wettbewerbsfähigkeit. München 1999.

*Grieshaber, U.:* QAP – mehr als eine Qualitätsplakette. In: Forum Sozialstation 85/1997, Seite 12–17.

*Kämmer, K.; Hennecke, M.; Trapp, F.; Bruns-Waigand, W.:* Qualitätsverfahren im Überblick. Hannover 2001.

*Leopoldt, B.; Steinmetz-Ehrt, C.:* QAP – Qualitätsanalyse-Instrument und Zertifizierung auf Basis des Europäischen Qualitätssystems E.F.Q.M. In: Blonski, H. (Hrsg.): Qualitätsmanagement in der Altenpflege. Hagen 1998.

*Ulrich, H.; Probst, G.J.B.:* Anleitung zum ganzheitlichen Denken und Handeln. Bern, 3. Auflage 1991.

*Zink, K.J.:* Business Excellence durch TQM. Erfahrungen europäischer Unternehmen. München 1994.

*Zink, K.J.:* Total Quality Management als integratives Managementkonzept. Das Europäische Qualitätsmodell und seine Umsetzung. München 1995.

*Zink, K.J.:* Bewertung ganzheitlicher Unternehmensführung. München 1998.

## Weiterführende Informationen zu EFQM und QAP

www.qap.at

www.efqm.org

# DRGs (Diagnosis Related Groups) in der Pflege 2

## 2.1 Die Einführung von DRGs und ihre Auswirkungen auf die Pflege

*von Walter Teichmann*

Welche Konsequenzen sind für die Pflege im Krankenhaus mit der Einführung des DRG-Systems verbunden, und welcher Handlungsbedarf leitet sich für die Pflege daraus ab? Diese Fragen sollen nachfolgend beantwortet werden. Dabei sind zwei Phasen zu unterscheiden: Die Phase der Ausgestaltung des DRG-Systems (in der sich das Krankenhauswesen in Deutschland noch befindet) und die Phase des Einsatzes des DRG-Systems (die dem Krankenhauswesen in Deutschland noch bevorsteht).

Die Konsequenzen in der Phase der Ausgestaltung des DRG-Systems betreffen den Berufsstand der Pflege in Deutschland insgesamt. In diesem Zusammenhang ist insbesondere zu prüfen, ob und inwieweit die Pflege versuchen sollte, auf die Definition der Fallgruppen des zukünftigen DRG-Systems Einfluss zu nehmen. Die Konsequenzen in der Phase des Einsatzes des DRG-Systems betreffen die Pflege im einzelnen Krankenhaus. Hier geht es insbesondere um die Frage, welche Veränderungen das DRG-System im Pflegemanagement und in der täglichen pflegerischen Arbeit nach sich ziehen wird.

### 2.1.1 Welche Auswirkungen ergeben sich bei der Ausgestaltung des DRG-Systems?

**Berücksichtigung der Pflege bei DRG-Definitionen**

Das DRG-System als Grundlage der zukünftigen Krankenhausvergütung leistet die Gruppierung von Patienten in vordefinierte Fallgruppen (DRGs) und liefert mit diesen DRGs eine Darstellung der Leistungen eines Krankenhauses. Das Krankenhaus als „Mehrprodukt-Unternehmen" wird „be-greifbar". Die Leistungsstrukturen verschiedener Krankenhäuser können auf Basis der DRGs miteinander verglichen werden, und sowohl für Krankenkassen als auch für Patienten werden die „Produkte" von Krankenhäusern transparent und scheinbar leichter beurteilbar.

Eine wesentlicher Kritikpunkt der Pflege am DRG-System ist die Konzentration auf medizinische Kriterien bei der Definition der Fallgruppen. Pflegerische Aspekte leiten sich nicht unbedingt zwingend aus medizinischen Kriterien ab, so dass vor diesem Hintergrund die Pflege bei der Definition der Fallgruppen nicht umfänglich berücksichtigt wird. Die Sorge, dass folglich die Pflege bei der Darstellung der Krankenhausleistungen vernachlässigt wird, (wieder) in den Hintergrund tritt und das entstehende Patientenklassifikationssystem unvollständig bleibt, ist nachvollziehbar. Die Forderung der Pflege nach einer Ergänzung der Gruppierungsmerkmale um pflegerische Kriterien wäre nahe liegend.

**DRGs als Instrument pflegerischer Arbeit**

Eine Erweiterung der Eingruppierungsmerkmale würde zu einer Differenzierung der Fallgruppen führen. Mehr DRGs mit verbesserter medizinisch-pflegerischer Aussagekraft wären die beabsichtigte Folge. Die damit einhergehende Konkretisierung der DRGs könnte dazu führen, die Akzeptanz der DRGs in der Pflege zu erhöhen und die Anwendung der DRGs in der täglichen pflegerischen Arbeit zu unterstützen. Die neu definierten DRGs würden pflegerische Aspekte der Patientenversorgung besser abbilden und die DRGs somit schneller zu einem praktischen Instrument des Pflegemanagements werden lassen.

Fraglich ist allerdings, ob der Nutzen, den die Erweiterung des Patientenklassifikationssystems um pflegerische Merkmale mit sich bringt, den damit verbundenen Aufwand bei der Entwicklung des deutschen Systems rechtfertigt und ob die Pflege nicht auch im Rahmen des derzeit diskutierten DRG-Systems ihre Ziele und Interessen verfolgen könnte.

**Kompromiss zwischen Ärzten, Pflegenden und Ökonomen?**

Einer der Gründe für die Wahl des australischen DRG-Systems war seine relativ hohe Akzeptanz sowohl auf Seiten der Ärzte als auch auf Seiten der Ökonomen. Das AR-DRG-System liefert eine Basis für eine gemeinsame Sprache von Ärzteschaft und Ökonomen. Es bleibt jedoch ein Kompromiss, der letztlich für beide Seiten nicht vollkommen befriedigend ist und der (insbesondere im Rahmen der regelmäßigen Pflege des Systems) fortgesetzte Diskussionen und Überarbeitungen mit sich bringt.

**Verzögerungen bei Einbeziehung der Pflege**

Die Einbeziehung der Pflege (über die gesetzlich vorgesehene Mitsprache hinaus) und die Erarbeitung eines neuen Kompromisses würde die Ausarbeitung des deutschen DRG-Systems ohne Zweifel verzögern. Dabei wäre der zusätzliche zeitliche Aufwand gerechtfertigt, wenn dadurch das entstehende DRG-System besser, die damit verbundene Verteilung der finanziellen Mittel (sach-)gerechter und für den Patienten schädliche Konsequenzen vermieden würden. In diesem Zusammenhang sei nur erwähnt, dass die unzureichende Berücksichtigung pflegerischer Leistungen in den DRG-Pauschalen zu einer tendenziell frühen Entlassung von Patienten führen kann, die eventuell nicht durch Leistungsangebote anderer Gesundheitseinrichtungen aufgefangen wird.

Der Aufwand, der bei einer Erweiterung der Gruppierungsmerkmale entsteht, wird jedoch nicht allein durch die Entwicklung geeigneter pflegerischer Kriterien (z.B. Pflegediagnosen) begründet. Insbesondere die Abstimmungen und Diskussionen innerhalb der Pflege und mit Ärzten und Ökonomen und die Integration in das bestehende DRG-System werden erheblichen Aufwand verursachen. Außerdem wird die Pflege Überzeugungsarbeit leisten müssen, warum ein an sich funktionsfähiges System durch Ergänzungen noch besser werden muss.

**Kompromiss bei der Kompromissfindung**

Durch die vorigen Ausführungen darf nicht der Eindruck entstehen, als wären das Anliegen und die Forderungen der Pflege im Zusammenhang mit der Entwicklung des DRG-Systems unberechtigt oder gar überflüssig. Es ist jedoch zu bedenken, dass jetzt schon durch die Angabe bestimmter, im ICD-Katalog vorhandener Diagnosen (z.B. Delir, Essstörungen, Stuhlinkontinenz) pflegerisch relevante Aspekte dargelegt werden können, die gegebenenfalls Auswirkungen auf die Eingruppierung haben. Zudem werden bei dem bisher eingeschlagenen Weg der Kalkulation von Relativ-/Kostengewichten die tatsächlichen Kosten des Pflege- und Funktionsdienstes berücksichtigt.

Die Pflege sollte also einen Weg finden, sich in die Ausgestaltung des DRG-Systems einzubringen, ohne dass ihr der Vorwurf der übertriebenen Professionalisierung oder der Abgrenzung von anderen Berufsgruppen gemacht werden kann und ohne dass dadurch der ehrgeizige Zeitplan für die Einführung der G-DRGs in Gefahr gerät. Dies ist z.B. erfolgt durch die Ausarbeitung eines Diskussionsvorschlages einer Liste ausgewählter ICD-10-Codes für die Pflege (mit potenziellen CC-Einstufungen im AR-DRG-System) durch Experten des Höhenrieder Kreises im Auftrag des Deutschen Pflegerates oder durch die Teilnahme an den Dikussionen um die Kodierrichtlinien. Es bleibt allerdings zu wünschen und zu hoffen, dass diese sachliche und mit Augenmaß durchgeführte kritische Diskussion auch tatsächlich Eingang findet in die Entwicklung des G-DRG-Systems.

## 2.1.2 Welche Auswirkungen ergeben sich beim Einsatz des DRG-Systems?

### 2.1.2.1 Wie verändern sich die Berufsfelder der Pflege?

**Veränderungen in der Krankenhausversorgung**

Die Erfahrungen mit dem DRG-System in Australien zeigen, dass sich Versorgungsstrukturen von Krankenhäusern zum Teil drastisch geändert haben. Aus Allgemeinkrankenhäusern mit einem breiten Spektrum von Fachgebieten wurden über einen mehrjährigen Zeitraum hinweg Fachkrankenhäuser mit ein oder zwei Fachabteilungen. Bettenkapazitäten wurden teilweise erheblich reduziert. Die Verweildauer der stationären Patienten hat sich stark verringert.

Die Bedingungen, die bei der Einführung und Umsetzung des DRG-Systems in Australien geherrscht haben, sind nicht ohne weiteres mit den Verhältnissen in Deutschland vergleichbar. Folglich sind auch nicht alle australischen Erfahrungen auf Deutschland übertragbar. Dennoch lässt sich sagen, dass eine Krankenhausvergütung auf der Basis von DRGs die Tendenz zur Leistungsspezialisierung und den Anreiz zur Verweildauerverkürzung in sich trägt.

Daher werden deutsche Krankenhäuser verstärkt ihr Leistungsportfolio unter finanziellen Aspekten beobachten und im Rahmen des Möglichen an wirtschaftliche Notwendigkeiten anpassen. Bei entsprechend ausgestalteten ordnungspolitischen Rahmenbedingungen könnten sich also auch in Deutschland auf mittel- oder langfristige Sicht (nach Einführung des DRG-Systems) Veränderungen (zumeist Verkürzungen) in den Leistungsspektren der Krankenhäuser einstellen. Die Verweildauer wird sicherlich weiter reduziert. Damit verbunden wären auch Änderungen in den Organisationsstrukturen der Krankenhäuser und in der Form ihrer Kooperation mit anderen Sektoren des Gesundheitswesens.

**Betonung der Pflegeüberleitung**

Einen Schwerpunkt der zukünftigen pflegerischen Arbeit wird die Pflegeüberleitung bilden. Idealerweise sind bereits bei der Aufnahme mit dem Patienten (und seinen Angehörigen) die Möglichkeiten der Entlassung oder Verlegung zu klären. Jedoch ist die Überleitung nicht alleinige Aufgabe der Pflege. Eine Zusammenarbeit mit der Patientenaufnahme, dem Sozialdienst, den Ärzten und anderen ist erforderlich.

Allerdings nimmt die Pflegeüberleitung in den derzeitigen Ausbildungs- und Prüfungsordnungen kaum Platz ein. Bevor also die Pflegeüberleitung in die Organisation des Krankenhauses oder in die Pflegepläne Erfolg versprechend eingebaut werden kann, sind entsprechende Rahmenbedingungen auch in der Ausbildung der Pflege zu schaffen.

### 2.1.2.2 Wie ist das Pflegecontrolling zu organisieren?

**Medizinisch-ökonomisches Controlling**

Deutlicher als bisher werden in einem DRG-basierten Vergütungssystem die Ärzte in die Erlösverantwortung einbezogen. Ihnen kommt die Aufgabe zu, die zur Erzielung optimaler (im Sinne angemessener) Erlöse notwendige Dokumentation und Kodierung der gruppierungsrelevanten Daten durchzuführen. Als sachgerechte Organisationsform hierfür bietet sich in vielen Krankenhäusern eine Mischlösung aus dezentraler und zentraler Verantwortung an. Dabei wird die Kodierung zum einen in der Fachabteilung vorgenommen und zum anderen fachabteilungsübergreifend (insbesondere für intern verlegte Patienten) auf Ebene des Gesamtkrankenhauses überprüft. Die fachabteilungsübergreifende/zentrale Stelle wird häufig zum so genannten medizinischen Controlling ausgebaut und mit dem betriebswirtschaftlichen Controlling kombiniert.

Diese Organisationsform stellt einen Fortschritt in der berufsgruppenübergreifenden Zusammenarbeit dar und berücksichtigt den ökonomisch-medizinischen Charakter des zukünftigen Vergütungssystems. Dennoch hat die Einengung auf die medizinisch-ökonomische Sicht und die damit einhergehende Vernachlässigung pflegerischer Aspekte sowohl hinsichtlich der Zielsetzung der Erlösoptimierung als auch hinsichtlich der Optimierung der Prozess- und Kostenseite wesentliche Nachteile.

**Medizinisch-pflegerisch-ökonomisches Controlling**

Es ist (zumindest auf absehbare Zeit) davon auszugehen, dass die Angabe der gruppierungsrelevanten Diagnosen und Prozeduren und deren Kodierung die Aufgabe der Ärzte bleiben wird. Dann ist nachvollziehbar, dass die Ärzte diejenigen Diagnosen (und Prozeduren) benennen, die sie aus medizinischer Sicht bei dem betreffenden Patienten festgestellt haben und die relevant sind für die ärztliche Behandlung. Ohne Überprüfung dieser Angaben auf Vollständigkeit, und zwar aus pflegerischer Sicht, kann dem Krankenhaus aber ein finanzieller Nachteil entstehen.

Die Erfassung und Gruppierung von Patientendaten mit den derzeit verfügbaren Groupern zeigt nämlich, dass der Erlös erheblich geringer ausfallen kann, wenn bestimmte pflegerelevante (Neben-)Diagnosen nicht angegeben werden. Wenn also die Ärzte keine Kenntnis von diesen Diagnosen haben und sie deswegen nicht mit angeben, erleidet das Krankenhaus eventuell einen finanziellen Verlust. Um dieser Gefahr entgegenzuwirken, sollten Sie die Pflege in Ihrem Krankenhaus in die Dokumentation und Kodierung einbeziehen. Dies gilt bei der häufig anzutreffenden Mischlösung aus dezentraler und zentraler Verantwortung für beide Ebenen.

**Vorgehen auf Fachabteilungsebene**

Auf Fachabteilungsebene sollten Ärzte und Pflege gemeinsam die gruppierungsrelevanten Daten festlegen und festhalten. Dies erfordert und fördert grundsätzlich die berufsgruppenübergreifende Zusammenarbeit, sofern sie in dem betreffenden Krankenhaus nicht ohnehin schon „gelebt" wird. Darüber hinaus werden sich aber auch Auswirkungen auf die im Einsatz befindlichen Dokumentationssysteme ergeben. Idealerweise nutzen beide Berufsgruppen ein gemeinsames System, so dass die Abstimmung bei der Festlegung und der Dokumentation der erlösrelevanten Diagnosen erleichtert wird.

**Vorgehen auf zentraler Ebene**

Auf der zentralen Ebene sollten Sie eine Integration von betriebswirtschaftlichem, medizinischem und pflegerischem Controlling etablieren. Es gibt schon einige Praxisbeispiele für diese organisatorische Lösung. Bei ausreichender Größe des Krankenhauses hätten Sie dann zum Beispiel ein dreiköpfiges Controlling, das alle relevanten Aspekte des DRG-Systems abdecken kann. Aber auch nach der Einführungsphase des DRG-Systems wird der Nutzen, den das berufsgruppenübergreifende Controlling stiften kann, den Aufwand überwiegen.

#### 2.1.2.3 Was verändert sich in der Personalführung?

**Pflegeleitbilder und -ziele**

Die Krankenhausvergütung auf der Basis von DRGs ist dazu geeignet, die Strukturen der Krankenhausversorgung (und der angrenzenden Sektoren des Gesundheitswesens) in Deutschland zu verändern und zu neuen Leistungsangeboten und -inhalten zu führen. In einem solchen tief greifenden Veränderungsprozess brauchen die Mitarbeiter des Pflege- und Funktionsdienstes im Krankenhaus besonders viel Halt.

Unternehmens- bzw. Pflegeleitbilder gehen von bestimmten ethischen Grundhaltungen und Normen aus und formulieren darauf aufbauend unternehmerische bzw. pflegerische Zielsetzungen. Das Menschenbild (Patient und Mitarbeiter), die grundsätzliche Einstellung zum Pflegeberuf und die grundsätzliche Einstellung zu Gesundheit und Krankheit finden ihren Ausdruck im Leitbild und sollen den Mitarbeitern für ihre Grundhaltung und in ihren täglichen Handlungen einen Bezugspunkt geben und somit leiten.

**Akzeptanz oder Ablehnung**

Die Erarbeitung von Pflegeleitbildern und -zielen stößt häufig auf Spott, Skepsis oder gar Ablehnung. Der Nutzen dieser Maßnahmen wird insbesondere von den nachgeordneten Mitarbeiterinnen und Mitarbeitern in Frage gestellt. Dies ist jedoch nicht bzw. nur unter gewissen nachteilig wirkenden Rahmenbedingungen (z.B. wenn Vorgesetzte nicht als Vorbilder agieren) gerechtfertigt. Grundsätzlich kann festgehalten werden, dass Leitbilder und Ziele bei den Mitarbeitern zur Identifikation mit dem Haus und zur Motivation beitragen.

Daher ist es insbesondere in unruhigen Zeiten (wie der DRG-Einführung) angeraten, wenn Sie in Ihrem Krankenhaus die bestehenden Leitbilder und Ziele vor dem Hintergrund des zukünftigen Vergütungssystems und seiner Auswirkungen überprüfen und anpassen. Von besonderer Wichtigkeit bei der Umsetzung des Leitbildes ist, dass die Vorgesetzten (Pflegedirektor, pflegerische Abteilungs- und Stationsleitung) sich entsprechend dem Leitbild verhalten, es „vorleben".

**Ziele von DRG-Projekten**

Deutliche, klare und verständliche Zielsetzungen sind nicht nur auf Ebene des Gesamtkrankenhauses, für den Pflegedienst insgesamt oder für Fachabteilungen und Stationen notwendig. Auch im Rahmen von Projekten, die im Zusammenhang mit der Vorbereitung des Krankenhauses und des Pflege- und Funktionsdienstes auf die kommenden DRGs durchgeführt werden, müssen die Ziele gleich zu Beginn des Projektes verdeutlicht werden. Ansonsten ist davon auszugehen, dass die am Projekt Beteiligten ihre eigenen Vorstellungen „in das Projekt hineininterpretieren" und damit ihre individuellen Ziele verfolgen. Am Ende ist die Gefahr eines Projektmisserfolges groß oder zumindest könnten viele der Beteiligten mit dem Projektverlauf und -ergebnis unzufrieden sein. Machen Sie daher gleich zu Beginn der Projektarbeit die mit dem DRG-Projekt verfolgten Ziele deutlich.

**Kooperative Führungsformen**

Im Zuge der Umsetzung des DRG-Systems werden sich organisatorische Strukturen von Krankenhäusern verändern. Denkbar sind neue Formen der Zuweisung und Nutzung freier Betten, interdisziplinäre Behandlungszentren und Ähnliches. Prinzipiell könnte das DRG-System zu Organisationsformen führen, die gegebene Kapazitäten flexibel nutzen und damit zu einer integrativen Form von Zusammenarbeit zwischen Berufsgruppen und Fachgebieten führen.

Damit entstehen neue Anforderungen an das tägliche, patientenbezogene Handeln einerseits und an das Führungsverhalten andererseits. Hinsichtlich der Führung könnte es bei den obigen Strukturveränderungen eine Hinwendung zu teamorientierten Modellen geben. Ansätze hierzu sind in den „Kollegialen Abteilungsleitungen" (gemeinsame Abteilungsleitung von Chefarzt und pflegerischer Abteilungsleitung) vorhanden, die es in einigen Krankenhäusern auf der Ebene von Fachabteilungen bereits gibt. Der Prozess der Implementierung einer solchen, insbesondere berufsgruppenübergreifenden Führungsform ist aufwändig und nimmt viel Zeit in Anspruch. Prüfen Sie daher die Angemessenheit einer neuen Führungsform (angesichts von absehbaren Strukturveränderungen) in Ihrem Krankenhaus schon jetzt, und leiten Sie etwaige Maßnahmen rechtzeitig ein.

**Personalbedarf und Personaleinsatz**

Der Druck auf die Personalkosten von Krankenhäusern wird bei einem pauschalierenden Vergütungssystem weiter zunehmen. Wirtschaftlichkeitsuntersuchungen und Personalbedarfsermittlungen gehören in diesem Zusammenhang zum Standardinstrumentarium. Dies betrifft grundsätzlich alle Organisationseinheiten und Berufsgruppen, insbesondere aber den Pflege- und Funktionsdienst, der sowohl mengen- als auch wertmäßig einen hohen Anteil an den personellen Ressourcen einnimmt.

Solange die Pflege nicht auf eine speziell auf das DRG-System zugeschnittene Methode der Personalbedarfsermittlung zurückgreifen kann, stellt die Pflege-Personalregelung (PPR) eine gute Alternative dar. Pflegedienste von Akutkrankenhäusern können hiermit für die Normalpflegebereiche Aussagen über den Umfang pflegerischer Leistungen und die auftretenden Stufen der Pflegebedürftigkeit machen. Die Einstufung der Patienten und die durch die PPR gegebenen Minutenwerte (die gegebenenfalls an die hausspezifischen Verhältnisse anzupassen sind) liefern die Grundlage für eine fallbezogene Personalbedarfsermittlung im Pflegedienst.

**Patienten- und Personalsteuerung**

Aber auch zur Patienten- und Personalsteuerung lässt sich die PPR verwenden. Berechnungsergebnisse zu den Patientengruppen A1/S1 („Selbstversorger, Hotelpatient"), A3/S1 („Pflegefall"), A3/S3 („Intensivüberwachung") und A1/S3 („Tagesstationäre Versorgung") geben zum Beispiel Hinweise auf mögliche alternative Versorgungsformen für Patienten und damit einhergehend über den Einsatz der Mitarbeiter. Wenn in Ihrem Krankenhaus die PPR nach wie vor angewendet wird, behalten Sie das Instrumentarium bei. Wenn Sie die PPR seit ihrer Außerkraftsetzung nicht mehr genutzt haben, erwägen Sie die „Reanimation" dieses durchaus nützlichen Werkzeuges.

### 2.1.2.4 Wer übernimmt die Prozess- und Patientensteuerung?

**Prozessoptimierung und Definition von Leistungsstandards**

Der Erlös, der mit einer bestimmten DRG erzielt werden kann, deckt die Kosten aller Leistungen für einen Behandlungsfall von der Aufnahme bis zur Entlassung ab. Bei gegebenen (oder sogar, wie das Beispiel Australien zeigt, reduzierten) Kapazitäten geht damit vom DRG-System ein starker Anreiz zur Optimierung des Behandlungsverlaufes und zur Festlegung von Standardleistungen aus. Zeitliche Verzögerungen während des Krankenhausaufenthaltes sind so weit wie möglich zu vermeiden, da sie die vorhandenen Ressourcen unnötig binden und die Kosten erhöhen. Medizinisch-pflegerisch nicht notwendige Leistungen sind zu unterlassen; die erforderlichen Leistungen sind vielmehr im Grundsatz verbindlich festzulegen. Beide Aspekte – Prozessoptimierung und Festlegung von Leistungsstandards – betreffen in starkem Maße auch die Pflege.

**Pflege als „DRG-Assistenz" des Arztes**

Ein Patient steht während seines Krankenhausaufenthaltes in intensivem Kontakt zum Pflegedienst. Die Pflege besitzt folglich eine Vielzahl von Informationen über den Patienten, die zum Teil erlösrelevant sein können. Da der Arzt einerseits die Erlösverantwortung trägt und andererseits nicht alle Informationen besitzen kann, die der Pflege zugänglich sind, müsste die Pflege eine Informationsfunktion übernehmen. Die Pflege sollte angesichts der Notwendigkeiten, die sich in wirtschaftlicher Hinsicht aus dem DRG-System ergeben, den Arzt aktiv und selbstständig informieren (z.B. über mögliche Zusatzerkrankungen) und so das Ziel der Erlösoptimierung unterstützen.

Hiermit übernimmt die Pflege eine Aufgabe, die zusätzlichen Zeitaufwand bedeutet und die sie in die Erlösverantwortung mit einbindet. Dennoch sollte sich die Pflege nicht dagegen verwehren. Dies gilt auch angesichts der insbesondere in den vergangenen Jahren vorangetriebenen Professionalisierung der Pflege, die keineswegs im Widerspruch zur DRG-orientierten Zusammenarbeit stehen muss.

**Aufnahmeplanung**

Wenn ein aufgenommener Patient möglichst schnell in die für ihn zutreffende DRG eingruppiert werden kann, ermöglicht und erleichtert dies die Optimierung des Behandlungsablaufes und ist damit auch aus finanziellen Gründen für ein Krankenhaus von Interesse. Dem Aufnahmeprozess kommt damit besondere Bedeutung zu. Die qualitativ gute ärztlich-pflegerische Besetzung der Aufnahme und die sofortige Zuweisung des Patienten zu der „richtigen" Fachabteilung sind wesentliche Elemente des Aufnahmevorganges, die aus organisatorischer Sicht Beachtung verdienen.

Hierbei müssten Sie die Pflege auf jeden Fall einbeziehen. Wie bereits ausgeführt, liefert die Pflege sowohl DRG-relevante Informationen, die der Arzt für „seine" ärztliche Behandlung weiterverarbeitet, und Informationen, die direkt von der Pflege in den Gruppierungsprozess eingebracht werden. Es dürfte sinnvoll sein, diese Informationen möglichst gleich zu Beginn des Krankenhausaufenthaltes vorliegen zu haben und die Aufnahme gemeinsam bzw. in sehr enger zeitlicher und inhaltlicher Abstimmung durchzuführen.

**Entlassungsplanung**

In Australien werden die Patienten „aktiv in die stationäre Behandlung einbezogen". Dies bedeutet unter anderem, dass den Patienten bereits bei der Krankenhausaufnahme eröffnet wird, wann beabsichtigt ist, sie wieder zu entlassen. Vor dem Hintergrund vielfältiger Behandlungspfade, die dem Patienten auch ein Gefühl der Sicherheit geben, und eines sehr gut ausgebauten nicht stationären Bereiches ist diese Vorgehensweise keineswegs verwerflich. In Deutschland dürfte eine gewisse Gewöhnungsphase notwendig werden, um einen solchen „Umgang" mit den Patienten zur Normalität werden zu lassen. Dennoch ist die Entlassungsplanung ein nicht zu vernachlässigender Punkt in der organisatorischen Umsetzung des DRG-Systems. Eine rechtzeitig eingeleitete Entlassungsplanung sollten Sie zur Aufgabe der Pflege machen – nicht zuletzt, weil die Pflegeüberleitung an Bedeutung gewinnen wird.

**Verweildauer, Qualität und Behandlungspfade**

Die Beobachtung und Steuerung der Verweildauer wird zu einer wesentlichen betrieblichen Aufgabe unter einem DRG-basierten Vergütungssystem. Natürlich nicht ohne flankierende Maßnahmen des Qualitätsmanagements. Unter der Annahme der „Standardisierbarkeit von Patienten" können – wie wiederum das Beispiel Australien zeigt – Behandlungspfade/-leitlinien wertvolle Hilfestellung bei der Erfüllung dieser Managementaufgaben leisten.

**Behandlungsleitlinien**

Bei den Behandlungsleitlinien handelt es sich idealerweise um multidisziplinäre Behandlungspläne. Für einen „typischen" Fall werden sämtliche Leistungen aller beteiligten Berufsgruppen und aller leistungserbringenden Kostenstellen in diesem Plan aufgeführt. Die pflegerischen Leistungen in Form von standardisierten Pflegeplänen werden in diese umfassende Behandlungsleitlinie integriert.

Die umfangreiche Anwendung von Behandlungsleitlinien in Australien ist vor dem Hintergrund der dortigen Strukturen zu werten. Die Ärzte sind nicht fest an einem Krankenhaus angestellt; die Pflege hat grundsätzlich eine universitäre Ausbildung. Daher dienen schriftlich fixierte Behandlungsleitlinien auch als innerbetriebliche Maßnahme, den Behandlungsverlauf allgemein gültig zu organisieren. Aufgrund dieser Rahmenbedingungen hat in Australien „die Pflege mehr zu sagen". Es wäre jedoch übereilt, deswegen ableiten zu wollen, dass auch in Deutschland „die Pflegekräfte den Patientendurchlauf allein managen werden". Der Einsatz von multidisziplinären Leitlinien dürfte hierzulande eine gemeinsame Aufgabe aller Beteiligten Berufsgruppen und Leistungsstellen werden.

**Behandlungspfade**

Die Behandlungspfade geben den typischen Verlauf vor. Damit bleiben patientenindividuelle Behandlungsmuster selbstverständlich möglich. Aber es reicht aus, Abweichungen von den Behandlungspfaden zu dokumentieren. Notwendige Folge ist dann die Analyse der Abweichungen von diesen Vorgaben. Patient für Patient muss im Team (bestehend aus Ärzten, Pflegenden u.a.) besprochen werden, um die Ursachen für Abweichungen festzustellen und gegebenenfalls organisatorische Anpassungsmaßnahmen oder eine Überarbeitung der Behandlungsleitlinien einzuleiten.

Dies bedeutet für alle Beteiligten Zeitaufwand und die sachliche Auseinandersetzung mit den Abweichungen. Sofern die Ursachenanalyse jedoch nicht als Instrument der Schuldzuweisung (vor dem Hintergrund erhöhter Leistungen und Kosten) aufgefasst wird, bewirkt ihre Erörterung grundsätzlich eine Verbesserung der Abläufe oder eine realistische Anpassung der Behandlungspfade und damit auch bei Ihnen Verbesserungen im Pflegedienst.

**Leistungs-, Qualitäts- und Kostennachweis**

Neben den dargelegten Anforderungen ergeben sich durch den Einsatz von Behandlungsleitlinien jedoch auch Chancen für die Pflege. Die Pflege kann zum einen das Ausmaß und die Komplexität pflegerischer Leistungen darlegen und gegebenenfalls durch entsprechende Dokumentation abweichende Leistungen und Intensitäten nachweisen. Zum anderen kann die Pflege den Qualitätsnachweis durch entsprechende Ausgestaltung der Pläne bzw. der Dokumentation erbringen. Die pflegerische Kernfrage nach der Erreichung der Pflegeziele kann dann mit dem dokumentierten Ablauf des Pflegeprozesses beantwortet werden.

Die Kosten der Fälle, auf die ein Behandlungspfad zutrifft, lassen sich detailliert ermitteln und nachweisen. Damit werden dann auch die Kostenanteile der beteiligten Berufsgruppen (auch der Pflege) und Leistungsstellen deutlich. Allerdings gelten diese Kalkulationen lediglich für den „typischen" Fall, der genau entsprechend der Behandlungsleitlinie versorgt wurde. Sofern Abweichungen vom vorgegebenen Pfad notwendig waren, sind auch zusätzliche kostenmäßige Darstellungen für diese Abweichungen erforderlich. Auch Patienten, für deren Diagnostik, Therapie und Pflege kein Behandlungspfad existiert, müssten gesondert kalkuliert werden. Außerdem gibt es noch kostenrechnerische Besonderheiten, die bei der Beurteilung der Kosten pro Fall zu bedenken sind, die aber an dieser Stelle aus Platzgründen nicht erörtert werden können.

Zusammenfassend lässt sich festhalten, dass die Kalkulation wohl alle Kosten (und damit auch die Kosten der pflegerischen Leistungen) für den typischen Fall aufzeigt. Als Instrument für die betriebliche Steuerung unter Kostengesichtspunkten sind Behandlungspfade jedoch nur unter zusätzlich zu schaffenden Voraussetzungen einsetzbar.

### 2.1.3 Fazit

**Zusammenfassung**

Zu Beginn der Diskussionen um das kommende DRG-System war bei der Pflege vielerorts nur eine zurückhaltende Auseinandersetzung mit dem Thema beobachtbar. Der Vorrang der Ökonomie und die Konzentration auf medizinische Aspekte ließ offenbar zum Teil den Eindruck entstehen, als sei die Pflege von einem DRG-System nicht betroffen. Diese passive Einstellung ist mittlerweile einer aktiven Haltung gewichen. Die Pflege bezieht Position, nimmt Einfluss auf die weitere Entwicklung des deutschen DRG-Systems und versucht, sich auf die absehbaren zukünftigen Anforderungen vorzubereiten.

**Weiterentwicklung statt Perfektion von Anfang an**

Die (Weiter-)Entwicklung des deutschen DRG-Systems steht im Moment im Vordergrund der Diskussionen in deutschen Krankenhäusern. Das in den nächsten Jahren entstehende Vergütungssystem wird die Grundlage der „lebenswichtigen" (Betriebskosten-)Finanzierung von Krankenhäusern sein. Insofern muss dieses System sauber und vorausschauend ausgearbeitet werden. Allerdings können unmöglich alle Verästelungen der Zukunft vorweggenommen und heute in dieses Entgeltsystem eingebaut werden. Daher sollte die Arbeit an diesem System, und dies gilt auch für den Beitrag, den die Pflege leisten will, immer von Kosten-Nutzen-Überlegungen begleitet sein. Es kann nämlich durchaus sinnvoll sein, mit einem „guten" (statt „sehr guten") DRG-System zu starten und dann eine effektive Weiterentwicklung des DRG-Systems durch geeignete Strukturen und Verfahrensweisen unter Einbeziehung aller betroffenen Berufsgruppen zu sichern.

**Konsequenzen für die Pflege**

Die Anforderungen, die auf die Pflege im Pflegemanagement und bei ihrer Arbeit am Patienten durch das DRG-System zukommen werden, sind nicht vollkommen neu. Die Vermeidung von organisatorischen Reibungsverlusten im Krankenhaus im Sinne einer Prozessoptimierung ist zum Beispiel ebenso wenig neu wie das Problem, die berufsgruppenübergreifende Zusammenarbeit zu verbessern. Allerdings dürfte der Druck, den das DRG-System mit sich bringen wird, in seiner Intensität neuartig sein und wohl endlich diese Probleme einer Lösung näher bringen.

Die Pflege (wie z.B. auch die Ärzte) wird ihre Entscheidungen zunehmend unter wirtschaftlichen Gesichtspunkten treffen müssen. Diese Tatsache wird nicht erst durch eine Krankenhausvergütung auf der Basis von DRGs begründet. Aber das zukünftige pauschalierende Entgeltsystem leistet diesem Umstand noch Vorschub. Zusammen mit strukturellen Änderungen der Krankenhauslandschaft ergeben sich hieraus auch Auswirkungen auf die Berufsfelder der Pflege und das Angebot an pflegerischen Leistungen.

**Aufbau einer neuen „Dienstleistungskultur"**

Last but not least wird der Patient bei der Krankenhausbehandlung mit (neuen) Normen und Zielsetzungen konfrontiert, die einem Vergütungssystem auf DRG-Basis (unausgesprochen) innewohnen und erst die beabsichtigten strukturellen und wirtschaftlichen Konsequenzen ermöglichen. Für die Pflege (und andere Berufsgruppen) bedeutet dies teilweise eine Modifikation bisheriger Wertvorstellungen und den Aufbau einer neuen „Dienstleistungskultur". Hierin dürfte die wohl größte Herausforderung des zukünftigen DRG-Systems liegen.

**Checkliste**

Die folgende Checkliste fasst die im vorliegenden Beitrag behandelten Problemstellungen thesenartig zusammen. Damit liegt ein Katalog von Themen vor, der Ihnen bei der Diskussion der Auswirkungen des DRG-Systems auf die Pflege als Leitfaden dienen kann.

**Checkliste: DRGs in der Pflege**

- ❍ In die Ausgestaltung des DRG-Systems sollte sich die Pflege „mit Gefühl für die Sache" einbringen.
- ❍ Die Berufsfelder der Pflege verlagern sich aus dem Krankenhaus heraus.
- ❍ Das Pflegecontrolling ist als integraler Bestandteil des betriebswirtschaftlichen, medizinischen und pflegerischen Controllings zu organisieren.
- ❍ In der Personalführung ist besonderes Augenmerk auf Pflegeleitbilder und kooperative Führungsformen zu richten.
- ❍ Die Prozess- und Patientensteuerung basiert wesentlich auf multidisziplinären Behandlungsleitlinien, zu denen auch standardisierte Pflegepläne gehören.

## Literaturempfehlungen

*Arnold, M.; Lisch, M.; Schellschmidt, H. (Hrsg.):* Krankenhaus-Report 2000 – Schwerpunkt: Vergütungsreform mit DRGs. Stuttgart 2001.

*Fischer, W.:* Diagnosis Related Groups (DRGs) im Vergleich zu den Patientenklassifikationssystemen von Österreich und Deutschland. Wolfertswil 1999.

*Lauterbach, K.; Lüngen, M.:* DRG-Fallpauschalen: eine Einführung. Stuttgart 2000.

## 2.2 DRGs – Auswirkungen auf das Pflegemanagement

*von Markus Stein*

Mit der Entscheidung, in der akuten stationären Krankenversorgung ein pauschaliertes Entgeltsystem für den größten Teil der Patienten einzuführen, sehen sich die deutschen Kliniken einer großen Herausforderung gegenüber. Das folgende Kapitel soll Ihnen einen Eindruck vermitteln, welche Auswirkungen die Einführung der diagnosegebundenen Fallpauschalen (DRGs – Diagnosis Related Groups) auf die Strukturen und Prozesse in den Krankenhäusern, speziell aber auf die dort praktizierte Pflege haben wird. Folgende Auswirkungen auf die Pflege bzw. das Pflegemanagement werden dabei näher beleuchtet:

- Erstellung von pflegerelevanten Diagnosen und Einflussnahme auf die Erlössituation
- Bedeutung der Dokumentation
- Analyse fallgruppengebundener Kosten
- Analyse und Modellierung von Behandlungs- und Pflegepfaden
- Qualitätsmanagement und integrierte Versorgung

### 2.2.1 Pflegerelevante Diagnosen

Mit der schon im Begriff „Diagnosis Related Groups" ausgedrückten Orientierung an der/den Diagnose/-n eines Krankenhausfalles rückt die Evaluation des Krankheits- und Pflegebedürftigkeitszustandes der zu versorgenden Patienten in den Vordergrund. Die erstmals für Deutschland verfügbaren Kodierrichtlinien, die von der Selbstverwaltung verabschiedet wurden, fixieren verbindlich, wie der individuelle Krankheitszustand eines Patienten in die Systematik der zukünftigen deutschen DRG-Gruppen einzuordnen ist.

**Hauptdiagnose**

Die Entscheidung für das australische System der AR-DRG hat ebenfalls die Anlehnung an die Hauptdiagnosendefinition Australiens nach sich gezogen. In den allgemeinen Kodierrichtlinien (Version 2002 der offiziellen Internetseite „g-drg" der Selbstverwaltung) ist diese für Deutschland wie folgt definiert:

„Die Diagnose, die nach Analyse als diejenige festgestellt wurde, die hauptsächlich für die Veranlassung des stationären Krankenhausaufenthaltes des Patienten verantwortlich ist. Der Begriff ‚nach Analyse' bezeichnet die Evaluation der Befunde am Ende des stationären Aufenthaltes, um diejenige Krankheit festzustellen, die hauptsächlich verantwortlich für die Veranlassung des stationären Krankenhausaufenthaltes war. Die dabei evaluierten Befunde können Informationen enthalten, die aus der medizinischen und *pflegerischen Anamnese,* einer psychiatrischen Untersuchung, Konsultationen von Spezialisten, einer körperlichen Untersuchung, diagnostischen Tests oder Prozeduren, chirurgischen Eingriffen und pathologischen oder radiologischen Untersuchungen gewonnen wurden."

**Aufwertung des Aufnahmezustandes**

Der Fokus wird sehr stark auf den Aufnahmestatus bzw. auf die Gründe gelegt, die zu einem stationären Krankenhausaufenthalt führen. Die im Definitionstext genannte Analyse bezieht ausdrücklich die pflegerische Anamnese mit ein, so dass hier direkt eine Anforderung an das Pflegemanagement formuliert wird: die Einführung neuer bzw. die

Optimierung bestehender Dokumente der pflegerischen Aufnahme. Die Aufwertung des Aufnahmezustandes steht im Gegensatz zur bisherigen Praxis, die durch die Bezeichnung der Diagnose mit dem größten Ressourcenverbrauch als Hauptdiagnose gekennzeichnet ist.

**Nebendiagnose**

Um dem verstärkten Personal- und Sacheinsatz bei Patienten mit Begleiterkrankungen bzw. einer hohen Pflegebedürftigkeit gerecht zu werden, sollen diese in Form von Nebendiagnosen bei der Berechnung der DRG-Fallgruppe berücksichtigt werden. Der Bezug auf die begleitenden Krankheitszustände soll über eine daran angelehnte Differenzierung der DRG-Gruppen eine adäquate Vergütung der Krankenhausleistungen ermöglichen. Nebendiagnosen werden gemäß der allgemeinen Kodierrichtlinien wie folgt definiert:

**Definition**

„Eine Krankheit oder Beschwerde, die entweder gleichzeitig mit der Hauptdiagnose besteht oder sich während des Krankenhausaufenthaltes entwickelt. Für Kodierungszwecke müssen Nebendiagnosen als Krankheiten interpretiert werden, die das Patientenmanagement in der Weise beeinflussen, dass irgendeiner der folgenden Faktoren erforderlich ist:

- therapeutische Maßnahmen
- diagnostische Maßnahmen
- erhöhter Betreuungs-, Pflege- und/oder Überwachungsaufwand."

Der letzte Definitionspassus ist entscheidend für die Pflege und deren Management. Hier wird ausdrücklich auf den Personaleinsatz der zahlenmäßig größten Gruppe in den Krankenhäusern verwiesen. In den drei Beispielen des Originaltextes der allgemeinen Kodierrichtlinien wird konkret der erhöhte Pflegeaufwand aufgrund häufiger Blutzuckerkontrollen bei Diabetes mellitus sowie aufgrund der Unterstützung seitens des Pflegepersonals bei bestehender Unterschenkelamputation beschrieben.

**Erlössituation**

Wie sich die Benennung einer pflegerelevanten Nebendiagnose auf das Entgelt, das dem Krankenhaus für die Behandlung eines Patienten zusteht, auswirkt, soll die folgende Gegenüberstellung aufzeigen. Mittels des sehr benutzerfreundlichen Groupers der DRG Forschungsgruppe an der Universität Münster lässt sich für einen fiktiven 60-jährigen männlichen Patienten mit chronisch obstruktiver Lungenerkrankung (COLD) bei einem Stationsaufenthalt über zehn Tage die Erlössituation wie folgt ableiten (die Angaben beziehen sich auf das australische System der AR-DRGs, da die deutschen Klassen bisher noch nicht definiert sind):

| | DRG-Gruppe | Mittlere Verweildauer | Kosten-gewicht |
|---|---|---|---|
| COLD als Hauptdiagnose | E65B | 5,69 Tage | 1,09 |
| COLD als Hauptdiagnose<br>Dekubitus als Nebendiagnose | E65A | 8,68 Tage | 1,72 |
| COLD als Hauptdiagnose<br>Harninkontinenz als Nebendiagnose | E65A | 8,68 Tage | 1,72 |

*Abb. 1: Ableitung der Erlössituation bei COLD nach AR-DRG*

**Informationen des Pflegepersonals**

Sowohl das Dekubitalgeschwür als auch die Harninkontinenz führen zu einer Eingruppierung in eine kostenaufwändigere DRG-Gruppe, wie sich direkt am Kostengewicht ablesen lässt. Wird also eine der beiden Nebendiagnosen angegeben, erhält das Krankenhaus für den Patienten fast das 1,6fache an Vergütung als bei einem Patienten, der nur die Hauptdiagnose COLD führt. Aus diesem Beispiel ist sehr gut ersichtlich, wie wichtig eine vollständige schriftliche Dokumentation der medizinischen und pflegerischen Befunde ist. Eine Harninkontinenz mag dem behandelnden Arzt nicht auffallen, gewiss aber dem Pflegepersonal aufgrund des hierdurch vergrößerten Aufwandes.

Eine hieraus direkt abzuleitende Aufgabe für die Pflegenden in den Kliniken ist die Integration geeigneter Dokumente zur Erhebung der für die Eingruppierung in die DRG-Systematik relevanten Diagnosen. Neben Dekubitus und Harninkontinenz sind noch viele weitere Zustände zu benennen. Eine nationale Liste mit dem Status einer Empfehlung wurde von einer Arbeitsgruppe des Deutschen Pflegerates im Jahre 2001 erstellt und ist über die Internetseite des Deutschen Pflegerates abrufbar.

**Rechenbeispiel**

Die Bedeutung, die der stationären Pflege auch in der Erlössituation zukommt, lässt sich aus den DRG-Abrechnungsdaten eines jeden Krankenhauses ableiten. Geht man von der Annahme aus, dass die Meldung eines Dekubitus als Nebendiagnose nahezu ausschließlich von Pflegekräften erfolgt, so ergibt sich die folgende Rechnung:

(Summe der Erlöse von Fällen mit Nebendiagnose Dekubitus) – Summe der Erlöse von Fällen gleicher Hauptdiagnose aber ohne Nebendiagnose Dekubitus)

In unserem Beispiel des Patienten mit COLD ergibt sich für ein Krankenhaus mit angenommenen zehn Patienten jährlich mit COLD und der gemeldeten Nebendiagnose Dekubitus die folgende Rechnung (als fiktiver Grundwert wird € 2.000,– angenommen):

| | |
|---|---|
| mit Nebendiagnose Dekubitus: | 10 x (€ 2.000 x 1,72) = € 34.400,– |
| ohne Nebendiagnose Dekubitus: | 10 x (€ 2.000 x 1,09) = € 21.800,– |

Die Erhebung der pflegerelevanten Nebendiagnose Dekubitus hat dem Haus demgemäß eine Summe von € 12.600,– erbracht.

**Aufsummierung der Mehrerlöse**

Für das Pflegemanagement ist also neben der schon erwähnten und weiter unten beleuchteten Aufwertung der pflegerischen Dokumentation die Verzahnung mit dem Krankenhauscontrolling bedeutsam. Über die Aufsummierung aller durch Meldungen der Pflegenden ermittelten Mehrerlöse lässt sich der Anteil berechnen, der durch eine sorgfältige Dokumentation über die Pflege dem Krankenhaus zukommt.

### 2.2.2 Dokumentation pflegerelevanter Diagnosen

Aus dem bisher Gezeigten lässt sich sehr leicht ableiten, wie wichtig eine sorgfältige und möglichst vollständige Dokumentation der Diagnosen ist, die einen erhöhten Pflegeaufwand mit sich bringen. Für das Pflegemanagement stellt sich nun die Aufgabe einer möglichst schnellen Ableitung dieser relevanten Diagnosen (die zudem für das DRG-System in der ungewohnten Systematik der ICD10 gemeldet werden) aus der normalen Pflegedokumentation.

**Nachweis des erhöhten Pflegeaufwandes**

Nun wäre es leicht, den Pflegenden eine Liste aller relevanten Diagnosen zur Verfügung zu stellen und diese dann für jeden Patient in einfacher Form ausfüllen zu lassen. Aus der Definition der Nebendiagnose ist jedoch der implizite Zweck abgeleitet, dass der hierfür notwendige erhöhte (Pflege-)Aufwand nachweisbar sein muss. Dieser pflegerische Mehraufwand muss sich also in einer jeweils passenden Form in der alltäglichen Pflegedokumentation wiederfinden – wie zum Beispiel bei einer Harninkontinenz ein häufigeres Betten oder die Anlage bzw. Pflege von Harnableitungen. Hierauf müssen die Pflegekräfte bei der Einführung einer zusätzlichen „Diagnosendokumentation" ausdrücklich hingewiesen werden, zumal die Quote der vom MDK oder anderen Prüforganisationen untersuchten Fälle im Vergleich zu heute sicher noch weiter ansteigen wird.

**Diagnose-dokumentation**

Da von den Pflegekräften vor Ort nicht die Kenntnis über alle aufwandsrelevanten Nebendiagnosen zu erwarten ist, sollte das Management für sie eine geeignete Dokumentationsform bereithalten. Dies setzt zunächst voraus, dass aus dem umfangreichen Katalog der ICD10-Ziffern, die für die Eingruppierung in das DRG-System erforderlich sind, diejenigen Positionen herausgesucht werden, die für das einzelne Krankenhaus oder die einzelne Fachabteilung sinnvoll erscheinen. Aufgrund des ganzheitlichen Ansatzes der Pflege dürfte eine Einschränkung auf einzelne Organgruppen, wie sie dem Aufbau des ICD-Kataloges entspricht, nicht sinnvoll sein. Eine um ICD-Ziffern ergänzte Sortierung der in Frage kommenden Diagnosen nach dem vor Ort praktizierten Pflegemodell ist hinsichtlich der Nutzbarkeit Erfolg versprechender. So bietet sich eine Gruppierung der verschiedenen Nebendiagnosen nach ATL (z.B. „Nahrungsaufnahme", „Ausscheidung", „Bewegung") oder nach Pflegeproblemen (z.B. „Patient ist immobil") an.

**Gesonderter Erhebungsbogen für Nebendiagnosen**

Aus rechtlichen Gründen, nach denen nur der behandelnde Arzt für die Diagnoseerstellung die haftungsrechtliche Verantwortung trägt, ist eine Übertragung direkt in die abrechnungsrelevante Dokumentation nicht zu gestatten. Stattdessen bietet sich ein gesondertes Dokument an, das möglichst einfach die patientenbezogene Erhebung der Nebendiagnosen gestattet. So haben sich Ankreuzfelder bewährt, denen als Erleichterung für den behandelnden Arzt neben der Krankheitsbezeichnung noch der passende ICD10-Code hinzugefügt wird. Da Pflegekräfte im Normalfall nicht für eine Ausdifferenzierung verschiedener Symptome ausgebildet sind, sollte in diesem Fall auf dem Bogen ein Hinweis auf die Möglichkeit der Ausdifferenzierung im ICD-Katalog erfolgen. So kann aus einer „Harninkontinenz ohne nähere Angabe", wie sie im Allgemeinen eine Pflegekraft konstatieren kann, durch den behandelnden (Fach-)Arzt eine „Stressinkontinenz" oder eine „Überlaufblase" werden.

Da vor allem in großen Kliniken eine interne Verlegung von Patienten nicht allzu selten vorkommt, muss der Bogen mit dem Patienten „wandern" und von Pflegekräften auf verschiedenen Stationen entsprechend ausgefüllt werden. Behandelnde Ärzte sollten einen einfachen Zugang zum Nebendiagnosendokument der Pflege haben, um so schnell die entsprechenden Informationen auf abrechnungsrelevante Dokumente übertragen zu können. Dieser Informationsweg von Pflege zu den verantwortlichen Ärzten kann sowohl papiergebunden als auch über EDV-Lösungen erfolgen.

### 2.2.3 Analyse fallgruppengebundener Kosten

**Von Kostenstellen zu Kostenträgern**

Ein pauschaliertes Abrechnungssystem wird in allen Kliniken sehr stark den Fokus auf die anfallenden Kosten richten. Im Gegensatz zum heute praktizierten System der Kostenstellenrechnung, also einer Trennung in die verschiedenen (Budget-)Töpfe von Kliniken und Instituten, wird das DRG-System einen Wandel hin zu einer Kostenträgerrechnung bringen. Diese Form der Kostenberechnung betrachtet den einzelnen Kostenträger, hier eine DRG-Gruppe, und listet für die verschiedenen Leistungserbringer die während des Krankenhausaufenthaltes eines Patienten anfallenden Kostenpunkte für diese DRG-Gruppe auf. Die Analyse der Leistungsverteilung und der hierbei anfallenden Kosten einer Klinik, also aller beteiligten Berufsgruppen, über den Verlauf eines (gemittelten) stationären Verlaufes wird auch mit Prozesskostenrechnung bezeichnet. Dieser Begriff drückt viel deutlicher den Verlauf über eine zeitliche Dauer aus, zum Beispiel welche Leistungen/Kosten am ersten Tag, am zweiten Tag usw. des stationären Aufenthaltes anfallen.

**Prozesskosten der Pflege**

Für die Bestimmung des pflegerischen Anteils dieser Prozesskosten muss für einzelne DRG-Gruppen untersucht werden, wann Pflege in welcher „Menge" beteiligt ist. Dabei sollte man sich für die Analyse auf die häufigsten Diagnosegruppen eines Hauses konzentrieren. Der abstrakte Begriff „Menge" ist synonym mit Minutenwerten zu sehen, da diese direkt in einen Geldwert umgerechnet werden können. Die folgende Tabelle listet die Bereiche auf, die während eines stationären Aufenthaltes einer Betreuung durch die Pflege bedürfen. Sie werden um die Parameter ergänzt, für die schon allgemein gebräuchliche Messinstrumente vorliegen und daher schon direkt in die Kostenrechnung einfließen können. Offensichtlich treten einige Bereiche (z.B. Ambulanzen/Aufnahmebereiche oder Normalstationen) bei fast 100 % der stationären Aufenthalte auf, während andere Bereiche (z.B. Intensivstationen) nicht immer vorkommen müssen.

| | Vorhandene Messinstrumente |
|---|---|
| Aufnahmebereich | — |
| Ambulanzen | – |
| Normalstation | PPR (LEP®) |
| Intensivstation | (TISS, LEP®) |
| OP-Bereich | Schnitt-Naht-Zeit |
| Funktionsbereich | – |

*Abb. 2: Bereiche, die während eines stationären Aufenthaltes einer Betreuung durch die Pflege bedürfen*

In Klammer gesetzte Leistungserfassungsinstrumente, wie die in der Schweiz breit genutzte LEP®, werden für die genannten Bereiche derzeit diskutiert und schon in einigen Kliniken Deutschlands modellhaft erprobt.

**PPR**

Trotz der Aussetzung der Pflegepersonalberechnung nach PPR wird diese Methode in vielen Kliniken noch im Sinne einer internen Budgetierung genutzt. Durch die weitere Nutzung der PPR waren und sind die Pflegemanager in die Lage versetzt, ihre Ressourcen gemäß des vorhandenen Budgets patientenzentriert einzusetzen. Diese meist vorhandene Patientenorientierung muss nun um den Faktor Diagnose(-gruppen-)orientierung erweitert werden. Ziel ist es, festzustellen, wie sich die PPR-Leistung nach Minuten gemittelt über den stationären Verlauf der untersuchten DRG-Gruppe verteilt – also beispielsweise die Frage zu beantworten: „Wie ist der Kostenaufwand nach fünf Tagen auf Normalstationen?"

Die folgende Abbildung demonstriert, wie aus vorhandenem Datenmaterial eine DRG-spezifische Auswertung der PPR-relevanten pflegerischen Leistungen erstellt werden kann.

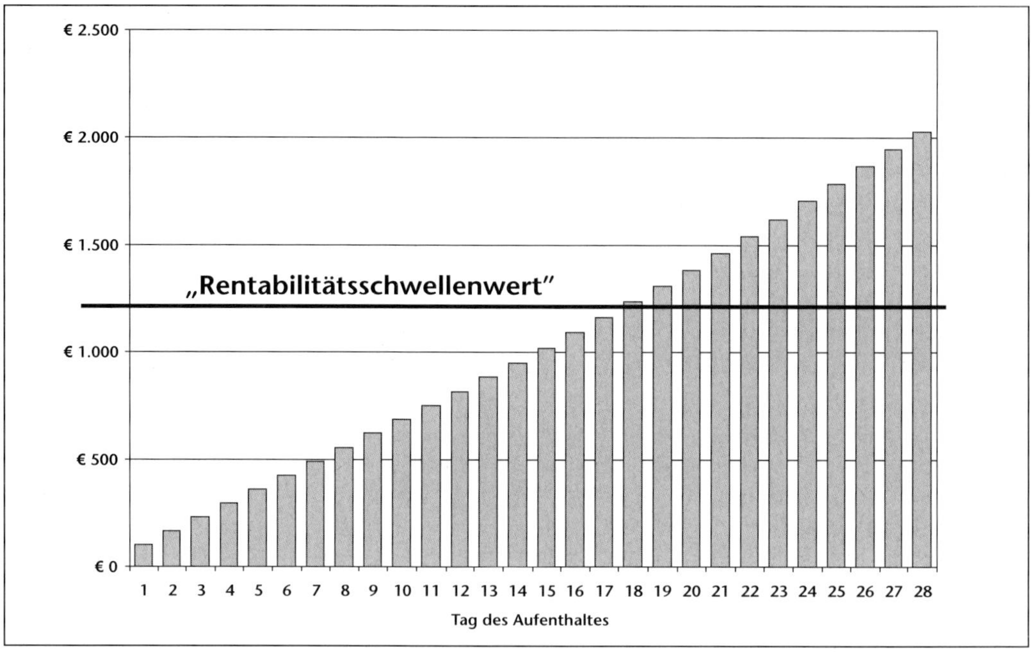


*Abb. 3: PPR-relevante Kostenanteile*

**Auswertung**

In einer gesonderten Datenbank wurden die PPR-Eingruppierungen aller Patienten mit den diagnosezentrierten Daten der DRG-Gruppe der gleichen Patienten verknüpft. Aus dieser Datenbasis lassen sich für jeden Aufenthaltstag

- die aus der PPR-Eingruppierung resultierenden Pflegeminuten (gemäß Gesetzestext) berechnen,
- für die verschiedenen Aufenthaltstage der DRG-Gruppen mitteln und
- dann in einer Kostensummenkurve wie in der hier abgedruckten Darstellung zusammenfassen.

**Rentabilitätsschwellenwerte**

Die Kosten werden einfach über eine Multiplikation der gemittelten Tages-Minutenwerte mit dem mittleren Preis einer Pflegeminute in der Klinik – besser Fachklinik – berechnet. Aus der so entstandenen Darstellung lässt sich in unserem Beispiel sehr schnell ableiten, dass die 1.000-€-Grenze mit dem 15. Aufenthaltstag erreicht wird – wohlgemerkt aber nur bezüglich der PPR-gebundenen Kosten. In einem fortgeschrittenen Controllingstadium lassen sich vielleicht sogar für jede DRG-Gruppe „Rentabilitätsschwellenwerte" berechnen, die Auskunft darüber geben sollen, wann der pflegerische Aufwand auf Normalstationen gemäß des Anteiles am gesamten Versorgungsverlauf den Erlös übersteigt.

Auswertungen dieser Art liefern den Pflegemanagern ein überzeugendes Instrument, gegenüber Klinikleitungen auf Normalstationen einen adäquaten Anteil der Personalkosten pro DRG-Gruppe einzufordern. Aus der Verteilung der verschiedenen DRG-Gruppen auf den Normalstationen eines Hauses lassen sich damit die gesamten Pflegekosten der einzelnen Bereiche berechnen. Die Personalverteilung kann dann DRG-orientiert erfolgen.

**Leistungsberechnung ...**

In vielen Kliniken, vor allem jenen der Maximalversorgung, tritt der Anteil der PPR-gebundenen Leistung gegenüber dem Aufwand in Funktionsbereichen bzw. auf Intensivstationen immer mehr in den Hintergrund. Oft erreicht der Personaleinsatz dieser

Bereiche schon 50 % der gesamten Personalkosten im Pflegebereich eines Krankenhauses. Aus diesem Grund kommt es für Pflegemanager in Zukunft darauf an, die Leistungen in diesen Bereichen möglichst genau zu kennen, und zwar bezogen auf die verschiedenen Diagnosegruppen ähnlich dem oben gezeigten Beispiel der PPR-Auswertung.

**... im OP-Bereich**

Für den OP-Bereich lässt sich über die Schnitt-Naht-Zeiten zumindest annähernd der Einsatz der OP-Pflegekräfte und indirekt auch der Anästhesiepflege berechnen. Diese liegen aus Gründen der Qualitätssicherung in allen Häusern meist auch EDV-gebunden vor und können daher direkt für die DRG-relevante Auswertung herangezogen werden. Für jede operative DRG-Gruppe sollte sich ausrechnen lassen, wie die mittlere Schnitt-Naht-Zeit für die entsprechende Operation ist. Diese gemittelte Zeit entspricht direkt dem Einsatz einer OP-Fachkraft, da diese als instrumentierende Pflegekraft immer anwesend sein muss.

**Rechenbeispiel**

Der klinikbezogenen Einsatzplanung von OP-Springern ist dann noch ein prozentueller Faktor zu dem mittleren Minutenwert zu addieren. Im Beispiel einer laparoskopisch durchgeführten Cholezystektomie mag die mittlere Schnitt-Naht-Zeit bei 40 Minuten liegen. Hieraus ergibt sich folgender Pflegeeinsatz:

**Berechnung des Pflegeeinsatzes**

| | |
|---|---|
| | Einsatz 1 instrumentierende Pflegekraft zu 40 Minuten |
| + | bei einem angenommenen Einsatz eines Springers in zwei Sälen der Einsatz des Springers zu ½ x 40 min = 20 Minuten |
| = | 60 Minuten für die OP-Pflege |

Liegt eine kontinuierliche Betreuung seitens der Anästhesiepflege vor, können die gemittelten 40 Minuten direkt übernommen werden. Dies kann jedoch nur bei einer 1:1-Besetzung erfolgen, das heißt eine Anästhesie-Pflegekraft pro OP-Saal.

**... in Funktions- und Ambulanzbereichen, Intensivstationen**

Ansonsten liegen für die verschiedenen Funktions- und Ambulanzbereiche sowie für die Intensivstationen keine allgemein gebräuchlichen Instrumente vor, um den Einsatz der pflegerischen Leistung zuverlässig zu messen. Hier sollten Pflegemanager über die Durchführung von Leistungserfassungen, auch im multizentrischen Design in mehreren Krankenhäusern, nachdenken. Derartige Leistungserfassungen müssen im Sinne einer DRG-gerechten Auswertung neben den Informationen über die Diagnosen/DRG-Gruppen zumindest die Gesamtbetreuungszeit pro Patient – bei Intensivstationen noch pro Tag – aufweisen. Die hier berechneten Minutenwerte können dann gemittelt für die einzelnen DRG-Gruppen berechnet werden.

**... im Aufnahmebereich**

Im Sinne einer Prozessoptimierung sollte sich die Erfassung nicht nur auf die Betreuungszeit der Patienten beschränken, sondern auch die Häufigkeit und die Zeiten bestimmter Tätigkeiten (oder Tätigkeitsblöcke) umfassen. Für die Erhebung in einem Aufnahmebereich kann dies unter anderem umfassen:

- Administration (Formulare, stationäre Anmeldung, Telefonate),
- Blutentnahmen,
- besondere Untersuchungen (EKG, Röntgen),
- spezielle pflegerische Maßnahmen (Anlage von Gipsen),
- kleinere operative Eingriffe.

Ein erhöhter Aufwand bei der Datenerfassung (für jeden Patient muss die Zeit für diese verschiedenen Tätigkeiten gesammelt werden) lässt sich mit der detaillierten Auswertungsmöglichkeit hinsichtlich Aufgabenverteilung der Pflege für verschiedene Patientengruppen rechtfertigen.

Liegen dem Pflegemanagement die mittleren Minutenwerte für die verschiedenen Bereiche vor, können sehr schnell die Kosten für die einzelnen Gruppen des DRG-Systems berechnet werden. Neben der Addition der PPR-Minuten und gegebenenfalls Intensivminuten pro Tag werden noch die mittleren OP-Betreuungszeiten (aus der Schnitt-Naht-Zeit), aus dem Aufnahmebereich sowie aus den Funktionsbereichen (sofern genutzt) aufsummiert. Der hohe Aufwand für die Berechnung dieser pflegerelevanten Fallgruppenkosten ist durch die Möglichkeit der genauen Bestimmung des pflegerischen Anteils an den einzelnen Diagnosegruppen-Erlösen vollauf gerechtfertigt.

### 2.2.4 Analyse und Modellierung von Behandlungs- und Pflegepfaden

Hinter dem Begriff „Behandlungspfade", in der Literatur meist mit „Clinical Pathway" oder „Critical Pathway" bezeichnet, verbirgt sich die Hoffnung des Klinik- und Pflegemanagements, die Abläufe für bestimmte Patientengruppen beeinflussen zu können. Grundsätzlich enthalten diese Pfade die Auflistung der ärztlichen, pflegerischen und sonstigen Tätigkeiten pro Behandlungstag für fixierte Patientengruppen. Die Eingrenzung auf eine Patientengruppe, sinnigerweise zukünftig an besonders häufig vorkommenden DRG-Gruppen ausgerichtet, ist im Sinne einer zielgerichteten Zuordnung der Personal- und Sachressourcen erwünscht.

**Prospektiver und retrospektiver Ansatz**

Für die Analyse der vor Ort praktizierten Abläufe bietet sich sowohl der prospektive als auch der retrospektive Ansatz an:

- Die prospektive Analyse erfordert die Beobachtung der definierten Patientengruppe, es muss also schon von Anfang an klar sein, ob ein Patient in die Gruppe fällt oder nicht.
- Der retrospektive Ansatz erscheint einfacher, da hier für die definierte Gruppe die Patientenakten zur Auswertung der Abläufe herangezogen werden.

In beiden Ansätzen ist die Untersuchung der schon oben im Kostenbereich aufgeführten Tätigkeiten erforderlich, also die Verteilung des Personaleinsatzes über die Behandlungstage

- auf Normal- und Intensivstationen,
- in Aufnahme- und Ambulanzbereichen,
- im OP sowie
- in den Funktionsbereichen.

Zusätzlich sollten noch

- Komplikationen und
- Nebendiagnosen

für eine gründliche Subgruppenanalyse erfasst werden. Diese spezielle Analyse soll unter anderem aufzeigen, wie sich Patienten der untersuchten Gruppe mit kürzerer Liegedauer von denen mit längerem Aufenthalt unterscheiden.

**Berufsgruppenübergreifende Analyse**

Das DRG-System ist vom Ansatz her berufsgruppenübergreifend formuliert. Daher sollte die Pfadanalyse sich nicht auf die Untersuchung des Einsatzes nur der Pflege oder des Ärztlichen Dienstes beschränken, sondern in einer übergreifenden Arbeitsgruppe die Leistungsverteilung aller am Behandlungsprozess beteiligten Gruppen überprüft werden. Eine daraufhin konzertierte Einigung auf bestimmte Handlungsabläufe, wie zum Beispiel die Verteilung bestimmter Untersuchungen zu bestimmten Tagen des Betreuungsprozesses, vergrößert den Erfolg des Behandlungspfades.

**PPR-Verlauf**

Aus der oben schon beschriebenen Datenbasis mit den PPR-Eingruppierungen sowie den Diagnosen/DRG-Gruppen der Patienten einer Klinik lässt sich auch der mittlere Betreuungsverlauf über den gesamten Versorgungsprozess darstellen.

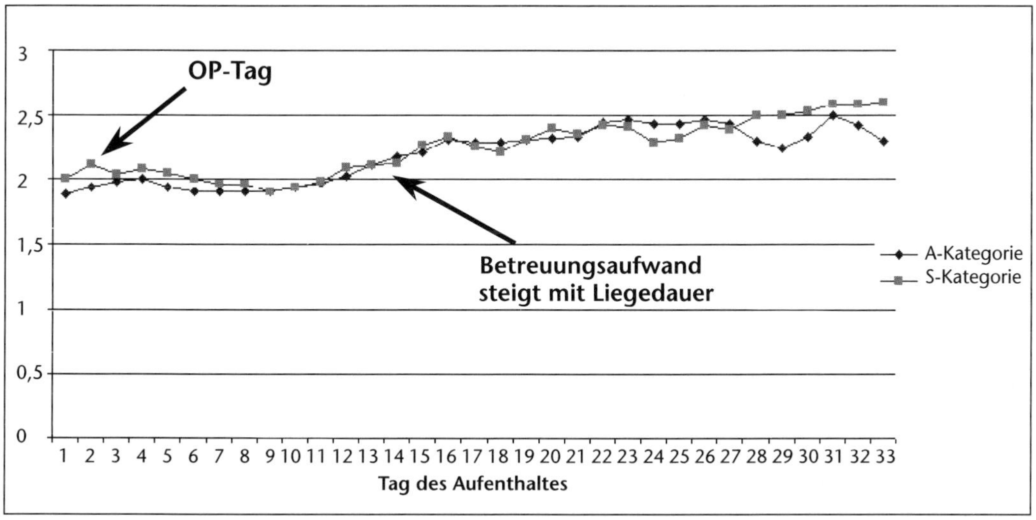


*Abb. 4: Pflegepfad nach PPR-Leistung*

Die Abbildung zeigt die mittlere Verteilung der A- und S-Eingruppierung für die einzelnen Tage eines Betreuungsverlaufs einer fixierten Diagnosegruppe. Einige Besonderheiten lassen sich sofort ablesen: Zunächst fällt der Anstieg der gemittelten S-Stufe am zweiten Tag auf, was in diesem Falle zu erwarten war, da es sich um eine operativ versorgte Patientengruppe handelt. Interessanter dürfte der kontinuierliche Anstieg sowohl der A- als auch der S-Stufe der PPR ab dem zehnten Behandlungstag sein. Hier zeigt sich sehr deutlich der erhöhte Betreuungsaufwand bei länger verweilenden Patienten dieser Diagnosegruppe, wahrscheinlich verursacht durch einhergehende Komplikationen im Heilungsverlauf oder durch bestimmte, die Entlassung verzögernde Begleiterkrankungen.

**Umlegung des Pflegeaufwandes**

Das Beispiel unterstreicht sehr deutlich, warum bei einer Pfadanalyse auch die auftretenden Komplikationen und Begleitumstände mit erfasst werden sollten. Aus der Abbildung sind auch sehr gut die Folgen zu erkennen, die durch die im Zuge der DRG-Einführung erwartete Verkürzung der Verweildauer auftreten. Der im späteren Betreuungsverlauf erhöhte Pflegeaufwand wird durch die frühere Entlassung der Patienten(-gruppen) auf nachgelagerte Versorgungsstrukturen – Heime und ambulante Dienste – umgelegt. Es zeigt sich hier, wie wichtig im Sinne einer Patientenorientierung eine enge Anbindung an die Pflegenden dieser Einrichtungen erfolgen sollte.

### 2.2.5 Qualitätsmanagement und integrierte Versorgung

Bei der Betrachtung der Behandlungspfade fällt die Nähe zu vorhandenen Leitlinien, vor allem denen des ärztlichen Bereiches, auf. Diagnostische bzw. therapeutische Leitlinien empfehlen meist die Durchführung bestimmter Maßnahmen, teilweise sogar zu definierten Zeitpunkten. Daher liegt es nahe, eigene diagnosegruppenorientierte Pfade an solchen Leitlinien auszurichten. In der Praxis bedeutet dies entweder die Anpassung eines bestehenden eigenen Pfades an eine Leitlinie oder der umgekehrte Weg, die Ableitung eines hauskonformen Behandlungspfades aus einer Leitlinie heraus.

**Einfluss evidenzbasierter Medizin und Pflege**

Da die Häuser nur selten eigene Betreuungspfade besitzen, dürfte der zweite Weg recht beliebt sein, zumal hier das Wissen evidenzbasierter Medizin – und später sicherlich auch evidenzbasierter Pflege – einfließen kann. Die offizielle Quelle für bestehende Leitlinien in Deutschland ist die Internetseite der AWMF, der Arbeitsgemeinschaft der Wissenschaftlichen Medizinischen Fachgesellschaften. Hier findet sich unter anderem auch eine Leitlinie zu „Dekubitus – Therapie und Prophylaxe" oder zum „Medizinischen Thromboseprophylaxestrumpf".

**Ergebnisqualität**

Neben diesem direkt ableitbaren Einfluss des Qualitätsmanagements wird nach Einführung der DRGs in Deutschland auch der Faktor „Ergebnisqualität" stark an Bedeutung gewinnen. In einem weitgehend vollpauschalierten Abrechnungssystem werden die Kliniken versuchen, sich gegenseitig über eine erhöhte Leistungstransparenz abzugrenzen. Neben einer reinen Darstellung der eigenen Leistungsfähigkeit werden Klinikmanager auch die Ergebnisse der angebotenen Leistungen offen legen müssen. Dies bedeutet in der Sprache des Qualitätsmanagements einen möglichst hohen, transparenten Kenntnisstand über die Ergebnisqualität. Im Fallpauschalengesetz ist sogar explizit vom Qualitätsnachweis die Rede, und zwar in Form eines periodisch alle 2 Jahre zu erstellenden Qualitätsberichtes. Der strukturierte Bericht „hat auch Art und Anzahl der Leistungen des Krankenhauses auszuweisen. Er ist über den in der Vereinbarung festgelegten Empfängerkreis hinaus von den Landesverbänden der Krankenkassen und den Verbänden der Ersatzkassen im Internet zu veröffentlichen. Der Bericht ist erstmals im Jahr 2005 für das Jahr 2004 zu erstellen." (§ 137 Absatz 1 des Fallpauschalengesetzes)

Für die Pflege hat dies zur Folge, dass sie sich auf Faktoren bzw. Indikatoren eigener Tätigkeiten im Rahmen der stationären Versorgung einigen und Methoden zu deren Messung entwickeln muss. Diese für die Allgemeinheit, also auch für potenzielle Patienten, transparenten Ergebnisse müssen klare Aussagen über die Güte der pflegerischen Versorgung zulassen.

**Indikatoren**

Mögliche Indikatoren der Pflege sind beispielsweise

- die Inzidenz von Dekubitalulcera,
- der Anteil an Patienten mit geordneter Überleitung in die nachstationäre pflegerische Betreuung oder
- der Anteil an Patienten, die sich nach Anlage eines Anus praeter selbst versorgen können.

Die Ergänzung des in Deutschland schon sehr stark beachteten Qualitätsmanagements um Ergebnisfaktoren auf Struktur- und Prozessebene wird einen weiteren Dokumentationsschub bringen. Die Erfassung der einzelnen Indikatoren zur Bestimmung der Ergebnisqualität erfordert eine sorgfältige und vollständige Dokumentation. Es genügt zum Beispiel nicht, nur das Auftreten eines Dekubitus zu notieren, zusätzlich sind noch die möglichen Risikofaktoren zu erfassen. Andernfalls gerät eine Klinik in Erklärungsnotstand, wenn die eigene Dekubitusrate signifikant über der anderer Krankenhäuser liegt. Mit zusätzlichen, erfassten Informationen ist dieser Unterschied vielleicht zu begründen.

Eine Transparenz der Ergebnisqualität birgt, wie in diesem Beispiel beschrieben, sehr große Risikofaktoren in sich: Werden die Zahlen von den Empfängern richtig interpretiert? Wer ist überhaupt der Empfänger dieser Informationen? Hier ist in Deutschland sicherlich noch einige Basisarbeit zu leisten, wenn auch mit KTQ ein wichtiger Schritt hin zu einer „Qualitätstransparenz" geschaffen wurde.

**Integrierte Versorgung**

Eingangs wurde bezüglich der Diagnosen schon die Bedeutung herausgestellt, die der Aufnahmestatus eines Patienten für die spätere Abrechnung hat. Aus dem Zwang heraus, die richtige DRG-Gruppe aus der Aufnahmedokumentation möglichst schnell zu finden, wird eine engere Verzahnung mit vorgelagerten Einrichtungen erforderlich sein. Eine solche Verzahnung kann unter anderem die Bereitstellung wichtiger Dokumente aus Medizin und Pflege durch die ambulanten Versorger bedeuten. Will sich eine Klinik selbst Klarheit über den Zustand eines Patienten verschaffen, wird ähnlich wie im heutigen Fallpauschalensystem die Zahl der vorstationären Besuche ansteigen. Dies bedeutet für Pflegekräfte im stationären, besonders aber im Funktionsbereich der Kliniken einen erhöhten Arbeitsaufwand, da dieser Anstieg an prästationärer Versorgung neben der eigentlichen Betreuung stationärer Patienten erfolgen muss.

Die schon oben skizzierte Verkürzung der Verweildauer bei stationärer Behandlung wird den Druck auf die pflegerische Betreuung durch nachgeordnete Versorger erhöhen. Wie anschaulich am Beispiel des gemittelten PPR-Verlaufs gezeigt wurde, erhöht sich mit längerem Aufenthalt die Pflegebedürftigkeit. Eine Verweildauerverkürzung, wie sie von einem DRG-System zu erwarten ist, führt unweigerlich zu einer Belastung nachsorgender Leistungserbringer.

Die Knappheit an verfügbaren Stellen in der pflegerischen Nachversorgung – also zu wenig Plätze in Pflegeheimen bzw. keine gewährleistete Betreuung durch ambulante Dienste – wird zur Übernahme neuer Versorgungsstrukturen in die eigene Organisation führen. Neben der Einrichtung eines eigenen ambulanten Dienstes bietet vor allem das im SGB XI definierte Prinzip der Kurzzeitpflege eine Möglichkeit zur Verringerung des Entlassungsstaus pflegebedürftiger Patienten. Im § 42 ist die pflegerische Versorgung von Patienten nach einem Krankenhausaufenthalt bis zu vier Wochen pro Kalenderjahr genehmigt. Aus dem Budget der Pflegekassen werden für diese Versorgungsform insgesamt bis zu € 1.432 erstattet. Zahlreiche Kliniken werden diese Möglichkeit nutzen, und über die Vorhaltung eigener Kurzpflegeeinheiten zum einen pflegebedürftige Patienten unabhängig(er) von der Pflege-Versorgungslage aus der stationären Behandlung entlassen, zum anderen eine zusätzliche Einnahmequelle erschließen.

**Notwendigkeit eines strukturierten Informationsaustausches**

Aus dem bisher Gesagten lässt sich sehr schnell die Bedeutung eines strukturierten Informationsaustausches zwischen betreuenden Pflegekräften und Ärzten in den Krankenhäusern mit den Leistungserbringern aus der ambulanten bzw. Heimversorgung ermessen. Dieser Austausch kann nur über eine geordnete Dokumentation erfolgen. Für die Pflege bedeutet dies die Installation einer funktionierenden Überleitungspflege über rege Kontakte zu anderen pflegerisch tätigen Dienstleistern sowie über spezielle Dokumentationsformen.

## Literaturempfehlungen

Aufgrund des sehr aktuellen Themas liegen zum Zeitpunkt der Manuskripterstellung noch keine umfangreicheren Werke zum DRG-System in Deutschland vor. Empfehlenswert sind neben Fachartikeln aus der Klinik- und Pflegemanagementpresse, wie zum Beispiel „f&w", „das Krankenhaus", „PR-Internet", noch die unten genannten Internetseiten. Über diese sind Hinweise auf weitere interessante Links sowie auf neue lesenwerte Literatur zu erfahren.

**Internetseiten**

http://www.g-drg.de
(offizielle Homepage der Selbstverwaltung für diesen Komplex)

http://www.mydrg.de
(stark frequentierte Seite mit einem regen Diskussionsforum für Praktiker aus allen Berufsgruppen, wenn auch die Medizin-Controller überwiegen)

http://drg.uni-muenster.de/de/webgroup/m.webgroup.php4
(Grouper-Seite der Uni Münster)

http://www.deutscher-pflegerat.de
(offizielle Homepage des Deutschen Pflegerates)

http://www.uni-duesseldorf.de/WWW/AWMF/ll_list.htm
(Internetseite der AWMF, Arbeitsgemeinschaft der Wissenschaftlichen Medizinischen Fachgesellschaften)

## 2.3 DRGs – Auswirkungen auf die ambulante und stationäre Altenpflege

*von Thomas Eisenreich*

Mit dem 01.01.2003 wird durch die Möglichkeit des Optionsmodells das neue Zeitalter der durchgehenden fallbasierten Vergütung von Krankenhausleistungen beginnen. Zum Jahresbeginn 2004 müssen dann alle Krankenhäuser mit den DRGs arbeiten. Sind die Auswirkungen in den Krankenhäusern selber relativ klar und in der Regel bekannt, so stellt sich die Frage, welche direkten und indirekten Auswirkungen die Einführung der DRGs auf die angrenzenden Bereiche des Sozialmarktes haben wird. Basierend auf den Erkenntnissen anderer Länder lassen sich viele Vermutungen gut mit Fakten unterlegen und so Prognosen für den deutschen Sozial- und Gesundheitsmarkt ableiten.

### 2.3.1 Ziele der DRG-Einführung

**Nutzung von Wirtschaftlichkeitsreserven**

Zielsetzung der DRG-Einführung ist aus Sicht des Gesetzgebers, die Krankenhäuser zur Nutzung bekannter und vermuteter Wirtschaftlichkeitsreserven zu bringen. Dabei geht es nicht nur um die rein internen Optimierungen der Ressourcenauslastung sowie der Aufbau- und Ablauforganisation, sondern auch um die Schnittstellen des Krankenhauses zu externen Akteuren des Gesundheitsmarktes. Weitere Ziele sind:

- Stärkung der Leistungsorientierung bei der Vergütung
- Verbesserung der Allokationseffizienz
- deutliche Steigerung der Transparenz nach innen und außen
- Verbesserung der Vergleichbarkeit nach innen und außen (Benchmarking)

**Aktivitäten des BMG**

Auf den ersten Blick sind die übrigen Dienstleister im Gesundheits- und Sozialmarkt von Zielsetzungen nicht primär betroffen, jedoch ergeben sich durch die Bemühungen der Krankenhäuser, diese Ziele zu erreichen, vielfältige Veränderungen, die sich direkt auf die übrigen Leistungserbringer auswirken. Auch das Bundesgesundheitsministerium (BMG) unterstützt vielfältige Aktivitäten, die sektorenübergreifend wirken:

- Disease-Management-Programme zur Versorgung chronisch Kranker
- Entwicklung von Clinical Pathways für spezielle Krankheitsbilder
- Realisierung neuer Organisationsformen der Krankenhäuser als Konsequenz der Einführung der DRGs, dazu gehören z.B.
  - der Ausbau der Krankenhäuser zu medizinischen Kompetenzzentren
  - der Ausbau der der stationären Behandlung vor- und nachgelagerten Behandlungsbereiche
- Förderung von integrierten Versorgungsformen mit dem Hausarzt als Lotsen

Ergänzend gibt es nicht ausgesprochene Zielsetzungen, die jedoch durch das Fallpauschalensystem mehr oder weniger systemimmanent vorhanden sind und somit für Sozial- und Gesundheitsleistungen mittelfristig Veränderungen auf dem Gesamtmarkt verursachen werden.

### 2.3.2 Grundsätze

Für alle Betrachtungen der Auswirkungen im gesamten Gesundheits- und Sozialsystem Deutschlands gelten ein paar Grundsätze, die man sich immer wieder vor Augen führen muss, um die für seine eigene Einrichtung anstehenden Veränderungen abschätzen zu können.

**Für eine Leistung wird nur einmal bezahlt**

Die Krankenkassen werden kaum bereit sein, die prospektiven Kosteneinsparungen aus der DRG-bezogenen Vergütung in Form anderer Leistungen wieder auszugeben. Daher gilt der Grundsatz, dass für eine Leistung auch nur einmal bezahlt wird. Verlässt der Patient das Krankenhaus, wird also in der Regel keine Vergütung für eine ergänzende ambulante oder teilstationäre Behandlung und/oder Pflege gezahlt werden, die aus der Verkürzung der Verweildauer entsteht. Hierbei ist nicht nur die Pflege zu betrachten, sondern auch die ärztliche Behandlung.

**Steuerungsfunktion des Geldes**

Die extreme Einzelbudgetbetrachtung der Krankenkassen und anderer Kostenträger steuert derzeit wesentlich gegen die Bestrebung der Verknüpfung verschiedener Leistungserbringer (integrierte Versorgung). Jeder Akteur hat das Interesse, auf der Leistungserbringerseite sein zur Verfügung stehendes Budget möglichst auszuschöpfen. Auf Seiten der Kostenträger wird dagegen primär auf die Senkung der Ausgaben geschaut. Sinnvolle Ausgabensteigerungen in einem Budget zur Erzielung von Einsparungen in anderen Budgets unterbleiben weitestgehend. Damit sind alle bisherigen Bemühungen einer Verknüpfung von Leistungsketten auf der horizontalen Ebene von zusätzlichen Projektmitteln abhängig, um Nachteile auf der Einnahmeseite durch die Projektmittel wieder zu kompensieren. Eine hohe Effizienz wird nur dann erreicht werden, wenn die Vergütung von Leistungen auf Gesundheit und nicht auf Krankheit ausgerichtet wird.

**Gezahlt wird für eine angemessene Qualität**

Aufgrund des zunehmenden Finanzkollaps der Sozial- und Gesundheitssysteme wird der Leistungsumfang quantitativ und/oder qualitativ eingeschränkt werden müssen, insbesondere um steigende Leistungszahlen auffangen zu können. Die negativen Auswirkungen eines solchen monetären Eingriffs auf das Gesamtsystem kann man zurzeit in Großbritannien beobachten. Wenn die Leistungsmenge absehbar steigen wird und das Gesamtbudget nicht wesentlich ausgeweitet werden kann, muss die Qualität der Einzelleistungen entweder im Umfang oder im Inhalt abgesenkt werden.

### 2.3.3 Primäre Auswirkung: Verkürzung der Verweildauer

#### 2.3.3.1 Ambulanter Dienst

**Steigende Erlössituation**

Die Verkürzung der Verweildauern ist die bekannteste Auswirkung für die Altenhilfe. Zu nennen sind hier die sehr positiven Effekte für die ambulanten Dienste, die weniger Abwesenheitszeiten ihrer Pflegekunden verzeichnen werden. Damit steigt die Erlössituation sowie der Anteil der durch eine Krankenhauseinweisung entstehenden nicht planbaren Erlösausfälle und der temporären Nichtauslastung von Touren.

**Risiko der Wiedereinweisung**

Die Entlassung eines Patienten in die Häuslichkeit stellt für das Krankenhaus eines der größten Risiken hinsichtlich einer möglichen Wiedereinweisung dar. Es handelt sich hierbei um Gewährleistungsfälle, die keine gesonderte Vergütung nach sich ziehen, also voll zu Lasten der Krankenhäuser gehen. Zudem stellt die Wiedereinweisung ein wesentliches Gütekriterium im Benchmarking dar, dass zu den einzelnen Häusern veröffentlicht werden wird. Derzeit noch unklar sind die Kriterien für einen Abgleich zwischen der rein medizinischen Betrachtung der Entlassungsfähigkeit und der eigenständigen bzw. mit fachlicher Unterstützung möglichen Haushaltsführung in der eigenen Wohnung. Da die Verweildauer eine der elementaren Grundlagen für die Kalkulation der Fallpauschalen ist, ist jedoch davon auszugehen, dass diese zeitbezogenen Kriterien für die Entlassung eine wichtige Rolle spielen werden. Die Versorgungsmöglichkeit des Patienten in der Häuslichkeit wird somit stärker in die Eigenverantwortung des Patienten gelegt.

**Subjektive Unsicherheit**

Dennoch besteht die Gefahr, dass der Patient bei unzureichender subjektiver Sicherheit über die Situation nach Entlassung entweder den Behandlungsprozess selber nicht positiv beeinflusst bzw. nach der Entlassung eine Wiedereinweisung aufgrund psychosomatischer Beschwerden erwirkt. Eine Verkürzung der Verweildauer wird also zugleich auch eine steigende Ungewissheit der Krankenhäuser darüber bedeuten, ob der Patient auch wirklich nicht mit der gleichen Indikation bzw. einer (vermeintlichen) Komplikation wieder eingeliefert wird. Da sich die niedergelassenen Ärzte in der Regel nicht als ein Partner des Krankenhauses verstehen, ist für die Krankenhäuser von dieser Seite vorerst keine Unterstützung zu erwarten – vielmehr werden Einweisungen relativ schnell erfolgen, sofern ein Zusammenhang mit einer vorherigen nicht ausreichenden Krankenhausbehandlung zu vermuten ist. Diese „Streitfälle" wird auch den Medizinischen Dienst der Krankenkassen (MDK) wesentlich belasten.

**Rolle des Pflegedienstes**

Mittendrin wird der ambulante Pflegedienst stehen und wahrscheinlich wenig aktive Handlungsmöglichkeiten haben. Jedoch wird er durch seine Arbeit wesentlich dazu beitragen können, dass der Patient sich sicher in seiner Wohnung fühlt und damit eine subjektiv empfundene Unsicherheit erst gar nicht in einem kritischen Ausmaß entsteht. Für die Krankenhäuser wird somit die Zusammenarbeit mit guten und bekannten Pflegediensten wichtig werden, um das Risiko der Wiedereinweisung zu verringern.

### 2.3.3.2 Pflegeheime

**LQV und Behandlungspflege**

Im stationären Bereich wird sich die oben beschriebene positive Erlösveränderung ebenfalls, aber eingeschränkter, bemerkbar machen. Die verkürzte Abwesenheitszeit des Bewohners führt jedoch zu Veränderungen in den Leistungen. So ist zu vermuten, dass der Anteil der behandlungspflegerischen Leistungskomplexe steigen wird, sofern es sich um Leistungen handelt, die bisher bei einer deutlich höheren Verweildauer durch das Krankenhaus erbracht wurde. Aufgrund der anstehenden Verhandlungen zu den Leistungs- und Qualitätsvereinbarungen (LQV), die Grundlage für die Pflegesatzverhandlungen sind, kommt dieser Veränderung eine elementare Bedeutung zu. Im Rahmen der LQV wird auch der Anteil der Behandlungspflege an den Leistungen des Pflegeheimes vereinbart. Da die LQV für 24 Monate vereinbart wird und frühstens nach 12 Monaten bei wesentlichen Veränderungen kündbar ist, muss der sich verändernde Anteil der Behandlungspflege durch die Verkürzungen der Krankenhausaufenthalte der Bewohner prospektiv abgeschätzt werden. Aufgrund der durchweg fehlenden Erfahrungswerte auf breiter Front ist die Aussicht fraglich, ob diese auch tatsächlich innerhalb der LQV berücksichtigt werden.

**Optimierung der Arbeitslogistik**

Der steigende Anteil der Behandlungspflege muss jedoch gerade wegen der derzeit nicht abzuschätzenden Veränderungen genau beobachtet werden. Nicht nur die steigende fachliche Forderung des Personals ist dabei ein Grund, sondern auch die sich aus den erbrachten behandlungspflegerischen Leistungen ergebenden Veränderungen in der Besetzung mit Fachkräften. Dies hat eine Veränderung der Dienstplanung zur Folge, deren Abgleich mit der Erlösseite (Pflegeentgelte) in der Regel durch eine Flexibilisierung des Personaleinsatzes unter Berücksichtigung fachlicher Aspekte lösbar sein werden. Somit wird die Notwendigkeit einer Optimierung der Arbeitslogistik in den Pflegeheimen entstehen, wobei die wesentliche Datengrundlage durch die Beschreibung von Leistungskomplexen und deren regelmäßiger Erfassung (Zeit, Dauer, Leistungserbringer) entstehen wird. Ambulante Pflegedienste haben diese Entwicklung aufgrund des Kostendrucks schon vollzogen, auf die Pflegeheime kommt dies nun ebenfalls zu.

### 2.3.4 Pflegeüberleitung

**Optimierung von Schnittstellen und Prozessen**

Kostentreiber im Sinne des Prozessmanagements sind nicht ausreichend optimierte Schnittstellen zwischen den am gesamten Behandlungsprozess beteiligten Akteuren. Die DRGs zielen primär auf eine Optimierung der Prozesse innerhalb des Krankenhauses. Werden dabei die Schnittstellen nach außen unzureichend betrachtet, wird nur eine bedingte Optimierung der vom Krankenhaus zu verantwortenden Behandlungsprozesse erreicht werden können. Was hilft beispielsweise eine Verkürzung der präoperativen Liegezeiten, wenn die OP-Vorbereitungen nicht oder unzureichend ambulant erfolgt sind bzw. kein externer Partner sich in diese einbinden lässt? Auch bei der Entlassung kommt es auf eine frühzeitige Abstimmung mit externen Dienstleistern an, sofern die Versorgung des Patienten nach dem Krankenhausaufenthalt nicht ausreichend gewährleistet werden kann.

**Sektorenübergreifendes Prozessmanagement**

Die Krankenhäuser werden als einer der größten und mächtigsten Einzelakteure im Gesundheitssystem versuchen, das sektorenübergreifende Prozessmanagement aus ihrer Sicht heraus zu gestalten. Vergleichbar mit großen Industrieunternehmen, die ihren Zulieferern klare Vorgaben machen, wie und in welcher Qualität Vorprodukte anzuliefern sind, werden die Krankenhäuser dies ebenfalls versuchen. Es wird somit zu einer erheblichen Beeinflussung der vor- und nachgelagerten Prozesse eines Krankenhausaufenthaltes kommen. An dieser Beeinflussung haben auch die Kostenträger Interesse, sofern die innerbetrieblichen Allokationen der Krankenhäuser hinreichend erschlossen sind. Auf diese Weise wird die Stärkung der integrierten Versorgung erreicht.

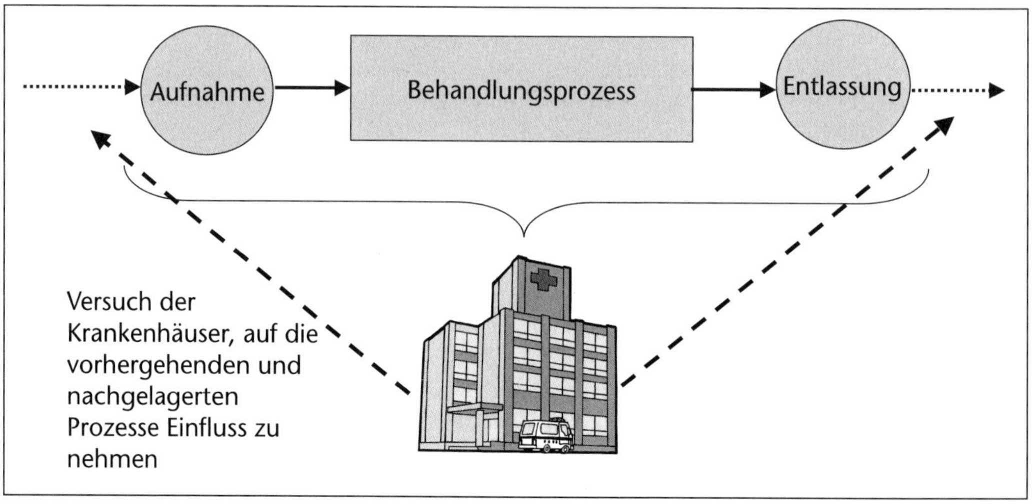


*Abb. 1: Beeinflussung der sektorenübergreifenden Prozesse durch das Krankenhaus*

#### 2.3.4.1 Pflegeüberleitung in das Krankenhaus

**Zunehmende Bedeutung**

Eine klar strukturierte und beschriebene Überleitung in das Krankenhaus ist ein wesentliches Prüfkriterium in der Pflegeprüfvereinbarung. Aber auch seitens des Krankenhauses gewinnt eine geregelte und klar strukturierte Überleitung zunehmend an Bedeutung. So kann beispielsweise die OP-Vorbereitung teilweise ambulant erfolgen. Sofern der Patient mobil ist, stellt dies kein elementares Problem dar; bei pflegebedürftigen Patienten mit einem steigenden Maß an Mobilitätseinschränkungen sieht dies jedoch wieder anders aus. Für Teile der OP-Vorbereitung können das Pflegeheim oder der ambulante Pflegedienst eingebunden werden. Dies sollte Letzterer sich jedoch auch vergüten lassen, da er ja dem Krankenhaus auf der anderen Seite Kosten erspart.

**Verkürzung der präoperativen Verweildauer**

Neben ambulanten bzw. stationären Leistungen für das Krankenhaus sind auch zwangsläufige Folgen einer verkürzten präoperativen Verweildauer zu nennen. Absehbar ist eine taggleiche Aufnahme (Aufnahme = OP-Tag). In diesem Fall könnte es zu einem frühen Wecken der Bewohner oder Pflegekunden kommen, was Auswirkungen auf die Touren- und Einsatzplanung, die Leistungsplanung im Pflegeheim sowie die Dienstplanung haben kann. Hier bedarf es einer frühzeitigen Abstimmung mit dem Krankenhaus, damit nicht plötzlich morgens um vier Uhr eine Pflege notwendig wird.

### 2.3.4.2 Pflegeüberleitung aus dem Krankenhaus

**Entlassungsmanagement**

In vielen Krankenhäusern sind schon heute Pflegeüberleitungen fest eingerichtet, die neben dem Sozialen Dienst des Krankenhauses tätig sind. Ziel der Krankenhäuser wird es im Rahmen der klinischen Behandlungspfade (Clinical Pathways) sein, schon bei der Aufnahme des Patienten mit der Entlassungsplanung zu beginnen und somit auch relativ genau den Zeitpunkt der Entlassung festzulegen. Die Entlassungsplanung umfasst dabei alle kritischen Elemente, die die Entlassung des Patienten behindern könnten. Arbeitet die Pflegeüberleitung bisher eher aus ihrer Fachlichkeit heraus und der Soziale Dienst koordinierend hinsichtlich eventueller notwendiger Leistungen nach dem Krankenhausaufenthalt, so wird sich dies zu einem Gesamtpaket verdichten. Dieses dann „neue" Entlassungsmanagement beginnt bei der Aufnahme und endet am Tag der Entlassung und der Überleitung in die Hände anderer Leistungserbringer. Koordiniert, geplant und organisiert werden alle notwendigen und vom Patienten gewünschten Leistungen, wobei hier die steigende Eigenverantwortlichkeit des Patienten – insbesondere hinsichtlich der Finanzierung der Leistungen über Kostenträger – zu berücksichtigen ist. Viele möglichen Leistungen werden zwar angeboten werden, sind jedoch auch auf die individuelle Finanzkraft des Patienten abzustellen.

Ist heute der Soziale Dienst ein wesentlicher Faktor der Kundenakquisition, so wird zukünftig dank der Clinical Pathways der Ansatzpunkt für die Einrichtungen der Altenhilfe auf den Zeitpunkt der Aufnahme verlagert. Schon zu diesem Zeitpunkt wird die Entlassung geplant, und damit auch, wer den Patienten als professioneller Pflegeanbieter übernimmt. Wer also bei der Aufnahme nicht dabei ist, wird somit kaum mehr Neukunden gewinnen können.

**Bettenumschlagszahl**

Absehbar ist eine steigende Fallzahl stationärer Behandlungen bei sinkenden Bettenzahlen. Dies ist nicht nur mit sinkenden Verweildauern nachhaltig zu gewährleisten. Nicht planbare Wiederaufnahmen nach der Entlassung müssen weitestgehend vermieden werden. Denn durch diese würden erlösbringende Kapazitäten durch Gewährleistungsfälle belegt, was einen doppelten wirtschaftlichen Schaden für das Krankenhaus bedeuten würde. Dies ist bei der Zusammenarbeit im Rahmen des Entlassungsmanagements mit einem Krankenhaus zu berücksichtigen und wird einer der kritischen Punkte in einer Partnerschaft darstellen. Sicherlich wird versucht werden, auf die nachgelagerten Dienstleister (Pflegeheime, ambulante Pflegedienste, Ärzte) Druck auszuüben, um eine Wiederaufnahme zu verhindern.

Hier müssen sich jedoch gerade Einrichtungen der Altenpflege bewusst werden, dass sie nicht der verlängerte Arm des Krankenhauses sind, sondern eigenständige Rechte und auch Pflichten haben. Wenn das Krankenhaus beispielsweise für einen Dekubitus verantwortlich ist, der während der stationären Behandlung entstanden ist, dann muss die nachgelagerte Pflegeeinrichtung im Zweifel Geld für die entsprechenden Behandlungen vom Krankenhaus verlangen oder eine Wiedereinweisung durchführen. Voraussetzung ist natürlich, dass ein solcher Dekubitus nachweislich vom Krankenhaus zu verantworten ist.

#### 2.3.4.3 Sektorenübergreifendes Qualitätsmanagement

Wie oben bereits beschrieben, werden die Krankenhäuser versuchen, die vor- und nachgelagerten Prozesse einer stationären Behandlung zu beeinflussen, um die eigenen Prozesse optimal gestalten zu können. Bisher haben alle Akteure eigenständige, auf die internen Belange ausgerichtete Qualitätsmanagementsysteme, die die Schnittstellen zu anderen Sektoren und Leistungserbringern mehr oder weniger ausreichend beschreiben. Aufgrund der sehr heterogenen Struktur der möglichen Partner eines integrierten Versorgungssystems gibt es jedoch keine Standards. Wenn Kostenträger und Gesetzgeber von den Einrichtungen selber ein Qualitätsmanagement verlangen, dieses bei der sektorenübergreifenden Zusammenarbeit jedoch im Grunde fehlt, bedarf es hier einer Weiterentwicklung des Qualitätsmanagements zu einem Qualitätsmanagement für die sektorenübergreifende Zusammenarbeit. Dessen bedarf es auch schon aus eigenem Interesse der Einrichtungen, nicht nur weil eventuell der Kostenträger oder Gesetzgeber dies fordert. Denn nur wenn diese Prozesse gut gesteuert werden, lassen sich Ressourcen in wesentlichem Umfang einsparen und die Ergebnisqualität beim gemeinsamen Patienten wird erhöht.

### 2.3.5 Neue Leistungen

**Eigenverantwortlichkeit der Patienten**

In vielen Fällen war und ist das Krankenhaus auch Auffangstation für soziale Probleme. Längere Aufenthalte bis zum Freiwerden von Heimplätzen oder zur Entlastung von pflegenden Angehörigen sind Beispiele dafür, auch wenn diese heute erheblich seltener anzutreffen sind. Mit den DRGs und den dahinter letztendlich hinterlegten Verweildauern wird diese Option fast vollständig wegfallen. Hinzu kommt, dass mit den DRGs voraussichtlich eine deutlichere Trennung als heute zwischen dem Kassenpatienten und Privatversicherten entstehen wird. Denn über die Fallgruppe wird die Therapie zwangsläufig auf eine Indikation beschränkt, mehr als es heute schon der Fall ist. Wer sich für seine Genesung etwas mehr leisten möchte, wird dieses tun und auch tun können.

Ist dies in Fragen der Gesundheit erst einmal gesellschaftlich akzeptiert, gilt diese vom Einkommen abhängige Trennung auch für andere Bereiche des Sozial- und Gesundheitsmarktes viel deutlicher. Damit erhält der Bürger insgesamt eine höhere Eigenverantwortlichkeit im Bereich Soziales und Gesundheit. Ob und in welchem Umfang er Leistungen in Anspruch nimmt, entscheidet er selbst – auch auf Grundlage seiner Einkommensverhältnisse. Übertragen auf die Altenhilfe würde dies bedeuten, dass sich auch hier der Markt stärker aufteilen wird.

#### 2.3.5.1 Spezialisierung der Krankenhäuser

**Medizinische Kompetenzzentren**

Im Rahmen der DRGs wird es zu einer zunehmenden Spezialisierung der Krankenhäuser (medizinische Kompetenzzentren) kommen. Wird eine enge Zusammenarbeit mit einem Krankenhaus angestrebt, dann wird sich die Einrichtung auf die Spezialisierung des Partners ebenfalls hinsichtlich des eigenen Leistungsportfolios ausrichten müssen. Neue Leistungen, z.B. die ambulante Betreuung onkologischer Patienten, können so mit einem Mal gefordert werden.

### Pflegeheime und Kurzzeitpflege

**Mehrleistungen als „Wahlleistungen"**

Nicht mehr durchhaltbar ist das auf Sozialhilfeniveau ausgerichtete Vergütungssystem für die ambulanten und stationären Leistungen. Somit wird die Grundabsicherung mit den bekannten Vergütungsumfängen sichergestellt. Mehrleistungen, die man heute noch versucht den Kostenträgern abzuringen, werden als „Wahlleistungen" den Kunden zur Verfügung stehen, aber auch von diesen aus dem eigenen Geldbeutel bezahlt werden. Die heute schon bekannte Trennung zwischen Residenzen und Pflegeheimen wird sich in der Breite, etwas anders ausgerichtet, weiter durchsetzen.

Neue Leistungen im Kontext der DRG-Einführung werden dabei unter anderem solche sein, die ergänzende Pflegeleistungen im Zusammenhang mit einem Krankenhausaufenthalt darstellen. Denkbar ist dabei zum Beispiel die Kurzzeitpflege im Anschluss an einen stationären Aufenthalt insbesondere für solche Pflegebedürftigen, die von ihren Angehörigen gepflegt werden. Gerade die pflegenden Angehörigen werden von den verkürzten Verweildauern betroffen sein, da sie schon heute an der Grenze ihrer Belastbarkeit stehen. Zusätzliche behandlungspflegerische Leistungen können so schnell zu einer Überforderung führen. Ein temporärer Aufenthalt in einer dem Krankenhaus nachgelagerten Kurzzeitpflege könnte für diese Gruppe ein interessantes Angebot darstellen. Allerdings bedeutet dies eine schnelle Verfügbarkeit des Platzes ohne lange Wartezeiten.

### Ambulante Dienste

**Spezielle Betreuungspakete für einkommensstarke Patienten**

Auch im ambulanten Bereich wird sich diese Trennung verstärkt bemerkbar machen. Dabei wird es einkommensabhängig nicht nur eine zunehmende Nachfrage nach Selbstzahlerleistungen geben. Denkbar ist ebenso die Gründung eines Pflegedienstes, der sich schwerpunktmäßig auf Kunden mit hohen Einkommen konzentriert und sehr umfangreiche ambulante Betreuungspakete anbietet. Dies wird zwar kein Massengeschäft im Premiumbereich werden, wirtschaftlich jedoch aufgrund der langen Einsatzeinheiten sowie der Unabhängigkeit vom Entgeltsystem der Pflegeversicherung interessant sein. Eine unternehmerische Trennung von den übrigen „Standardleistungen" ist notwendig, um die vergleichsweise höheren Kosten zu rechtfertigen.

**Katalog stationsersetzender Behandlungen**

Mit den DRGs wird auch der Anteil der ambulant erbrachten Leistungen des Krankenhauses erhöht. Dafür existiert in Deutschland schon ein Katalog der stationsersetzenden Behandlungen. Wird dieser Katalog umgesetzt, wird sich auch bei ambulanten Pflegediensten die steigende Nachfrage nach nachgelagerten ambulanten Pflege- und Betreuungsangeboten bemerkbar machen. Auch hier wird sich die Einkommensstärke der Interessenten bemerkbar machen.

## 2.3.5.2 Umgang mit Problemfällen

Für die Altenpflege bedeutet die stärkere einkommensabhängige Differenzierung des Pflegemarktes die Lösung einer der größten ethischen Fragen der Pflege: Wie verfährt Pflege mit den Kunden und Interessenten, die mit den kostenträgerrefinanzierten Leistungen nicht auskommen bzw. keine solche erhalten, sich jedoch die Beauftragung auf eigene Kosten nicht leisten können? Die Diskussion der nicht refinanzierten Leistungen „Blumengießen" oder „Mülleimer entleeren" sind und waren dagegen ein kleines Vorspiel. Hier müssen Träger und Einrichtungen eine tragfähige Lösung erarbeiten. Ansonsten wird der Pflegenotstand in Deutschland aufgrund der Flucht aus dem Beruf noch deutlicher zunehmen.

### 2.3.6 Strategische Handlungsempfehlungen

Was ist nun heute zu tun? Vieles ist im Kontext der DRG-Einführung noch nicht endgültig erkennbar. Schaut man sich jedoch Staaten an, in denen schon länger mit den DRGs gearbeitet wird, sind genau die für Deutschland prognostizierten Veränderungen erfolgt. Fest steht, dass das deutsche Wohlfahrtssystem in der bisherigen Form auf Dauer nicht finanzierbar ist. Nur über eine Leistungseinschränkung und eine steigende Selbstbeteiligung an den Kosten für Gesundheit und Sozialleistungen kann eine Grundabsicherung für alle Bürger aufrechterhalten werden. Dies ist keine neue Entwicklung, denn schon zwischen 1998 und 2000 sind die Eigenleistungen für Gesundheitsleistungen doppelt so schnell gestiegen wie die Ausgaben der Krankenversicherungen.

**Grundabsicherung mit angemessener Qualität**

Der Trend zu einer Grundabsicherung mit angemessener Qualität wird sich – trotz anders lautender politischen Äußerungen – weiter fortsetzen. Die Pflegeprüfvereinbarung, die letztendlich eine Grundlage für die Pflegesatzvereinbarung darstellt, zeigt, dass die Anforderungen an die Service- und Ergebnisqualität sehr gering sind. Alles, was für die Servicequalität teuer ist, ist letztendlich mit sehr niedrigen Erfüllungskriterien ausgestattet.

#### 2.3.6.1 Portfolioanalyse

Einrichtungen und Träger müssen sich in den nächsten Jahren strategisch diesen Herausforderungen stellen. Zu klären ist dabei unter anderem, ob und an welcher Stelle sich eine engere Zusammenarbeit mit einem Krankenhaus ergeben sollte. Dabei wird diese deutlich verbindlicher ausgestaltet werden müssen, als es heute oftmals der Fall ist. So wird im Rahmen einer strategischen Kooperation das Krankenhaus ein wesentlicher Baustein im Leistungsportfolio des Pflegedienstes.

**Molekulare Portfolioanalyse**

Die mit den DRGs einhergehende Spezialisierung der Krankenhäuser wird sich im Angebotsportfolio der Altenhilfeträger und deren Einrichtungen wiederfinden. So wird die einkommensabhängige Kundensegmentierung neben einer rein fachlichen Spezialisierung zu planen und umzusetzen sein. Komplexträger können dabei ihre Stärke aus der Vielfalt der Leistungen ableiten, sofern die Angebote tatsächlich miteinander verzahnt sind. Mit Hilfe der molekularen Portfolioanalyse lässt sich ein Komplexangebot dahingehend durchleuchten und planen. Singuläre Angebotsstrukturen sind zudem daraufhin zu prüfen, ob ergänzende Leistungen in das Portfolio aufgenommen werden müssen, um zukunftsfähig zu sein.

#### 2.3.6.2 Strategische Partnerschaften

**Beschreibung gemeinsamer Qualitätsstandards**

Insbesondere bei der Zusammenarbeit mit einem Krankenhaus wird sich zeigen, dass die Einrichtung oder der Träger das Einzugsgebiet des Krankenhauses abdecken können muss. In vielen Fällen ist dies eigenständig gar nicht möglich. Wachstum in die Fläche ohne eigenen Invest kann mit strategischen Partnerschaften erreicht werden. Vorteile sind insbesondere der geringe Investitionsaufwand und damit die geringen Risiken für die eigene Organisation bzw. das Unternehmen. Notwendig wird jedoch in einer solchen Partnerschaft die Beschreibung gemeinsamer Qualitätsstandards, damit die Zusammenarbeit auch tatsächlich funktioniert. Damit würde das sektorenübergreifende Qualitätsmanagement ergänzt durch Qualitätsstandards in strategischen Partnerschaften.

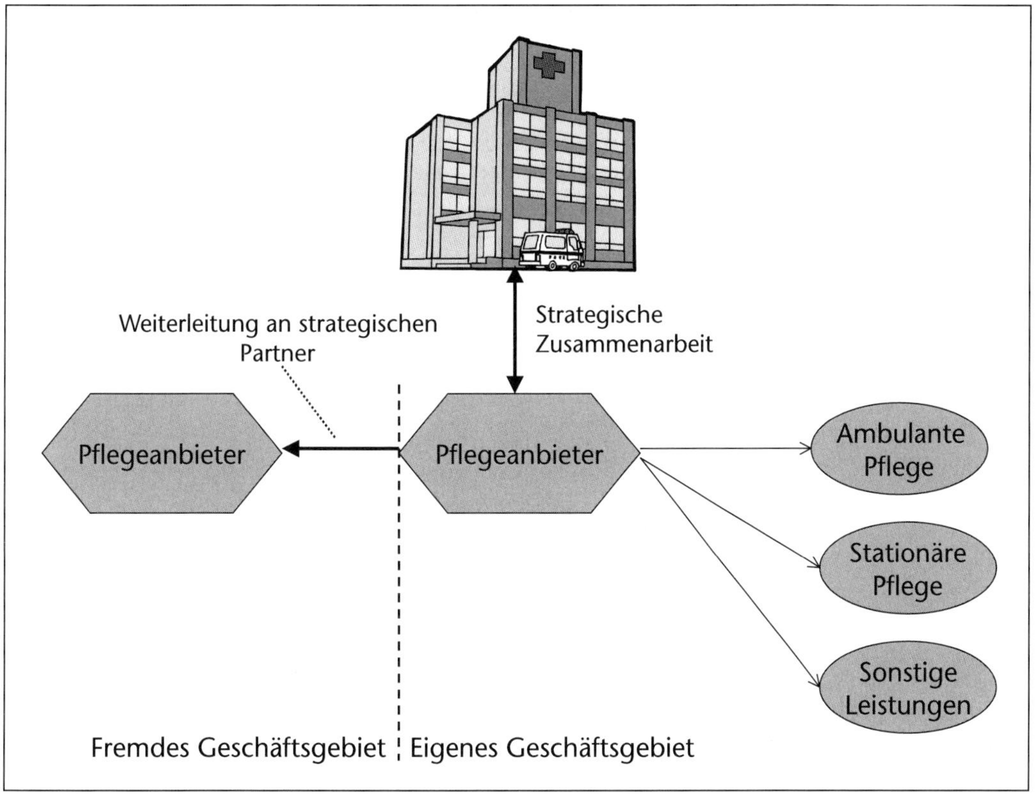


*Abb. 2: Strategische Partnerschaften*

## 2.3.7 Fazit

Der bisher ziemlich konforme Markt von Gesundheits- und Sozialdienstleistungen beginnt sich aufzuspalten. Kundensegmentierung und Spezialisierung sind dabei zwei elementare Entwicklungen. Damit entsteht für die Anbieter sozialer Leistungen die Chance, sich durch eine eigene Spezialisierung von der breiten Masse der Angebote abzuheben und damit auch wieder Geld zu verdienen. Durchschnittlichkeit ist dabei keine Stärke mehr, sondern ein entscheidendes Risiko. In den nächsten zwei bis drei Jahren müssen sich die Anbieter auf die eigenen Kernkompetenzen konzentrieren und diese mittels strategischer Planung im Markt umsetzen.

## 2.4 DRGs – integrative Versorgungsformen in der Altenpflege

*von Christoph Langewitz*

Die Verkürzung der Verweildauer ist nur ein Schlagwort der sich abzeichnenden Veränderungen im deutschen Gesundheitswesen. Eine zunehmende Selbstverantwortung der Bürger und Patienten für Prävention, Behandlung, Rehabilitation sowie Pflege sind ebenfalls Aspekte, die durch die Einführung der DRGs konkreter werden und Veränderungen im gesamten Sozial- und Gesundheitsmarkt mit sich bringen. Diese Veränderungen aus Sicht der Altenhilfe sowie die daraus abgeleiteten Handlungsempfehlungen auf operativer und strategischer Ebene sind die Inhalte dieses Beitrages.

### 2.4.1 Auswirkungen der DRGs auf die einzelnen Leistungserbringer

#### 2.4.1.1 Beispiel USA

**Studie zu Fallpauschalen**

Bevor näher auf die Auswirkungen der DRG auf die Leistungserbringer eingegangen wird, soll an dieser Stelle kurz eine Studie aus den USA vorgestellt werden, die über 15 Jahre die Auswirkungen von Fallpauschalen auf die Medicare-Vergütung stationärer Krankenhausleistungen unter DRG-Bedingungen untersuchte (vgl. Coffey 1999). Im Folgenden werden relevante Ergebnisse dieser Studie dargestellt:

- Verringerung der durchschnittlichen Verweildauer (1980: 7,6 Tage – 1996: 6,2 Tage)
- Abnahme der durchschnittlichen stationären Belegungsquote (1983: 75–80 % – 1996: 61 %)
- Reduktion der Aufwendungen der Medicare für stationäre Behandlungen, bezogen auf die Gesamtausgaben (1980: 67 % – 1995: 49 %)
- zunehmende Kooperationsbildung im Krankenhausbereich (1985: 27 % der Krankenhäuser in Kooperationsverträgen – 1995: mehr als 45 % der Krankenhäuser in Kooperationsverträgen)
- DRG-bezogene Wirtschaftlichkeitsüberprüfungen und Therapieoptimierungen durch die Krankenhäuser
- kein messbarer Einfluss auf die Behandlungsqualität
- Patienten bei der Aufnahme und Entlassung grundsätzlich „kränker" (Dokumentation) als vor der Systemeinführung
- signifikante Rückgänge der stationären Verweildauern
- Steigerung der Produktivität der Krankenhäuser, d.h. Anstieg der Fallzahl bei gleichzeitiger Reduzierung der Kosten je Fall

**Prognose für Deutschland**

Anhand dieser Ergebnisse lassen sich notwendige Veränderungen in den einzelnen Versorgungssektoren ableiten. Einhergehend mit der Einführung der DRG und anderer

Veränderungen werden folgende Auswirkungen auf den gesamten deutschen Gesundheits- und Sozialmarkt erwartet:

- Verkürzung der Verweildauer
- Senkung der Bettenkapazitäten
- Spezialisierung einzelner Krankenhäuser
- Einführung eines prozessorientierten Patientenmanagements

### 2.4.1.2 Krankenhäuser

**Fallgruppenbezogenes Disease-Management**

Die Krankenhäuser werden die Veränderungen sicherlich am deutlichsten spüren. Geht die stationäre Behandlung über eine intern ermittelte Höchstverweildauer hinaus, wird der Break-even-Punkt (Kostendeckung) nicht mehr erreicht und die Mehrkosten gehen voll zu Lasten des Krankenhauses. In der Konsequenz bedeutet dies, dass Krankenhäuser ein starkes Interesse haben werden, die Patienten möglichst frühzeitig wieder zu entlassen. Dies wird allerdings nur dann Erfolg haben, wenn das Entlassungsmanagement schon bei der Aufnahme in die stationäre Versorgung beginnt und nicht erst am Ende der Behandlungskette, wie es derzeit leider noch zu häufig der Fall ist.

Dabei geht es hauptsächlich um die Patienten (Fallgruppen), bei denen eine intensive Nachbetreuung wahrscheinlich ist, d.h. die Gruppen, die über die schon jetzt durchschnittlich kurzen Liegezeiten hinausgehen. Ziel sollte ein krankenhausinternes, prozessorientiertes Case- bzw. Disease-Management bezogen auf bestimmte Fallgruppen sein. Dabei kommt der professionellen nachstationären Versorgung eine große Rolle zu, denn je früher die nachstationären Einrichtungen in den Entlassungsprozess integriert werden, desto sicherer ist der geplante Entlassungstermin zu verwirklichen.

**Schlüsselposition Krankenhaussozialdienst**

Besonders der Krankenhaussozialdienst muss bei der Gestaltung alternativer Versorgungsformen aktiv mitarbeiten. Dieser wird sich im Rahmen der Veränderungen auf gewaltige Umbrüche seiner Arbeitsorganisation einstellen müssen. Fallzahlen und Arbeitsintensität werden sich drastisch erhöhen. Die Komplexität der Aufgaben wird zunehmen. Die Leistungen der Sozialarbeit in der Vorbereitung der Entlassung werden sehr viel stärker im Fokus stehen. Dieser Dienstleistungsbereich trägt wesentlich dazu bei, ob ein Krankenhaus Gewinn oder Verlust macht. An diesem Punkt ist zu diskutieren, ob der Sozialdienst diesen neuen Aufgaben wirklich gerecht werden kann oder ob für die Steuerung der Patienten im Krankenhaus nicht noch andere Qualifikationen notwendig sind.

#### Integration eines „Patientenmanagers"

**Koordination der Entlassung**

Denkbar wäre die Einrichtung eines „Patientenmanagers" bzw. eines „Casemanagers", der die Koordination aller auf die Entlassung gerichteten Tätigkeiten übernimmt. Der Patientenmanager könnte dem Sozialdienst zuarbeiten und nach Möglichkeit schon alle für die nachstationäre Versorgung notwendigen Maßnahmen in Zusammenarbeit mit den Kostenträgern, behandelnden Ärzten, Rehakliniken, niedergelassenen Ärzten, ambulanten Pflegediensten, teil- und vollstationären Einrichtungen etc. einleiten. Die Integration dieser Maßnahmen muss am Anfang des stationären Aufenthaltes beginnen und darf nicht erst am geplanten Entlassungstag erfolgen. Hier wäre zunächst eine Beschränkung auf „kritische Fallarten" vorzusehen. Ein gezieltes Management dieser Fallarten könnte auch einer Selektion der „kostengünstigen" Fallarten vermeiden helfen (Spezialisierung auf ertragreiche Fallgruppen).

**Finanzierungsmodelle**

Für die Finanzierung einer solchen Kraft gibt es verschiedene Modelle. Zum einen kann das Krankenhaus bei entsprechender Größe diese Kraft selbst finanzieren. Eine weitere Möglichkeit wäre, die Stelle aus Drittmitteln zu finanzieren. Denkbar ist auch die Finanzierung über eine separate Dienstleistungsfirma, die für das Patientenmanagement innerhalb des Krankenhauses verantwortlich ist. In dieser Gesellschaft könnten mehrere Gesellschafter Anteile besitzen, die außerhalb des Krankenhauses Interesse am Entlassungsmanagement haben könnten (Pflegedienste, Hilfsmittellieferanten etc.). Teile des klassischen Sozialdienstes könnten somit outgesourct werden. Sicherlich sind hierbei datenschutzrechtliche Erfordernisse und die freie Anbieterauswahl zu beachten.

### Erfahrungen aus der Praxis: Projekte der Krankenkassen

**Projekt „Überleitung"**

Einen ähnlichen Weg sind Teile der Betriebskrankenkassen in Berlin gegangen. Dort wurde ein Projekt „Überleitung" seitens der Kassen initiiert. Ziel dieses Projektes war die nachhaltige Reduzierung der Krankenhausverweildauer und eine Minimierung der Behandlungskosten bei „kritischen" Fallarten. Besonderes Augenmerk legte man hier u.a. auf Patienten mit Apoplex und Herzinfarkt. Projektbeteiligte waren verschiedene BKKen, Krankenhäuser mit überdurchschnittlich hoher Verweildauer, Pflegedienste, Rehabilitationskliniken und weitere am Behandlungsprozess beteiligte Gruppen.

**Projekt „Versicherungsberatung im Krankenhaus"**

Unter dem Begriff Case-Management werden Gesundheitsberater, die auch als Versicherungsberater bezeichnet werden, von den Betriebskrankenkassen eingesetzt. Bei dem Projekt „Versicherungsberatung im Krankenhaus" handelt es sich um eine Vereinbarung verschiedener Betriebskrankenkassen, die ein „BKK ServiceCenter" in Form einer BGB-Gesellschaft gegründet haben, welches für die Betriebskrankenkassen eine Versichertenberatung im Krankenhaus durchführen soll. Im BKK ServiceCenter arbeiten fest angestellte Krankenpflegepersonen und freiberufliche Mitarbeiterinnen. Daneben gibt es Fallmanager/Gesundheitsberater, die bei der Antragstellung und der Unterrichtung von Angehörigen helfen sollen.

**Handlungsschritte**

Die Berater suchen die Patienten im Krankenhaus auf und sind von der Krankenkasse über die notwendigen Einzelheiten des Falles informiert. Ferner sollen möglichst auch Ärzte oder Pflegepersonal des Krankenhauses über die Behandlung befragt und die weitere Vorgehensweise mit den Beteiligten abgesprochen werden. Die Patientenberater überlegen gemeinsam mit den Beteiligten mögliche Behandlungsalternativen. Die Verwaltung der Krankenhäuser berichtet dem Patientenberater über die Aufnahmenstatistiken sehr zeitnah, wenn ein Versicherter der teilnehmenden Krankenkasse mit einer relevanten Diagnose eingeliefert wurde.

Der Patientenberater setzt sich dann mit der jeweiligen Station in Verbindung, um Einzelheiten über den Patienten zu erfahren, und vereinbart ggf. einen Beratungsbesuch. Mit den Patienten und Angehörigen wird dann über die Situation und mögliche Hilfen gesprochen. Bei Bedarf kontaktieren die Patientenberater das BKK ServiceCenter. Dort werden dann die erforderlichen Maßnahmen ergriffen, damit der Patient möglichst frühzeitig aus dem Krankenhaus in die nachstationäre Versorgung übergeleitet werden kann. Die Hilfen reichen von der Kontaktierung eines im Versorgungsnetz mitarbeitenden Pflegedienstes bis hin zu umfangreichen Bewilligungen im Bereich der Hilfsmittelversorgung und Ähnlichem. Auch die Überleitung in Rehabilitationseinrichtungen und Kurzzeitpflegeeinrichtungen wird von hier aus organisiert.

**Vereinfachtes Schnittstellenmanagement**

Die persönlichen Erfahrungen des Autors zeigen, dass diese Art des „Kümmerns" um den Patienten zumindest bei diesen sehr gut ankam. Beeindruckend war, dass Anträge wesentlich schneller bearbeitet wurden und „bürokratische Hindernisse", wie die berühmt-berüchtigten „Drei-Tage-Empfehlungen" für Hauskrankenpflege, systematisch abgebaut wurden. Aus diesen Empfehlungen wurden bei Zustimmung des Patientenberaters gleich 28 Tage Bewilligung für häusliche Krankenpflege. Unter diesen Bedingungen wurde das Schnittstellenmanagement wesentlich einfacher. Die beteiligten Pflegedienste hatten Planungssicherheit und einen reduzierten Verwaltungsaufwand.

### 2.4.1.3 Ambulante Pflegedienste

**Zusätzliche Herausforderung**

Auch poststationäre Einrichtungen werden die Einführung dieses auf Fallpauschalen basierten Abrechungssystems zu spüren bekommen. Die Patienten werden frühzeitiger und behandlungsintensiver aus dem Krankenhaus entlassen. Dies bedeutet eine zusätzliche Herausforderung für alle beteiligten Akteure.

**Überleitungsprozess gewinnt an Bedeutung**

Ein Teil des Behandlungsprozesses wird in die Häuslichkeit des Patienten oder in andere Versorgungsformen (Reha, Kurzzeitpflege, ...) verlagert. Daher gewinnt ein strukturierter, geplanter Überleitungsprozess enorm an Bedeutung. Die Vernetzung von verschiedenen Angeboten wird eine große Rolle spielen. Dazu sind verlässliche Partner notwendig, die ihre Aufgaben korrekt, zuverlässig und bedarfsorientiert durchführen. Die Erfahrungen mit Überleitungspflege zeigen, dass in diesem Bereich noch erhebliche Verbesserungspotenziale vorhanden sind. Der Vorbereitungsaufwand für eine ambulante Versorgung wird sehr häufig unterschätzt. Besonders problematisch sind in diesem Zusammenhang die sehr kurzfristigen Entlassungen aus dem Krankenhaus bei aufwändig zu versorgenden Patienten (vgl. Garms-Homolová/Schaeffer 1998).

**Entwicklungschance**

Gerade für ambulante Pflegedienste stellt die Einführung der DRG eine wesentliche Chance für die weitere Entwicklung der eigenen Dienstleistungspalette dar. Sie tun gut daran, schon jetzt mit Krankenhäusern in Verbindung zur treten, um Möglichkeiten der Kooperation auszuloten. Es sollten verschiedene umsetzbare Modelle mit den Leistungserbringern diskutiert werden. Beispielsweise könnten Pflegedienste Teile der Entlassungsplanung für ein Krankenhaus übernehmen. Die Entlassungsplanung sollte dann schon sehr früh erfolgen.

Denkbar wäre in diesem Rahmen auch die vermehrte Einbindung der Kostenträger. Hier wäre z.B. zu klären, ob und wie die Kassen gewährleisten können, dass dringend benötigte Hilfsmittel möglichst noch vor Entlassung des Patienten in die Häuslichkeit zur Verfügung stehen. Ferner sollte mit den Kassen verhandelt werden, ob unter den neuen Umständen eine Änderung der „Drei-Tage-Regelung" möglich ist. Gerade bei der zu erwartenden Häufung von Behandlungspflegen wäre die Verlängerung der Frist eine sehr hilfreiche Maßnahme, um den immer größer werdenden administrativen Aufwand zu reduzieren.

### 2.4.1.4 Kurzzeitpflegeeinrichtungen

**Integration**

Kurzzeitpflegeeinrichtungen könnten von der Einführung der DRG profitieren. Dies wäre z.B. dann der Fall, wenn sie in das Krankenhaus bzw. auf das Krankenhausgelände integriert würden. Dort könnten dann nicht nur reguläre Patienten nach SGB XI versorgt werden, sondern auch Patienten nach Krankenhausaufenthalt, die noch eine intensivere Nachbetreuung bräuchten oder deren nachstationäre Behandlung noch nicht komplett gesichert ist.

**Kooperationsvereinbarung**

Die Kurzzeitpflegeeinrichtung müsste zu diesem Zweck eine Kooperationsvereinbarung mit dem Krankenhaus schließen, in der Art, Umfang und Leistungen definiert werden.

Wesentlich dabei ist ein geringerer Tagessatz für die Leistungen der Kurzzeitpflegeeinrichtung. Die Kurzzeitpflegeeinrichtung stellt dann die Leistungen dem Krankenhaus in Rechnung. Selbstverständlich darf die Liegezeit bei dem Modell nicht über der intern ermittelten Höchstgrenze bei den Fallgruppen liegen. Das Krankenhaus hat den Vorteil, Patienten früher entlassen zu können und eine nach dem Stand der Kunst mögliche nachstationäre Versorgung zu einem akzeptablen Preis „einkaufen" zu können. Wichtig sind selbstverständlich verbindliche Absprachen hinsichtlich der nachstationären Behandlung (Qualitätsvereinbarung). Die Kurzzeitpflegeeinrichtung sorgt für die weitere Versorgung nach dem stationären Aufenthalt, falls diese noch notwendig ist.

### 2.4.2 Handlungsstrategien

An dieser Stelle sollen mögliche, teilweise schon angedeutete Handlungsstrategien seitens der verschiedenen Akteure näher erläutert werden.

#### 2.4.2.1 „Klassisches" Entlassungsmanagement

Das Krankenhaus organisiert den Entlassungsprozess unter Einbindung des Sozialdienstes und einer „Überleitungskraft" selbstständig. Was bedeutet Überleitungspflege, und wie muss sie sich an die neuen Entwicklungen anpassen?

**Entwicklung der Gesellschaft**

Die gesellschaftlichen Entwicklungen der letzten Jahre und Jahrzehnte haben erhebliche Auswirkungen auf die Krankenhausaufenthalte und die erforderliche Betreuung der aus dem Krankenhaus entlassenen Patienten gehabt bzw. werden noch verstärkt:

- bekannte demografische Entwicklung mit Zunahme der sehr alten Menschen
- Multimorbidität
- veränderte familiäre und soziale Strukturen
- nochmals sinkende Verweildauer in den Krankenhäuser durch die DRG
- hoher Betreuungsaufwand/hohe Pflegebedürftigkeit auch nach der Entlassung
- deutliche Wiederaufnahmen in den Krankenhäusern

**Überleitungspflege**

Durch die kürzere Verweildauer und durch häufig verspätete Information der extramuralen Einrichtungen kommt es oft zu einer mangelnden bis fehlenden Betreuung der pflegebedürftigen/kranken Patienten. Ein besonderes Problem ergibt sich vor allem bei der Entlassung kurz vor dem Wochenende und an Samstagen. Die Nachbetreuung kann durch ausreichende Kommunikation und Information aller Beteiligten optimiert werden. Die Fortsetzung der in der Klinik eingeleiteten Rehabilitation in den häuslichen Bereich sowie die häusliche Integration des Kranken werden als Überleitungspflege bezeichnet. Dazu gehören auch Überleitungen in Rehabilitationseinrichtungen und dergleichen.

**Ziel**

Das Ziel der Überleitungspflege ist es, eine Verbindung zwischen Krankenhaus, sozialen Einrichtungen und dem Zuhause zu schaffen, den Patienten optimal in seine gewohnte Umgebung zu begleiten und die pflegenden Vertrauenspersonen, soweit vorhanden, zu unterstützen. Aufgrund dieser Erkenntnisse arbeiten einige Krankenhäuser bereits mit dem Mittel der Überleitungspflege. Dabei ist die Überleitungspflege als zusätzliche, aber keinesfalls konkurrierende Hilfe zum Sozialdienst anzusehen. Besonders bei kurzfristigen Entlassungen ist es für die Hauskrankenpflege und die sozialen Dienste einfach kaum möglich, sofort zu reagieren und alles Notwendige beim Patienten veranlasst zu haben.

**Probleme durch fehlende Kenntnis**

Häufig stellen sich nach der Rückkehr der Kranken in die häusliche Umgebung unerwartete Schwierigkeiten bei der Umsetzung der Empfehlungen aus dem Krankenhaus heraus, die aus fehlenden Kenntnissen der Krankenhausärzte und des Pflegepersonals über die Hilfsmittel der Pflegedienste oder der Wohnsituation der Kranken resultieren. Wenn bei kritischen Pflegesituationen die Entlassung nicht rechtzeitig vorher angekündigt wurde, zusätzlich der Hausarzt an einem freien Wochenende oder im Urlaub nicht zu erreichen ist, stehen die Pflegedienste vor der Aufgabe, ohne ausreichende Informationen die ersten – oft für die weitere Rehabilitierung bestimmenden – Behandlungs- und Pflegeleistungen durchführen zu müssen. Daher kann eine Analyse von Informations- und Kooperationserwartungen der Pflegedienste bei der Aufnahme frisch aus dem Krankenhaus entlassener Patienten die Zusammenarbeit von Krankenhäusern, Hausärzten und Pflegediensten erleichtern.

**Entwicklung von Clinical Pathways**

Bei dem Ziel, die Überleitungspflege zu professionalisieren und damit einhergehend interne Abläufe zu optimieren, ist es notwendig, die Entlassung schon bei der Aufnahme der Patienten zu planen. Überleitungspflege muss sich verstärkt in Richtung eines „Patientenmanagements" entwickeln, das sehr früh in die Steuerung der internen Behandlungsprozesse integriert wird. Dabei ist die Entwicklung von Clinical Pathways ein wichtiges Instrument zur gezielten Entlassungsplanung. Viele Krankenhäuser werden für wirtschaftlich relevante Fallgruppen Clinical Pathways erstellen, deren zentrales Element die Entlassungsplanung ist. Eine patienten- oder besser fallartenbezogene Ablaufstandardisierung im Krankenhaus – bzw. im Zuge von Vernetzung über dessen Grenzen hinaus – kann ein strategischer und wirtschaftlicher Vorteil sein. Die verschiedenen Kompetenzen im Sinne des Patienten zu bündeln ist ein wichtiger Baustein im Rahmen der Überleitungspflege.

#### 2.4.2.2 Kooperation mit einer Kurzzeitpflege

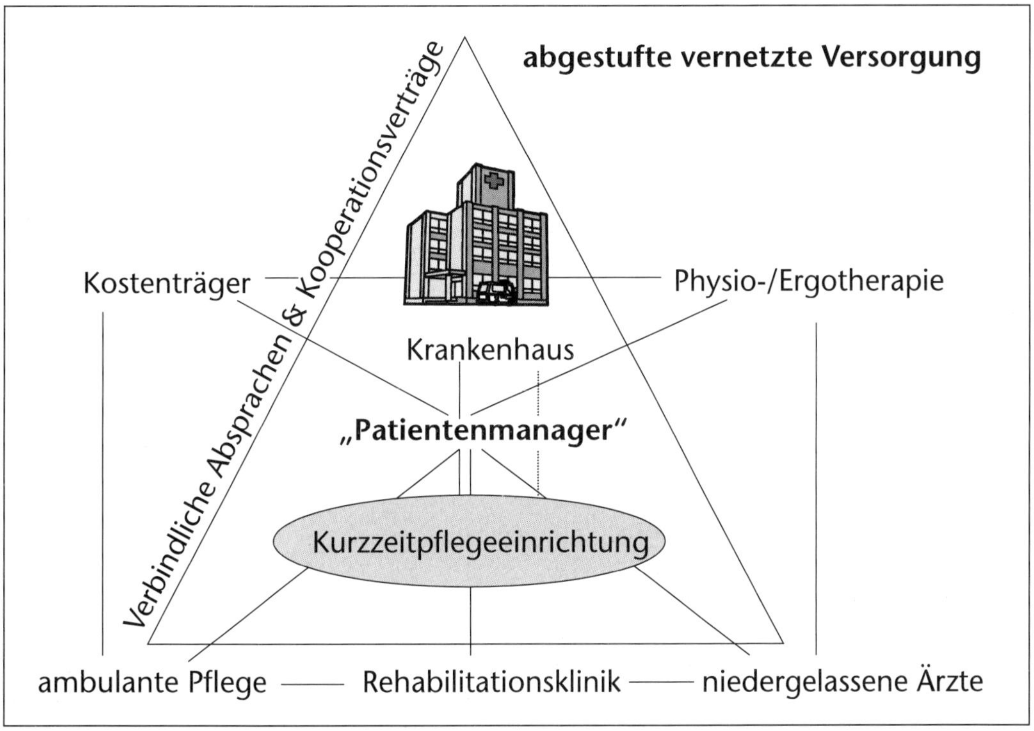


*Abb. 1: Kooperation mit einer Kurzzeitpflege*

**Günstigere Tagessätze**

Die Kooperation mit einer Kurzzeitpflege auf dem Klinikgelände ist eine weitere Möglichkeit, die Kosten im Krankenhaus zu minimieren. In der Regel können Kurzzeitpflegeeinrichtungen einen wesentlich günstigeren Tagessatz anbieten als Krankenhäuser. Daher kann es Sinn machen, Patienten schon recht früh in eine Kurzzeitpflegeeinrichtung überzuleiten. Die Einbindung ist in Abbildung 1 dargestellt.

### 2.4.2.3 Einbindung eines Pflegedienstes

**Verhinderung des „Drehtüreffekts"**

Die Einbindung eines oder mehrerer Pflegedienste in das Entlassungsmanagement macht aufgrund der Erfahrungskompetenz der einzelnen Dienste sehr viel Sinn. Pflegedienste wissen sehr wohl, welche Voraussetzungen für eine erfolgreiche Pflege zu Hause erforderlich sind. Die frühzeitige Einbindung verhindert in vielen Fällen den so genannten „Drehtüreffekt". Möglich wäre im Rahmen einer Kooperation, dass Mitarbeiter als „Patientenberater" – nach Einwilligung der Patienten – vor Ort die Entlassungen planen. Denkbar ist auch die Integration des Pflegedienstes in das Krankenhaus selbst. Sichergestellt werden müssen, wie in allen anderen Strategien der Kooperation, der Datenschutz und die Wahlfreiheit des Patienten.

### 2.4.2.4 Gründung einer gemeinsamen Betreibergesellschaft „Entlassungsmanagement"

**Outsourcingmodell**

Bei diesem Modell werden Teile des klassischen Sozialdienstes im Rahmen eines Outsourcing-Modells ausgelagert. Verschiedene Personen/Gesellschaften gründen eine gemeinsame Betreibergesellschaft, deren Ziel es ist, die nachstationäre Versorgung der im Krankenhaus versorgten Patienten möglichst frühzeitig, unter Berücksichtigung der Kundeninteressen, sicherzustellen. Dabei erwirbt jeder einzelne Partner Anteile an der Betreibergesellschaft. Zur Gewährleistung der Finanzierung beteiligen sich die Gesellschaf-

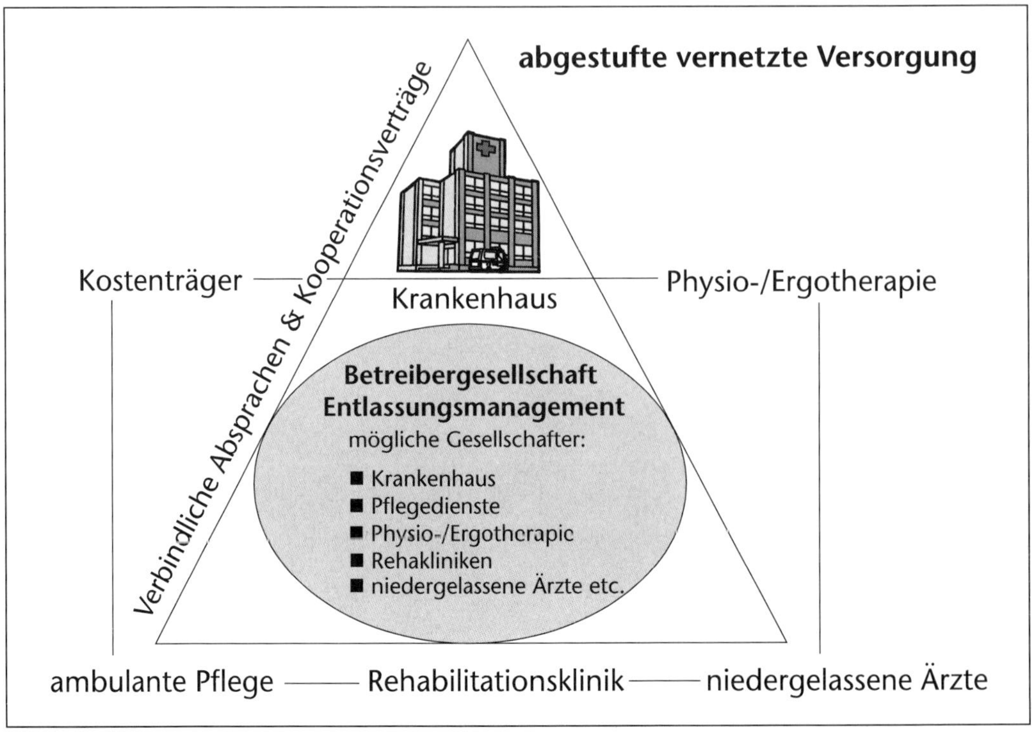


*Abb. 2: Kooperation mit einer Betreibergesellschaft Entlassungsmanagement*

ter mit möglichen Beiträgen, die im Einzelfall festzulegen sind. Denkbar sind hier auch leistungsorientierte Vergütungen.

### 2.4.3 Datenschutzrechtliche Bestimmungen

**Einhaltung von Grundsätzen**

Bei allen hier dargestellten Möglichkeiten sind datenschutzrechtliche Bestimmungen einzuhalten. Kooperation kann nur gelingen, wenn diese wesentlichen Punkte geklärt sind. Prinzipiell lassen sich diese Bestimmungen einhalten, wenn Grundsätze beachtet werden. So formuliert der Datenschutzbeauftragte in seinem Bericht folgende Grundsätze zur Patientenberatung durch das BKK ServiceCenter (vgl. Datenschutzbericht 2000):

„Bei der Tätigkeit des BKK ServiceCenters handelt es sich nicht um eine Datenverarbeitung im Auftrag; § 284 Abs.3 SGB V sowie § 69 Abs.1 Nr.1 SGB X rechtfertigen nicht eine vollständige Übermittlung aller der Krankenkasse bekannten Behandlungsdaten an das BKK ServiceCenter. An die Zulässigkeit der Datenübermittlung sind folgende Anforderungen zu stellen:

- Den Patienten sind schriftlich konkrete Informationen über den Zweck und die Vorgehensweise bei der Patientenberatung sowie über den Umgang mit ihren Daten (z.B. in einem Merkblatt) zu geben. Die Information muss insbesondere Aussagen zur Speicherung (auch die Dauer der Datenspeicherung), der Nutzung und der Weitergabe der beim Patienten und bei dem Pflegepersonal oder bei Ärzten erhobenen Daten enthalten.
- Der Patient muss der Versichertenberatung im Krankenhaus zuvor zustimmen.
- In der Einverständniserklärung müssen die Patienten darauf hingewiesen werden, dass die Einwilligung freiwillig ist, dass ihnen aus der Verweigerung der Einwilligung keine Nachteile entstehen und ein Widerruf der Einwilligung mit Wirkung für die Zukunft jederzeit möglich ist.
- Der Name des zuständigen Versichertenberaters ist anzugeben.
- Die Einwilligung muss unterscheiden zwischen der Datenerhebung über das häusliche und soziale Umfeld – diese Daten dürfen nur beim Patienten selbst erhoben werden – und der Datenerhebung bei Ärzten und Pflegepersonal. Hinsichtlich der medizinischen Daten, die von Ärzten und Pflegepersonal offenbart werden, ist vorab zu klären, welche Angaben im Einzelfall für die Patientenberatung erforderlich sind. Diese Daten sind in der Einwilligungserklärung aufzuführen.
- Die Einwilligung muss auch die Übermittlung evtl. erforderlicher Daten vom BKK ServiceCenter an die jeweilige BKK umfassen.
- Bei den Modalitäten der Versichertenberatung soll darauf geachtet werden, dass vor dem Besuch eines Patientenberaters die schriftliche Einwilligung des Patienten vorliegen muss. Bei der Durchführung der Beratung soll die Befragung von Ärzten und Pflegepersonal stets in Anwesenheit des Patienten erfolgen. Der MDK sollte eingeschaltet werden, wenn im Einzelfall Zweifel an der Notwendigkeit und der Dauer der Krankenhausbehandlung bestehen (vgl. § 112 Abs. 2 Nr. 2 SGB V und § 275 Abs.1 Nr.1 SGB V) oder wenn Datenerhebungen notwendig werden, die nur der MDK durchführen darf (z.B. Durchsicht von OP-Berichten).

■ Die Sozialdaten der Versicherten der einzelnen Betriebskrankenkassen dürfen nicht anderen Betriebskrankenkassen zur Kenntnis gelangen. Es ist deshalb eine personelle, organisatorische und räumliche Trennung der Funktion des Versichertenberaters und Fallmanagers von der beauftragten BKK erforderlich."

Diese datenschutzrechtlichen Bestimmungen lassen sich mit Einschränkungen auch auf alle anderen Formen von Kooperationen beziehen, die die Versorgung der Patienten sicherstellen sollen. Da jede Form der Kooperation anders ist, sollte vor dem Beginn einer Zusammenarbeit eine juristische Prüfung erfolgen.

### 2.4.4 Ziele und Aufgaben zur Einrichtung eines Projektes „gemeinsames Entlassungsmanagement"

An dieser Stelle sollen mögliche Ziele und Aufgaben dargestellt werden. Die beiden Checklisten „Ziele" und „Aufgaben" können beliebig verlängert werden.

**Checkliste: Ziele**

- ❍ Aufbau eines gemeinsamen Entlassungsmanagements unter Berücksichtigung der Einführung der DRG
- ❍ Entwicklung von Steuerungsmechanismen und -abläufen, die auf der einen Seite die Qualität der erbrachten Leistungen sicherstellen und auf der anderen Seite die Wirtschaftlichkeit verbessern
- ❍ Ziel und Ergebnis ist eine hohe Qualität von Behandlung, Pflege, Hotelleistung und zusätzlichem Service in einem attraktiven Preis-Leistungs-Verhältnis
- ❍ Standardisierung der Ablaufroutine bei gleichartigen Erkrankungen und Steuerung der Entlassungsplanung schon am Aufnahmetag, dadurch Verbesserung des „Patientendurchlaufs" und Erhöhung der Fallzahlen
- ❍ Abbau der Wartezeiten auch für Patienten

**Checkliste: Aufgaben**

- ❍ Initiierung eines Projektes „Entlassungsmanagement"
- ❍ Bewertung der verschiedenen Modelle
- ❍ Auswahl der Projektbeteiligten
- ❍ Bewertung der „kritischen DRG" und Entwicklung eines fallartenabhängigen Patientenmanagements
- ❍ Bewertung des nötigen Personals, dessen Finanzierung und Einbindung in den Behandlungsprozess sowie der nötigen Kompetenzen
- ❍ Anpassung der behandlungs-, pflegerischen und verwaltungstechnischen Abläufe – Schnittstellenmanagement

- Festlegung der nötigen internen und externen Kommunikationsabläufe – Wer meldet wann was an wen und mit welchen Mitteln?
- Festlegung der benötigten Sachmittel (Büro, Materialien, Kommunikationsmittel etc.) und die Einbindung in die vorhandenen Strukturen
- eventuell Schaffung einer Kurzzeitpflege auf dem Gelände des Krankenhauses oder in unmittelbarer Nähe, um die Kosten zu reduzieren und die Versorgung sicherzustellen (durchgängige Versorgung); Klärung der Trägerschaft (durch Diakonie oder Krankenhaus) und Gestaltung einer entsprechenden Kooperation
- Bewertung der nötigen Ressourcen, des Schulungsbedarfes in den Einrichtungen und der notwendigen Sachmittel
- Absprache mit möglichen Kostenträgern und deren evtl. Einbindung in das Projekt
- Klärung der Überleitungen, die nicht in die ambulante Versorgung übergehen (Reha, stationäre Altenhilfe, niedergelassene Ärzte etc.)
- Klärung der Einbindung weiterer Organisationen (denkbar wäre hier die Zusammenarbeit mit Kostenträgern, Kurzzeitpflegen, niedergelassenen Ärzten, zuständiger Ärztekammer etc.)
- Klärung rechtlicher Fragestellungen, evtl. unter Hinzuziehung eines Rechtberaters (Wahlfreiheit des Patienten, Kostenübernahmen etc.)

## 2.4.5 Fazit

**Individuelle Lösungen**

Entlassungsmanagement wird unter zunehmendem Kosten- und Qualitätsdruck eine der wichtigsten Managementaufgaben der nächsten Jahre. Die Einbindung eines funktionierenden Entlassungsmanagements erfordert viel Einsatz und Kreativität bei den beteiligten Akteuren. Die Mühe wird sich lohnen. Verbesserte innerbetriebliche Abläufe fördern die Wirtschaftlichkeit nicht nur in den Krankenhäusern, sondern auch in den poststationären Einrichtungen. Bei der Bewältigung des Entlassungsmanagements gibt es nicht die goldene Lösung, da die Ausgangslage in jeder Institution unterschiedlich zu bewerten ist. Daher muss sich jede Einrichtung mit dem Thema auseinander setzen und eine für sich praktikable Lösung finden.

### Literaturempfehlungen

*Coffey, R.M.:* Casemix information in the United States: 15 Years of Management and Clinical Experience. Casemix 1/99.

*Datenschutzbericht Berlin 2000:* http://www.datenschutz-berlin.de/jahresbe/00/teil4-4.htm#nr2.

*Garms-Homolová, V.; Schaeffer, D. (Hrsg.):* Medizin und Pflege: Kooperation in der ambulanten Versorgung. Wiesbaden 1998.

## 2.5 Die Ermittlung des Personalbedarfs im Rahmen des DRG-Abrechnungssystems

*von Birgit Bank und Thomas Eisenreich*

Mit Beginn des Jahres 2004 kommt das DRG-basierte Abrechnungssystem für alle Krankenhäuser Deutschlands verbindlich zur Anwendung. Entsprechend § 17 des KHG wird damit erstmals ein durchgängiges, leistungsorientiertes und pauschalierendes Vergütungssystem für alle voll- und teilstationären Leistungen eingeführt mit Ausnahme der psychiatrischen, psychosomatischen und psychotherapeutischen Bereiche. Krankenhausleistungen sollen nach Art, Umfang und Qualität vergütet werden. Der nachfolgende Beitrag macht deutlich, dass die Personalbedarfsberechnung ihrer Rolle als entscheidungsvorbereitendes Instrument bei der Leitung eines Krankenhauses in verstärktem Umfang nachkommen muss.

### 2.5.1 Ausgangslage

Das neue Abrechnungssystem trifft auf eine Krankenhauslandschaft, in der in 2.252 Krankenhäusern (Stand: 1999) mit über 565.000 Betten mehr als 16,3 Mio. Patienten behandelt wurden. Rund 11 % des Bruttoinlandsproduktes wurden 1998 für die Gesundheit ausgegeben. Die Kosten für stationäre Behandlungen betrugen im Jahre 1999 50,8 Mrd. €.[1]

**70 % Personalkosten**

Wichtigster Kostenfaktor in diesem Bereich sind nach wie vor die Personalkosten. Ihr Anteil an den bereinigten Gesamtkosten, die von allen Krankenhäusern des Bundesgebietes verursacht werden, liegt bei ca. 70 % und beträgt absolut 34.69.317.177 €.[2]

#### 2.5.1.1 Kostenverteilung

**Personalkosten-schlüsselung**

Die folgende Übersicht stellt dar, wie sich diese Kosten auf die einzelnen Dienstarten entsprechend der Nomenklatur der Krankenhausbuchführungsverordnung verteilen.[3]

| Dienstart | Personalkosten absolut | Anteil an den Gesamtkosten (in %) |
|---|---:|---:|
| ärztlicher Dienst | 14.646.973.901 | 21,6 |
| Pflegedienst | 26.706.017.699 | 39,4 |
| medizinisch-technischer Dienst | 7.776.971.573 | 11,5 |
| Funktionsdienst | 6.244.214.243 | 9,2 |
| klinisches Hauspersonal | 1.310.124.855 | 1,9 |
| Wirtschafts- und Versorgungsdienst | 4.142.730.729 | 6,1 |
| technischer Dienst | 1.543.934.828 | 2,3 |
| Verwaltungsdienst | 4.113.685.341 | 6,1 |
| Sonderdienst | 299.319.977 | 0,4 |
| sonstiges Personal | 396.521.001 | 0,6 |
| nicht zurechenbares Personal | 492.518.324 | 0,7 |

*Abb. 1: Struktur der Personalgesamtkosten*

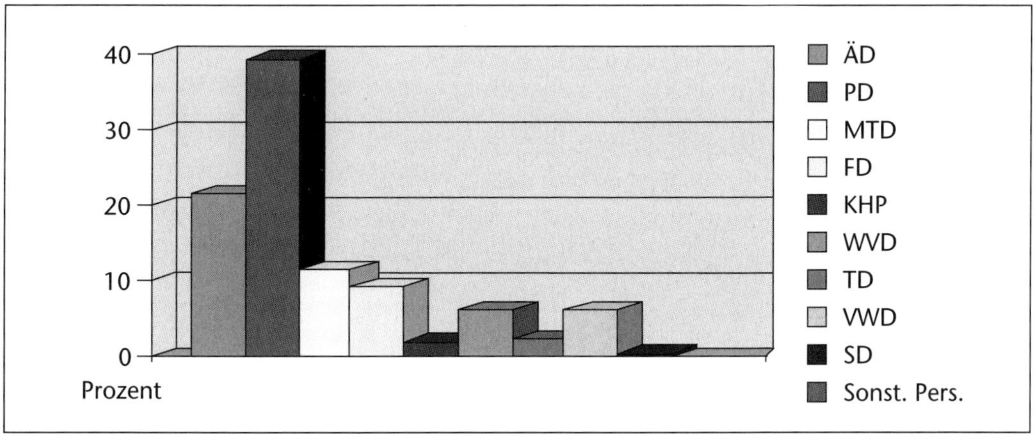


*Abb. 2: Struktur der Personalgesamtkosten*

**844.000 Beschäftigte**

Umgesetzt in Vollkräfte (VK) bedeutet das, dass im Jahr 1999 in den Krankenhäusern des Bundesgebietes insgesamt 843.500 VK tätig waren, davon 107.900 VK ärztliches und 735.553 VK nicht ärztliches Personal. Letzteres setzt sich in folgender Weise zusammen (Angaben in VK)[4]:

| nicht ärztliches Personal | Anzahl 1999 (VK) |
|---|---|
| Pflegedienst | 334.890 |
| medizinisch-technischer Dienst | 123.674 |
| Funktionsdienst | 81.814 |
| klinisches Hauspersonal | 25.116 |
| Wirtschafts- und Versorgungsdienst | 71.539 |
| technischer Dienst | 21.226 |
| Verwaltungsdienst | 58.028 |
| Sonderdienst | 4.546 |
| sonstiges Personal | 14.720 |

*Abb. 3: Strukturierung des nicht ärztlichen Personals*

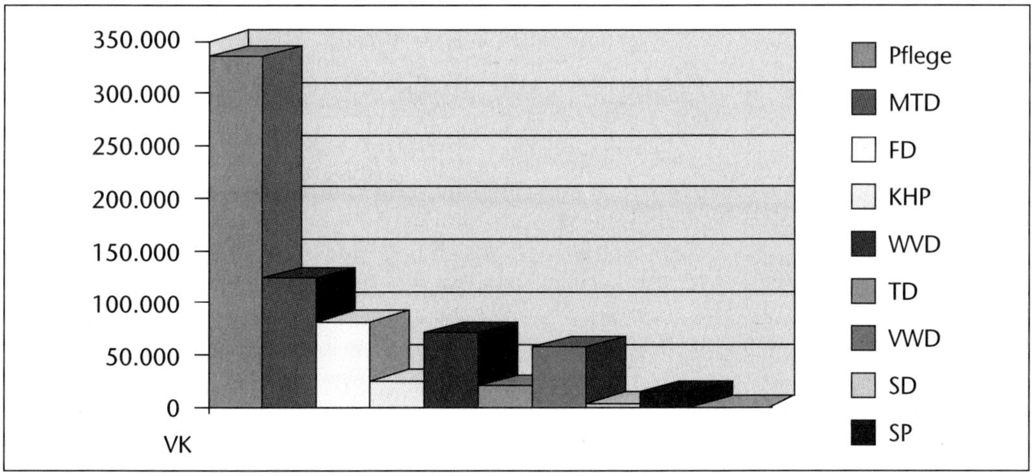


*Abb. 4: Strukturierung des nicht ärztlichen Personals*

### 2.5.1.2 Auswirkungen der DRGs auf die Personalausstattung

**Wirkungen der DRGs**

Die zukünftige Entwicklung der Personalkosten ist unbedingt im Zusammenhang mit den voraussichtlichen Wirkungen der DRGs zu diskutieren, die sich schwerpunktmäßig konzentrieren auf:

- sinkende Fallzahlen
- Reduzierung der stationären Verweildauer (40 %)
- Reduzierung der Bettenauslastung (30 %)
- Reduzierung der stationären Kapazitäten/Verringerung der Anzahl der stationären Einrichtungen
- Einführung alternativer Behandlungsformen und infolgedessen Kosten- und Personalumschichtungen aus dem stationären Sektor heraus in neue, diesem vor- und nachgelagerte Bereiche
- Zunahme der Personalkosten im Arztdienst (20 %) infolge der umfangreichen Dokumentationspflichten (veranschlagt werden bis zu 20 Minuten/Fall in der Einführungsphase)
- sinkende Personalkosten im Pflegedienst
- steigende Personalkosten in den Bereichen Controlling und Kostenrechnung
- perspektivisch sinkender Personalbedarf in der Patientenabrechnung infolge zunehmender Einbindung in die ärztlich-pflegerische Dokumentation

Letztendlich wird das Ausmaß der Wirkungen von den konkreten Bedingungen in den Häusern abhängen, jedoch sind Budgetabsenkungen, Profiländerungen und Krankenhausschließungen zu erwarten.

## 2.5.2 Personalstrukturveränderung durch DRGs

**Veränderung der Personalstrukturen**

Mit der Einführung der DRGs sind demzufolge auch umfangreiche Veränderungen in der Strukturierung des personellen Potenzials sowohl des akut stationären als auch der vor- und nachgelagerten Bereiche zu erwarten. Arbeitsorganisatorische Veränderungen ziehen veränderte Arbeitsanforderungen und -inhalte nach sich. So wird beispielsweise die Verantwortung des ärztlichen Personals für die Leistungserfassung und -dokumentation deutlich an Bedeutung gewinnen. Das betrifft die Qualität ebenso wie den Zeitfaktor. Die Beratung der Ärzte in diesen Fragen wird eine der zukünftigen Aufgaben des Medizincontrollings sein, ohne das zukünftig kein Krankenhausmanagement effektiv arbeiten können wird.

**Neue Managementinstrumentarien notwendig**

Im Ergebnis und in der Konsequenz der anstehenden Veränderungen benötigen die Krankenhäuser ein Organisationsverständnis, das die Einführung neuer Managementinstrumentarien ebenso einschließt wie die Umsetzung integrativer Versorgungsformen. Medizinische Kompetenzzentren, Versorgung chronisch Kranker, Clinical Pathways sind nur einige Schlagworte der allseits bekannten aktuellen gesundheitspolitischen Diskussion. Die Einbindung der Berechnung des Personalbedarfs in diese Nomenklatur soll im Folgenden näher beleuchtet werden.

## 2.5.3 Berechnung des Personalbedarfs

**Ziele der Personalbedarfsberechnung**

Grundsätzlich handelt es sich bei der Berechnung des Personalbedarfs um eine Methode zur Bestimmung der Anzahl und der Qualifikation des Personals für einen bestimmten Arbeitsplatz, Arbeitsprozess oder Aufgabenbereich mit dem Ziel

- einer qualitätsgerechten und kosteneffektiven Ablauforganisation unter dem Aspekt der optimalen Patientenversorgung,
- des hausinternen Personalcontrollings, kostenstellen- und kostenartenbezogen,
- der Vorbereitung der Pflegesatzverhandlungen (bisher).

**Allgemeine Bewertungskriterien**

Die Berechnung des Personalbedarfs basiert auf allgemein verwendbaren Bewertungskriterien, entwickelt und systematisch gesammelt in erster Linie von der Deutschen Krankenhausgesellschaft, den Krankenhausgesellschaften der einzelnen Bundesländer, dem Deutschen Krankenhausinstitut und den medizinischen Fachgesellschaften, denen die hausinternen Aufwände gegenübergestellt werden.

**Modifizierung der Vorgaben**

Entsprechend den besonderen Gegebenheiten des untersuchten Bereiches/Krankenhauses müssen die allgemein gehaltenen Vorgaben modifiziert werden, besonders hinsichtlich solcher Einflussfaktoren wie Verweildauer, Belegung, bauliche Gegebenheiten, Leistungsstruktur sowie personeller und organisatorischer Rahmenbedingungen. Diese Modifizierung ist erforderlich sowohl hinsichtlich entstandener Mehrbelastungen als auch möglicher Minderbelastungen im Untersuchungsbereich gegenüber den Vergleichswerten.

**Steigender Personalbedarf**

Ein Mehrbedarf an Arbeitskräften kann beispielsweise entstehen durch

- Erweiterung des Diagnostikangebotes, Verkürzung der Verweildauer, demografisch bedingte Veränderungen der Patientenstruktur,
- zunehmende Aufklärungsnotwendigkeit für die Patienten und ihrer Angehörigen,
- steigenden Dokumentationsaufwand,
- neu entstandene Aufgaben, z.B. für Hygiene, Geräte, Strahlen- und Datenschutz.

**Sinkender Personalbedarf**

Der Personalbedarf kann sich verringern infolge von

- steigenden Bearbeitungsgeschwindigkeiten und erhöhten Durchsatzmengen im Laborbereich,
- Entlastungen der allgemeinen Stationsversorgung/Normalpflege durch die Ausweitung gesonderter Intensivpflegestationen und die Einrichtung von Aufwachräumen und -stationen,
- positive organisatorische Effekte durch die Verstärkung der interdisziplinären Zusammenarbeit,
- funktionsbezogener Zentralisation von Diagnostik und Therapie zu krankenhausübergreifenden Dienstleistungsabteilungen.

**Eingang der Ergebnisse**

Die Berechnungsergebnisse finden Eingang in die Erarbeitung und kontinuierliche Anpassung zentraler betrieblicher Leitungsinstrumente (beispielsweise des Stellenplanes), in die Bearbeitung von Investitionsvorhaben oder die Umsetzung von Maßnahmen der Arbeitssicherheit und des Qualitätsmanagements. Sie fließen ein in die Entwicklung und

Realisierung neuer Arbeitszeitmodelle und wirken unterstützend bei der Einhaltung qualitativer und quantitativer Besetzungsnormen.

**Anbindung an das Controlling**

Strukturell sollte die Anbindung der Personalbedarfsberechnung an das Personalcontrolling und damit an das Medizincontrolling in Assistenz zur Geschäftsleitung und zum Qualitätsmanagement erwogen werden. Ein wechselseitiges Zusammenwirken dieser Gebiete, die sich zum Teil gleicher Methodik und Arbeitsinstrumente bedienen, setzt Synergien frei, die die Reaktionsfähigkeit der Geschäftsleitung nach innen und außen wesentlich erhöhen. Gleichzeitig gewährleistet diese Form der Organisation einen kontinuierlichen wechselseitigen Informations- und Datenfluss zwischen Betreuung- und Leitungsprozessen, wodurch einerseits die Qualität der Leitungsentscheidungen und andererseits die Motivation der Mitarbeiter zur Umsetzung grundsätzlicher Veränderungen verbessert werden.

### 2.5.4 Verändern sich mit Einführung der DRGs die Methoden und Instrumentarien der Personalbedarfsberechnung?

**Keine Abkehr von Bewährtem**

Eine grundsätzliche Abkehr von den bisherigen Methoden und Verfahren der Analyse der Abläufe und Prozesse kann und wird es nicht geben, da die Einführung der DRGs wohl die Aufgaben der Personalberechnung erweitert, aber nicht prinzipiell verändert. Jedoch ist eine verstärkte Einbindung der ermittelten Besetzungswerte in das neue Instrumentarium des Krankenhausmanagements zu erwarten, das hierfür vielfältige Ansatzpunkte bietet.

**Grundlagen für ein Benchmarking**

In der Personalbedarfsberechnung ist eine Methode zur Bestimmung und Optimierung der Personalkosten im Rahmen der Gesamtkosten pro Fall oder pro DRG zu sehen. Ihre Ergebnisse stellen die Grundlage für ein funktionierendes Benchmarking innerhalb eines Krankenhauses oder aber auch zwischen den Häusern dar. DRGs und Personalbedarfsberechnung stehen in einem „Ziel-Mittel-Verhältnis" zueinander, dessen Ergebnisse die ökonomische Orientierung des Krankenhauses mitbestimmen.

**Neue Zielgruppen**

Zusätzlich zum stationären Bereich werden neue Zielgruppen der Personalbedarfsberechnung entstehen. Die Besetzung der dem akutstationären Aufenthalt vor- und nachgelagerter Bereiche, beispielsweise ambulanter Betreuungsformen, Rehabilitationseinrichtungen etc., wird zunehmend in den Mittelpunkt der Betrachtungen rücken. Im Folgenden soll auf ausgewählte Aspekte näher eingegangen werden.

#### 2.5.4.1 Personalbedarfsberechnung und Prozessmanagement

**Prozessorientiertes Handeln**

Gegenstand des prozessorientierten Handelns im Krankenhaus ist die Versorgung der Patienten, ausgehend von definierten Diagnosen bzw. Diagnosegruppen. Der Kernprozess „Krankenhausbehandlung" setzt sich zusammen aus folgenden Teilprozessen:

**Aufnahme ➲ Diagnose ➲ Therapie ➲ Entlassung**

Er ist zu unterscheiden von den Supportprozessen wie beispielsweise Labor, Essenversorgung und Archivierung.[5]

**Schnittstellenbetrachtung**

Der prozessorientierten Betrachtungsweise entsprechend gestalten sich auch die Ansatzpunkte für die Bemessung des Personalbedarfs neu. Die Berechnung der personell verursachten Aufwands- und Kostenanteile muss „quer" zu allen Funktionsbereichen abteilungsübergreifend und unter Einbeziehung zentraler Aufnahmestationen und interdisziplinärer Stationsstrukturen erfolgen. Besonderes Gewicht erhält in diesem Zusammenhang die Problematik der reibungslosen Schnittstellengestaltung im Rahmen des Behandlungsprozesses.

**Qualitätsgerechte Patientenbetreuung als oberstes Ziel**

An dieser Stelle wird deutlich, dass sich auch die traditionelle Personalbedarfsberechnung einem neuen Selbstverständnis öffnen muss. Es geht nicht mehr nur allein um die Bestimmung des personellen Aufwandes und den Vergleich mit externen Bewertungsvorgaben, sondern es geht auch und vor allem um die kosten- und zeiteffektive Gestaltung von Abläufen, die Vermeidung von Warte- und Nebenzeiten, und das alles mit dem obersten Ziel der qualitätsgerechten Patientenbetreuung.

#### 2.5.4.2 Personalbedarfsberechnung und Fallkostenrechnung[6]

**Drei Hauptschritte**

Ausgehend davon, dass – vereinfacht dargestellt – die Informationen zur Steuerung des Krankenhausbetriebes letztendlich aus der Gegenüberstellung von Kosten pro Fall zu Erlös pro Fall resultieren, liegt es nahe, die Methodik der Fallkostenrechnung auf die Ermittlung der Personalkosten zu übertragen. Diese Vorgehensweise orientiert sich an den drei Hauptschritten der Fallkostenrechnung:

**1. Schritt: grobe Fallkostenrechnung**

Ausgehend von den bereits im Krankenhaus vorhandenen Daten in den Klinikinformationssystemen und in der Patientenverwaltung werden fallbezogen alle möglichen und für die Berechnung des Personalbedarfs relevanten Daten gesammelt und systematisiert. Aufwandsmessgrößen sind u.a. Arzt- und Pflegestunden.

**2. Schritt: detaillierte Fallkostenrechnung**

Ausgehend von den im ersten Schritt definierten Aufwandsgrößen erfolgt jetzt deren Vertiefung und Erweiterung. Die Anzahl der Parameterzahl erhöht sich. So können Angaben von Arztstunden untersetzt werden nach Fachrichtungen, Pflegestunden angegeben werden im Aufwand für Normal- und Intensivpflege.

**3. Schritt: Grenzplankostenrechnung**

Durchgeführt wird eine Sollkostenbetrachtung auf der Basis empirischer oder geplanter Leistungsmengen je Fall. So ist es beispielsweise möglich, Top-and-down-Rechnungen zur Festlegung von Maximal- und Minimalvorhaltungen an Personal durchzuführen.

**Auswertungsmöglichkeiten**

Vielfältige Auswertungsmöglichkeiten ermöglichen eine gründliche Vorbereitung von Entscheidungen auf dem Gebiet des Personalmanagements, beispielsweise die Kostenermittlung pro DRG, pro Klinik oder pro Rationalisierungsschwerpunkt. Kostenauswirkungen von Organisationsmaßnahmen können so überwacht und gegebenenfalls auch gesteuert werden.

#### 2.5.4.3 Personalbedarfsberechnung, Behandlungspfade und Behandlungsmuster

**Standardisierung von Basiskomponenten**

Prinzipiell sollen im Rahmen der Clinical Pathways die Basiskomponenten der Leistungserbringungsprozesse eines Krankenhauses standardisiert und unabhängig vom Einzelfall dargestellt werden. Bei der Unterscheidung von drei Basiskomponenten – diagnoseunabhängigen, diagnoseabhängigen und aufwandsabhängigen – ist die letztgenannte besonders geeignet, den fallbezogenen Personalaufwand widerzuspiegeln. Quantitative Aufwandsindikatoren wie Anzahl und Art der Operationen, Schnitt-Naht-Zeiten etc. können genutzt werden, um standardisierte Aufwandsvorgaben im Rahmen des Pfades und damit eines ganz bestimmten Krankheitsbildes zu erarbeiten.

**Keine starre Zeitvorgabe**

Es sei an dieser Stelle ausdrücklich darauf verwiesen, dass es sich hier nicht um eine starre und unbewegliche Zeitvorgabe für eine bestimmte diagnostische oder therapeutische Maßnahme handelt – ein Vorurteil, das in der bundesweiten prinzipiellen Diskussion über Behandlungspfade immer als Argument genutzt wird. Der tatsächliche Aufwand wird immer vom konkreten Fall abhängen. Nichtsdestoweniger übernehmen grundsätzliche Vorgaben die orientierende Funktion der bisherigen Anhaltszahlen, nur auf weitaus umfassenderem und aktuellerem Niveau. Sie fungieren als kalkulatorische Aufwandsgröße im Rahmen der Krankenhauspersonalplanung, und das in einer auch für das medizinische Personal durchschaubaren Art und Weise.

**Abweichungsanalyse**

Die standardisierten Aufwandsvorgaben des Pfades werden verglichen mit dem tatsächlichen Aufwand im Untersuchungsbereich. Darauf aufbauend kann das hausinterne Benchmarking ebenso aufgebaut werden wie das zwischen den Häusern.[7]

**Erarbeitung von Behandlungsmustern**

Ergänzend zu den Behandlungspfaden können – modifiziert für die konkreten Bedingungen in einzelnen Häusern – Behandlungsmuster[8] erarbeitet werden. Im Unterschied zu den standardisierten Personalvorgaben der Pathways beziehen sie sich auf die konkreten Leistungsstrukturen und Leistungsbedingungen einer Klinik. Sie sind daher insbesondere geeignet zur Charakterisierung innovativer Behandlungsverfahren, wie sie an Häusern der Maximalversorgung und Universitätskliniken eingeführt werden.

**Erstellung einer Prozedurenliste**

Zur Erarbeitung eines Behandlungsmusters erfolgt zunächst eine Beschreibung des Ist-Zustandes. Darauf fußt die Erstellung einer Prozedurenliste, zu deren Identifikation neben allgemeinen Größen zur Charakterisierung des Prozesses auch solche Indikatoren eingesetzt werden können, die den personellen Aufwand widerspiegeln, beispielsweise

- Art und zeitlicher Umfang notwendiger funktioneller Untersuchungen,
- Arztbindungszeiten,
- Schnitt-Naht-Zeiten,
- Behandlungsdauer,
- Notwendigkeit intensiver Pflege- oder Überwachungsmaßnahmen etc.

**Ermittlung von Zeitanteilen**

Die Erarbeitung von Behandlungsmustern läuft in den gleichen Arbeitsschritten ab, die auch zur Vorbereitung und Durchführung von Personalbedarfsberechnungen erforderlich sind. Ablaufanalysen vor Ort, Mitarbeiterbefragungen, Nutzung des vorhandenen Datenmaterials sind nur einige Beispiele dafür. Im Rahmen der Beschreibung der Prozessabläufe werden auch die Zeitanteile für die einzelnen Betreuungsleistungen ermittelt, so dass im Ergebnis der Erarbeitung eines Handlungsmusters nicht nur Aussagen über den Einsatz der medizinischen und der sächlichen Ressourcen möglich sind, sondern die Krankenhausleitung auch über exakte Informationen zum qualitativen und quantitativen Personaleinsatz verfügt.

**Balanced Scorecard**

Setzt sich ein Krankenhaus die Optimierung seines Personalbestandes zum strategischen Ziel, dann kann auch das Arbeiten mit dem Kennzahlensystem einer Balanced Scorecard das Umsetzungsmittel der Wahl sein. Hierbei sollte sich der potenzielle Anwender jedoch darüber im Klaren sein, dass es dabei nicht um die Erreichung kurzfristiger Freisetzungen und Einsparungen gehen kann, sondern die Besetzungswerte langfristig in das Kennzahlensystem des Hauses eingebunden werden. Eingeordnet in den betrieblichen Gesamtprozess, kann die Personalbemessung langfristig über mehrere Jahre hinweg Instrument eines gezielten Personalcontrollings für das gesamte Unternehmen sein.

## 2.5.5 Fazit

**Entscheidungsvorbereitendes Instrument**

Die vorstehenden Ausführungen sollen die Erkenntnis vermitteln, dass die Personalbedarfsberechnung ihrer Rolle als entscheidungsvorbereitendes Instrument bei der Leitung eines Krankenhauses in verstärktem Umfang nachkommen muss. Entscheidend dabei ist, dass sich am grundlegenden Instrumentarium der Ermittlung des Personalbedarfs nichts geändert hat. Unabhängig von der perspektivischen Betrachtungsweise wird es die nächste Aufgabe der Personalbedarfsberechnung sein, die unmittelbaren Wirkungen der Einführung der DRGs zu begleiten.

**Beständige Grundlagen**

Organisationsanalysen und Prozessbetrachtungen sind ebenso unerlässlich wie die Gewährleistung qualitativer Standards. Ganz gleich, für welche Managementinstrumente sich eine Krankenhausleitung entscheidet, folgende grundlegenden Punkte bleiben unverändert:

- Die Personalkosten sind der wesentlichste Kostenfaktor des Krankenhauswesens.
- Die Berechnung des Personalbedarfs im erweiterten Verständnis von Prozessbezogenheit und Organisationsinstrument bleibt ein wichtiges Mittel zu ihrer Regulierung.
- Eine Hauptforderung an die zukünftige Personalbemessung ist die Erhöhung ihrer Flexibilität und Reaktionsfähigkeit auf aktuelle Erfordernisse. In diesem Zusammenhang sei auf die EuGH-Problematik und die Entwicklung neuer Arbeitszeitmodelle verwiesen.
- Unabhängig von der Organisationsform des Krankenhauses hat sich die Personalbedarfsberechnung grundsätzlich an den Leistungen und den dafür erforderlichen Personalvorhaltungen zu orientieren.

### Literaturempfehlungen

*Bundesministerium für Gesundheit:* Daten des Gesundheitswesens, Ausgabe 2001, BMG-Schriftenreihe Bd. 137b. Baden-Baden 2001, S. 370 ff.

*Conen, D.:* Ein ganzheitlicher Ansatz zur Optimierung medizinischer Leistungen – Clinical Pathways. In: Kongressband der 2. Deutschen Casemix-Konferenz, Hamburg 2001.

*Gronemeyer, R.; Streit, E.; Thoma, E.:* Auf dem Weg zum prozessorientierten Krankenhaus. In: Kongressband der 2. Deutschen Casemix-Konferenz, Hamburg 2001.

*Gross, T.; Paschen, U.; Reiter, A.:* Behandlungsmuster erstellen und verwalten. In: Kongressband der 2. Deutschen Casemix-Konferenz, Hamburg 2001.

*Niedersächsische Krankenhausgesellschaft:* Hinweise zur Einführung eines DRG-basierten Entgeltsystems. Hannover 2000.

*Pföhler, W.:* Krankenhäuser zwischen Hoffen und Bangen. In: Das Krankenhaus 10/2000.

*Schepers, J.; Stark, C.; Hennig, F.:* Fallkostenrechnung – von der groben Übersicht zur differenzierten Betriebssteuerung. In: Kongressband der 2. Deutschen Casemix-Konferenz, Hamburg 2001.

**Anmerkungen**

1 Vgl. Bundesministerium für Gesundheit 2001, Seite 370 ff. (umgerechnet in Euro)

2 Vgl. Bundesministerium für Gesundheit 2001, Seite 370 ff. (umgerechnet in Euro)

3 Vgl. Bundesministerium für Gesundheit 2001, Seite 370 ff.

4 Vgl. Bundesministerium für Gesundheit 2001, Seite 370 ff.

5 Vgl. Gronemeyer et al. 2001.

6 Vgl. Schepers et al. 2001.

7 Vgl. Conen 2001.

8 Vgl. Gross et al. 2001.

# Organisationsmanagement 3

## 3.1 Die ambulante Fachpflege vor neuen Herausforderungen

*von Ingrid Backhaus*

Ambulante Pflegedienste stehen vor großen Herausforderungen. Der Vorrang ambulanter vor stationärer Hilfe, die demografische Entwicklung, die Zunahme psychischer und demenzieller Erkrankungen, das Pflegequalitätssicherungsgesetz sowie der Kosteneinsparungsdruck der Kranken- und Pflegekassen werden die Arbeit von Anbietern häuslicher Krankenpflege prägen.

Diese Entwicklung fordert zu einem Umdenken und zur Schaffung alternativer Konzepte ambulanter Pflegedienste und deren Finanzierung auf. Die Schaffung von Marktnischen durch fachpflegerische Ausrichtung der Hauskrankenpflege ist ein zukunftsichernder Faktor für das Fortbestehen ambulanter Pflegedienste. Am Beispiel eines ambulanten psychiatrischen Fachpflegedienstes soll im Verlauf dieses Beitrages verdeutlicht werden, inwieweit ambulante Fachpflege qualitativ unter sich verändernden gesellschaftlichen Strukturen und Finanzierungssituationen im Gesundheits- und Sozialwesen etabliert werden kann.

### 3.1.1 Der Vorrang ambulanter Hilfen – Forderung oder Realität?

Menschen mit psychischen Erkrankungen werden mit einer durchschnittlichen Verweildauer von 30 Tagen in psychiatrischen Krankenhäusern behandelt. Bei sinkender Krankenhausverweildauer ist die Anzahl der psychiatrischer Krankenhausaufenthalte in den letzten Jahren gestiegen. Trotz des Grundsatzes „ambulant vor stationär" wird in den seltensten Fällen zur Vermeidung oder Verkürzung einer psychiatrischen Krankenhausbehandlung eine ambulante Hilfeform angestrebt. Auch zur Unterstützung der ambulanten Versorgung durch niedergelassene Fachärzte für Neurologie und Psychiatrie oder psychiatrische Institutsambulanzen werden kaum ambulante Hilfeformen in Anspruch genommen.

**Unzureichendes Angebot**

Falls einem psychisch kranken Menschen das Verbleiben in der eigenen Wohnung nicht möglich ist, wird der Betroffene in den überwiegenden Fällen in einem Wohnheim für Menschen mit psychischen Behinderungen aufgenommen. Häufig wird dabei eine alternative ambulante Betreuungsform nicht eruiert. Eine Ursache dieser Tendenz besteht in einem unzureichenden flächendeckenden Angebot ambulanter psychiatrischer Hilfen und deren Finanzierung. Das Modell des betreuten Wohnens, ein vom Sozialhilfeträger finanziertes ambulantes Angebot, wird selten in Anspruch genommen. Häufig reicht diese Hilfeleistung aufgrund der geringen Kontakthäufigkeit mit den betreuenden Sozialarbeitern nicht aus, um den psychisch kranken Menschen in seiner häuslichen Umgebung zu stabilisieren.

**Kostensenkung durch ambulante psychiatrische Fachpflege**

Eine Möglichkeit, den Aufenthalt in einem Fachkrankenhaus zu vermeiden, zu verkürzen und eine Aufnahme in einer stationären Behinderteneinrichtung zu verhindern, bietet die ambulante psychiatrische Fachpflege. Seit Einführung dieser Leistung im Jahr 1980 ist in wissenschaftlich begleiteten Modellprojekten nachgewiesen worden, dass durch dieses ambulante Hilfsangebot die Kosten für stationäre Behandlung und Folgebetreuung gesenkt wurden. Die ambulante psychiatrische Fachpflege setzt genau dort an, wo der betroffene Mensch steht und so lange wie möglich bleiben sollte: in seinem häuslichen Umfeld.

## 3.1.2 Ambulante psychiatrische Fachpflege zwischen Anspruch und Wirklichkeit

### 3.1.2.1 Gesetzliche Grundlagen

**Bestimmung eines Behandlungsziels**

Ambulante psychiatrische Fachpflege ist eine Leistung der gesetzlichen Krankenversicherung. Gemäß § 37 Abs. 2 SGB V erhalten Versicherte „in ihrem Haushalt oder ihrer Familie als häusliche Krankenpflege Behandlungspflege, wenn sie zur Sicherung des Ziels der ärztlichen Behandlung erforderlich ist".

Voraussetzung für die ambulante psychiatrische Fachpflege ist eine psychische Grunderkrankung, die fachärztlich behandelt wird. Zur Sicherung der ärztlichen Behandlung wird aufgrund einer Verordnung eines niedergelassenen Facharztes für Neurologie/Psychiatrie ein Behandlungsziel bestimmt, was durch definierte Leistungen und Maßnahmen von examinierten Fachpflegekräften angestrebt wird.

**Keine bundeseinheitliche Regelung**

In Deutschland gibt es Kostenträger, die den Anspruch auf die ambulante psychiatrische Pflege nicht anerkennen. Hier ist häufig die Klage der einzige Weg, den Anspruch auf die Leistung geltend zu machen. Obwohl die gesetzliche Krankenversicherung „bei der Krankenbehandlung den besonderen Bedürfnissen psychisch Kranker Rechnung zu tragen ..." (§ 27 Abs. 1 SGB V) beabsichtigt, gibt es keine bundeseinheitliche Regelung für die Inanspruchnahme und Gewährung der ambulanten psychiatrischen Pflege. Damit ist bis zum heutigen Tage die Gleichstellung psychisch kranker Betroffener mit körperlich erkrankten Menschen nicht realisiert.

### 3.1.2.2 Leistungsbeschreibung

**Zum Teil Aufnahme in Rahmenverträge**

Trotz der Beauftragung der Aktion Psychisch Kranker durch das Bundesgesundheitsministerium zur Erstellung eines Gutachtens im Jahr 1999 und der Tätigkeit einer Expertengruppe liegt eine einheitliche Leistungsbeschreibung für die ambulante psychiatrische Pflege auf Bundesebene der Krankenkassen nicht vor. In einigen Bundesländern wurde die ambulante psychiatrische Pflege in die Rahmenverträge der Spitzenverbände der Krankenkassen und der Wohlfahrtspflege nach §§ 132 ff. SGB als fester Bestandteil der Hauskrankenpflege aufgenommen. In diesen Verträgen sind folgende Leistungsinhalte aufgeführt:

1. Beziehungsgestaltung
2. Wahrnehmen und Beobachten des jeweiligen Krankheitszustandes und der Krankheitsentwicklung
3. Feststellen, Beobachten, Dokumentieren des jeweiligen Zustandes der Pflegebedürftigkeit und dessen weitere Entwicklung (Pflegeprozess)
4. Anregung/Abstimmung therapeutischer, pflegerischer und ergänzender Maßnahmen
5. Zusammenarbeit mit dem verordnenden Arzt
6. Hilfe bei der Medikamenteneinnahme
7. Vorsorge bei Suizid-/Fremdgefährdung
8. Krisenintervention

9. Aktivierung zur elementaren Verrichtung/Training elementarer Fertigkeiten (orientiert an den ATLs)
10. psychiatrische Entlastung im Alltag
11. geistiges und psychisches Training
12. Hilfen beim Erkennen beeinträchtigender Gefühle, Wahrnehmungen und Verhaltensweisen
13. Erarbeiten krankheitsangemessener Sicht- und Verhaltensweisen
14. Hilfe bei der Tages- und Wochenstrukturierung
15. Zusammenarbeit mit Familienangehörigen
16. Kontaktaufnahme und Kooperation mit anderen psychiatrischen Diensten, Fachpersonal und Institutionen

### 3.1.2.3 Zulassungsvoraussetzungen

**Personelle Voraussetzungen**

Um eine Zulassung als ambulanter psychiatrischer Pflegedienst zu erhalten, sind folgende personelle Voraussetzungen für die Pflegedienstleitung und deren Stellvertretung zu erfüllen:

- Ausbildung zur Krankenpflegekraft
- mindestens zwei Jahre Berufserfahrung im ambulanten Bereich
- Zusatzausbildung Fachpflege Psychiatrie/Gerontopsychiatrie und/oder
- zweijährige Berufserfahrung im komplementären oder stationären psychiatrischen Tätigkeitsbereich
- Qualifikation zur Leitung ambulanter Dienste

Weitere für die ambulante psychiatrische Pflege zugelassene Mitarbeiter müssen folgende Voraussetzungen erfüllen:

- Ausbildung in der Kranken- oder Altenpflege
- Zusatzqualifikation Fachpflege Psychiatrie/Gerontopsychiatrie und/oder
- mindestens zweijährige Berufserfahrung in Vollzeitbeschäftigung im komplementären oder stationären Tätigkeitsbereichen der Psychiatrie

Insgesamt müssen bei einem ambulanten Pflegedienstdienst vier Vollzeitstellen vorhanden sein.

### 3.1.2.4 Finanzierung

**Keine einheitlichen Vergütungssätze**

Ebenso wie es keine bundeseinheitliche Leistungsbeschreibung für die ambulante psychiatrische Fachpflege gibt, liegen keine einheitlichen Vergütungssätze vor. Der Vergütungssatz in NRW beträgt derzeit 19,97 € pro Leistung mit der Vorgabe einer durchschnittlichen Einsatzzeit von 30 Minuten. Nach ärztlicher Verordnung können maximal bis zu dreimal täglich ambulante psychiatrische Pflegeeinsätze erfolgen. Dieser Vergütungssatz ist die Minimalvoraussetzung zur Finanzierung der hoch qualifiziert angesiedelten Leistung. Einige Krankenkassen verweisen derzeit auf Bundesländer, die 30 % geringere Vergütungssätze zahlen. Inwieweit hier ambulante psychiatrische Pflegedienste existieren können, die qualitativ hochwertige psychiatrische Fachpflege erbringen wollen, erscheint fraglich.

**Erbringung somatischer Pflegeleistungen**

Grundsätzlich ist die Spezialisierung eines psychiatrischen Fachpflegedienstes nur sinnvoll und kostendeckend, wenn darüber hinaus auch somatische Pflegeleistungen nach dem SGB V und dem SGB XI erbracht werden. Diese Leistungen sind erforderlich, wenn die ärztlichen Verordnungen für Patienten auslaufen und nur noch einfache Behandlungspflegen wie Medikamentengaben anfallen. Hier erhält der Patient weiterhin die kontinuierliche aufsuchende Hilfe der ihm bekannten Bezugspflegekraft und muss nicht den Pflegedienst wechseln. Im Bereich der demenziellen Erkrankungen geht die psychiatrische Pflege häufig mit Grundpflegeleistungen nach dem SGB XI einher. Auch hier ist das Kombinationsangebot von psychiatrischer und somatischer Pflege im Rahmen der ganzheitlichen und bezugspflegeorientierten Leistungen unentbehrlich.

Eine weitere Finanzierungsmöglichkeit der ambulanten psychiatrischen Fachpflege besteht bei Ablehnung der Leistung durch die Kranken- bzw. Pflegekassen subsidiär über das BSHG entweder über die Eingliederungshilfe nach § 39 oder die Hilfe zur Pflege nach § 69 BSHG.

### 3.1.3 Ambulante psychiatrische Fachpflege zwischen Qualität und Wirtschaftlichkeit

#### 3.1.3.1 Rahmenbedingungen

**Balanceakt zwischen Fachpflege und Ökonomie**

Die ambulante psychiatrische Fachpflege ist eine Leistung, die eine enge Kalkulation zwischen qualifiziertem Personal, Leistungserbringung und Vergütungssatz erfordert. Einen großen Spielraum zwischen Fachlichkeit und Wirtschaftlichkeit gibt es nicht. Im Gegenteil – der Balanceakt zwischen qualifizierter Fachpflege und Ökonomie steht täglich auf der Tagesordnung der Mitarbeiter eines Fachpflegedienstes.

Folgende Faktoren verursachen das extreme Spannungsverhältnis:

- erschwerte Mitarbeitergewinnung durch Qualifikationsanforderungen
- hohe Qualifikationsanforderungen erfordern entsprechende Vergütungen für Mitarbeiter
- Praxisanforderungen und Belastungen der Mitarbeiter im ambulanten psychiatrischen Bereich
- Vergütung ist nur ein Faktor zur Erhaltung von Mitarbeitermotivation
- Zeitvorgaben erfordern genaue und täglich zu überprüfende Touren- und Einsatzplanung
- Vergütungssätze der Kostenträger erfordern zeitnahes kontinuierliches Controlling und Wirtschaftsmanagement
- Kostenablehnungen durch Krankenkassen führen vermehrt zu rechtlichen Auseinandersetzungen
- verzögertes Zahlungsverhalten der Krankenkassen kann zu Liquiditätsengpässen führen

#### 3.1.3.2 Voraussetzungen für die Etablierung eines psychiatrischen Fachpflegedienstes

Die im Folgenden dargestellten Voraussetzungen sollten bei der Etablierung des Marktsegmentes der ambulanten psychiatrischen Fachpflege berücksichtigt werden.

**Konzeptionelle Entwicklung**

- Fachpflege steht im Vordergrund der Tätigkeit des ambulanten Pflegedienstes und ist kein Nebenprodukt.
- Somatische Pflegeleistungen erweitern die Angebotspalette und werden auch von den psychiatrischen Fachpflegekräften erbracht.
- Kooperationsmodelle mit somatischen Pflegediensten sollten vorhanden sein.
- Kooperationsmodelle mit komplementären, teilstationären und stationären psychiatrischen Einrichtungen sollten vorhanden sein.

**Wirtschaftliche Faktoren**

- Bei Neuetablierung eines ambulanten Fachpflegedienstes entstehen zur Schaffung der vertraglich geregelten Zulassungsvoraussetzungen Vorlaufkosten, insbesondere durch Personalkosten, die in den ersten ein bis zwei Jahren nicht eigenständig durch den Pflegedienst refinanziert werden können. Hier benötigt der Pflegedienst eine Anschubfinanzierung entweder durch finanzielle Unterstützung des Trägers, Betriebsmittelzuschüsse oder zinslose bzw. zinsgünstige Darlehen.
- In ländlichen Regionen ist der derzeitige Vergütungssatz aufgrund nicht finanzierbarer Wegezeiten unzureichend. Eine Wegezeit von mehr als zehn Minuten ist nur refinanzierbar, wenn mindestens zwei bis drei Einsätze in einer Region geleistet werden.
- Um Kosten deckende Ergebnisse zu erzielen, benötigt der Pflegedienst mindestens eine Größenordnung von 200 Patienten und einen Umsatz von 1 Mio. Euro pro Jahr.
- Die Overheadkosten sollten sich auf ein notwendiges Minimum reduzieren, beispielsweise durch zentrale oder ausgelagerte Leistungsabrechnung, Finanz- und Lohnbuchhaltung für mehrere Dienste.
- Die Leistungsabrechnung wird bis spätestens zum fünften Werktag des Folgemonates zur Vermeidung von Liquiditätsengpässen abgeschlossen.
- Das Controlling der monatlichen Einsatzzahlen, des Ertrags- und Aufwandsbereich sowie der Gewinn-und-Verlust-Rechnung erfolgt zeitnah, maximal bis zum Zehnten des Folgemonates.

**Personalmanagement**

- Die Pflegedienstleitung ist freigestellt für Patientenaufnahmen, Marketing sowie für die Touren- und Einsatzplanung. Sie arbeitet nicht in der ambulanten Pflege, auch nicht in Krisensituationen.
- Die Pflegedienstleitung ist in der Zeit nach Beendigung des Frühdienstes und vor Beginn des Spätdienstes für die Mitarbeiter präsent und ansprechbar.

- Die Vergütung der Mitarbeiter erfolgt außerhalb von Tarifverträgen allerdings nicht untertariflich. Sie beinhaltet flexible erfolgsabhängige Einmalzahlungen.
- Alle Mitarbeiter des Dienstes verfügen über Stellenbeschreibungen.
- Die Mitarbeiter erfassen ihre täglich Arbeitszeit entweder mit elektronischen Zeiterfassungsgeräten oder manuell. Die geleistete Arbeitszeit wird mit dem tatsächlichen Arbeitsumfang zeitnah abgeglichen. Abweichungen werden begründet.
- Zur Erhaltung der Mitarbeitermotivation werden regelmäßige Arbeitsgespräche zwischen den Mitarbeitern und der Pflegedienstleitung geführt. In weiteren Arbeitsgesprächen werden die Pflegeplanungen aktualisiert und überarbeitet.
- Einmal wöchentlich stattfindende Dienst- und Fallbesprechungen sowie Supervision und interne Fortbildungen werden regelmäßig durchgeführt.

**Inhaltliche Tätigkeit**

- Der Verantwortungsbereich im Rahmen der Bezugspflege wird deutlich und transparent formuliert und eingehalten.
- Die Pflegedokumentation und Pflegeplanung richten sich nach eigenständig für die ambulante psychiatrische Pflege fachlich formulierten Standards.
- Kontakte für den Patienten ohne dessen Anwesenheit, z.B. Telefonate mit Ärzten, gesetzlichen Betreuern, Angehörigen, gehören zur Leistung und zur Zeitvorgabe für die ambulanten psychiatrischen Pflege und werden dementsprechend dokumentiert.
- Die Pflegefachkräfte sollten so weit wie möglich von Verwaltungstätigkeit und „Botendiensten" entlastet werden.

## 3.1.4 Schaffung neuer Finanzierungsmodelle – eine Herausforderung

### 3.1.4.1 Probleme der derzeitigen Finanzierungspraxis

**Historisch gegliedertes Finanzierungssystem**

Das in Deutschland historisch gegliederte System von Finanzierungsmodellen im Gesundheits- und Sozialwesen mit den damit einhergehenden Zuständigkeitsproblemen und Leistungsmöglichkeiten ist ein Grund, warum Grundsätze wie „ambulant vor stationär" oder „von der institutionsbezogenen zur personenzentrierten Hilfe" für Menschen mit psychischen Erkrankungen auf Grenzen stoßen. Psychische Erkrankungen und ihre Verläufe richten sich nicht nach einem gegliederten Finanzierungssystem.

**Gerangel um Zuständigkeiten**

Gerade angesichts knapper werdender Mittel der Kostenträger im Sozial- und Gesundheitswesen hat sich nicht selten die Einstellung von Unzuständigkeit entwickelt. Die Folgen sind zeitaufwändige Kostenklärungen, die nicht dem Patienten zugute kommen. Die Fortsetzung der scharfen Trennung von Zuständigkeiten, Kostenträgerschaft, von stationären und ambulanten Hilfen hindert sowohl den Ausbau ambulanter Leistungen und personenzentrierter Hilfen als auch letztendlich Kosteneinsparungen.

**Zeitlich befristete Kostenübernahme**

Derzeit sind in einigen Bundesländern nach den gesetzlichen Bestimmungen die Krankenkassen und Sozialhilfeträger die zuständige Kostenträger für die ambulante psychiatrische Pflege. Im Rahmen des SGB XI fallen psychisch kranken Menschen häufig keine Ansprüche zu, da es sich bei der ambulanten psychiatrische Pflege nicht um eine grundpflegerische Leistung handelt. In der gegenwärtigen Finanzierungspraxis ist die Kostenübernahme der ambulanten psychiatrischen Pflege durch die Krankenkassen zeitlich befristet. In den günstigsten Fällen liegt die Genehmigungsdauer für die Leistung bei einem Jahr, in den ungünstigsten Fällen bei sechs Wochen.

**Kostenzwänge bestimmen Genehmigungspraxis**

Häufig wird in der Genehmigungspraxis nicht auf die Art, die Schwere oder die Entwicklung des Krankheitsgeschehens geachtet, sondern aus reinen Kostenzwängen auf die Dauer der Genehmigungszeit. Bei einigen Krankenkassen wird nach vierwöchiger Kostenübernahme grundsätzlich der MDK eingeschaltet, um über eine weitere Kostenübernahme zu entscheiden. Die Entscheidung wird nach Aktenlage und in den überwiegenden Fällen nicht von einem Facharzt für Neurologie durchgeführt. Sie beinhaltet häufig, dass die ambulante psychiatrische Pflege mit dem Verweis auf eine psychosoziale Betreuungsmaßnahme nach dem BSHG abgelehnt wird. Diese Entscheidung hat eine abrupte Beendigung der ambulanten psychiatrischen Pflege zur Folge. Die vom MDK vorgeschlagene zeitlich reduzierte Betreuungsform des betreuten Wohnens führt häufig zur Dekompensation des Patienten und damit erneut zu Krankenhausaufenthalten und damit zu kostenaufwändigeren Hilfeformen.

**Kostenträger ohne fachliche Kenntnisse**

Die Kenntnisse bezüglich des Hilfebedarfs von psychisch kranken Menschen sind bei den Kostenträgern äußerst selten vorhanden. Es wird unterschätzt, dass es sich bei der Leistung der ambulanten psychiatrischen Pflege um einen diskontinuierlichen, über lange Zeit häufig wechselnden lebensfeldbezogenen Hilfebedarf handelt. Die Annahme, dass jeder psychisch kranke Mensch nach einer bestimmten Zeit einen bestimmten und stabilen Entwicklungsstand erreicht und damit Sozialhilfe in Anspruch nehmen sollte, entbehrt jeder fachlichen Grundlage.

### 3.1.4.2 Alternative Ansätze

Vorbildlich sind die Ansätze einiger weniger Krankenkassen, die im gegenseitigen vertrauensvollen und transparenten Umgang mit dem Pflegedienst den Entwicklungsprozess des Patienten u.a. auch durch eigene Fachkräfte begleiten. Werden dabei von diesen Krankenkassen abteilungsübergreifend die Dauer und Kosten von Krankenhausaufenthalte vor und während der Betreuungszeit verglichen, werden deutliche Einsparungspotenziale im stationären Bereich erkannt.

**Kostenübernahmegespräche**

Erwähnenswert sind auch Modelle der Kooperation zwischen Krankenkassen und Sozialhilfeträgern, die die Kostenübernahme von akuter Krankheitsphase und Stabilisierungsphase abhängig machen. In gemeinsamen patientenorientierten Kostenübernahmegesprächen mit dem Pflegedienst werden die Entwicklungsschritte offen gelegt und gemeinsam wird über die weitere Notwendigkeit der Kostenübernahme entschieden.

**Motivation und aktivierende Begleitung**

Ein wichtiger Faktor zur Finanzierung ambulanter psychiatrischer Leistungen ist die Aufnahme des Moduls „Motivation zu grundpflegerischen Pflegeleistungen" im Leistungskatalog des SGB XI. Nicht die Übernahme einer Ganzwaschung oder das Anziehen von Kleidung ist in der psychiatrischen Pflege notwendig, sondern die oftmals zeitaufwändigere Motivation, die Anleitung und die aktivierende Begleitung dazu.

**Personenzentrierte Ambulantisierung**

Das zurzeit in der Öffentlichkeit diskutierte persönliche Budget in der Behindertenhilfe, das in Ländern wie Dänemark erfolgreich etabliert wurde, erscheint ein wünschenswertes Modell für die flächendeckenden Etablierung und Finanzierung von ambulanten psychiatrischen Leistungen. Mit einer neuen Denk- und Sichtweise von Kostenübernahmemodellen besteht die Chance, über die derzeitig bestehenden Kostenträgerstrukturen hinweg den allseits geforderten Ausbau der Ambulantisierung personenzentriert zu implementieren.

Es ist durchaus wünschenswert und realisierbar, dass ein psychisch kranker Mensch nach festgestellter Bedürftigkeit sein Hilfsangebot eigenständig oder durch Assistenz auswählt. Er hätte die Möglichkeit der Wahl zwischen ambulanter oder stationärer Hilfe, zwischen zeitintensiver Pflege oder grobmaschigerer Betreuung. Er hätte die Möglichkeit, zwischen seinen Bedürfnissen, den vorhandenen Angeboten und deren Qualität zu wählen.

Nicht mehr in den Vordergrund gestellt werden bei diesem Modell ambulante oder stationäre Kostenträgerstrukturen. Nicht mehr im Vordergrund steht der Verschiebebahnhof zwischen Krankenversicherung, Pflegeversicherung und Sozialhilfeträger. Einsparungsmöglichkeiten beinhaltet dieses Modell sicherlich, allerdings ohne die Bedürfnisse des Betroffenen zu übergehen.

### 3.1.5 Notwendige Veränderungen – zehn Schritte zur Entwicklung der Ambulantisierung

**Aufbrechen eingefahrener Strukturen**

Veränderungen sind notwendig, um ambulante Dienste auf- oder auszubauen. Die Realisierung des Grundsatzes „ambulant vor stationär" bedeutet, gegen eingefahrene, etablierte und traditionell gewachsene Strukturen von Einrichtungen und Kostenträgern anzugehen. Dafür ist seitens der Anbieter und Träger Mut, Kreativität, Energie, Ausdauer und finanzielle Risikobereitschaft erforderlich.

In Bezug auf gesetzliche bzw. finanzielle Veränderungen scheinen folgende Schritte unentbehrlich:

1. Gleichstellung psychisch kranker Betroffener mit körperlich erkrankten Menschen durch die gesetzliche Krankenversicherung
2. bundeseinheitliche Aufnahme der Leistung „ambulante psychiatrische Pflege" als Pflichtleistung der gesetzlichen Krankenversicherung gemäß § 37, 2 SGB V
3. Aufnahme des Moduls „Anleitung und Motivation" im Leistungskatalog des SGB XI
4. flächendeckender Ausbau ambulanter Hilfen einschließlich der Vernetzung regionaler Angebotsstrukturen
5. eindeutige Positionierung und Einführung des personenbezogenen Ansatzes bei der Leistungsgewährung und Kostenübernahmeprüfung (weg vom institutions- und kostenträgerbezogenen Denken)
6. Überwindung der scharfen Trennung zwischen ambulantem und stationärem Bereich
7. Verbesserung der Kooperation zwischen ambulanten, teilstationären und stationären Einrichtungen der Psychiatrie
8. Einhaltung der vertraglich zugesicherten Zahlungsfrist durch alle Krankenkassen
9. regelmäßige Anpassung der Vergütungssätze der ambulanten psychiatrischen Pflege an die Qualitätsanforderungen
10. Kooperation der Kostenträger bei der Leistungsfinanzierung

## 3.2 Personalentwicklung in der Pflege – ein Erfahrungsbericht

*von Sabine Parlow*

Abteilungsleitungen in der Pflege sind als Führungskräfte in der mittleren Managementebene angesiedelt. Berechnet man die Personalkosten der ihnen unterstellten Mitarbeiter, das Inventar und die Sachmittel nur für die pflegerische Versorgung, so sind sie je nach Größe der Abteilung für ein sechs- bis siebenstelliges Budget verantwortlich, das Qualitätssicherungsgesetz mit seinen potenziellen finanziellen Sanktionen bei Nichtbeachtung noch gar nicht mitgerechnet.

Das unterstreicht, welche hohe Verantwortung und Verpflichtung die Abteilungsleitungen nicht nur in menschlicher, sondern auch in wirtschaftlicher und letztlich gesellschaftlicher Hinsicht haben. Sie müssen Personalentwicklungsmaßnahmen mit ihren Mitarbeitern durchführen, um diese Anforderungen effektiv und human zugleich erfüllen zu können. Das erfordert einen intensiven, kontinuierlichen Entwicklungsprozess der Abteilungsleitungen, um sie zu höchster fachlicher, methodischer und sozialer Kompetenz zu führen.

### 3.2.1 Assoziationen zum Begriff Personalentwicklung

**Hilfe zur Selbsthilfe**

Personalentwicklung ist dort ein abstrakter Begriff, wo er noch nicht in die Praxis implementiert ist. Das Wort Entwicklung weckt bei mir sofort Erinnerungen an die zuletzt entwickelten Urlaubsfilme. Oder an die fernen Dritte-Welt-Länder, die mit finanziellem und humanitärem Einsatz der Industriestaaten Hilfe zur Selbsthilfe erhalten.

Der Duden beschreibt „Entwicklung" unter anderem so: „durch seine Einwirkung die betreffende Person oder Sache auf ein höheres Niveau heben (er hat ihn zu einem bühnenreifen Schauspieler entwickelt/herangebildet)." Unter „entwicklungsfähig" ist zu lesen: „sich noch weiter entwickeln können oder lassen (ein entwicklungsfähiger Mitarbeiter)."

**Individuelle Bedürfnisse, gezielte Förderung**

In der Gesellschaft zeigt sich die Entwicklung von Menschen besonders deutlich an Kindern. Es ist faszinierend, zu sehen, wie Kinder gleicher Elternteile von Beginn an sich zu völlig unterschiedlichen Persönlichkeiten mit ganz individuellen Fähigkeiten entwickeln, bei – im Idealfall – gleich liebevoller und konsequenter Erziehung. Neben ererbter Disposition liegen die Unterschiede dabei in der angepassten Verhaltensweise kompetenter Eltern an die individuellen Bedürfnisse jedes einzelnen Kindes mit entsprechend gezielter Förderung. Allen beschriebenen Entwicklungen ist eines gemeinsam: Sie kosten Zeit, Geduld und Geld.

### 3.2.2 Entwicklung der Mitarbeiter im Pflegedienst

An meinem Arbeitsplatz bin ich Vorgesetzte eines großen Teams, das sich aus Menschen mit einem breiten Spektrum individueller Persönlichkeitsstrukturen zusammensetzt. Diese muss ich gut kennen, um die Mitarbeiter adäquat und gezielt fördern zu können. Der prägnante Unterschied zur Entwicklung in Familienstrukturen ist die Arbeit mit eigenverantwortlichen Erwachsenen, von denen Verbindlichkeiten eingefordert werden können.

**Zeitgemäße Management- und Führungsmethoden**

Das Modell der Stationsmutter mit ihren Schützlingen, den Schwestern, und dem Stationsarzt als Stationsvater hat – hoffentlich – ausgedient. Es ist anachronistisch in modernen Dienstleistungsunternehmen mit Hochleistungsmedizin, in denen Milliardenbeträge umgesetzt werden und unter höchstem Leistungsdruck effizient gewirtschaftet werden muss. Hier sind zeitgemäße Management- und Führungsmethoden gefragt. Personalentwicklung ist eine davon.

### 3.2.3 Veränderungen in der Führung als Prozess

#### 3.2.3.1 Voraussetzungen

**Unterstützung durch Geschäftsführung**

Die Personalentwicklung als wesentlicher Bestandteil der Führung im Pflegedienst im Herz-Zentrum Bad Krozingen ist das Ergebnis einer Entwicklung, die per se weiterhin dynamisch ist. Voraussetzung für diese Entwicklung war und ist der Auftrag seitens der Geschäftsführung und ihre Unterstützung (Zeit, Geld). Damit begegnet sie den gewaltigen Veränderungen im Gesundheitswesen. Ebenso muss die Bereitschaft und das Engagement der Pflegedienstleitung (PDL) und der Abteilungsleitungen (AL) vorhanden sein, diesen Weg zu gehen.

#### 3.2.3.2 Personalentwicklung im Pflegedienst des Herz-Zentrums Bad Krozingen seit 1990

**Ein Weg der vielen kleinen und großen Schritte**

Die strukturierte und gezielte Entwicklungsarbeit im Pflegedienst durch die PDL, deren Stellvertreter und externe Trainer begann im Jahre 1990 mit den AL der Stationen und Funktionsbereiche mit folgenden Maßnahmen:

- regelmäßige monatliche AL-Besprechungen mit der PDL/stellvertretenden PDL
- Erstellung eines neuen Mitarbeiter-Beurteilungsbogens
- jährlich mehrtägige Seminare zu großen Themenschwerpunkten (extern)
- seit 1993 jährliche Seminare für Stellvertretungen der AL, gemeinsam mit den AL seit 1997
- seit 1995 Mitarbeiterbeurteilungen und Personalentwicklungsgespräche von PDL zu AL, AL zu stellvertretender AL, AL zu Mitarbeiter
- seit 1999 regelmäßige Schichtbegleitungen
- seit 2000 jährliche Pflegeseminare für Führungskräfte im Pflegedienst von AL und deren Stellvertretungen in selbstverantwortlicher Vorbereitung, Organisation und Durchführung
- hausinterne Ganztagesfortbildungen für Mitarbeiter im Pflegedienst als Pflichtveranstaltung ausgerichtet
- Incentive-Training zur AL-Teamentwicklung; Selbstpflege der AL

**Themen und Projekte**

Kontinuierlich wurde an folgenden Themen und Projekten gearbeitet:

- Kommunikation, Umgang mit Konflikten, Abteilungsbesprechungen, Moderationstraining, Coaching der AL nach Abteilungsbesprechungen
- Ablauforganisation der Abteilung, strategische Abteilungsziele

- Dienstplangestaltung, Zeitmanagement, regelmäßige Organisationstage
- Stellenbeschreibungen für alle Qualifikationen im Pflegedienst
- Motivation der AL, Supervisionen der AL und ihren Stellvertretungen, Führungsrolle und Führungskonzepte im mittleren Management, Notwendigkeit von 100%-Führung, das heißt vom Primärprozess freigestellt, Rollenverständnis und Akzeptanz der neuen Rolle, Entscheidungsfindung und Commitment
- Kooperation PDL und AL, AL und Stellvertretung, AL/Stellvertretung und Mitarbeiter
- Umfragen zur Mitarbeiterzufriedenheit; Projekt zur Förderung der interdisziplinären Zusammenarbeit
- Umfragen zur Patientenzufriedenheit
- Qualitätssicherungssysteme, DRGs, Patientenpfade
- jährliche Sachberichte und Zielsetzungen in schriftlicher Form
- Entwicklung und Einführung des Projekts „Helfende Hände" für pflegefremde Tätigkeiten als Alternative zu fehlenden Zivildienstleistenden

Es fanden und finden in Abständen immer wieder Standortbestimmungen statt, um neue Entwicklungsziele zu identifizieren und adäquates Vorgehen festzulegen und umzusetzen, immer die sich wandelnden Rahmenbedingungen im Blick.

### 3.2.3.3 Kompetenzen der freigestellten Abteilungsleitung

**Berufsbild der Abteilungsleitung**

So wurde ein neues Berufsbild der AL mit hundertprozentiger Leitungsfunktion und Abschied vom Patientenbett/OP-Tisch etc. entwickelt:

**Beispiel: Kompetenzen der freigestellten Abteilungsleitung im Herz-Zentrum Bad Krozingen**

1. Die PDL überträgt der AL Führungsverantwortung, die sie mit wachsender fachlicher, methodischer und sozialer Kompetenz wahrnimmt.
2. Die AL setzt ihre Mitarbeiter nach Qualifikation und Kompetenz ein.
3. Stellenbeschreibungen ermöglichen eine klare, verbindliche Aufgabenverteilung in der Abteilung.
4. Mitarbeiter werden zu Selbstverantwortung und zielorientiertem Arbeiten geführt.
5. Vielfältige Kriterien des Qualitätsmanagements sind einzuführen und umzusetzen, z.B. Patientenbefragung, Beschwerdemanagement, Mitarbeiterbefragung, Standards, Fortbildungen etc.
6. In Abteilungsbesprechungen finden Zielvereinbarungen statt.
7. Weitere Maßnahmen sind Schichtbegleitung, Beurteilung, PEG mit Zielvereinbarung und Überprüfung.

Dieser Prozess verlief mit Höhen und Tiefen für die beteiligten Mitarbeiter, wohl wissend, dass Abweichungen rechts und links der Ideallinie auszuhalten und zuzulassen sind, und die angestrebte Best Practice nicht als verbissenes Ziel gesehen werden darf.

#### 3.2.3.4 Was wurde auf Abteilungsleiter-Ebene erreicht?

**Rollenverständnis 100%-Leitung**

Von den AL wurde das Commitment zum Rollenverständnis mit hundertprozentiger Leitungsfunktion gefordert. Die Alternative war, Abschied von ihrer Position zu nehmen (Selbstverantwortung). Neue AL wurden eingestellt, die das neue Anforderungsprofil erfüllten.

Das Lernen neuer erforderlicher Fähigkeiten erfolgt individuell und gemeinsam:

- Coaching, Standortbestimmungen im PEG und verbindliche Vereinbarungen steigern die Selbstverantwortung, die Motivation und das Selbstbewusstsein, die Fluktuation ist gering.
- Synergieeffekte im Team der AL und deren Stellvertretungen zusammen mit der PDL und seiner Stellvertretung werden durch Vertrauen, gute Kooperation und Aufgabenübernahme erreicht.
- Die AL haben Zeit für die Kommunikation mit ihren Mitarbeiter und für deren Personalentwicklung, für zeitnahe Konfliktlösungen – auch abteilungsübergreifend und interdisziplinär.
- Sie sind besser in der Lage, einen exzentrischen Standpunkt einzunehmen mit Blick auf zukunftsorientiertes Arbeiten und haben Freiraum für die Teilnahme an Arbeits- und Projektgruppen.

**Achtung**

Die Ideallinie ist eher als Richtschnur zur Ausrichtung der Organisation und zur Orientierung der Mitarbeiter zu sehen und nicht als heiliges Dogma!

### 3.2.4 Personalentwicklung im Primärprozess

#### 3.2.4.1 Abteilungsleitung und ihre Mitarbeiter als Mikrokosmos im Makrokosmos der Institution

Auch für die Mitarbeiter im Primärprozess mussten Rahmenbedingungen geschaffen werden, die es ihnen ermöglichen, sich fachlich und persönlich zu entwickeln. Sie haben täglich den direkten und häufigsten Kontakt zum Patienten und wollen oder müssen patienten- und kundenorientiert arbeiten. Oft können sie es aber nicht verwirklichen unter den allseits bekannten gesetzgebenden, ökonomischen und sozialen Sachzwängen mit ihren Auswirkungen direkt vor Ort.

**Teufelskreis Personalengpass**

Ökonomisch bedingte knappe Mitarbeiterressourcen in einem personalintensiven Beruf führen unweigerlich zu hoher Fluktuation, Berufsflucht, Krankheit, Demotivation mit innerer Kündigung. In Zeiten von Personalnotstand gibt es keine Gewähr, eine freie Stelle passend besetzen zu können. So dreht sich die Spirale weiter. Demotivierte Mitarbeiter, die sich innerlich schon verabschiedet haben oder häufig wegen Krankheit ausfallen, kosten mehr Geld, als sie dem Arbeitgeber einbringen. Der vorgezeichnete Teufelskreis des Personalengpasses ist unverantwortlich und gefährlich, sowohl Mitarbeitern als auch Patienten gegenüber.

Die Führungen aller Ebenen müssen ihren Pflichten nachkommen, die vom Gesetzgeber klar vorgegeben sind (u.a. § 137 SGB V, Qualitätssicherung).

### 3.2.4.2 Erkenntnisse im Mikrokosmos Abteilungsleitung/Mitarbeiter

Betrachten Sie Ihren Dienstplan und wie die einzelnen Mitarbeiter ihren Qualifikationen entsprechend gleichmäßig eingeteilt sind. Dann wissen Sie genau: Es brauchen nur zwei bestimmte Mitarbeiter gleicher Qualifikation ihre Schichten zu tauschen und Sie können sich vorstellen, wie die jeweiligen Schichten dann laufen.

**Die eigenen Mitarbeiter kennen**

Sie kennen Ihre Mitarbeiter, eine Grundvoraussetzung für erfolgreiche Führung. Eine weitere Voraussetzung ist es, zu akzeptieren, dass es individuelle Persönlichkeiten sind, die mit Ihnen arbeiten: verschieden in Alter, Nationalität, Persönlichkeitsstruktur, Biografie, Belastbarkeit, Intelligenz, Qualifikation, fachlicher und sozialer Kompetenz, Motivation, persönlichen Fähigkeiten. Sie sollen alle an einem Strang ziehen in Richtung Ideallinie und in professioneller Art und Weise. Ein gut funktionierendes Team birgt keine Garantie auf Lebenszeit in sich, es ist Veränderungen ausgesetzt bei Mitarbeiterwechseln und durch Mitarbeiter, die ihre Prioritäten neu setzen, sobald sich ihre Lebensumstände verändern.

**Teamstruktur**

All diese Faktoren gilt es, in der Führungsarbeit zu berücksichtigen – für jeden einzelnen Mitarbeiter und das Team als Ganzes.

- Wie setzt sich das Team zusammen, wie hoch ist der Anteil an Arbeitstieren, Stars, Leistungsschwachen und Problemfällen (Personalportfolio)?
- Welche Persönlichkeitsstrukturen überwiegen oder sind sie ausgewogen?
- Wie kann ich die Mitarbeiter ihrem Potenzial entsprechend am besten einsetzen, fördern und fordern?
- Welche Mitarbeiter ergänzen sich in ihrem Potenzial und erzielen den bestmöglichen Synergieeffekt, z.B. für eine Projektarbeit?

**Stärken erkennen und gewinnbringend einsetzen**

Die Stärken jedes einzelnen Mitarbeiters zu erkennen und gewinnbringend für die Abteilung zu nutzen, für diese Erkenntnis muss bei den Mitarbeitern auch geworben werden. Solange dadurch auch ein schwacher Mitarbeiter für ein Team tragbar ist, ist sein „Wert“ akzeptiert und er hat seine Daseinsberechtigung.

**Sechs Ziele für den Mitarbeiter**

1. Selbstverantwortung des Mitarbeiters, realistische Selbstsicht
2. Steigerung von Motivation und Selbstbewusstsein, Erhöhung der Mitarbeiterzufriedenheit
3. Identifikation mit dem Arbeitsplatz, den Abteilungs- und Betriebszielen (sofern diese formuliert sind)

4. Stabilisierung der fachlichen und sozialen Kompetenzen bzw. Verbesserung, Weiterqualifizierung (Mentor, AL, Fachpflege, Fortbildung, CPR, MPG, Hygiene, QS)
5. Erkennen und Fördern der individuellen Fähigkeiten
6 Ermöglichen von Erfolgserlebnissen

**Sieben Ziele für das Team, die Abteilung und die Institution**

1. geringe Fehlzeiten, geringe Mitarbeiterfluktuation
2. Entwicklung von Teamgeist in einem leistungsstarken Team mit Synergieeffekt
3. repräsentative, professionelle Außenwirkung, gute Reputation
4. Best Practice durch abteilungsübergreifende Sicht
5. hohe Pflegequalität, Patientenzufriedenheit
6. Qualitätssicherung und
7. Wirtschaftlichkeit

### 3.2.5 Personalentwicklungsmaßnahmen

**Standardisiertes Verfahren**

Für die Mitarbeiter ist die Transparenz über Sinn und Zweck der Personalentwicklungsmaßnahmen enorm wichtig. Mit Blick auf

- die Kultur und die Philosophie des Hauses,
- die Fachrichtung,
- die Abteilungsziele und
- die vorhandenen Mitarbeiter

empfiehlt es sich, für eine Erfolg versprechende PE damit schon bei der Bewerberauswahl zu beginnen. Ein standardisiertes Verfahren zur Bewerberauswahl, Hospitation und Einarbeitung ermöglicht ein strukturiertes, professionelles Vorgehen und erleichtert die Entscheidungsfindung für den Mitarbeiter mit der besten Perspektive.

#### 3.2.5.1 Bewerbung

AL und PDL suchen gemeinsam den geeigneten Mitarbeiter passend zum Team und zur Leistungsanforderung aus und laden zur Bewerbung ein.

**Kriterien bei der Bewerberauswahl**

1. klares Anforderungsprofil
2. formale Kriterien bei der Vorauswahl zur Bewerbung
3. Qualifikation
4. Persönlichkeitsstruktur

5. passende Verstärkung/Ergänzung des Teams
6. Alter/persönlicher Reifegrad
7. Grad der Berufserfahrung
8. mögliche Wochenarbeitszeit
9. Familienstand

Das Ergebnis des Bewerbungsgespräches entscheidet darüber, ob der Mitarbeiter zur Hospitation bereit ist und eingeladen wird.

### 3.2.5.2 Hospitation

**Sachliche Information**

Eine standardgemäß strukturiert durchgeführte Hospitation vermittelt dem Bewerber einen Einblick in das neue Fachgebiet, in die Art der Organisation und das Team, dass der potenziell neue Arbeitgeber die Verantwortung für seine Mitarbeiter ernst nimmt, aber auch hohe Verantwortung seitens der Mitarbeiter erwartet. Der Bewerber erfährt, dass dort auf Verbindlichkeit Wert gelegt wird und die Mitarbeiter gefördert und gefordert werden. Sowohl Bewerber als auch Institution verfügen nach einer professionell verlaufenen Hospitation über sachliche Informationen, die eine Entscheidung für oder gegen eine Einstellung bekräftigen.

**Achtung**

Finger weg vom Bewerber, wenn der Bauch nein sagt! Sie zahlen nur Lehrgeld und vergeuden Zeit und Nerven.

### 3.2.5.3 Einarbeitung

**Einarbeitungsstandard**

Haben die Beteiligten in Bewerberauswahl und Hospitation alles richtig gemacht, dann sollte in der Einarbeitungsphase nicht mehr viel schief gehen. Der Einarbeitungsstandard, von engagierten Mentoren erstellt, aktualisiert und konsequent umgesetzt, hilft dabei.

Wenn alles nach Plan läuft und der neue Mitarbeiter nach Einführungskurs, Schichtbegleitungen und protokollierten Gesprächen zwischen AL, Mentor und Mitarbeiter in die Selbständigkeit entlassen werden kann, folgt in der Regel nach drei Monaten eine weitere Schichtbegleitung (Mentor oder AL) mit Beurteilung, nach der ein erfolgreicher Abschluss der Probezeit zu erwarten ist. Dann kann man sich und das Team samt neuem Teammitglied beglückwünschen. Die Prognose ist gut, dass der Mitarbeiter sich positiv weiterentwickelt. Trifft dies nicht zu, ist Arbeit und Begleitung mit dem neuen Mitarbeiter angesagt. Ein schwieriger neuer Mitarbeiter kann Dynamik im Team auslösen.

**Checkliste: Krisenmanagement**

- ❍ Ist etwas schief gelaufen? Wenn ja, was?
- ❍ Was lernen die Beteiligten daraus?

**Liegt es am neuen Mitarbeiter und alle Unterstützungen fruchten nicht, dann machen Sie lieber keine Experimente und trennen Sie sich vor Ablauf der Probezeit.**

- ❍ Sie stellen fest, dass der neue Mitarbeiter im Team gut ankommt.
- ❍ Seine Leistungen zeigen jedoch, dass Probleme vorprogrammiert sind.
- ❍ Ihre Erfahrung und Menschenkenntnis lässt Sie nichts Gutes erwarten.
- ❍ Der Mitarbeiter hat eine Teflonschicht, an der jegliche konstruktive Kritik abgleitet, es gibt für alles immer eine Erklärung und eine Entschuldigung.
- ❍ Dabei will er doch gute Arbeit leisten, da sie ihm ja gefällt.

**Ihnen droht der „schwarze Peter", wenn Sie zu sozial sind. Vernachlässigen Sie Ihre Intuition nicht, gepaart mit Erfahrung ist sie Ihr bester Ratgeber!**

- ❍ Machen Sie sich die Arbeit und checken Sie den Mitarbeiter in Schichtbegleitungen noch einmal auf „Herz und Nieren".
- ❍ Vereinbaren Sie dann gemeinsam realisierbare Ziele.
- ❍ So sammeln Sie Fakten für eine positive oder negative Entscheidung, die Sie mit stichhaltiger Begründung voll vertreten können.

**Seien Sie selbstkritisch, schlau und immer fair. Ein „rausgemobbter" neuer Mitarbeiter macht keine gute PR für Ihr Haus. Es herrscht Pflegenotstand! Sie haben in vielerlei Hinsicht Verantwortung.**

### 3.2.5.4 Schichtbegleitung

**Transparenz**

Vor allem bei der Schichtbegleitung, der nachfolgenden Beurteilung und dem anschließenden Personalentwicklungsgespräch (PEG) ist die Transparenz über Sinn und Zweck für die Mitarbeiter von großer Bedeutung. Nur so können sie lernen, dass diese Maßnahmen zur Hilfe, Unterstützung, dem Lob und der Anerkennung dienen. Der Mitarbeiter soll lernen, seine eigene Leistungsfähigkeit einzuschätzen. Somit versetzt er sich in die Lage, auch die Verantwortung für seine Weiterentwicklung zu übernehmen.

**Multimomentaufnahme**

Wie bei den meisten Veränderungen brauchte auch die Schichtbegleitung eine Eingewöhnungsphase bis zur Akzeptanz – sowohl bei den AL als auch bei den Mitarbeitern. Im Herz-Zentrum wurde die Schichtbegleitung am Anfang – wie der Name schon sagt –

- über eine ganze Schicht,
- mindestens einmal jährlich
- sozusagen als Multimomentaufnahme

durchgeführt. Die AL kann damit ihren schon bestehenden Eindruck vom Mitarbeiter bestätigen oder revidieren.

**Begleitung statt Prüfung**

Ich kann Ihnen nur raten, gehen Sie entspannt und locker an die Sache ran und erheben Sie nicht den Anspruch, dass es gleich ideal läuft. Mir war es von Anfang an unangenehm, wie ein Prüfer mitzulaufen, so dass ich meist mit dem Mitarbeiter zusammenarbeite und nur gezielte Tätigkeiten in Ruhe anschaue. Die Mitarbeiter sagen von sich aus zu den Patienten „Heute habe ich Hilfe dabei!" oder „Heute komme ich mit Begleitung zu Ihnen!". Die Patienten irritiert es nicht, da es für sie normal und teilweise auch von ihnen gewünscht ist, dass die Chefin nach dem Rechten sieht. Während dieser Begleitung erhalte ich einen direkten Eindruck von der Arbeitsweise des Mitarbeiters.

**Vertrauen und angstfreies Klima**

Bei der ersten Schichtbegleitung waren einige Mitarbeiter, deren Ausbildung schon länger zurücklag, trotz guter Vorinformation regelrecht geschockt über die für sie ungewohnte Situation. Zum Teil hatten sie die Nacht vorher vor Aufregung nicht geschlafen und sich dementsprechend präsentiert. Ganz clevere Mitarbeiter haben am Vortag gute Vorarbeit geleistet, dementsprechend reibungslos lief es dann auch. Warum nicht immer so, die nachfolgende Schicht würde dies sicher schätzen! So oder ähnlich äußere ich mich auch dazu. Es trägt sehr zum Vertrauen und zu einem angstfreien Klima bei, dass jeder seine positiven und kritischen Gedanken und Bedenken offen äußert, doch sollte niemand bloßgestellt werden.

Heute hat sich das System eingespielt. Bei den meisten Mitarbeitern sind nur noch punktuelle Begleitungen notwendig. Ich kenne sie und ihre Stärken und Schwächen. So kann ich gezielt auf bestimmte Kriterien achten.

**Unterstützung und Zielvereinbarung**

Einzelne Mitarbeiter haben den „Makel" häufigerer Begleitungen, vor allem zu den Kriterien

- Organisationsvermögen,
- Dokumentation,
- Standards und
- Umsetzung von Neuerungen.

Hier greifen die Argumente „Unterstützung" und „Zielvereinbarung", denn zuvor gab es in der Regel ebenfalls Kritik oder sogar Konflikte mit anderen Mitarbeitern aufgrund vorhandener Defizite. Für die Kollegen ist es wichtig, zu sehen, dass jeder gefordert ist, vorhandene Defizite abzubauen. Fortschritte registrieren sie untereinander mit Anerkennung.

Es besteht keine Möglichkeit, eine Schichtbegleitung abzulehnen, da sie Bestandteil der PE ist und Letztere in der Stellenbeschreibung fixiert und arbeitsvertraglich geregelt wird.

**Achtung**

Eine 100%ige Freistellung für Führungsaufgaben heißt auch: Ich erhalte von meiner PDL die Kompetenz, zu entscheiden, ob und in welchem Maße ich mich im Primärprozess fit halte oder die Schichtbegleitung konsequent entweder an die stellvertretende AL oder einen Mentor delegiere. Dies kann im Einzelfall auch erfolgen, wenn der Mitarbeiter oder ich eine zweite Meinung benötigen.

#### 3.2.5.5 Beurteilung

Die Beurteilung wird im Anschluss an die Schichtbegleitung erstellt, warum nicht gemeinsam mit dem Mitarbeiter? Die Selbsteinschätzung der meisten Mitarbeiter fällt dabei oft kritischer aus als meine eigene Bewertung und eine berechtigte bessere Einschätzung trägt zum Erfolgserlebnis bei. Der Mitarbeiter erhält eine Kopie, das Original wird für Dritte unzugänglich aufbewahrt und wird nach Erstellung der nächsten Beurteilung im Datenmüll vernichtet. Die Beurteilung ist Grundlage für das PEG.

#### 3.2.5.6 Personalentwicklungsgespräch

**Reflektieren**

Dieses einstündige Vieraugengespräch erfolgt zeitnah zur Schichtbegleitung (maximal drei Wochen später), um einen Zusammenhang herstellen zu können. Der Mitarbeiter erhält dazu eine schriftliche Einladung mit

- Datum,
- Uhrzeit und
- Ort.

Er soll sich darauf vorbereiten und seine Situation bezüglich

- Aufgabengebiet,
- Fähigkeiten,
- Arbeitszufriedenheit,
- Team,
- Entwicklung und
- Zielen

reflektieren. Das ist auch für verstockte Mitarbeiter, die nichts sagen wollen, eine Aufforderung, ihrer Professionalität nachzukommen. Wer möchte nicht als professionell gelten? Auch Ihre kommunikativen Fähigkeiten sind dann stark gefragt (bei Bedarf lieber selbst nochmals lernen und sich coachen lassen).

**Standortbestimmung**

Der Mitarbeiter erhält im Gespräch eine Standortbestimmung seiner aktuellen Situation am Arbeitsplatz und abhängig davon werden gemeinsam neue Ziele festgelegt. Diese sollen realistisch und erreichbar sein, bei Bedarf wird auch die erforderliche Unterstützung festgelegt.

**Lob aussprechen**

Bei langjährigen Mitarbeitern gibt es oft – im positiven Sinne gemeint – nicht viel zu sagen außer „Weiter so!". Sprechen Sie Lob und Anerkennung in berechtigtem Maße aus. „Nichts gesagt ist auch gelobt!" reicht nicht aus. Das Protokoll zum PEG wird von beiden Beteiligten unterschrieben, ansonsten wird wie mit der Beurteilung verfahren.

### 3.2.6 Personalentwicklung um jeden Preis?

Mitarbeiter müssen gefordert und gefördert werden, sofern sie das Potenzial dazu besitzen und die Bereitschaft dafür vorhanden ist. Wenn das eine oder das andere fehlt, besteht die Gefahr der Überforderung mit drohender Demotivation.

**Beispiel**

Eine Mitarbeiterin, Mitte 30, nach abgeschlossenem FH-Studium (nicht im Pflegebereich), arbeitet 30 Wochenstunden. Sie ist intelligent, von ihrer Persönlichkeitsstruktur her eher ruhig, gewissenhaft und stetig. Sie arbeitet sicher, ihre jährlichen Beurteilungen fallen immer gut aus, sie ist fachlich und sozial kompetent, hat im Team und im Haus eine gute Akzeptanz, die Patienten schätzen sie.

Ihre große Stärke ist es, die hohen patientenbezogenen und administrativen Arbeitsanforderungen stringent und patientenorientiert im Zeitlimit zu erledigen. Das ist ihr Anspruch an sich selbst. Einige Mitarbeiter können sie als Vorbild nehmen. Aber ihre Bereitschaft zur Mehrarbeit fehlt; laut Kollegen könnte sie bei den alltäglichen Arbeiten „drum herum" mehr machen.

Fortbildungen nimmt sie wahr und setzt das Erlernte um, aber darüber hinaus will sie nicht gefordert werden. Sie äußert es auch so. Sie nimmt ihre Verantwortung wahr, das zu leisten, was sie selbst von sich aus leisten kann und leisten will.

Solch ein Potenzial könnte jedoch genutzt werden für die Organisationsentwicklung der Station und die Einarbeitung neuer Mitarbeiter, es gibt auch diverse kleinere Projektarbeiten für die Station. Beim ersten PEG lässt sie sich halbherzig darauf ein, bei einer Arbeitsgruppe für Schichtbeschreibungen mitzumachen. Beim zweiten PEG ein weiterer Anlauf, ohne Begeisterung Auftrag ausgeführt.

Jetzt ist es akzeptiert, wie es ist, beide Seiten sind zufrieden und sagen es auch so. Sie soll ihre Leistung weiterhin aufrechterhalten. Um das erreichen zu können, entwickelt sie sich von sich aus weiter, sonst könnte sie mit den Veränderungen nicht Schritt halten. So ist sie eine stabile Größe im Team und hat ihren Wert. Sie gleicht mit ihren Stärken die Schwächen anderer aus und umgekehrt auch.

### 3.2.7 Kontinuität, Verbindlichkeit und Konsequenz

**Kontinuierliche Rückmeldung und Unterstützung**

Deutliche Sprünge in der Entwicklung machen in der Regel neue Mitarbeiter und solche, die an ihrer Qualifizierung arbeiten. Die große Masse der Mitarbeiter mit kleinen Entwicklungsschritten brauchen kontinuierliche Rückmeldung und Unterstützung, um ihre Motivation zu erhalten. Mitarbeiter, die mit den Veränderungen nicht Schritt halten können (oder wollen), und jene, die bei den so genannten „weichen" Faktoren im Bereich der sozialen Kompetenz Defizite aufweisen, binden in der PE die meiste Energie.

**Häuptlinge und Indianer**

Jede Abteilung braucht Häuptlinge und Indianer. Die Kunst ist es, für jede Abteilung die richtige Mischung zu identifizieren und sie entsprechend zu besetzen. Es ist immer ein Überprüfen und Ausloten, wie das Team insgesamt funktioniert und ob das Arbeitsergebnis stimmt. Kommt es verstärkt zu Problemen, muss wieder überprüft werden, ob es beispielsweise an einzelnen leistungsschwachen Mitarbeitern liegt. Ist dies der Fall, brauchen sie weitere Unterstützung, um ihre Defizite zu verringern. Gelingt dies nicht, weil der Mitarbeiter die Verantwortung für seine Leistung nicht als verbindlich ansieht, und die anderen Mitarbeiter können das nicht weiter kompensieren, besteht ein echtes Problem für die zuverlässige Patientenversorgung. In diesem Fall werden dem Mitarbeiter auch mögliche Konsequenzen aufgezeigt. Hierfür muss die PDL hinzugezogen werden.

**Verbindlichkeit und Konsequenz**

Kontinuität, Verbindlichkeit und Konsequenz schaffen klare Verhältnisse, bedeuten aber auch Verpflichtung und fordern alle Beteiligten – manchmal bis hin zur Entlassung. Eine zielgerichtete, kompetente Kommunikation ist die Hauptführungsaufgabe und trägt wesentlich zum Erfolg der PE bei. Man muss akzeptieren, dass auch dies sinnvoll genutzte Zeit und Arbeit ist. Wichtig sind

- Offenheit,
- Ehrlichkeit,
- Fairness,
- Selbstkritik,
- Vertrauen,
- Rückgrat,
- der Blick für das Ganze,
- Differenziertheit,
- Souveränität und
- ein positives realistisches Menschenbild.

### 3.2.8 Fazit

**Konsequente Personalentwicklung – fast ausschließlich im Pflegedienst**

Konsequente PE und die damit verbundenen erforderlichen Ressourcen „Zeit" und „Geld" rechnen sich auf lange Sicht:

- sinkende Fluktuation und Krankheitsraten,
- hoch leistungsbereite und verantwortliche Mitarbeiter

tragen zum guten Ruf und Erfolg des Hauses bei. Darin liegt zugleich ein Problem und für die Zukunft eine Chance: Kontinuierliche, strukturierte PE findet im Gesundheitswesen bislang fast ausschließlich im Pflegedienst statt. Die erworbenen fachlichen, sozialen und kommunikativen Kompetenzen der Mitarbeiter, die Umsetzung der Betriebsziele und die Arbeitszufriedenheit der Mitarbeiter stoßen zu oft an Grenzen in der interdisziplinären (Zusammen-)Arbeit. Dadurch werden die erreichte Motivation, Patientenorientierung, Qualität und Wirtschaftlichkeit beeinträchtigt.

**Interdisziplinäre Kooperation**

Interdisziplinäre Kooperation ist ein Thema, für das der „entwickelte" Pflegedienst die besten Voraussetzungen mitbringt. Seine Mitarbeiter müssen auch hier ihre Selbstverantwortung wahrnehmen (wollen) und Veränderungen anschieben.

#### Literaturempfehlungen

*Asselmeyer, H.:* Auf die Begeisterung kommt es an! Oder Wie sollten Führungskräfte Mitarbeitern vorangehen? In: BALK Info Oktober 2001, Seite 10–13.

*Von Eiff, W.:* Nur wer sich selbst kennt, kann andere führen. In: Die Schwester/Der Pfleger 1/2001, Seite 67–69.

*Eisenreich, T./BALK (Hrsg.):* Handbuch Pflegemanagement. Erfolgreich führen und wirtschaften in der Pflege. Neuwied/Kriftel, 1. Auflage 2002.

*Gärtner, H.W.:* Recht haben und Bescheid wissen reicht nicht aus. Zur Methodenkompetenz im Pflegebereich. Pflegeseminarband 2001, Herz-Zentrum Bad Krozingen (Selbstdruck).

*Keßler, L.:* Zielgerichtete Personalentwicklung – Ein Weg zur Sicherung der Pflegequalität. Pflegeseminarband 2001, Herz-Zentrum Bad Krozingen (Selbstdruck).

*Leuzinger, A.:* Mitarbeiterführung im Krankenhaus. Bern, 2. Auflage 1994.

*Ritter, P.:* Soziale Kompetenz von Führungskräften. Die Schwester/Der Pfleger 4/2002, Seite 331–334.

*Seidel, G.:* Von der Stationsschwester zur Stationsleitung. Pflegeseminarband 2000. Herz-Zentrum Bad Krozingen (Selbstdruck).

*Sprenger, R.K.:* Das Prinzip Selbstverantwortung: Wege zur Motivation. Frankfurt/New York, 8. Auflage 1998.

*Sturm, B.:* Personalentwicklung in der Pflege. Die Schwester/Der Pfleger 2/2002. Seite 138–141.

## 3.3 INSIGHTS – ein Managementinstrument für das Pflegemanagement

*von Monika Stumpf*

Erfolgreiche Teamarbeit bedeutet Zusammenarbeit auf höchstem Niveau. Jedes Teammitglied wird umso erfolgreicher sein, je besser es seine persönlichen Stärken einsetzen kann. Spannungen lassen sich häufig auf Persönlichkeitskonflikte zurückführen, da sich die meisten Menschen der Unterschiede und der Dynamik in Gruppenbeziehungen nicht bewusst sind. In Hochleistungsteams müssen alle Mitglieder die Stärken, Bedürfnisse und Schwächen der anderen anerkennen, akzeptieren und in ihrem eigenen Verhalten berücksichtigen. Der persönliche Verhaltensstil jedes einzelnen Teammitgliedes wirkt sich nämlich auf die Leistungen des ganzen Teams aus. Um die Vielfalt menschlicher Verhaltensweisen in eine idealtypische Einteilung zu bringen, bedienen sich die Menschen seit alters her der verschiedensten Persönlichkeitstypologien. Im Folgenden wird am Beispiel der INSIGHTS-Methode ein Instrument vorgestellt, das durch das Aufzeigen von Verhaltensmustern eine wesentliche Verbesserung der Teamfähigkeit und Erhöhung der sozialen Kompetenz ermöglicht. Ein Fallbeispiel aus der Praxis veranschaulicht diese Zusammenhänge.

### 3.3.1 Erfolgsfaktor „Soziale Kompetenz"

**Faktor Mensch**

Auf die Frage „Welche Faktoren machen heute den Erfolg von Führungskräften aus?" haben zahlreiche Studien eine gemeinsame Antwort gefunden: Die Fähigkeiten im zwischenmenschlichen Bereich, die so genannte „soziale Kompetenz", ist heute mehr denn je erfolgsentscheidend. Die Erfolgreichen können andere Menschen eher begeistern und überzeugen und lösen Probleme direkt mit den Betroffenen. In unserem Zeitalter der rasanten technologischen Veränderungen wird also der „Faktor Mensch" trotzdem immer wichtiger. Wer sich und seine Wirkung auf andere gut kennt, kann auch sein Gegenüber in dessen Grundzügen gut einschätzen. So gewinnt er an Souveränität im Umgang mit den unterschiedlichsten Persönlichkeiten und kann sogar mit so genannten schwierigen Gesprächspartnern erfolgreich umgehen.

Doch der wertvolle Beziehungsfaktor wird uns nicht in die Wiege gelegt. Mit der INSIGHTS-Methode können Sie Ihre Menschenkenntnis optimieren, Ihr Gegenüber besser verstehen, Reaktionen richtig einschätzen und verbale Missverständnisse vermeiden.

### 3.3.2 Die INSIGHTS-Methode

**Persönlichkeitstypen**

Die Methode geht zurück auf den amerikanischen Psychologen William Marston und den Schweizer Tiefenpsychologen C.G. Jung. In ihren Untersuchungen fanden beide heraus, dass es unterschiedliche Persönlichkeitstypen gibt, bei denen jeweils verschiedene Bündel von Verhaltensmerkmalen dominieren. Eine Weisheit, die der griechische Arzt und Gelehrte Hippokrates schon in der Antike formulierte (Choleriker, Sanguiniker, Phlegmatiker, Melancholiker). Die Weiterentwicklung des Marston-Instrumentes führte in den 80er-Jahren schließlich zum INSIGHTS-Persönlichkeitsmodell, das vier Farb- und acht Haupttypen mit insgesamt sechzig Untertypen ausmachen kann. Mit Hilfe dieser Kategorien ist es möglich, die Verhaltenstendenzen eines Menschen aufzuzeigen und ihm so Hinweise für die Arbeit an der eigenen Persönlichkeit und für eine optimalere Kommunikation mit anderen zu geben.

**Verhaltensmuster**

Das INSIGHTS-Persönlichkeitsmodell ordnet dabei Menschen nicht in starre Schubladen ein, sondern zeigt Verhalten im Verhältnis zu definierten Idealtypen auf. Unser Verhalten wird vorwiegend durch unser Temperament gesteuert und äußert sich in der Weise, wie wir die Dinge angehen. Verhalten ist bei der INSIGHTS-Methode auf zwei Achsen eines Systems mit vier Quadranten dargestellt. Jeder Quadrant ist mit einer bestimmten Farbe belegt und beschreibt ein Verhaltensmuster, wie wir jeweils mit Herausforderungen, Menschen, Strukturen und Regeln umgehen, und zwar:

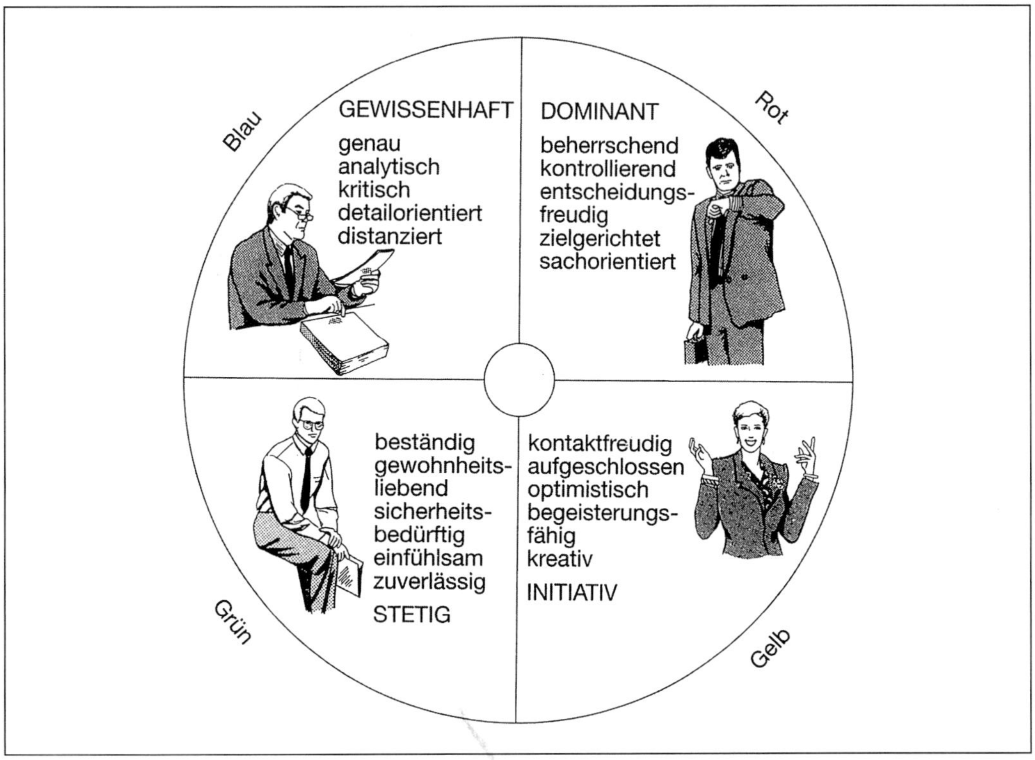


*Abb. 1: Die vier INSIGHTS-Farbtypen (vgl. Scheelen 2000)*

**Präferenzen**

Alle Menschen verfügen über diese vier Dimensionen, leben sie jedoch in unterschiedlicher Intensität aus, deren Mischung die Einzigartigkeit eines jeden ausmacht. Dennoch können wir Menschen in Gruppen einteilen, die ganz ähnliche Präferenzen, das heißt Verhaltensmuster, Vorlieben und Abneigungen zeigen. Sie haben vergleichbare Bedürfnisse und werden durch ähnliche Dinge motiviert. Wir sprechen hier von bestimmten Persönlichkeitstypen oder auch Farbtypen. Ihre Verwendung erlaubt eine bessere Verständigung zwischen den Menschen, effektivere Kommunikation und größeres Verständnis für Stärken und Schwächen, die jeder von uns hat. Es geht nicht darum, andere zu verändern, sondern sie so zu verstehen, wie sie sind, und sich im eigenen Verhalten darauf einzustellen.

### 3.3.2.1 Die acht INSIGHTS-Typen

Zwischen den vier Typen kann es auch zu Überschneidungen kommen. Jemand kann also starke rote Anteile haben, aber auch deutliche gelbe Anteile. Um diesen Mischformen gerecht zu werden, wurden die vier Typen noch einmal in acht Haupttypen unterteilt, die nach ihrer jeweils prägenden Eigenschaft benannt sind und in Form eines Rades dargestellt werden.

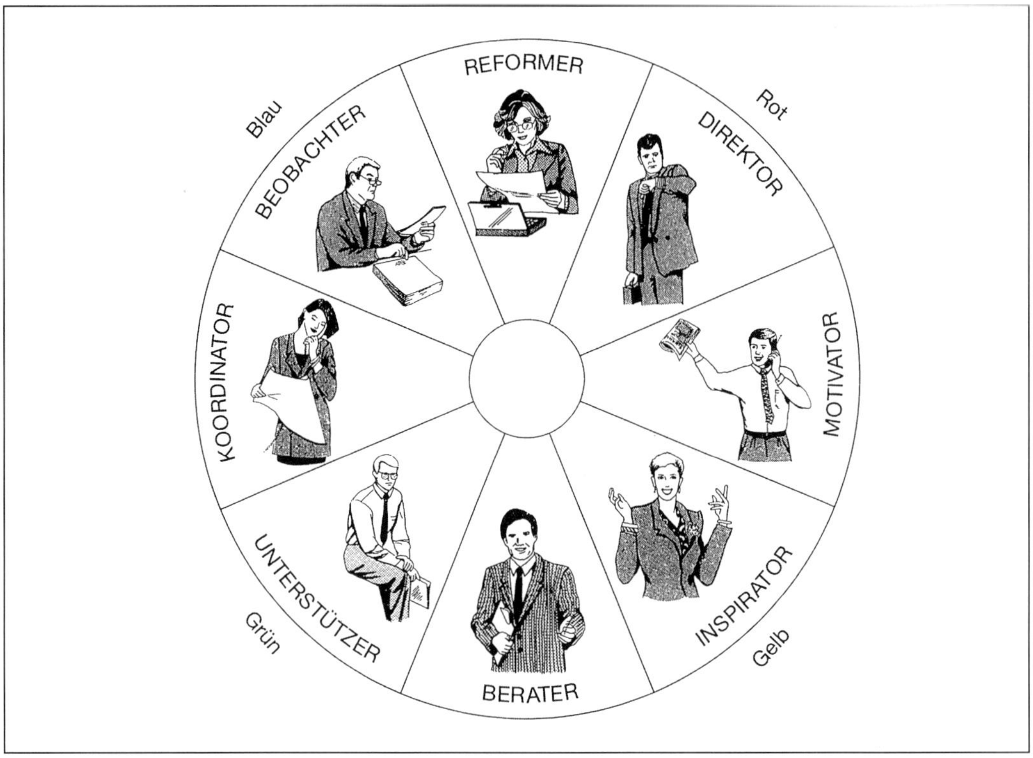


*Abb. 2: Das INSIGHTS-Rad mit den acht Haupttypen (vgl. Scheelen 2000)*

**Haupttypen**

- **Direktor:** Erzeugt Systeme, liefert Schub, handelt entschieden, übernimmt Kontrolle.
- **Motivator:** Visualisiert die Zukunft. Sieht das große Bild, dringt in neue Bereiche vor, entwickelt neue Möglichkeiten.
- **Inspirator:** Drückt Unterstützung aus, unterhält das Verbindungsnetz, ergreift Initiative. Begeistert andere.
- **Berater:** Versteht Menschen, behält das menschliche Element im Blick, hilft anderen, akzeptiert Entscheidungen.
- **Unterstützer:** Akzeptiert neue Ideen, liefert Einsichten und Flexibilität. Kennt die Umgebung.
- **Koordinator:** Kennt die Fakten, versteht den Prozess. Kümmert sich um Einzelheiten und Organisation.
- **Beobachter:** Behält die Infrastruktur im Blick. Konzeptualisiert Probleme. Dringt tief in die Fragen ein.
- **Reformer:** Erörtert Themen auf logische Weise. Bedenkt Pro und Kontra. Entdeckt Unstimmigkeiten. Überlegt und reagiert.

#### 3.3.2.2 Die INSIGHTS-Potenzialanalyse

**Selbsterkenntnis**

Um andere richtig einschätzen zu können oder um bei uns selbst etwas zu verändern, müssen wir zunächst uns selbst kennen. Mit der INSIGHTS-Potenzialanalyse können Sie

Ihre Farbanteile oder Präferenzen mittels eines Fragebogens messen und somit Ihren eigenen Persönlichkeitstyp bestimmen, Ihre Stärken, Schwächen, Emotionen und Verhaltensweisen erkennen. Eine etwa 25-seitige, persönliche und computerunterstützte Auswertung und die Positionierung auf dem 60er-Rad (Untertypenrad) erleichtert die Reflexion. Diese Selbsterkenntnis versetzt Sie in die Lage, sich in der Interaktion weniger auf sich selbst denn auf Ihr Gegenüber zu konzentrieren.

Wer seine eigenen Verhaltensweisen, das Wie und Warum seines Tuns einmal erfasst hat, wird begreifen, dass jeder Wesenszug seine Berechtigung hat. Er nimmt sich an, wie er ist, lernt seine Stärken lieben und seine Schwächen dulden. Daraus resultiert ein offener, toleranterer Umgang mit den anderen.

**Distanz**

Gleichzeitig gewinnt man ein gesundes Maß an Distanz, das bewusste, kontrollierte und verantwortliche Verhaltensweisen statt emotionaler Verhaltensmuster ermöglicht. Man braucht im Austausch mit anderen nicht länger Zeit mit der Selbstbeobachtung zu verschwenden, sondern kann sein Gegenüber konzentriert, vorurteilsfrei und offenen Auges wahrnehmen. Wer sich selbst kennt, kann die wesentlichen Verhaltensmerkmale seines Gesprächspartners analysieren und sein eigenes Verhalten dem seines Visavis anpassen. Das heißt keineswegs, dass er seine eigene Persönlichkeit verbiegen soll. Aber wer sich gerne in blumige Worte hüllt, wird lernen, seinen Inhalt bei einem ergebnisorientierten Menschen kurz und präzise auf den Punkt zu bringen. Wer hingegen kühl und sachlich ist, kann bei einem gefühlsbetonten Menschen auch mal etwas persönlicher werden.

**Persönlichkeitsentwicklung**

Ob man mit einzelnen Mitarbeitern Gespräche führt oder ganze Teams leitet: Die Wahrnehmung des Gegenübers beeinflusst immer die Kommunikation. Die INSIGHTS-Methode stellt ein ausgezeichnetes Instrumentarium dar, das Gespür für die unterschiedlichsten Persönlichkeitstypen schnell und treffsicher zu entwickeln und jede Zusammenarbeit erfolgreich zu gestalten. Sie erlernen allgemeine Strategien, mit denen Sie die Qualität Ihrer Beziehungsebene zu den jeweiligen Farbtypen optimieren:

- Wie stellen Sie den ersten Kontakt her?
- Welche Erwartungen hat ein bestimmter Farbtyp an Sie?
- Wie können Sie ihn motivieren?
- Wie gehen Sie beruflich oder im Fall von Konflikten am besten mit ihm um?

Sie erhalten somit auch wesentliche Impulse zur Persönlichkeitsentwicklung. Und Sie erfahren, wie Sie Ihre Stärken beruflich und privat bestmöglich einsetzen:

- Welcher Job passt am besten zu Ihnen?
- Wie werden Sie ein versierter Teamplayer und Teambildner?
- Wie bauen Sie ein unterstützendes Netzwerk auf, und wie optimieren Sie Ihre privaten Beziehungen?

### 3.3.3 Führungsstil und verantwortungsvoller Einsatz diagnostischer Instrumente

**Führungskompetenz**

Hier ist die Führungskraft oder der Teamleiter gefordert, seinen Führungsstil mit Hilfe des Wissens aus der psychologischen Typologie im Sinne einer Effizienzsteigerung der Teamleistung einzusetzen. Dazu ist es unbedingt notwendig, zuerst bei sich selbst anzu-

Fachub

fangen. Menschen, die keinen Sinn für unterschiedliche Verhaltensweisen haben, neigen dazu, Konflikte entweder zu personalisieren oder ihnen auszuweichen – oder beides. Wer sich bewusst ist, in welchem Maße die eigenen Präferenzen den Führungsstil und das Kommunikationsverhalten prägen, erwirbt dadurch eine gewisse soziale Kompetenz und hat neben den Kriterien des psychologischen Reifegrades seiner Mitarbeiter ein weiteres nützliches Werkzeug zur Verfügung, das – verantwortungsvoll eingesetzt – eine erhebliche Verbesserungen in der Teamarbeit bringen kann.

**Kein „richtig" oder „falsch"**

Dabei ist besonders wichtig, dass Präferenzen nicht als „richtig" oder „falsch" interpretiert werden, sondern lediglich zur Bewusstmachung unterschiedlicher Arbeitsstile und verschiedenartiger persönlicher Stärken dienen. Manche Menschen sind empfänglich für Fakten, Zahlen und Statistiken, andere bevorzugen Geschichten oder grafische Präsentationen. Deshalb muss eine Nachricht in der vom Empfänger bevorzugten „Sprache" gesendet werden, wenn sie ankommen soll. Dies setzt eine fundierte Auseinandersetzung mit diagnostischen Instrumenten voraus, um einer oberflächlichen und missbräuchlichen Anwendung entgegenzuwirken.

### 3.3.4 Effizientes Teammanagement

**Gruppendynamik**

Heutzutage sind Arbeitsplätze ohne Teamarbeit kaum mehr vorzustellen. Arbeiten im Team ist zu einem wesentlichen Bestandteil des Berufslebens geworden. Je besser wir die Faktoren kennen, die unsere Zusammenarbeit bestimmen, desto produktiver und zufriedener können wir alle werden. Ein wesentlicher Aspekt ist dabei das unterschiedliche menschliche Verhalten. Wenn man diese Energien für die gemeinsame Aufgabe nutzbar machen kann, wird man feststellen, dass man damit sowohl die eigenen Ziele als auch die des Unternehmens verfolgen kann. Es gelingt, die dynamischen Beziehungen, die sich immer entwickeln, wenn Menschen zusammenarbeiten, zu hinterfragen und besser zu verstehen.

Grundsätzlich gilt:

- Verhaltensweisen sind an sich weder gut noch schlecht. Ob sie von Vorteil oder Nachteil sind, hängt von den Umständen ab.
- Unterschiedliche Verhaltensweisen entwickeln sich in unserem Leben früh, und die, an denen wir festhalten, tendieren über die Jahre dazu, relativ stabil zu bleiben.
- Wir können lernen, unser Verhaltensrepertoire zu erweitern und außerhalb unserer bevorzugten Gewohnheiten zu agieren.
- Wer die Präferenzen anderer Leute versteht, dem fällt es leichter, mit ihnen zu kommunizieren und zu kooperieren.

**Teamgeist**

Wer sich mit der psychologischen Typentheorie auseinander setzt, schätzt sie vor allem deswegen, weil sie vorurteilsfrei operiert und dadurch Offenheit und Vertrauen fördert. Diese Eigenschaften sind besonders beim Aufbau von Teams und Arbeitsgruppen entscheidend. Wenn alle im Team vertretenen Typen feststellen, dass sie gerade für ihre unverwechselbaren Eigenschaften und Beiträge geschätzt werden, dann entwickelt sich ein besonderer Teamgeist, der die Zusammenarbeit und Produktivität bedeutend verbessert. Die Typentheorie hilft dabei, ein Team auf sanfte Weise so weit zu entwickeln, dass die Differenzen zwischen den beteiligten Personen ohne Schaden an die Oberfläche kommen, erforscht und bereinigt werden können.

### 3.3.4.1 Kernfunktionen und Arbeitsstile im Team

Ausgedehnte Untersuchungen in Teaminterviews führten zu dem Schluss, dass sich acht Kernfunktionen oder Präferenzen im Team feststellen lassen. Für die acht INSIGHTS-Grundtypen ergeben sich somit acht Arbeitsstile:

**Arbeitsstile**

- **Leiten, Führen** (Direktor) ⇒ testen und durchsetzen
- **Motivieren** (Motivator) ⇒ neue Ideen kreieren
- **Inspirieren** (Inspirator) ⇒ die Ideen an andere weitervermitteln
- **Beraten** (Berater) ⇒ sich mit anderen beraten und abstimmen
- **Unterstützen** (Unterstützer) ⇒ Strukturen und entsprechende Hilfen anbieten
- **Koordinieren** (Koordinator) ⇒ sich an bereits bewährte Verfahren halten
- **Beobachten** (Beobachten) ⇒ Systeme überprüfen
- **Reformieren** (Reformer) ⇒ neue Methoden einführen

**Fähigkeit zum Zusammenführen**

Als neunte und zentrale Funktion wird die Fähigkeit zum Zusammenführen angesehen, die besonders wichtig ist, wenn sich Teammitglieder in gegenüberliegenden Positionen im Rad befinden, und die vom jeweiligen Teammanager erwartet wird.

### 3.3.4.2 Der vierstufige Problemlösungsprozess

Aus den präferierten Arbeitsstilen lässt sich ein Modell ableiten, das dazu beitragen kann, die Teameffektivität dahingehend zu erhöhen, dass jedes Mitglied sein persönliches Potenzial voll ausschöpfen kann. Das folgende Modell zeigt die vier Stufen einer effektiven Problemlösung im Team anhand individueller Präferenzen:

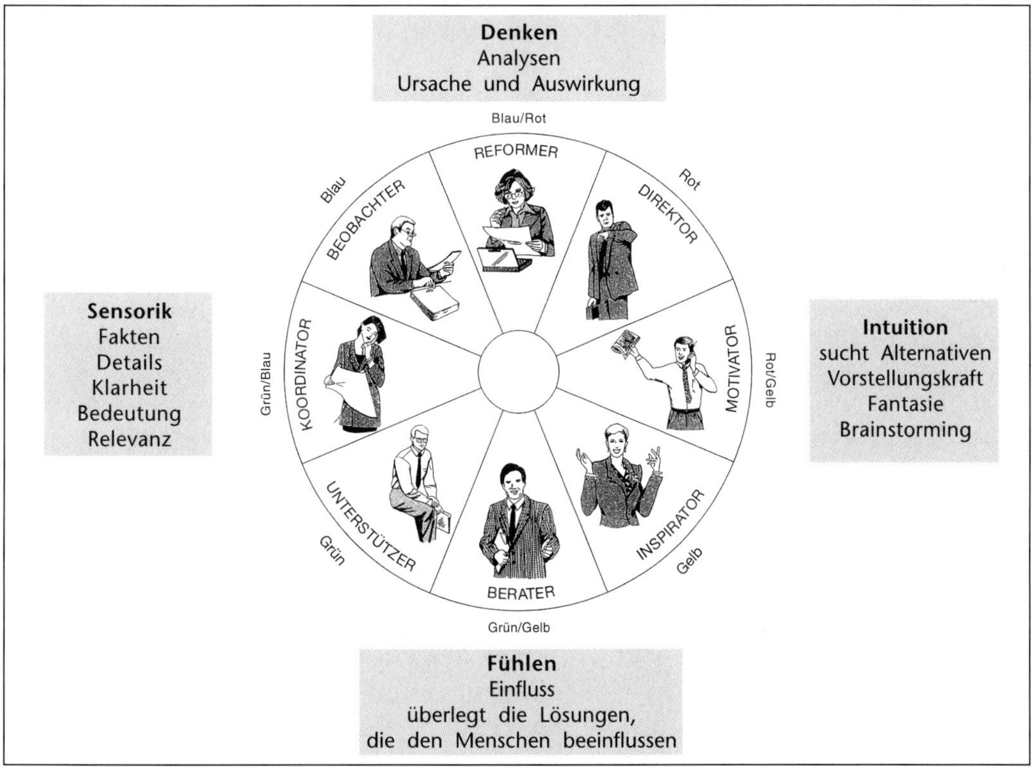


*Abb. 3: Vierseitiges Problemlösen (vgl. Scheelen 2000)*

**Heterogene Teams**

Langfristige und umfassende Ziele lassen sich am besten durch heterogene Teams erreichen. Ihre Stärke liegt in der Verschiedenartigkeit ihrer Mitglieder. Im Idealfall repräsentieren sie aufgrund ihrer Zusammenstellung das ganze Spektrum an Vorstellungen und Denkweisen, das auch in der Gesamtgesellschaft vorkommt. Die Teambildung wird jedoch umso länger dauern, je heterogener die Zusammensetzung ist, aber am Ende sollte sich die Verschiedenheit der Standpunkte als Stärke und Vorteil erweisen, und die Kenntnis darüber kann den Teambildungsprozess erheblich verkürzen.

**Homogene Teams**

Andererseits gilt: Je homogener die Gruppe – günstig für direkte und klar abgegrenzte Ziele –, desto schneller erfolgt die Teambildung, aber desto mehr blinde Flecken wird sie auch haben. Diese blinden Flecken entstehen durch das Fehlen der anderen Typen.

**Faktoren eines effektiven Teammanagements**

Effizientes Teammanagement sollte deshalb immer folgende Faktoren berücksichtigen:

1. die Ziele, die das Team erreichen soll,
2. die Persönlichkeitstypen, die im Team zurzeit vertreten sind,
3. den Prozess der Veränderung der Teammitglieder (hinnehmen, ersetzen, herausnehmen).

Die Aufgaben und Ziele des Teams sollten sich in der Zusammensetzung niederschlagen. Dabei ist es hilfreich, sich ein „ideales" Team zu konstruieren und die real existierenden Typen mit diesem Idealbild zu vergleichen. Dadurch lassen sich passende und unpassende Konstellationen leicht feststellen, die dann aufgrund des neuen Verständnisses zu innovativen Lösungen führen können.

### 3.3.4.3 Fallbeispiel aus dem Pflegemanagement

Die Intensivstation eines öffentlichen Krankenhauses war räumlich zu eng geworden, außerdem wurde die Anzahl der Betten erhöht. Deshalb wurde ein weiterer Trakt hinzugenommen und die Station geteilt. Somit entstanden zwei Intensivstationen mit jeweils eigener Stationsleitung. Es wurde den Mitarbeitern des Pflegedienstes freigestellt, zu entscheiden, wer auf der bereits bestehenden Station verbleiben und wer auf die neu zu schaffende Station wechseln wollte. Im Folgenden sind die Teamräder der beiden Stationen aufgeführt, wie sie durch die freiwillige Entscheidung der Mitarbeiter entstanden sind ($\nabla$ = Stationsleitung). Die ca. 40 Personen teilten sich ziemlich genau in zwei Teams:

**Ist-Situation**

Es ist gut zu erkennen, wie auf Station A jene Mitarbeiter mit einem hohen Grün-Anteil überwiegen. Diese Menschen zeichnen sich besonders durch ein hohes Maß an Beständigkeit aus. Das Team ist relativ homogen, der rote Bereich (schnelles Handeln, Risikofreude) wird von keinem Mitarbeiter abgedeckt. Dagegen zeigt das Teamrad der Station N ein recht ausgewogenes Team mit Mitarbeitern in allen Präferenzbereichen.

**Teamziele**

Station N entsprach in diesem Fall auch dem so genannten „Idealteam", da es sich bei der Führung einer Intensivstation um eine sehr komplexe Aufgabe handelt, bei der es von Vorteil ist, über möglichst alle Arbeitsstile im Sinne einer effektiven Problemlösung zu verfügen. Im Folgenden war die Stationsleitung von Station N auch recht erfolgreich, insbesondere da sie bei der Verteilung der unterschiedlichen Teamaufgaben auf die Kenntnis der individuellen Stärken ihrer Mitarbeiter besonders eingehen konnte (z.B. Arbeitsgruppen für Qualitätssicherung, Dienstplanerstellung, Logistik für medizinisches Material).

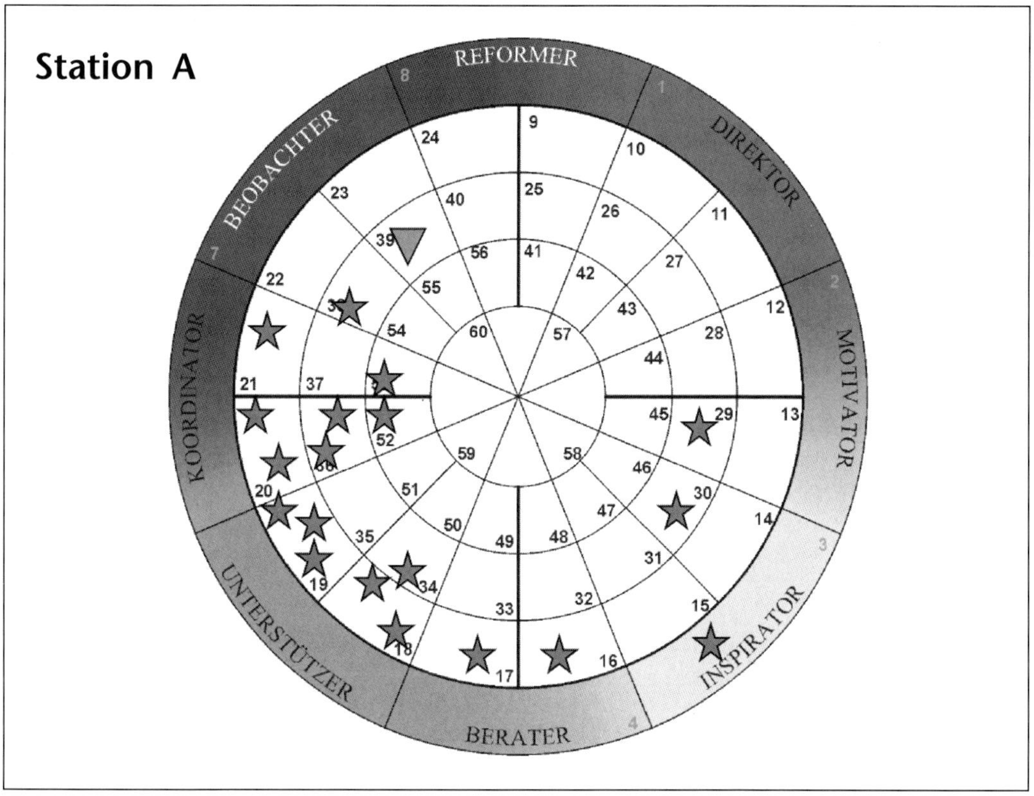


*Abb. 4: Intensivstation alt (Station A)*

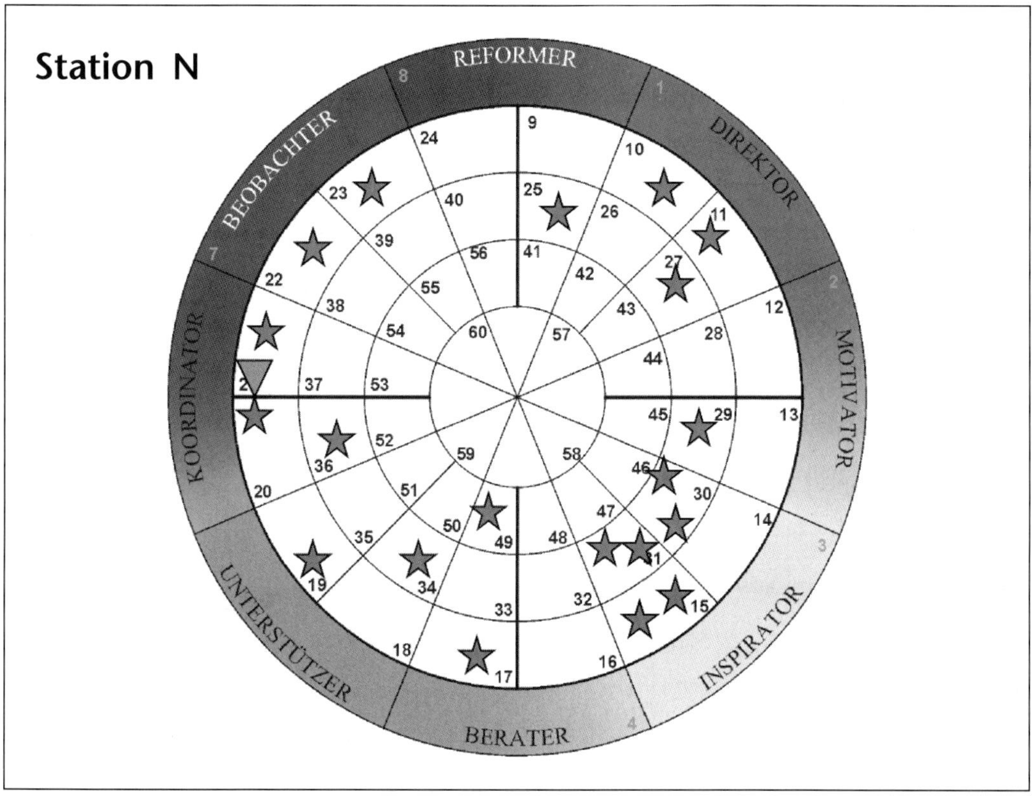


*Abb. 5: Intensivstation neu (Station N)*

**Prozess der Veränderung**

Auf Station A zeigte sich schon bald das Fehlen besonders der dynamischen Komponente. Verbesserungen und Neuerungen wurden kaum in Angriff genommen. Dem wurde dahingehend Rechnung getragen, dass bei Neueinstellungen ein besonderes Augenmerk darauf gelegt wurde, möglichst Mitarbeiter mit rot-gelben Farbanteilen auszuwählen. Außerdem konnte in beiden Teams mit Hilfe der INSIGHTS-Methode sowohl die Rollenverteilung als auch die Kommunikation und Interaktion, speziell in Konfliktfällen, wesentlich verbessert werden. Besonders die Führungskräfte waren in der Lage, durch die Verwendung des Instrumentes dem menschlichen Faktor und der Erhöhung der Sozialkompetenz in ihrem Team erhöhte Aufmerksam zu schenken.

## Literaturempfehlungen

*Bents, R.; Blank, R.:* Typisch Mensch. Göttingen 1995.

*Butler, J.; Scheelen, F.:* Managementkompetenz. Landsberg/Lech 2000.

*Hinterhuber, H.H.:* Strategische Unternehmensführung. Berlin/New York 2001.

*Jung, C.G.:* Typologie. München 1997.

*Scheelen, F.:* Menschenkenntnis auf einen Blick. Landsberg/Lech 2000.

# Recht in der Pflege 4

# 4.1 Das Pflege-Qualitätssicherungsgesetz (PQsG) aus juristischer Sicht

*von Ronald Richter*

Nach langen, sehr kontroversen Diskussionen ist zum 1. Januar 2002 das Gesetz zur Qualitätssicherung und zur Stärkung des Verbraucherschutzes in der Pflege (Pflege-Qualitätssicherungsgesetz – PQsG, BGBl I 2001, S. 2320) in Kraft getreten. Die Umsetzung der gesetzlichen Regelungen ist jetzt Aufgabe aller Einrichtungsträger. Im Vordergrund der Diskussion um die beiden parallel diskutierten und verabschiedeten Gesetzesvorhaben PQsG und Heimgesetz (BGBl I 2001, S. 2970) standen die Qualitätsdiskussion in der Pflege und damit die Änderungen im SGB XI.

Der Gesetzgeber ging bei Novellierung augenscheinlich davon aus, dass die Begriffe Heim und Pflegeheim synonym zu verwenden sind. Daher bleiben für das Heimgesetz lediglich die Regelungen über den Heimvertrag und die Mitwirkungsvorschriften, alle anderen Regelungsbereiche sind derart stark vom SGB XI überlagert, dass dieses den Schwerpunkt der praktischen Auseinandersetzung bildet und der Zweck des Heimgesetzes fraglich erscheint. Der Gesetzgeber wollte im PQsG zwei Bereiche regeln: die Stärkung der Selbstverwaltung durch Einführung einer Leistungs- und Qualitätsvereinbarung in § 80 a SGB XI und die Sicherung, Weiterentwicklung und Prüfung der Pflegequalität in den §§ 112 ff SGB XI.

## 4.1.1 Stärkung der Eigenverantwortung der Pflegeselbstverwaltung

**Einführung einer Leistungs- und Qualitätsvereinbarung**

Verantwortlich für die Sicherung und Weiterentwicklung der Pflegequalität in den Einrichtungen ist der jeweilige Träger. Diese Eigenverantwortung umfasst die Pflicht, die personelle und sächliche Ausstattung bereitzustellen, die für eine leistungs- und qualitätsgerechte Versorgung der von ihren Pflegeeinrichtungen in Obhut genommenen konkreten Klientel erforderlich ist (§ 80 a Abs. 2 und 4 SGB XI). Die Mitverantwortung der Leistungsträger (Pflegekassen, Sozialhilfeträger) wird nach dem Vorbild des BSHG-Reformgesetzes (von 1995) durch die Einführung einer Leistungs- und Qualitätsvereinbarung (LQV) mit der einzelnen stationären Pflegeeinrichtung sichergestellt (§ 80 a SGB XI). Für ambulante Pflegeeinrichtungen soll die LQV erst nach Auswertung der Ergebnisse im stationären Bereich gesetzlich geregelt werden. Es besteht eine beiderseitige Pflicht zum Abschluss von Leistungs- und Qualitätsvereinbarungen. Die LQV ist als Bindeglied zwischen Versorgungsvertrag und Vergütungsvereinbarung konzipiert, soll also den öffentlich-rechtlichen Versorgungsvertrag, mit dem die Einrichtung zugelassen wird, mit der Vergütungsvereinbarung verkoppeln (Abb. 1).

**Internes Qualitätsmanagement**

Zugelassene ambulante oder stationäre Pflegeeinrichtung wird nach den §§ 71 und 72 SGB XI, wer die dort genannten gesetzlichen Minimalvoraussetzungen erfüllt. Vorausgesetzt wird lediglich, dass der Pflegebetrieb oder das Pflegeheim eine selbstständig wirtschaftende Einrichtung ist, die unter der ständigen fachlichen Leitung einer leitenden Pflegefachkraft geführt wird. Die durch das PQsG eingefügte weitere Voraussetzung des § 72 Abs. 3 S. 1 Nr. 3 SGB XI, wonach sich der Einrichtungsträger verpflichten muss, ein internes Qualitätsmanagement einzuführen und weiterzuentwickeln, dürfte nicht schwer fallen. Wichtig ist, dass der Versorgungsvertrag nach § 72 SGB XI nicht verhandelt wird, sondern die Voraussetzungen entweder erfüllt sind oder eben nicht.

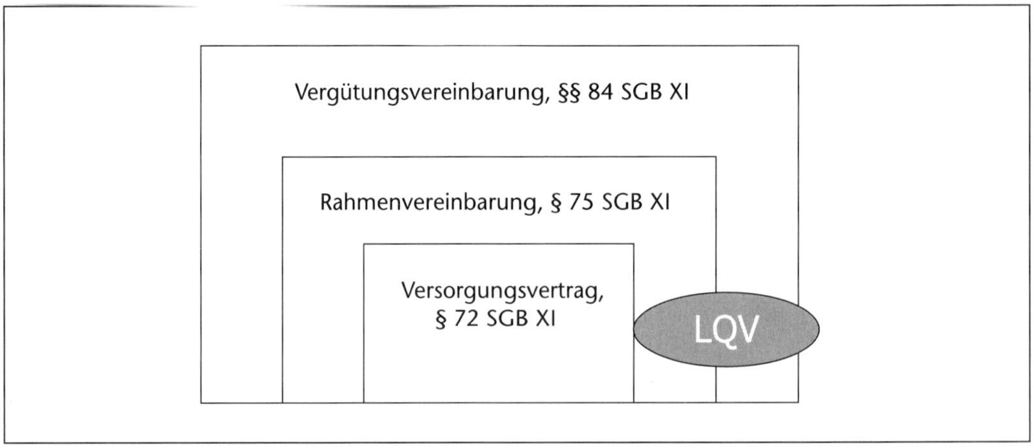


*Abb. 1: Die Verträge nach SGB XI*

Mit der Unterschrift unter dem Versorgungsvertrag wird gleichzeitig die im jeweiligen Bundesland geltende Rahmenvereinbarung nach § 75 SGB XI sowie etwaig bestehende Verträge über die Wirtschaftlichkeit (§ 79 SGB XI) sowie der Qualitätsvertrag (nach § 80 SGB XI) in Geltung gesetzt. Die erste Möglichkeit zur Verhandlung und damit zur Ausübung der unternehmerischen Freiheit ist die Verhandlung über die Vergütung, also der Abschluss der Vergütungsvereinbarung nach § 85 SGB XI. Die Vergütung umfasst die gesetzlichen Voraussetzungen des Versorgungsvertrages und des Rahmenvertrages sowie die vertragliche Festlegung des Qualitätsvertrages nach § 80 SGB XI. Diese Regelungsstruktur führte regelmäßig dazu, dass Wettbewerb insbesondere auf der Qualitätsebene verhindert wurde.

Die Leistungs- und Qualitätsvereinbarung soll einen flexiblen, effektiven Weg bieten, den Versorgungsauftrag der Pflegeeinrichtung zeitnah an die Entwicklung ihrer Belegungs- und Leistungsstruktur anzupassen, und zwar ohne jeweils den Versorgungsvertrag und damit die (für die wirtschaftliche Existenz lebensnotwendige) Zulassung des einzelnen Pflegeheims zum „Pflegemarkt" in Frage zu stellen. Vertragsparteien der LQV sind die Parteien der Pflegesatzvereinbarung nach § 85 Abs. 2 SGB XI; sie wird regelmäßig zusammen mit der Pflegesatzvereinbarung abgeschlossen (§ 80 a Abs. 3 SGB XI). Eine getrennte Vereinbarung bietet sich insbesondere dann an, wenn sich wesentliche Veränderungen in der Leistungs- und Belegungsstruktur eines Pflegeheims abzeichnen, die unabhängig von den Tageszwängen und dem Druck, unter dem Vergütungsverhandlungen in der Regel stehen, einer gründlichen Erörterung bedürfen.

**Definition der erwarteten Leistungen**

In der LQV werden die von der Pflegeeinrichtung erwarteten Leistungen nach der Struktur und der voraussichtlichen Entwicklung des zu betreuenden Personenkreises definiert und die dafür notwendigen personellen und sächlichen Anforderungen vertraglich abgesichert (§ 80 a Abs. 2 Satz 1 und 2 SGB XI). Im Einzelnen werden folgende Leistungs- und Qualitätsmerkmale vereinbart:

1. Struktur und voraussichtliche Entwicklung des zu betreuenden Personenkreises, gegliedert nach Pflegestufen, besonderem Bedarf an Grundpflege, medizinischer Behandlungspflege und sozialer Betreuung
2. Art und Inhalt der Leistung, die von dem Einrichtungsträger während des nächsten Pflegesatzzeitraumes erwartet werden
3. personelle und sachliche Ausstattung des Pflegeheimes einschließlich der Qualifikation der Mitarbeiter

Damit kann zum ersten Mal ein Bedarf an Behandlungspflege oder der insbesondere bei demenzkranken Pflegebedürftigen in Pflegeheimen hohe Bedarf an allgemeiner und sozialer Betreuung pflegesatzwirksam vereinbart werden. Die vertraglichen Festlegungen in der Leistungs- und Qualitätsvereinbarung sind für alle Vertragsparteien in den Vergütungsverhandlungen als Bemessungsgrundlage für die Vergütungen unmittelbar verbindlich (§ 80 a Abs. 2 Satz 3 SGB XI).

**Leistungsgerechte Vergütung**

Mit den Pflegesätzen und Entgelten nach dem SGB XI werden nicht Selbstkosten erstattet, sondern Leistungen vergütet. Die Vergütungen müssen leistungsgerecht sein und dem Pflegeheim bei wirtschaftlicher Betriebsführung ermöglichen, „seinen" (individuellen) Versorgungsauftrag zu erfüllen (vgl. § 84 Abs. 2 SGB XI). Die begriffliche Trennung von Leistung und Vergütung – mit der separaten Definition der Leistungen in der LQV – zwingt dazu, Art und Umfang der von der einzelnen Pflegeeinrichtung zu erbringenden und ihr daher zu vergütenden Leistungen nicht nach der „Kassenlage" zu bestimmen, sondern entsprechend dem ausdrücklichen Willen des Gesetzgebers ausschließlich nach Bedarf und Notwendigkeit (vgl. §§ 4 Abs. 3, 29, 69 SGB XI). Vor diesem Hintergrund bieten die vertraglichen Festlegungen in der LQV zugleich eine konkrete Grundlage für die „wirtschaftliche" Beurteilung bestehender oder geforderter Pflegevergütungen.

**Durchschnittswertemodell versus Individualprinzip**

Die von Kostenträgern in Pflegesatzvereinbarungen geübte oder angestrebte Praxis, die Pflegesätze des einzelnen Pflegeheims an regionalen oder landesweiten Durchschnittswerten mehr oder weniger vergleichbarer Heime zu messen oder gar darauf zu beschränken („Durchschnittswertemodell"), widerspricht nicht nur dem gesetzlich verbrieften Anspruch des einzelnen Heims auf eine leistungsgerechte Vergütung seiner konkreten Leistungen (Individualprinzip), sie ist letztlich auch kostentreibend. Denn einerseits können Pflegeheime, die mit ihren aktuell geltenden Pflegesätzen über den regionalen oder landesweiten Durchschnittswerten liegen, wegen des Individualprinzips nicht zur Senkung ihrer Preise auf ein arithmetisches Mittel gezwungen werden; andererseits werden Kostenträger – aus der systemimmanenten Logik ihres eigenen Bemessungsansatzes heraus – den (zahlreichen) Pflegeheimen, die mit ihren Pflegesätzen unter den Durchschnittswerten liegen, die Anpassung an das arithmetische Mittel nicht verwehren können.

Es führt kein Weg daran vorbei, dass die Kostenträger sich der Mühe unterziehen müssen, bei der Bemessung der Pflegesätze unter wirtschaftlichen Gesichtspunkten jedes Pflegeheims, dessen Preis zur Verhandlung ansteht, mit den Heimen in der Region oder im Land zu vergleichen, die in ihren individuellen Leistungen konkret vergleichbar sind. Die in der politischen Diskussion verworfene Idee des so genannten „Standardpflegesatzmodells", das offensichtlich hinter dem regionalen oder landesweiten „Durchschnittswertemodell" steht, hilft rechtlich und ökonomisch nicht weiter. Die bisherige Fixierung auf Preisvergleiche hat überdies dazu geführt, dass das seit 1995 im Gesetz vorgeschriebene Instrument der Wirtschaftlichkeitsprüfungen (§ 79 SGB XI) bislang kaum genutzt wurde und genutzt werden konnte, weil es an einer konkreten Beschreibung der individuellen Leistungen der einzelnen Pflegeheime fehlt, deren Preise alsdann unter dem Gesichtspunkt der Wirtschaftlichkeit beurteilt werden können.

**Zügiges Vergütungsverfahren**

Die LQV schafft mit ihrer vertraglichen Festlegung der Leistungen und Leistungserfordernisse des einzelnen Pflegeheims die Voraussetzungen für Wirtschaftlichkeitsprüfungen anhand rationaler, gesetzeskonformer Beurteilungskriterien. Die Bindung der Kostenträger an die von ihnen selbst vereinbarten Festlegungen in der LQV ermöglicht darüber hinaus ein zügiges Vergütungsverfahren; sie hilft, das jährliche „Mengenproblem" (Verhandlungen mit über 8.500 Pflegeheimen) in den Griff zu bekommen, und trägt insgesamt zu einer Verbesserung der Verhandlungsqualität bei.

**Personalabgleich**

Der Träger der Pflegeeinrichtung ist verpflichtet, mit dem in der Leistungs- und Qualitätsvereinbarung als notwendig anerkannten Personal die Versorgung der Heimbewohner jederzeit sicherzustellen. Er hat bei Personalengpässen oder -ausfällen durch geeignete Maßnahmen sicherzustellen, dass die Versorgung der Heimbewohner nicht beeinträchtigt wird (§ 80 a Abs. 4 SGB XI). Die Leistungs- und Qualitätsvereinbarung ermöglicht es, nachzuprüfen, ob ein Pflegeheim auch tatsächlich das Personal bereitstellt oder einsetzt, das für eine leistungs- und qualitätsgerechte Versorgung der Heimbewohner nach betriebswirtschaftlichen Grundsätzen notwendig ist. Auf Verlangen einer jeden Vertragspartei hat der Träger in einem Personalabgleich nachzuweisen, dass seine Einrichtung das in der LQV als notwendig und ausreichend anerkannte Personal auch tatsächlich bereitstellt und bestimmungsgemäß einsetzt (§ 80 a Abs. 5 SGB XI).

**Anonymisierte Daten**

Der notwendige Personalabgleich soll möglichst einfach, also auf schriftlichem Wege zu erledigen sein. Nicht gewollt ist ein Personalabgleich etwa im Stile einer Vollzähligkeitsmusterung des Personals. Ein schriftlicher Personalabgleich kann auf Grundlage der Jahreslohnlisten, der monatlichen Lohnjournale oder der Dienstpläne vorgenommen werden. Dabei ist insbesondere bei den Lohnlisten darauf zu achten, dass die Bestimmungen des Datenschutzes eingehalten werden. Die Pflegekassen haben weder ein Anrecht darauf, das Bruttogehalt der einzelnen Mitarbeiterinnen und Mitarbeiter, die Beiträge zu den Sozialversicherungen oder die Steuerklasse zu erfahren. Diese Daten sind zu anonymisieren. Damit wird auch deutlich, dass die Einführung des Personalabgleichs nicht dem Zweck dient, die eigenverantwortliche Personaldisposition der Einrichtungsträger zu verhindern. Es soll darum gehen, den Leistungsträgern eine Handhabe gegen solche Einrichtungen zu verschaffen, die in pflichtwidriger Weise vereinbarte Personalvorgaben verletzen und finanziertes Personal nicht einsetzen. Damit aber sind geplante (Urlaub) oder ungeplante (Krankheit) Personalausfälle auch weiterhin von den Vereinbarungen gedeckt.

**Soll-Personalbestand entscheidend**

Die Einrichtung muss stets so viel Personal vorhalten und auch einsetzen, wie zur fachgerechten Pflege gesetzlich oder vereinbarungsgemäß notwendig ist. Für den Abgleich kommt es daher allein auf den Soll-Stand des Personals an. Dieses Personal ist im Lohnjournal aufgeführt. Es geht nicht um den tagesaktuellen Ist-Personalbestand. In den Jahreslohnlisten und dem monatlichen Lohnjournal sind auch kranke und urlaubsabwesende Arbeitnehmer normalerweise verzeichnet. Dem Gesetzgeber ging es allein um die tatsächliche Stellenbesetzung entsprechend dem vereinbarten Personalschlüssel. Folgt man dem Gedanken des Gesetzgebers, so ist die Voraussetzung des § 80 a Abs. 5 SGB XI „auf Verlangen" verfassungsgemäß einschränkend auszulegen. Es ist den Kostenträgern nicht gestattet, ohne jeden Anlass und ohne jedes Indiz für fehlendes Personal – quasi aus „Gutdünken" – einen Personalabgleich zu fordern. Stets muss nach dem verfassungsrechtlich gebotenen Grundsatz der Verhältnismäßigkeit ein Grund für die Vorlage bzw. Anforderung des Personalabgleichs vorliegen. Für die stichprobenartige Überprüfung dürften die Prüfungen beim Leistungs- und Qualitätsnachweis bzw. nach § 15 HeimG ausreichen. Kommt ein Personalabgleich zu einem Ergebnis, dass nicht alle Soll-Stellen besetzt sind und der Träger dafür die Verantwortung trägt, so kann die Vergütung für die Dauer der Pflichtverletzung gekürzt werden (§ 115 Abs. 3 SGB XI).

**Einführung von Personalrichtwertvereinbarungen**

Die aus den Leistungs- und Qualitätsvereinbarungen gewonnenen Daten zusammen bilden eine wichtige Quelle für die Einführung eines länderbezogenen Pflegeheimvergleichs, der – voll etabliert – die Versorgungsstrukturen, die Leistungen und Preise möglichst vieler Pflegeheime im Land transparent machen wird (§ 92 a SGB XI). Ein schwieriges Problem für das gesamte Vertrags- und Vergütungsrecht nach dem SGB XI (Versorgungsverträge, LQV, Vergütungsvereinbarungen) liegt zweifelsohne darin, dass es allgemein anerkannte Maßstäbe für die Personalbemessung in Pflegeheimen derzeit noch nicht gibt. Personalbemessungsverfahren, wie z.B. „Persys" oder das aus Kanada stammende

„Plaisir“, befinden sich noch in der wissenschaftlichen Diskussion. Vorgesehen ist daher die Einführung von landesweiten oder regionalen Personalrichtwertvereinbarungen als Bestandteil der Rahmenverträge der Pflegeselbstverwaltung auf Landesebene (§ 75 Abs. 3 SGB XI). Die Personalrichtwerte, die auch als Bandbreiten vereinbart werden können, umfassen bei teil- oder vollstationärer Pflege wenigstens

1. das Verhältnis zwischen der Zahl der Heimbewohner und der Zahl der Pflege- und Betreuungskräfte (in Vollzeitkräfte umgerechnet) unterteilt nach Pflegestufen (Personalanhaltszahlen) sowie

2. im Bereich der Pflege, der sozialen Betreuung und der medizinischen Behandlungspflege zusätzlich den Anteil der ausgebildeten Fachkräfte am Pflege- und Betreuungspersonal.

**Landesweite Personalbedarfsermittlungsverfahren**

Darüber hinaus werden die Vertragsparteien in die Pflicht genommen, sich auf landesweite Personalbedarfsermittlungsverfahren zu verständigen. Mit diesen personalbezogenen Vertragselementen werden die Rahmenverträge über Maßstäbe und Grundsätze für eine wirtschaftliche und leistungsbezogene, am Versorgungsvertrag orientierte personelle Ausstattung der Pflegeheime nach § 75 Abs. 2 Nr. 3 SGB XI weiter konkretisiert. Bei dem Abschluss der Vereinbarungen ist stets die Heimpersonalverordnung zu beachten (§ 75 Abs. 3 Satz 3 SGB XI).

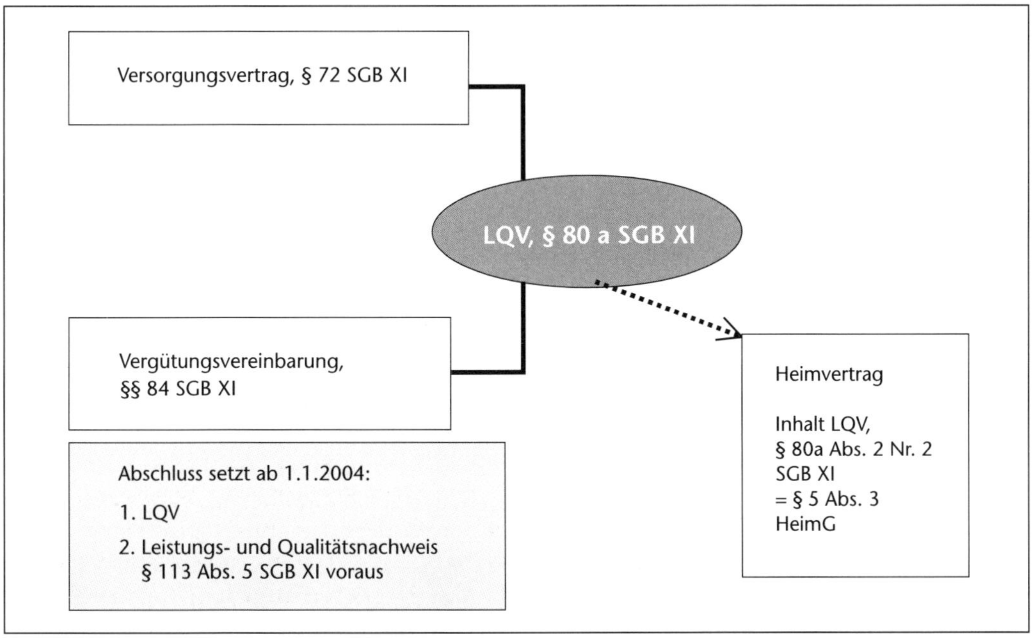


*Abb. 2: Die LQV als Herzstück der Neuregelung*

**Einrichtungsinternes Qualitätsmanagement**

Die Leistungs- und Qualitätsvereinbarung hat Rückwirkungen auf die künftige Zulassung neuer Pflegeeinrichtungen. Diese müssen nicht nur – wie schon nach bisherigem Recht – die Gewähr für eine leistungsfähige und wirtschaftliche pflegerische Versorgung bieten, sondern sich darüber hinaus zur Einführung eines einrichtungsinternen Qualitätsmanagements verpflichten, das auf eine stetige Sicherung und Weiterentwicklung der Pflegequalität ausgerichtet ist (§§ 72 Abs. 3 Satz 1 Nr. 3, 80 Abs. 1 Satz 1 SGB XI).

Mit der Leistungs- und Qualitätsvereinbarung wird nach allem nur auf den ersten Blick ein weiterer Vertragstyp eingeführt. Bereits nach geltendem Recht sind die von der

Pflegeeinrichtung erwarteten Leistungen und deren Qualität, sowohl im Versorgungsvertrag (für die Zulassung) als auch in der Vergütungsvereinbarung (für die Vergütung), zu definieren. In der Sache bietet daher die LQV den Vertragsparteien lediglich auch formal die Möglichkeit, die inhaltliche Bestimmung der erwarteten Leistung und deren Qualität in einer beide Verträge verbindenden Absprache „vor die Klammer" zu ziehen – mit den dargestellten Vorteilen.

**LQV als Kernelement der Reform**

Die LQV ist so das Herzstück der Reform durch das PQsG. Sie verbindet den Versorgungsvertrag mit der Vergütungsvereinbarung. Die in der LQV gefundene Beschreibung der Leistungen und der Qualität zwischen dem Einrichtungsträger und den Pflegekassen spiegelt sich in der Leistungsbeschreibung des Heimvertrages, so dass darüber der einzelne Bewohner mit einbezogen wird.

### 4.1.2 Sicherung, Weiterentwicklung und Prüfung der Pflegequalität

**Vereinbarungen der Selbstverwaltung**

Die Schaffung bundesweit verbindlicher Qualitätsmaßstäbe war nach vor dem PQsG geltendem Recht den Vereinbarungen der Selbstverwaltung auf Bundesebene vorbehalten (§ 80 Abs. 1 SGB XI). Solche Vereinbarungen bestehen seit 1995/96 für alle Bereiche der pflegerischen Versorgung (ambulante Pflege, Kurzzeitpflege, teil- und vollstationäre Pflege). Die Pflegeeinrichtungen sind verpflichtet, sich an Maßnahmen der Qualitätssicherung zu beteiligen. Dazu gehört, dass sie dem Medizinischen Dienst der Krankenversicherung die Überprüfung der Qualität ihrer Leistungen (einschließlich der Struktur-, Prozess- und Ergebnisqualität) durch Einzelprüfungen, Stichproben oder vergleichende Prüfungen ermöglichen (§ 80 Abs. 2 SGB XI). Die Landesverbände der Pflegekassen haben die Möglichkeit, unter Beachtung des Grundsatzes der Verhältnismäßigkeit durch geeignete Maßnahmen auf eine Abstellung festgestellter Mängel hinzuwirken. Dazu gehört als letztes Mittel die Kündigung des Versorgungsvertrages (§§ 80 Abs. 3, 74 SGB XI). Ungeregelt waren bislang folgende Fragen:

- Zutrittsrechte des Medizinischen Dienstes zu den Pflegeeinrichtungen
- regelmäßige Leistungs- und Qualitätsnachweise durch unabhängige Sachverständige oder Prüfstellen als „Bringschuld" der Pflegeeinrichtungen
- Finanzierung von Qualitätsprüfungen
- Zusammenarbeit mit der staatlichen Heimaufsicht

Alle diese Probleme könnten nicht in Vereinbarungen der Selbstverwaltung gelöst werden, da es sich stets um Verträge zu Lasten Dritter, nämlich der einzelnen Einrichtungsträger, handelt; zum Teil werden auch die Interessen der Pflegebedürftigen unmittelbar berührt. Daher wurden diese Fragen in dem neuen elften Kapitel (§§ 112 bis 118 SGB XI) geregelt. Die Ergänzungen lassen sich wie folgt zusammenfassen:

**Regelungsbefugnis der Selbstverwaltung**

Die vertragliche Regelungsbefugnis der Selbstverwaltung auf Bundesebene wird auf die Festlegung von Grundsätzen für ein umfassendes Qualitätsmanagement ausgedehnt (§ 80 Abs. 1 SGB XI). Das Verfahren für die Durchführung von Qualitätsprüfungen wird aus der Regelungskompetenz der Selbstverwaltung herausgenommen und nicht zuletzt wegen seiner verfassungsrechtlichen Tragweite (insbesondere hinsichtlich der Fragen der Zugangsrechte des MDK zu den Pflegeeinrichtungen) im Gesetz selbst geregelt (§ 114 SGB XI, siehe auch § 15 HeimG).

**Leistungs- und Qualitätsnachweise**

Die Verpflichtung der Pflegeeinrichtungen, sich an Maßnahmen der Qualitätssicherung zu beteiligen, wurde ausdrücklich auf die Pflicht ausgedehnt, in regelmäßigen Abständen die Qualität ihrer Leistungen nachzuweisen (§ 112 Abs. 2 SGB XI). Zentraler Dreh- und Angelpunkt werden künftig die Leistungs- und Qualitätsnachweise sein, die gewissermaßen als „Bringschuld" der Pflegeeinrichtungen definiert werden. Die Einrichtungsträger werden verpflichtet, den Landesverbänden der Pflegekassen in regelmäßigen Abständen die Qualität ihrer Leistungen durch Prüftestate unabhängiger, von den Bundes- oder Landesverbänden anerkannter Sachverständiger oder Prüfstellen nachzuweisen.

Inhalt des Prüftestats kann nur die Feststellung sein, dass die geprüfte Pflegeeinrichtung zum Zeitpunkt der Prüfung wenigstens die Qualitätsanforderungen nach dem SGB XI voll erfüllt (§ 113 Abs. 1 und 2 SGB XI). Maßnahmen und Prüfungen nach dem Heimgesetz können durch die Erteilung von Leistungs- und Qualitätsnachweisen nicht ausgeschlossen oder eingeschränkt werden. Das Gleiche gilt für örtliche Prüfungen durch den Medizinischen Dienst der Krankenversicherung (§ 113 Abs. 4 SGB XI). Soweit allerdings eine Pflegeeinrichtung einen Leistungs- und Qualitätsnachweis vorlegt, dessen Erteilung nicht länger als ein Jahr zurückliegt, hat dies der MDK bei der Bestimmung von Zeitpunkt und Umfang seiner Prüfungen angemessen zu berücksichtigen (§ 114 Abs. 1 Satz 2 SGB XI).

**Beratungsangebot des MDK**

Das von vielen Pflegeeinrichtungen angenommene Beratungsangebot des MDK wurde ausdrücklich gesetzlich geregelt. Der MDK wird durch eine „Sollvorschrift" ermutigt, im Rahmen seiner Möglichkeiten die Pflegeeinrichtungen in Fragen der Qualitätssicherung zu beraten, mit dem Ziel, Qualitätsmängeln rechtzeitig vorzubeugen und die Eigenverantwortung der Pflegeeinrichtungen und ihrer Träger für die Sicherung und Weiterentwicklung der Pflegequalität zu stärken (§ 112 Abs. 4 SGB XI). Dieser Service bleibt für die Pflegeeinrichtungen auch künftig kostenlos; ein Anspruch auf Beratung besteht – anders als gegenüber der Heimaufsicht, §§ 4 Nr. 3, 16 Abs. 1 HeimG – allerdings nicht.

**Zugangsrechte des MDK**

Die Prüfungsbefugnisse des MDK (§ 80 Abs. 2 SGB XI) wurden konkretisiert. Der MDK wird ausdrücklich ermächtigt und verpflichtet, an Ort und Stelle zu überprüfen, ob die Pflegeeinrichtungen die Leistungs- und Qualitätsanforderungen nach dem SGB XI weiterhin erfüllen (§ 114 Abs. 1 SGB XI). Zu diesem Zweck werden die Zugangsrechte des MDK auf eine ausdrückliche gesetzliche Grundlage gestellt. Dabei sind für den teil- und vollstationären Bereich vier Stufen zu unterscheiden (§ 114 Abs. 2 und 4 SGB XI; siehe hierzu auch § 15 HeimG):

- Grundsätzlich ist der MDK berechtigt, zum Zwecke der Qualitätssicherung die für das Pflegeheim benutzten Grundstücke und Räume jederzeit angemeldet oder unangemeldet zu betreten, dort Prüfungen und Besichtigungen vorzunehmen, sich mit den Pflegebedürftigen, ihren Angehörigen oder Betreuern in Verbindung zu setzen sowie die Beschäftigten und den Heimbeirat oder den Heimfürsprecher zu befragen.

- Prüfungen und Besichtigungen zur Nachtzeit sind nur zulässig, wenn und soweit das Ziel der Qualitätssicherung zu anderen Zeiten nicht erreicht werden kann. Das ist z.B. dann der Fall, wenn geprüft werden soll, ob pflegebedürftige Heimbewohner nachts „fixiert oder sediert" werden oder ob die erforderlichen Nachtwachen vorhanden sind. Allerdings gilt der allgemeine Grundsatz der Verhältnismäßigkeit, so dass der MDK immer zu prüfen hat, ob es ein milderes Mittel zur Überwachung gibt (muss also zunächst den Dienstplan oder die Pflegedokumentation einsehen).

- Räume, die einem Wohnrecht der Heimbewohner unterliegen, dürfen ohne deren Zustimmung nur betreten werden, soweit dies zur Verhütung dringender Gefahren für die öffentliche Sicherheit und Ordnung erforderlich ist. Diese verfassungsrechtlich zwingende Regelung (vgl. Artikel 13 Abs. 7 Grundgesetz) gilt unabhängig davon, ob die Prüfung tagsüber oder nachts durchgeführt werden soll. Dabei ist unstreitig, dass die Fixierung oder Sedierung von Pflegebedürftigen ohne medizinische Indikation und ohne ärztliche Anordnung Gefahren für die öffentliche Sicherheit und Ordnung darstellen.

- Unabhängig von ihren eigenen Prüfungsbefugnissen sind die Medizinischen Dienste befugt, sich sowohl an angemeldeten als auch an unangemeldeten Überprüfungen von zugelassenen Pflegeheimen zu beteiligen, soweit sie von der zuständigen Heimaufsichtsbehörde nach Maßgabe des Heimgesetzes durchgeführt werden. Sie haben in diesem Fall ihre Mitwirkung an der Überprüfung des Heims auf den Bereich der Qualitätssicherung nach dem SGB XI zu beschränken (§ 114 Abs. 4 SGB XI).

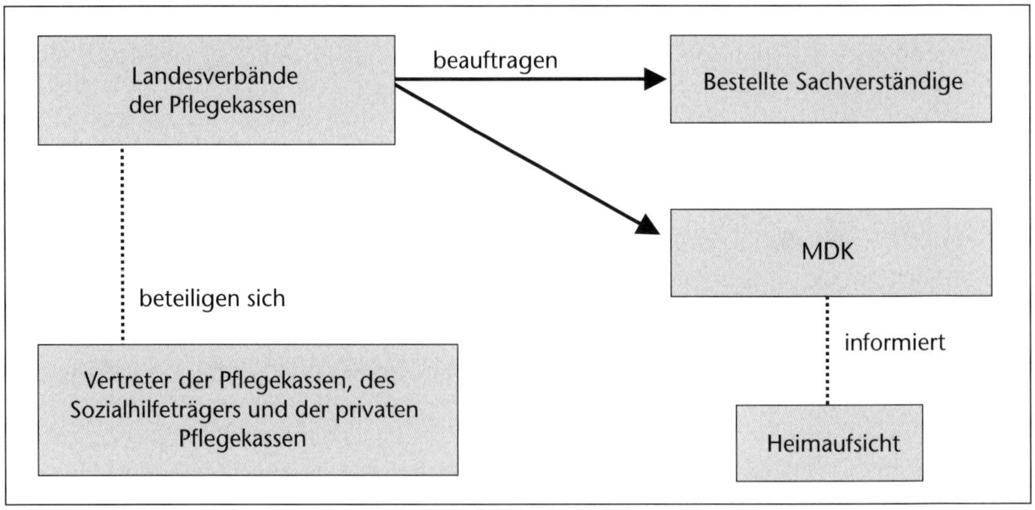


*Abb. 3: Die Prüfungsberechtigten*

Die gesetzliche Einräumung dieser Zugangsrechte entbindet den MDK nicht von der Pflicht abzuwägen, ob und in welchem Umfang er davon im Einzelfall Gebrauch machen will. Insbesondere wenn es darum geht, Wohnräume ohne Zustimmung des Bewohners zu betreten, bietet es sich im Regelfall an, vorher die staatliche Heimaufsicht einzuschalten. Ohne Begleitung der Heimaufsicht dürfen Räume, die einem Wohnrecht der Heimbewohner unterliegen, gegen deren Willen nur in Ausnahmefällen betreten werden; etwa wenn (aufgrund konkreter Anhaltspunkte) ein sofortiges Eingreifen nach pflichtgemäßer Einschätzung des MDK zur Abwendung einer unmittelbaren Gefahr für pflegebedürftige Heimbewohner dringend notwendig und die Heimaufsicht nicht sofort verfügbar ist.

**Sanktionsmöglichkeiten**

Die Sanktionsmöglichkeiten bei Feststellung von Qualitätsmängeln wurden differenziert ausgestaltet. Hält eine Pflegeeinrichtung ihre gesetzlichen oder vertraglichen Verpflichtungen, insbesondere ihre Verpflichtungen zu einer qualitätsgerechten Leistungserbringung aus dem Versorgungsvertrag (§ 72 SGB XI) oder aus der Leistungs- und Qualitätsvereinbarung (§ 80 a SGB XI), ganz oder teilweise nicht ein, sind die vereinbarten Pflegevergütungen für die Dauer der Pflichtverletzung entsprechend zu kürzen. Über die Höhe des Kürzungsbetrags ist zwischen den Vertragsparteien nach § 85 Abs. 2 SGB XI Einvernehmen anzustreben. Kommt eine Einigung nicht zustande, entscheidet auf Antrag einer Vertragspartei die Schiedsstelle nach § 76 SGB XI in der Besetzung des Vorsitzenden und der beiden weiteren unparteiischen Mitglieder. Um der betroffenen Pflegeeinrichtung umfassenden Rechtsschutz zu geben, hat ihre Klage gegen die Entscheidung der Schiedsstelle aufschiebende Wirkung. Der vereinbarte oder festgesetzte Kürzungsbetrag ist von der Pflegeeinrichtung anteilig an die betroffenen Pflegebedürftigen oder deren Kostenträger zurückzuzahlen (§ 115 Abs. 3 SGB XI).

**Beratungs- und Prüfvorschriften**

Die notwendigen Kosten von Leistungs- und Qualitätsnachweisen (§ 113 SGB XI) sind von dem Träger der geprüften Pflegeeinrichtung zu tragen. Sie sind als Aufwand in der nächstmöglichen Vergütungsvereinbarung nach dem SGB XI zu berücksichtigen. Das Gleiche gilt für die Kosten von Wirtschaftlichkeitsprüfungen (§ 79 SGB XI). Um die praktische Durchführung der Qualitätssicherung auf eine bundesweit einheitliche und verlässliche Grundlage zu stellen, wird die Bundesregierung ermächtigt, durch Rechtsverordnung mit Zustimmung des Bundesrates Beratungs- und Prüfvorschriften zur Qualitätssicherung in der ambulanten, teil- und vollstationären Pflege zu erlassen (§ 118 Abs. 1 SGB XI). In der Verordnung sind insbesondere zu regeln:

- Maßstäbe und Grundsätze für die Beratung und Prüfung von Pflegeeinrichtungen einschließlich der ihren Trägern obliegenden Leistungs- und Qualitätsnachweise
- Näheres über Art, Umfang und Häufigkeit von Leistungs- und Qualitätsnachweisen sowie Qualitätsprüfungen
- die Prüfverfahren einschließlich der Erteilung von Leistungs- und Qualitätsnachweisen
- die Qualifikation der mit Qualitätsprüfungen beauftragten Sachverständigen und Prüfstellen
- die Voraussetzungen und das Verfahren für die Anerkennung von unabhängigen Sachverständigen und Prüfstellen durch die Bundes- oder Landesverbände der Pflegekassen

**Geltungsbereich der Vorschriften**

Dabei ist zu beachten, dass Beratungen und Prüfungen in den Bereichen der allgemeinen Pflegeleistungen, der medizinischen Behandlungspflege und der sozialen Betreuung nur durch Pflegefachkräfte oder Ärzte durchgeführt werden dürfen, die in der Anwendung der Beratungs- und Prüfvorschriften nach der Verordnung geschult sind (§ 118 Abs. 2 SGB XI). Die in der Verordnung normierten Beratungs- und Prüfvorschriften gelten für alle Personen und Stellen, die Qualitätsberatungen oder -prüfungen nach dem SGB XI durchführen, sowie für alle Behörden, Leistungsträger und Einrichtungsträger oder deren Verbände, die an der Qualitätssicherung beteiligt sind (§ 118 Abs. 1 SGB XI).

**Regelmäßige Berichterstattung**

Schließlich sind die Erfahrungen und Erkenntnisse, die der MDK aus seinen Beratungen und Prüfungen gewinnt, erstmals zum 31. Dezember 2003, danach in Abständen von drei Jahren von dem Medizinischen Dienst der Spitzenverbände der Krankenkassen in einem Bericht an die Spitzenverbände der Pflegekassen und das Bundesministerium für Gesundheit zusammenzufassen (§ 118 Abs. 4 SGB XI).

### 4.1.3 Resümee

Zusammengefasst lässt sich sagen, dass das PQsG die bisherige Anwendung des SGB XI verändert und verändern wird. Der Erfolg – und ebenso das Scheitern – der LQV wird daran zu messen sein, ob die Kostenträger für die Qualität insbesondere im Personaleinsatz bereit sind, eine leistungsgerechte Vergütung zu zahlen. Die notwendigen Qualitätsprüfungen sind mit Augenmaß und dem Willen zur Beratung durchzuführen, denn nur im vertrauensvollen Miteinander entsteht die vielfach heraufbeschworene Qualität in den Einrichtungen selbst.

## Literaturempfehlung

*Richter, R.:* Das neue Heimrecht. Baden-Baden 2002.

## 4.2 Haftungsrechtliche Aspekte im Pflegedienst

*von Jürgen Müller*

Das Tätigkeitsfeld der Pflegedienste gewinnt zunehmende haftungsrechtliche Relevanz. Während in der Vergangenheit Haftpflicht- bzw. Schadenersatzansprüche von Patienten sich hauptsächlich gegen Krankenhausträger und Ärzte richteten, zeigt die Erfahrung, dass sich zunehmend Pflegekräfte Vorwürfen und Ansprüchen von Patienten ausgesetzt sehen. Auch im pflegerischen Bereich werden vermehrt Mängel und Versäumnisse behauptet, mit welchen geschädigte oder vom Behandlungserfolg enttäuschte Patienten ihre vermeintlichen Ansprüche zu begründen suchen.

Die Maßstäbe, an denen die Haftung einer Pflegekraft gemessen wird, sind hierbei vergleichbar streng wie bei Krankenhausleitung und ärztlichem Dienst. Die wesentlichen „Haftungsgefahren" liegen hier in einem möglichen, so genannten Übernahmeverschulden der Pflegekraft, im Verstoß gegen bestimmte Organisationspflichten bzw. auch im Fehlen oder der Unvollständigkeit der pflegerischen Dokumentation. Diese Haftungsrisiken und deren Vermeidungsstrategie sollen im Folgenden näher beleuchtet werden.

### 4.2.1 Haftung aus Übernahmeverschulden

**Wirkungsvolle Zusammenarbeit von Arzt und Pflegekraft**

Dem Patienten ist aus dem Behandlungsvertrag eine lückenlose, fachqualifizierte Betreuung und Behandlung geschuldet. An der Schnittstelle von ärztlichem und pflegerischem Dienst kann es hierbei zu Reibungsverlusten und Versorgungslücken für den Patienten kommen, die es durch geeignete organisatorische Maßnahmen jedoch unbedingt zu vermeiden gilt. Die Rechtsprechung fordert abhängig vom Sachzwang eine wirkungsvolle Zusammenarbeit von Arzt und Pflegekraft zum Wohle des Patienten, wobei auf die individuellen unterschiedlichen Befindlichkeiten der einzelnen Patienten Rücksicht zu nehmen ist. Auch hier dürfen sich wirtschaftliche, personelle oder organisatorische Verhältnisse am Krankenhaus nach ständiger Judikatur des Bundesgerichtshofs nicht zum Nachteil des Patienten auswirken.

**Festlegung der Komptenzbereiche**

Wichtig ist daher, dass die Kompetenzen und Verantwortungsbereiche von Pflege und ärztlichem Dienst klar definiert sind. Auch wenn es keine generelle Festlegung der Kompetenzbereiche gibt und die Empfehlungen der Fach- und Berufsverbände keine Rechtsnormqualität haben, lässt sich doch eine gewisse Grobunterteilung hinsichtlich der Zuständigkeiten vornehmen.

Originär ärztliche Tätigkeit und nicht auf den Pflegedienst delegierbar sind insoweit

- die Diagnosestellung,
- die Festlegung des Therapieregimes sowie
- die Aufklärung der Patienten über das Krankheitsbild,
- die vorgesehenen Maßnahmen und
- die gegebenenfalls damit verbundenen Risiken.

Demgegenüber obliegt dem Pflegedienst quasi als „pflegerischer Urbereich"

- die Grund- und Behandlungspflege sowie
- die pflegerische Ergänzung des ärztlichen Behandlungskonzeptes.

Im Zuge so genannter übertragener Aufgaben leistet der Pflegedienst darüber hinaus Assistenz bei ärztlichen Leistungen, wobei in diesem Bereich jeweils eine ärztliche Weisung oder Anordnung erforderlich ist, welche ihrerseits unbedingt dokumentiert sein sollte.

**Arzt und Krankenpflege: Kompetenzen – Verantwortung**

**Maxime: lückenlose, fachqualifizierte Betreuung und Behandlung des Patienten!**

- ➲ keine generelle Festlegung
- ➲ Empfehlungen und Stellungnahmen der Berufsverbände haben keine Rechtsnormqualität
- ➲ abhängig vom Sachzwang wirkungsvolle Zusammenarbeit zum Wohle des Patienten
- ➲ abhängig und sanktioniert vom Straf- und Haftungsrecht

| **Krankenschwester, -pfleger, -pflegehelfer** | **Arzt** |
|---|---|
| **Originäre Aufgaben:** | |
| ➲ Grund- und Behandlungspflege | ➲ Diagnose |
| ➲ pflegerische Ergänzung des ärztlichen Behandlungskonzeptes durch Behandlungspflege | ➲ Therapie |
| ➲ Hinweispflichten bei Grenzen und Unvereinbarkeiten zwischen ärztlicher Behandlung und pflegerischer Situation | ➲ Aufklärung |
| ➲ Weisungs- und Überwachungsverantwortung der Pflegedienstleitung | |
| ➲ **ABER:** Weisungsrecht des Arztes bei spezifischen diagnostischen und therapeutischen Anforderungen an die Pflege | |
| **Übertragene, abgeleitete Aufgaben:** | |
| ➲ Assistenz bei ärztlichen Leistungen unter ärztlicher Anweisung | |
| ➲ abhängig von den Kenntnissen und Fertigkeiten im konkreten Fall! | |
| ➲ zwingende Deckung der Tätigkeit durch die ärztliche Anordnung | ➲ **Prüfpflicht des Arztes** |
| ➲ Dokumentation der Delegation/Anordnung grundsätzlich durch den Arzt, sonst durch die betraute Pflegeperson | |
| **Verantwortlichkeit bei originären Pflegeaufgaben:** | |
| ➲ grundsätzlich die betraute Pflegeperson | ➲ grundsätzlich keine Aufsichtspflicht |
| ➲ selbstkritische Prüfung | ➲ keine Anwesenheitspflicht am Bett |
| ➲ Meldung bei Bedenken und begründeten Zweifeln | ➲ bei Bedenken und Zweifeln Prüfungs- und ggf. Überwachungspflicht |
| **Verantwortlichkeit bei übertragenen, abgeleiteten Aufgaben:** | |
| ➲ die betraute Person, auch bei Assistenz | ➲ Auswahl und Überwachungspflicht des behandelnden, anordnenden Arztes |
| ➲ selbstkritische Prüfung | |
| **Übernahmeverschulden** | **Auswahlverschulden/ Überwachungsverschulden** |

**Bei Konflikten:**

- Das Patientenwohl geht (immer) vor!!!
- Ansprechpartner Arzt bzw. Pflegedienstleitung
- hausinterne Regelungen über Assistenzvereinbarungen bzw. -begrenzungen durch die Pflegedienstleitung in Abstimmung mit der ärztlichen Direktion und der Verwaltungsleitung (Pflegekonferenzen)
- **Kooperation statt Konkurrenz**

*Abb. 1: Übersicht Arzt- und Krankenpflege*

**Qualifikation, Fertigkeit und Erfahrung**

Für die Pflegekraft ist in diesem Bereich von Bedeutung, dass sie nur solche Aufgaben wahrnehmen und übernehmen darf (auch auf entsprechende ärztliche Anordnung), für welche sie die notwendige Qualifikation, Fertigkeit und Erfahrung mitbringt. Gerät die Pflegekraft in eine Situation, die sie nicht zu beherrschen in der Lage ist, muss sie die Durchführung der Maßnahme ablehnen bzw. die Hilfe einer erfahreneren Pflegekraft oder eines Arztes herbeirufen.

**Übernahme nicht delegierbarer Aufgaben**

In Kenntnis einer Vielzahl von gemeldeten Schadenfällen sind aus Sicht eines Haftpflichtversicherers in diesem Bereich insbesondere die Anmaßung ärztlicher Kompetenz durch das Pflegepersonal haftungsrechtlich bedeutsam. Konkret sind hier Fälle der Übernahme von ärztlicherseits nicht delegierbaren Aufgaben zu nennen:

- die Übernahme primär ärztlicher Aufklärungspflichten (z.B. über die möglichen Risiken bei Eingriffen oder Operationen, bei Medikamentengabe oder Verabreichung von Spritzen etc.)
- das selbstständige und eigenverantwortliche Ein- und Ausleiten bei der Anästhesie
- das selbstständige Führen des Gastroskopes bei einer Gastroskopie durch die „assistierende" Pflegekraft
- das selbsttätige Durchführen intravenöser Injektionen durch nicht eigens ausgesuchte oder speziell ausgebildete (Zusatzausbildung als Fachkrankenschwester/-krankenpfleger für Anästhesie und Intensivmedizin) Pflegekräfte etc.

Führt eine Pflegekraft Tätigkeiten aus, die sie auch nach eigener Einschätzung nicht sicher beherrscht oder für die ihr die erforderliche Erfahrung oder Qualifikation fehlt, so führt dies im Falle einer Komplikation zur Haftung im Sinne eines Übernahmeverschuldens.

**Beispiel: Qualifikation (OLG München, VersR 94, 1113)**

**Sachverhalt:**

| | |
|---|---|
| 14.05.90 | Eine 22-jährige Erstgebärende wird ins Krankenhaus eingeliefert. |
| 10:03 Uhr | Die Frau wird von einer gesunden Tochter entbunden. |
| 10:33 Uhr | Weder durch den Crede'schen Handgriff noch durch Cord Traction an der Nabelschnur – ausgeführt von der Ehefrau und assistierenden Krankenschwester des geburtsleitenden Arztes – gelingt die Ablösung der Plazenta. Im weiteren Verlauf kommt es zu einer Uterusinversion und starken Blutungen. Eine Reposition der Gebärmutter ist nicht mehr möglich. Nach Verlegung wird die Entfernung der Gebärmutter notwendig. |

**Vorwurf:**

Mit dem Vorwurf, die zur Plazentaablösung durchgeführten Maßnahmen seien fehlerhaft und die Krankenschwester in der konkreten Situation überfordert gewesen, wird Klage erhoben.

**Klageantrag:**

Schmerzensgeld in Höhe von DM 45.000,–, u.a. wegen akuter Lebensgefahr für die Gebärende und Verlust der Gebärfähigkeit.

**Urteil:**

In zwei Instanzen wird der Klage stattgegeben und ein Schmerzensgeld in Höhe von DM 30.000,– ausgeworfen.

Sachverständig beraten geht das Gericht davon aus, dass die Komplikationen auf eine unsachgemäße Plazentaablösung im Rahmen der Nachgeburtsperiode zurückzuführen waren. Für die Durchführung der Maßnahmen sei die Krankenschwester, ungeachtet ihrer aus zahlreichen Assistenzen erworbenen Erfahrung, nicht qualifiziert gewesen. Krankenschwestern sind nicht befugt, Geburtsmaßnahmen auszuführen. Nach § 4 Abs. 1 Hebammengesetz sind zur Leistung von Geburtshilfe außer Ärzten nur Hebammen oder Entbindungspfleger berechtigt. Grundsätzlich darf – ungeachtet der Unzulässigkeit in diesem Fall – durch die Delegation von Aufgaben an eine Krankenschwester für den/die Patienten/-in kein zusätzliches Risiko entstehen.

Es haften sowohl der Arzt als auch die (hier nicht mitverklagte) Krankenschwester (wegen Übernahme einer nicht beherrschten Behandlungsmaßnahme) deliktisch.

## 4.2.2 Haftung aus Organisationspflichtverletzung

**Organisationspflichten der Pflegedienstleitung**

Auch aus pflegerischer Sicht ist für den Patienten ein reibungsloser Behandlungsablauf zu organisieren, zu koordinieren und sicherzustellen sowie der Patient vor möglichem Schaden zu bewahren. Für die Erfüllung dieser Nebenpflicht aus dem Behandlungsvertrag zeichnet unter anderem auch die Pflegedienstleitung verantwortlich. Zu den diesbezüglichen Organisationspflichten der Pflegedienstleitung gehören etwa:

- Sicherstellung des Pflegestandards und der Pflegequalität
- Bereitstellung von genügend und ausreichend qualifiziertem Personal
- Sicherstellung der Erreichbarkeit der Pflegekräfte auf Station
- Sicherheit der medizinischen Geräte
- Sicherstellung der fachlichen Qualifikation durch regelmäßige Fortbildungsmaßnahmen
- Sicherung von Patientenhabe etc.

**Anspruch des Patienten**

Der Patient hat jederzeit Anspruch auf die fachlich adäquate pflegerische Versorgung. Der geschuldete pflegerische Standard bemisst sich dabei nach dem, was entsprechend den im Behandlungszeitpunkt geltenden Richtlinien und Gepflogenheiten im Pflegebereich eine verantwortungsvolle und besonnene Pflegekraft in vergleichbarer Lage dem Patienten an Pflegemaßnahmen angedeihen lassen würde. Messlatte ist damit ein gänzlich fachlich objektiver Maßstab. Jedes vorwerfbare Unterschreiten (ob leicht oder grob fahrlässig bzw. erst recht vorsätzlich) dieses Standards wird als Verstoß gegen den Behandlungsvertrag gewertet und führt auch zur deliktischen Haftung sowie gegebenenfalls zu strafrechtlicher Verantwortlichkeit.

Bestimmte Problemfelder und Sachverhalte zeigen sich auch in diesem Bereich immer wieder haftungsrechtlich relevant.

### 4.2.2.1 Überwachung des Patienten

Zu der geforderten Pflegesorgfalt gehört unter anderem eine individualisierte und situationsbezogene Überwachung der Patienten auf Station. Abhängig vom individuellen Befund sind die Patienten so zu überwachen, dass gegebenenfalls auftretende Komplikationen rechtzeitig erkannt und die erforderlichen Maßnahmen ergriffen werden können. In diesem Zusammenhang ist auch zu kontrollieren, ob z.B. die verordneten Medikamente – und wenn ja, ob in der festgelegten Dosierung und zu den festgelegten Zeitpunkten – eingenommen werden.

**Sturz des Patienten**

Unzureichende Überwachung wird auch immer wieder für so genannte „Bettenstürze", also

- Sturz des Patienten beim Umsetzen vom Bett in den Rollstuhl oder umgekehrt,
- Sturz beim Aufsetzen des Patienten zum Zweck des Bettenmachens etc.

verantwortlich gemacht. Wichtig ist daher, dass insbesondere postoperativ die Patienten engmaschig überwacht werden, um zu vermeiden, dass diese beispielsweise noch unter den Nachwirkungen der Narkose versuchen aufzustehen und dann zu Fall kommen. Auf verwirrte Patienten ist besonderes Augenmerk zu richten, damit diese nicht, den Anordnungen widersprechend das Bett zu verlassen versuchen oder sich auch durch unkontrollierte Bewegungen (z.B. Ausreißen von Infusionsschläuchen etc.) selbst gefährden. Hier wäre auch zu prüfen, ob nicht eventuell Fixierungsmaßnahmen (Sedierung, Bettgitter, Bauchgurt etc.) angezeigt scheinen oder nicht sogar dringend indiziert sind. Ist ein Patient fixiert, besteht wiederum eine besondere Überwachungspflicht, um ihn vor Gefahren seiner eingeschränkten Bewegungsfähigkeit (Patient ist z.B. nicht mehr ohne weiteres in der Lage, Hilfe herbeizurufen) zu schützen.

**Transportmaßnahmen**

Auch bei allen Transportmaßnahmen ist der Patient so zu überwachen und zu sichern, dass eine Schädigung für ihn ausgeschlossen ist. Besondere Gefahrenmomente bestehen hier etwa beim Ein- und Ausschleusen in bzw. aus dem OP (Unachtsamkeit beim Bedienen der Schleuse; Überwachung „wartender Patienten", welche bereits sediert sind, etc.). Auch im Vorbereitungs- und Aufwachraum sind besonders enge Kontrollintervalle und besondere Sicherungsmaßnahmen angezeigt.

**Übergabe**

Zu den Sorgfaltsanforderungen an die Pflegekräfte gehört weiter, dass bei Schichtwechsel eine ausreichende Übergabe der Patienten/der Station an den nachfolgenden Dienst erfolgt. Dieser ist auf Besonderheiten, auf Auffälligkeiten oder besondere Krisensituationen einzelner Patienten unbedingt aufmerksam zu machen, damit keine Informations- und Überwachungslücken entstehen, durch die der Patient gefährdet werden könnte.

**Überbelegung**

Haftungsrechtlich problematisch sind regelmäßig auch Patienten, die aus Platzgründen mit ihrem Bett „am Flur abgestellt" oder in bereits voll belegte Zimmer „eingeschoben" werden müssen. Hier ist in aller Regel eine apparative Überwachung nicht möglich und auch die Möglichkeit des Patienten, (mangels Rufglocke) selbst Hilfe herbeizurufen, doch zumindest sehr eingeschränkt. Soweit sich diese so genannten „Flurbetten" bzw. „eingeschobene Betten" für einen gewissen Überbrückungszeitraum tatsächlich nicht vermeiden lassen, ist zumindest die notwendige Aufsicht über diese Patienten sicherzustellen.

#### 4.2.2.2 Arztruf

Ist die Pflegekraft an den Grenzen ihres Könnens angelangt, weiß sie einen Befund am Patienten nicht mehr sicher einzuschätzen oder eine vorgefundene Situation nicht mehr zu beherrschen, hat sie einen erfahrenen Kollegen oder einen Arzt herbeizurufen und weitere eigene Aktivitäten, mit Ausnahme notwendiger akuter Notfallversorgung, zu unterlassen:

**Beispiel: Arztruf (LG Dortmund, MedR 85, 291)**

**Sachverhalt:**

27.08.82 Implantation einer TEP

28.02.82 Entfernung des gelegten Nelaton-Blasenkatheters durch einen Krankenpfleger und eine Schwester. Es kommt zur Komplikation, weil aufgrund eines technischen Fehlers der Katheter nur teilweise entblockt. Durch die Pflegekräfte wird der diensthabende Oberarzt gerufen. Bis zu dessen Eintreffen gelingt den Pflegekräften unter weiteren für den Patienten schmerzhaften Versuchen mit „sanfter Gewalt" doch noch die Entfernung des Katheters. Der Patient erleidet hierbei jedoch eine blutende Verletzung der Harnröhrenschleimhaut. Bei einer aufgrund verbleibender Beschwerden nachfolgenden Untersuchung wird eine Striktur festgestellt, welche am

18.03.83 operativ beseitigt werden musste.

**Vorwurf:**

Fachwidrige Behandlung durch das Pflegepersonal

**Urteil:**

Nach Klageabweisung in erster Instanz wird der Klage in zweiter Instanz stattgegeben und ein Schmerzensgeld in Höhe von DM 4.000,– zugesprochen.

Auf der Basis des erholten Sachverständigengutachtens geht das Gericht davon aus, dass es bei der Katheterentfernung zu einem schuldhaften Behandlungsfehler kam. Dieser wird darin gesehen, dass die Beklagten – Pfleger und Krankenschwester –, obwohl und nachdem sie die Komplikation erkannt und den Oberarzt gerufen hatten, in eigener Verantwortung weiter versuchten, den Katheter selbst zu entfernen, ohne das Eintreffen des Arztes abzuwarten.

Erfahrenes und geübtes Personal könne und dürfe auf ärztliche Anordnung zwar ohne ärztliche Assistenz Katheter entfernen, dies gelte jedoch nur so lange, als keine Komplikationen auftreten. In letzterem Fall sind nach Ruf des Arztes eigene Bemühungen einzustellen und die weitere Behandlung dem Arzt zu überlassen. Das weitere Tätigwerden der Pflegekräfte hat das Gericht im konkreten Fall als groben Behandlungsfehler gewertet, welcher zur Beweiserleichterung für den Kläger insoweit führte, als nun die Beklagten nachzuweisen hatten, dass die Verletzung des Klägers bzw. die operative Nachbehandlung auch bei Entfernung des Katheters durch den Oberarzt eingetreten wären.

**Horizontale und vertikale Arbeitsteilung**

Der Behandlungsablauf ist also so zu organisieren, dass der Patient auch in der Zusammenarbeit zwischen ärztlichem und pflegerischem Dienst die bestmögliche und vor allem fachlich notwendige Versorgung erfährt. Gleiches gilt selbstverständlich, wenn eine fachübergreifende ärztliche Versorgung, etwa gemeinsam durch Chirurg und Internist, (horizontale Arbeitsteilung) erforderlich wird.

#### 4.2.2.3 Personelle Ausstattung

Auch die Bereitstellung zahlenmäßig ausreichenden und ausreichend qualifizierten pflegerischen Personals ist im Rahmen der Organisationspflicht von der Pflegedienstleitung gefordert. Rund um die Uhr ist für ausreichend qualifiziertes Personal auf Station Sorge zu tragen. Hieraus resultiert, dass beispielsweise auch in der Nachtschicht entsprechend ausgebildete Krankenschwestern und nicht nur Schwesternschülerinnen eigenständig und allein verantwortlich eingesetzt werden dürfen.

**Vorbeugende Maßnahmen für Not- und Krisensituationen**

Die oft geübte Praxis, aus Kostengründen auf den Einsatz qualifizierten Personals zu verzichten (Fachschwestern/-pfleger werden z.B. durch nicht weitergebildete Kräfte ersetzt) oder überhaupt nur eine sehr geringe Personaldecke (vor allem im Nachtdienst) vorzuhalten, ist äußerst haftungsträchtig. Durch entsprechende Dienstplangestaltung, Einrichtung von Rufbereitschaften oder zusätzliche Maßnahmen wie etwa der Schaffung eines „Schwesternpools" ist zudem sicherzustellen, dass in unvorhergesehenen Not- oder Krisensituationen gegebenenfalls auch weiteres Personal von außerhalb ins Haus nachgezogen werden kann.

Bei Abwesenheit der Pflegekraft von Station während der Dienstzeit ist deren Erreichbarkeit für die Station jederzeit sicherzustellen. Vor allem nachts ist oftmals nicht genügend Personal am Haus, die diensthabenden Schwestern und Pfleger müssen eventuell mehrere Stationen gleichzeitig und teilweise daneben auch noch das Telefon betreuen. In Extremfällen werden Stationsschwestern/-pfleger nachts auch angewiesen, neu aufzunehmende Patienten, oft Notfälle, einzulassen und erstzuversorgen. Auch in solch unbefriedigenden Situationen ist zu gewährleisten, dass die Pflegekraft für die Patienten auf Station erreichbar und rufbar bleibt. Dies kann durch Umschaltung von Stationstelefonen auf den jeweiligen Aufenthaltsort der Pflegekraft bzw. Ausstattung mit entsprechenden Rufpiepsern gewährleistet werden.

#### 4.2.2.4 Patientensicherheit bei Anwendung medizinischer Geräte

Ein weiteres Gebot der Organisationspflicht ist die Sicherheit der Krankenhausmitarbeiter in der Anwendung medizinischer Geräte. Medizinische Geräte sicher bedienen zu können setzt zunächst voraus, dass auch die Pflegekräfte in diese ausreichend eingewiesen wurden. Erläuterungen zu diesem Kontext finden sich auch in § 2 Abs. 2 Medizinproduktebetreiberverordnung.

**Kontroll- und Dokumentationspflicht**

Auch die Pflegekraft hat die Funktionsfähigkeit eines medizinischen Gerätes zu prüfen, bevor dieses am Patienten zum Einsatz kommt. Der Gerätecheck ist – soweit von der Pflegekraft vorgenommen – von dieser zu dokumentieren. Hier hat sich in der Praxis ein am Gerät angebrachter „Laufzettel" bewährt, in dem die Vornahme der Kontrolle mit Datum und Handzeichen festgehalten wird. Die Kontrollpflicht bezieht sich hierbei nicht nur auf „Großgeräte", sondern auf alle Medizinprodukte, mit welchen der Patient in Berührung kommen kann. Beispielsweise wurde in diesem Zusammenhang vom Bundesgerichtshof entschieden, dass Wärmflaschen aus Gummi, welche am Patienten zur Anwendung kommen, vor jedem Einsatz äußerlich geprüft und nach vergleichsweise kurzer Gebrauchsdauer ausgesondert werden müssen (BGH VersR 1994, 562).

#### 4.2.2.5 Sicherung von Patientenhabe

**Information des Patienten**

Da der Krankenhausträger auch die Sicherheit des vom Patienten mitgebrachten Eigentums gewährleisten muss (u.a. OLG Karlsruhe VersR 75, 476), ist bereits bei der Pflegeanamnese darauf zu achten, dass der Patient gezielt informiert und befragt wird. Behauptet der Patient im Laufe des Aufenthaltes oder bei Entlassung nämlich, dass ihm während des Aufenthaltes Wertgegenstände oder sonstige Habseligkeiten abhanden gekommen seien, führt dies zu einem Ersatzanspruch des Patienten, wenn nicht festgestellt werden kann, ob diese Gegenstände überhaupt eingebracht wurden bzw. dass der Verlust nicht im Verantwortungsbereich des Krankenhauses bzw. des Krankenhauspersonals liegt.

**Dokumentation**

Abzuklären ist daher bereits bei Aufnahme des Patienten insbesondere, ob

- Brillen,
- Schmuck,
- sonstige Wertgegenstände oder auch
- Körperhilfsmittel wie Gebisse, Prothesen etc.

mit ins Krankenhaus gebracht wurden. Bejahendenfalls ist dies entsprechend zu dokumentieren (z.B. im Aufnahmeblatt). Der Patient ist weiter auf vom Krankenhaus zu schaffende Verwahrmöglichkeiten hinzuweisen und aufzufordern, Wertgegenstände in diese vom Krankenhaus zur Verfügung gestellten Sicherungsmöglichkeiten in Verwahrung zu geben. Auch diese Belehrung ist wie die Entgegennahme von Patienteneigentum schriftlich festzuhalten. Bei Rückgabe von in Verwahrung genommenen Gegenständen an den Patienten oder berechtigte Personen sollte der Patient dies mit seiner Unterschrift bestätigen, um möglichen späteren gegenteiligen Behauptungen vorzubeugen.

### 4.2.3 Dokumentationserfordernisse

Bereits in den vorangegangenen Beiträgen wurde dargestellt, welch maßgebliche Bedeutung eine vollständige und nachvollziehbare Dokumentation der Behandlungsabläufe im Fall einer streitigen Auseinandersetzung zwischen Patient und Arzt/Pflegekraft über dessen Behandlung erlangt. Nur durch das exakte Festhalten aller maßgeblichen Behandlungsabläufe wird es im Zweifel gelingen, im Nachhinein ein Behandlungsgeschehen als lege artis durchgeführt zu beweisen.

**Prozessentscheidende Bedeutung**

Zwar ist eine unvollständige, lückenhafte oder gar fehlende Behandlungsdokumentation nicht per se eine Anspruchsgrundlage für Schadenersatz- und/oder Schmerzensgeldansprüche des Patienten, jedoch führt der Dokumentationsmangel zu Beweiserleichterungen bis hin zur Beweislastumkehr zugunsten des Patienten. Diesem Umstand kann im Haftungsprozess prozessentscheidende Bedeutung zukommen.

Die pflegerische Dokumentation umfasst sämtliche Schritte des prozessualen Ablaufes der pflegerischen Versorgung. Sie zeichnet unter anderem

- bestehende und/oder auftretende Pflegebedürfnisse,
- pflegerische Strategieplanungen,
- pflegerische Krankenbeobachtungen,
- Verlaufsbeschreibungen,
- durchgeführte Maßnahmen sowie
- Angaben zur subjektiven Befindlichkeit des Patienten

auf. Sie ist durch die jeweils durchführende oder behandelnde Pflegekraft abzuzeichnen.

Aus der Erfahrung eines Haftpflichtversicherers und auch unter Risk Management-Gesichtspunkten sind auch bei der Pflegedokumentation immer wieder bestimmte Problemfelder haftungsrechtlich relevant oder auffällig, weshalb im Folgenden die wichtigsten Punkte angesprochen werden sollen.

**Risikofelder**

#### 4.2.3.1 Pflegerische Dokumentation auf Station

Die pflegerische Dokumentation auf Station muss insbesondere festgestellte Auffälligkeiten am Patienten umfassen. So sind

- wesentliche Befundänderungen,
- Fieber,
- Unwohlsein des Patienten,
- Anzeichen für Infekte,
- postoperative Nachblutungen etc.

unbedingt festzuhalten.

**Dokumentation von Dekubiti**

Von besonderer Bedeutung erweist sich hier zunehmend auch die Dokumentation über das Entstehen und das Behandlungsregime von Dekubiti (Liegegeschwüre):

- Schon bei der Aufnahme des Patienten ist besonders darauf zu achten, dass bestehende Hinweiszeichen für das Entstehen oder Anfangsstadium eines Dekubitus (Rötung etc.) dokumentiert und möglichst fotografisch festgehalten werden.
- Wird eine erhöhte Gefahr für das Entstehen eines Dekubitus erkannt, ist ein entsprechender Behandlungsplan zu erstellen – dies unter Absprache mit den zuständigen Ärzten – und sind die hierauf durchzuführenden und erfolgten Maßnahmen zu dokumentieren.
- Falls der Patient bereits aus der Behandlung des einweisenden Arztes oder aus häuslicher Pflege bzw. Pflege eines Altersheimes etc. mit einem (beginnenden) Dekubitus aufgenommen wird, ist dies ebenfalls auf entsprechendem Formblatt zu dokumentieren und der Grad des Dekubitus gemäß der Norton-Skala festzuhalten.

**Datum und Uhrzeit von Maßnahmen**

Wichtig ist es auch, in der Pflegedokumentation die Zeit festzuhalten, zu der bestimmte pflegerische Maßnahmen am Patienten durchgeführt wurden. Wurde der Patient gesehen, näher begutachtet oder mit ihm gesprochen und ergaben sich hierbei keine Auffälligkeiten, empfiehlt es sich auch in diesem Fall, dies mit Datum und Uhrzeit und ggf. einem Kürzel wie z.B. „o.B." festzuhalten. Nur so kann im Streitfall belegt werden, dass der Patient zu einem bestimmten Zeitpunkt gesehen, somit ausreichend und regelmäßig überwacht wurde und zu einem bestimmten – ggf. unter haftungsrechtlichen Gesichtspunkten relevanten und streitentscheidenden – Zeitpunkt keine Auffälligkeiten zeigte, welche pflegerisches oder ärztliches Einschreiten erforderlich gemacht hätten.

**Nachvollziehbarkeit von Namenskürzeln**

Jede Eintragung ist mit einem individuellen Handzeichen zu versehen, da jederzeit nachgewiesen werden können muss, von welcher Pflegekraft bestimmte Maßnahmen durchgeführt oder auch Anordnungen getroffen wurden. Die Namenskürzel müssen aus diesem Grund lesbar, zumindest individualisierbar, sein, unter anderem aber auch deshalb, um in einem möglichen Prozess die betreffenden Pflegepersonen als Zeugen benennen zu können.

#### 4.2.3.2 Dokumentation ärztlicher Anordnungen

**Telefonische Medikamentenverordnung**

Besondere Aufmerksamkeit empfiehlt es sich, auf die Dokumentation ärztlicher Anordnungen zu richten, welche von der Pflegekraft entgegengenommen und niedergelegt werden. Insbesondere bei telefonischer Medikamentenverordnung durch den Arzt ist dringend

- Datum und Uhrzeit,
- der Name des anordnenden Arztes (nicht nur: „diensthabender Arzt"!),
- der Name des Medikamentes,
- die angeordnete Dosis sowie
- die Applikationsform

festzuhalten und mit Handzeichen der Pflegekraft zu versehen. Um Missverständnisse auszuschließen, ist weiter dringend zu empfehlen, dass im Telefonat die Anordnung des Arztes von der entgegennehmenden Pflegekraft wiederholt und vom Arzt nochmals bestätigt wird. Bei nächster Gelegenheit hat der Arzt die von der Pflegekraft dokumentierte Anordnung gegenzuzeichnen. Die Pflegekraft ihrerseits ist verpflichtet, den Arzt hierzu anzuhalten.

#### 4.2.3.3 Dokumentation von Zwischenfällen

**Festhalten des Sachverhalts und der Umstände**

Besondere Relevanz gewinnt die Dokumentation von Zwischenfällen, beispielsweise bei einem Sturz des Patienten aus dem Krankenbett. Auch wenn grundsätzlich die Dokumentation nicht in epischer Breite geführt werden muss, sondern durchaus knapp und auch unter Zuhilfenahme von Abkürzungen etc. erfolgen kann, soweit sie nur klar und verständlich bleibt, empfiehlt sich doch im Falle solcher Komplikationen ein ausführlicheres Festhalten des Sachverhaltes und insbesondere der Umstände, wie es zu dem Zwischenfall kommen konnte. Nur so gelingt im Streitfall gegebenenfalls der Nachweis, dass ein Zwischenfall auch bei Beachtung der erforderlichen Sorgfalt nicht abwendbar war. Dies ist insbesondere deshalb relevant, da die Rechtsprechung in solchen Fällen – wie im folgenden Urteilsspruch – regelmäßig eine Umkehr der Beweislast annimmt:

**Beispiel: Sturz des Patienten (BGH VersR 91, 310)**

„Die Ursache für den Sturz des Patienten aus dem Bett bei einer pflegerischen Maßnahme liegt im Aufgabenbereich des Pflegepersonals und damit im so genannten voll beherrschbaren Gefahrenbereich des Krankenhausträgers. Deshalb und weil es sich bei den Pflegesorgfaltspflichten um Pflichten handelt, die den Patienten vor Schaden bewahren und den Behandlungserfolg sichern sollten, ist die Umkehr der Beweislast geboten. Daraus folgt, dass nunmehr nicht mehr der Geschädigte den Nachweis eines pflichtwidrigen Verhaltens führen muss, sondern die Pflegekraft bzw. der Krankenhausträger nachzuweisen haben, dass der Sturz nicht auf einem Fehlverhalten beruht."

### 4.2.3.4 Dokumentation im operativen Bereich

**Angaben im OP-Journal/Narkosejournal**

Im operativen Bereich ist insbesondere darauf zu achten, dass das OP-Journal komplett ausgefüllt wird. Neben den vollständigen Angaben zu den Patientendaten sind dies die Namen

- des Operateurs,
- der Operationsassistenz,
- der Instrumentierschwester bzw. des Instrumentierpflegers,
- des Springers (soweit beteiligt),
- des Anästhesisten sowie
- der beteiligten Anästhesiepflege.

Neben der gewählten Narkoseart sind (im Narkosejournal) die Anästhesiepräsenz sowie Anästhesiebeginn und -ende festzuhalten. Auch die Dauer des operativen Eingriffs selbst, somit die Uhrzeit von Schnitt und Naht, sind zu vermerken.

Daneben sind Angaben zur Lagerung unbedingt erforderlich, in diesem Zusammenhang auch nähere Angaben, falls z.B. besondere Maßnahmen (Polsterung etc.) getroffen wurden. Die Zeiten einer möglichen Blutsperre sind ebenso festzuhalten wie die Durchführung der Zählkontrolle am Ende des Eingriffs (Tücher, Tupfer, Instrumente). Hier sollten unbedingt die Namen der die Kontrolle selbst durchführenden Personen niedergelegt werden und auch die die Gegenkontrolle vornehmenden Personen. Die Beteiligten sind dabei – wie auch sonst – dringend mit dem Nachnamen zu bezeichnen, und nicht wie gerne praktiziert lediglich mit dem Vornamen (z.B. Sr. Hilde), da sich nur so ggf. auch nach längerer Zeit nach nachvollziehen lässt, wer an einem Behandlungsgeschehen tatsächlich beteiligt war.

**Sonderfall Geburtshilfe**

Im Bereich der Geburtshilfe ist darauf zu achten, dass im Zusammenspiel Gynäkologe, Schwester, Hebamme keine organisatorischen Lücken auftreten und insbesondere etwa klar festgelegt ist, wer das Partogramm führt. Im Hinblick auf die CTG-Schreibung ist besonderes Augenmerk darauf zu richten, dass die Zeitangaben auf dem CTG-Streifen und in der sonstigen Dokumentation übereinstimmen und hier keine Widersprüche in der Dokumentation auftreten.

Zum Abschluss soll die folgende Checkliste als Übersicht über die wichtigsten Inhalte und Anforderungen an die pflegerische Dokumentation dienen.

**Checkliste: Inhalte pflegerischer Dokumentation**

- Pflegeanamnese (Allergien, psychische und sonstige Auffälligkeiten, Dekubitus (-gefahr), Mitbringen von Wertsachen, Brille, Gebiss etc.)
- Pflegebefunde, Nachtbesuche
- telefonische Medikation, sonstige telefonische ärztliche Anordnungen
- ärztliche Hinweise für und Anweisungen an die Funktions- und Behandlungspflege (z.B. auch Bedarfsmedikation)

- Abweichen von Standardbehandlungsmethoden (z.B. besondere Lagerung bei Dekubitus oder Maßnahmen der Fixierung)
- Vollständigkeit von Operations- und Narkoseprotokoll (z.B. Zählappell)
- Zwischenfälle (z.B. Sturz aus Bett)
- Apparateeinsatz (z.B. Infusiomaten)
- Intensivpflege
- Hinweise auf Gefahrenlagen und Folgemaßnahmen am Patienten

#### 4.2.3.5 Umgang mit der gefertigten Dokumentation

**Herausgabe der Dokumentation**

Schwierigkeiten in der praktischen Umsetzung bereitet immer wieder der Umgang mit der gefertigten Dokumentation. Auf ein Herausgabe- oder Einsichtsverlangen von Patienten oder mit entsprechender Legitimation (Vollmacht, Schweigepflichtentbindungserklärung) versehener Dritter sollte die Behandlungsdokumentation niemals von der Pflegekraft selbst herausgegeben werden. Die betreffenden Personen sind vielmehr an die leitenden Ärzte (Chefarzt, Stellvertreter) zu verweisen und die Unterlagen dann – stets in Kopie – über die Abteilungssekretariate oder die Verwaltung auszuhändigen. Nur so kann jederzeit nachvollzogen werden, wohin und an wen Unterlagen herausgegeben wurden. Gleichfalls lässt sich auch nur so vermeiden, dass unnötigerweise Originalunterlagen herausgegeben werden und im Streitfall die Behandlerseite in Beweisnotstand gerät.

**Verlegung des Patienten**

Bei Verlegung des Patienten innerhalb des Krankenhauses ist jeder Pflegeabschnitt mit einem kurzen Resümee und entsprechenden Pflegeempfehlungen abzuschließen. Werden dem Patienten bei Verlegung auf eine andere Station oder zur Durchführung differentialdiagnostischer Maßnahmen die Unterlagen mitgegeben, ist dies zu vermerken, damit der Verbleib der Krankenunterlagen jederzeit nachvollzogen werden kann.

Leider zeigt sich bei der Bearbeitung von Schadenfällen durch den Haftpflichtversicherer oder auch bei der Analyse von Organisationsstrukturen im Rahmen von Risk Management-Maßnahmen immer wieder, dass Krankenunterlagen nicht auffindbar sind. Dies hat im Streitfall beweiserhebliche Bedeutung, da das auf einen Behandlungsfehler zielende Vorbringen des Patienten dann gegebenenfalls nicht widerlegt werden kann.

**Verwahrung der Patientenakten**

Oft stellt – unter dem Aspekt der ärztlichen Schweigepflicht – die Verwahrung von Patientenakten in Stationswagen auf dem Flur während der Visite oder auch im Stationszimmer ein Problem dar. Da die Visitenwagen während der Visite in der Regel unbeaufsichtigt und unverschlossen auf dem Gang stehen gelassen werden und auch die Stationszimmer während des Tagesbetriebs in der Regel unverschlossen bleiben, ist eine missbräuchliche Kenntnisnahme des Inhalts der Krankenakten durch unberechtigte Dritte nicht ausgeschlossen. Der Patient kann jedoch erwarten, dass alles, was der Arzt im Rahmen seiner Berufsausübung über seine gesundheitliche Verfassung erfährt, geheim bleibt (BVerfG NJW 1972, 1123).

Auch die Pflegekräfte sollten daher in diesem Bereich äußerst sensibel mit den Unterlagen umgehen. Es empfiehlt sich daher dringend, die Visitenwagen während der Visite auf dem Flur abzuschließen bzw. – soweit räumlich möglich – mit in die Krankenzimmer zu nehmen. Auch sollten die Stationszimmer bei Verlassen derselben abgeschlossen oder die Krankenunterlagen in einem von außen durch einen Türknauf gesicherten Raum verwahrt werden.

**Objektivität der Dokumenation**

Insgesamt kann auch die Pflegedokumentation durchaus knapp gehalten sein, soweit die einzelnen Behandlungsabläufe für einen Fachmann nachvollziehbar bleiben. Wichtig ist, dass beim Führen der Dokumentation strenge Objektivität gewahrt bleibt. In der Krankenakte selbst sind weder Selbstbezichtigungen, Wertungen, Verschuldensvermutungen oder Verschuldenszuweisungen niederzulegen, da hier eine besonders große Gefahr von Fehlinterpretationen und Missverständnissen besteht. Aufzunehmen sind vielmehr lediglich die reinen Behandlungsdaten, somit die für die Behandlung der Krankheit des Patienten wesentlichen medizinischen und tatsächlichen Feststellungen sowie die getroffenen anamnestischen und therapeutischen sowie sonstigen Maßnahmen, die für die Versorgung des Patienten aus fachlicher Sicht von Bedeutung sind.

Die wichtigsten Hinweise zur Meidung von Haftungsfällen im Zusammenhang mit der Dokumentation in Kürze:

**Zehn Gebote für die Dokumentation der Pflege**

I. Klarheit – Knappheit – Wahrheit – Vollständigkeit.

II. Stets sachlich, keine Emotionen.

III. Leserlichkeit!!!

IV. Keine Schuldzuweisungen, Vermutungen, Entlastungsversuche zu Lasten Dritter.

V. Zeitnah, vor allem nach Zwischenfällen.

VI. Dokumentation auch telefonischer Anordnungen (Namen, Uhrzeit).

VII. Stets den Namen des Anordnenden/Durchführenden dokumentieren (nicht: diensthabender Arzt o.Ä.).

VIII. Kennzeichnung von Nachträgen als solche (Nachtrag, Erinnerungsprotokoll o.Ä.).

IX. Erhalt des Beweiswertes der Dokumentation (keine „unleserlichen" Streichungen, kein Tipp-Ex), auf Geordnetheit und Vollständigkeit der Akte achten.

X. Keine Herausgabe der Dokumentation oder von Dokumentationsteilen an den Patienten.

### 4.2.4 Fazit

Die vorstehenden Ausführungen erheben nicht den Anspruch, die „Haftungsgefahren" für den Pflegedienst vollständig zu erfassen. Sie bieten jedoch einen wesentlichen Querschnitt, gewonnen aus der Kenntnis einer Vielzahl von Haftpflichtfällen mit pflegerischer Beteiligung und den im Rahmen von Risk Management-Maßnahmen an Krankenhäusern vorgefundenen Verhältnissen. Die Erkenntnisse aus einer Vielzahl von Risk Management-Analysen durch die MediRisk Bayern Risk Management GmbH zeigen auch, dass die genannten haftungsrechtlichen Schwachstellen, die in der Mehrzahl auf organisatorischen Mängeln oder den teilweise sehr restriktiven Anforderungen der Rechtsprechung gründen, im Zuge einer umfassenden Risikoanalyse auffindbar und bei entsprechender nachfolgender Sensibilisierung der Mitarbeiter am Krankenhaus beherrschbar und für die Zukunft auch vermeidbar werden.

Das Potenzial der Pflegekräfte darf für aktives Risk Management nicht ungenutzt bleiben. Es sind gerade Pfleger und Krankenschwestern, die mit steigendem Selbstanspruch und zunehmender Professionalität den überwiegenden Anteil an Pflege- und Heilmaßnahmen am Patienten erbringen.

### Literaturempfehlungen

*Ackermann, H.J.:* Aufbewahrung von Privateigentum im Krankenhaus. BADK Sonderheft Krankenhaushaftung November 1998, Seite 60.

*Bergmann, K.O.; Kienzle, H.F.:* Krankenhaushaftung. Düsseldorf 1996.

*Böhme, H.:* Das Recht des Krankenpflegepersonals, Teil II, Haftungsrecht. 4. Auflage, Stuttgart/Berlin/Köln 1996.

*Juchli, L.:* Pflege, Praxis und Theorie der Gesundheits- und Krankenpflege. 8. Auflage, Stuttgart/New York 1997.

*Laufs, A.; Uhlenbruck, W.:* Handbuch des Arztrechts. 2. Auflage, München 1999.

*Pohl, H.:* Zusammenarbeit der Ärzte mit dem Pflegedienst. BADK Sonderheft Krankenhaushaftung November 1998, Seite 44.

*Scherthan, D.:* Transport, Umbetten und Operationslagerung bei Patienten. BADK Sonderheft Krankenhaushaftung, November 1998, Seite 62.

*Steffen, E.:* Arzthaftungsrecht: Neue Entwicklungslinien der BGH-Rechtsprechung. 8. Auflage, Köln 1999.

# Prozessmanagement 5

# 5.1 Clinical Pathways richtig einführen

*von Claudia Schwill*

Im folgenden Beitrag geht es um die Entwicklung und Einführung von Clinical Pathways oder auch Klinischen Pfaden. Dieses Thema gewinnt gerade im Hinblick auf die Entwicklung der DRGs größere Bedeutung, handelt es sich doch um Behandlungspfade für einzelne Krankheitsbilder. Qualitätsverbesserung und Kostensenkung sowie die Möglichkeit der Reorganisation sind weitere Ziele der Clinical Pathways.

Um die Einführung der Klinischen Pfade zu erleichtern, finden Sie im Folgenden Tipps und Hinweise für die richtige Vorgehensweise. Dazu dient auch ein Blick nach Spanien, wo seit einigen Jahren mit diesem Instrument gearbeitet wird. Die praktischen Erfahrungen aus diesem Land sollen helfen, die Vorteile dieser Prozessentwicklung zu erkennen, Knackpunkte im Blickfeld zu haben und Clinical Pathways erfolgreich einzuführen.

## 5.1.1 Was sind Clinical Pathways?

Pathways entstanden im industriellen Projektmanagement in den USA, wurden später vom Gesundheitsmanagement übernommen und im Laufe der Jahre ständig modifiziert und weiterentwickelt, so dass sie mittlerweile in den USA die Grundlage für Abrechnungsverträge bilden.

**Merkmale**

Merkmale von Pathways sind:

- interdisziplinäre Entwicklung
- indikationsbezogene Ablaufstandardisierung
- umfassende Versorgung des Patienten
- Zeitplan
- Prozessorientierung
- Formulierung der Ergebnisse (Outcomes)

Bei Klinischen Pfaden handelt es sich somit um umfassende Arbeitsanweisungen zu einer bestimmten Indikation bei einer definierten Patientengruppe. Abgedeckt werden soll das gesamte Behandlungsspektrum

- von der prästationären Phase
- über die stationäre Phase
- bis zur häuslichen poststationären Phase.

Die Klinischen Pfade dienen allen am Behandlungsprozess beteiligten Berufsgruppen, darüber hinaus sind Patienteninformationen eingearbeitet.

**Interdisziplinarität**

Ein hervorzuhebender Punkt ist die Interdisziplinarität von Clinical Pathways, die sie eindeutig von anderen Richt- oder Leitlinien unterscheidet. Alle Teams, die mit dem Patienten zu tun haben, müssen einbezogen werden. Dazu gehören nicht nur Ärzte und

Pflegende, sondern auch die Verwaltung, Physiotherapeuten, das Küchenteam, die Wäscherei, Labor, Apotheke etc. In ihrer Erweiterung werden auch die niedergelassenen Ärzte, die ambulante häusliche Pflege sowie sämtliche weiterbehandelnden Personen beteiligt.

**Regelcharakter**

Mit Clinical Pathways lassen sich Behandlungsrichtlinien, Dokumentation und die umfassende Information der Patienten zusammenfassen. Darüber hinaus haben Klinische Pfade Regelcharakter. Sollten Abweichungen entstehen, lassen sich diese jedoch mühelos durchführen, so dass die Individualität jedes einzelnen Patienten gewährleistet ist.

### 5.1.2 Vorteile und Grenzen von Clinical Pathways

**Qualität und Kosten**

Klinische Pfade bieten eine Möglichkeit, die Ablaufoptimierung im Gesundheitsbereich (nicht nur im Krankenhaus) zu unterstützen. Mit ihnen kann es gelingen,

- Patienten adäquat zu versorgen,
- die Verweildauer zu senken und
- Qualität und Kosten bei der Patientenbehandlung gleichermaßen zu berücksichtigen, z.B. durch die Senkung der Häufigkeit von diagnostischen Untersuchungen und die Verknüpfung von ambulanter und stationärer Betreuung der Patienten.

Ebenso schaffen sie Kostenbewusstsein durch Transparenz, da einzelne Abläufe aufgeschlüsselt und den Leistungen Kosten zugeordnet werden können. Dies ist im Hinblick auf die Abrechnung nach DRG von großem Nutzen, da die einzelnen Kostenstellen leicht ausgewiesen werden können. Durch die Verweildauersenkung werden zudem indirekt die Kosten vermindert.

Folgende Übersicht soll die beiden Schwerpunkte Qualität und Kosten hinsichtlich Clinical Pathways noch einmal veranschaulichen:

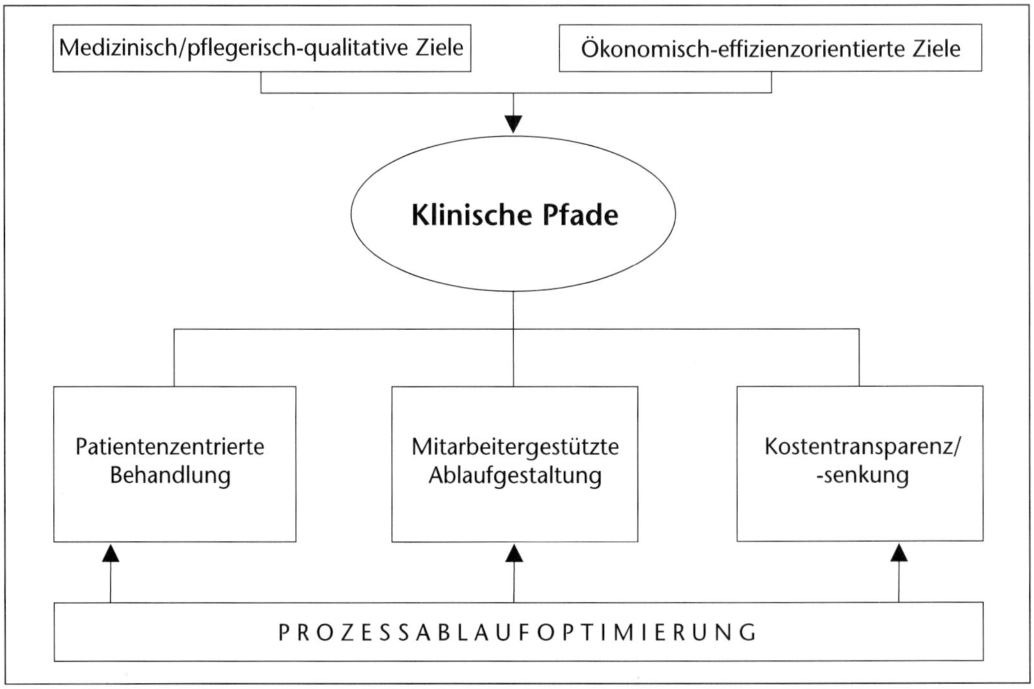


*Abb.1: Qualität und Kosten als Ziele der Clinical Pathways (in Anlehnung an Fischer/Wagner)*

Einen weiteren Vorteil haben Clinical Pathways vor anderen Methoden: Sie machen Qualität messbar bzw. vergleichbar, und zwar – wie zahlreiche Studien zeigen – in den Bereichen

- Therapie,
- Kundenzufriedenheit und
- Ökonomie.

Dies ist in Wettbewerbszeiten nicht nur für Marketingstrategien, sondern auch als Verhandlungsbasis mit Kostenträgern von großer Bedeutung.

**Grenzen der Clinical Pathways**

Jedoch hat dieses Instrument auch Grenzen, die an dieser Stelle genannt werden sollen:

- Die Evaluation ist bisher unzureichend, vorhandene Studien über Kostensenkung und Qualitätsverbesserung sind nicht ausreichend kontrolliert.
- Es liegen keine Kenntnisse oder Studien über die Kosten für eine Implementierung vor, was die Argumentation bei einer geplanten Implementierung erschweren kann.
- Außerdem sollte die Patientengruppe sorgfältig ausgewählt werden, da es Hinweise darauf gibt, dass multimorbide Patienten nicht mit diesem Instrument zu behandeln sind.

### 5.1.3 Erste Schritte auf dem Weg zu Clinical Pathways

**Ansätze einer umfassenden Patientenversorgung**

Derzeit gibt es in Deutschland erst in einigen Kliniken Ansätze für ein interdisziplinär entwickeltes Instrument, das den Gesamtprozess der Patientenversorgung regelt. Pflegestandards und Leitlinien, die auf Evidence-based Medicine aufbauen, wie es sie in vielen Krankenhäusern gibt, beinhalten jeweils nur einen Teilbereich des Behandlungsprozesses.

Diese Ansätze, die schon in die Richtung von Klinischen Pfaden weisen, beschränken sich demnach auf jeweils eine Gruppe im Gesundheitssystem und erschweren in ihrer Abgrenzung eine effektive Zusammenarbeit,

- die dem Wohle des Patienten dienen,
- die Qualität der Versorgung steigern und
- Kosten reduzieren

könnte. Bezüglich einer umfassenden Patientenversorgung führt dieses Vorgehen eher zu Schwierigkeiten als zu Vorteilen.

Die Standardisierungsmöglichkeit der Abläufe bei bestimmten Krankheitsbildern liegt in vielen Fälle vor. Etwa 80 % aller Patienten werden nach standardisierten Therapievorgaben behandelt.

**Standards und Leitlinien**

Behandlungsempfehlungen für Ärzte und Pflegende existieren seit vielen Jahren unter verschiedensten Bezeichnungen und haben zum Ziel, die Behandlung der Patienten allgemeingültig festzulegen. Pflegepersonen arbeiten mittlerweile fast überall nach Standards, die entweder speziell für die Situationen im jeweiligen Haus entwickelt oder aufgrund allgemein verbreiteter Standards angepasst wurden. Sie können ein gutes Hilfsmittel zur Erstellung von Klinischen Pfaden sein. Auch Ärzte richten sich nach – mindestens – hausspezifischen Handlungsanweisungen, ihre viel beschriebene Therapiefreiheit existiert bei genauem Hinsehen nicht. In vielen Kliniken werden zudem Leitlinien entwickelt und angewandt. Die Mehrzahl der klinischen Behandlungen sind also festgelegt, allerdings häufig unzureichend.

Mit den genannten standardisierten Behandlungsrichtlinien sind die ersten Schritte zur Arbeit mit Clinical Pathways getan und grundsätzliche Hilfen vorhanden.

### 5.1.4 Tipps zur Entwicklung und Einführung von Clinical Pathways

Im Folgenden wird aufgezeigt, wie Clinical Pathways am besten einzuführen sind. Hierbei werden auch jeweils die praktischen Erfahrungen aus Spanien mit einfließen.

#### 5.1.4.1 Die Rolle der Leitung

**Unterstützung als Grundvoraussetzung**

Eine Grundvoraussetzung ist die Unterstützung durch die Führung der Klinik, wobei es keine Rolle spielt, in welcher Weise die Institution geleitet wird. Da durch Klinische Pfade nicht nur der Arbeitsablauf verändert wird, sondern auch und vor allem Veränderungen im Verhalten der Mitarbeiter und in ihrer Kommunikation miteinander auftreten sowie Dokumentationsänderungen und eventuell sogar bauliche Änderungen nötig sein können, ist die kontinuierliche und sichtbare Unterstützung durch die Leitung unerlässlich. Hierbei gilt es in einigen Fällen sogar, an einem Top-down-Management festzuhalten. Klinische Pfade, die ohne Beteiligung der Klinikleitung implementiert werden, sind zum Scheitern verurteilt.

#### 5.1.4.2 Auswahl der geeigneten Patientengruppe

**Auswahlkriterien für Clinical Pathways**

Als Erstes sollte festgelegt werden, mit welcher Patientengruppe begonnen wird, wobei es unerheblich ist, ob es sich um eine chirurgische, internistische oder eine andere handelt. Es gibt keinen Anhaltspunkt für eventuelle Vor- oder Nachteile verschiedener Fakultäten. Außerdem existieren mittlerweile über 1500 Clinical Pathways, die als Beispiele dienen können. Wichtig ist nur, dass der erste Pfad als Pilotprojekt in einer Abteilung startet, die motiviert genug ist.

Die Gründe für eine Auswahl der Indikation können sehr unterschiedlich sein, in der folgende Checkliste werden sie zusammengefasst:

**Checkliste: Auswahl der Indikation**

**Auswahl aus administrativer Sicht**

- ❍ Wird mit dieser Behandlung ein großer Verlust erwirtschaftet?
- ❍ Ist bei dieser Behandlung die Patientenzufriedenheit niedrig?
- ❍ Gehört diese Behandlung zum Klinikschwerpunkt?

**Auswahl aus klinischer Sicht**

- ❍ Werden in dieser Behandlung große Fallzahlen erreicht?
- ❍ Hat diese Behandlung einen großen Betreuungsbedarf?
- ❍ Gibt es verschiedene Behandlungsmethoden?
- ❍ Gibt es größere Pflegeprobleme?
- ❍ Gibt es neue oder umstrittene Behandlungsmethoden?
- ❍ Bestehen Bedenken gegen die gegenwärtige Behandlungsweise?

**Auswahl aus organisatorischer Sicht**

- ❍ Sind ausreichende Informationen verfügbar?
- ❍ Lässt sich ein Klinischer Pfad leicht implementieren?
- ❍ Arbeiten die betroffenen Mitarbeiter gut zusammen?
- ❍ Lässt die bauliche Infrastruktur eine Implementierung zu?
- ❍ Sind die Umfeldbedingungen prozessorientiert?
- ❍ Besteht in dem Bereich ein Interesse an einem Klinischen Pfad?

*(nach Thiemann)*

Natürlich müssen nicht alle Fragen beantwortet werden – es können durchaus auch andere auftreten –, diese sollen vielmehr ein Hilfsmittel zur Auswahl darstellen. Außerdem wird durch die Auflistung ersichtlich, dass im Vorfeld schon einige Fragen geklärt und Ziele festgelegt werden müssen.

**Vorliegende Daten**

Hilfreich ist es, wenn Daten vorliegen, die eine Beurteilung der Patientengruppe und das Festlegen von zu erreichenden Zielen leichter machen, wie z.B.

- Fallzahlen
- Auswertung ärztlicher und/oder pflegerischer Dokumentation
- Verweildauerstatistiken
- Daten zur Patientenzufriedenheit
- Behandlungskosten

**Beispiel Spanien**

In Spanien entschieden bei der Auswahl des ersten Krankheitsbildes – Hüftendoprothese (TEP) – rein pragmatische Gründe: Die Pflegedirektorin und der Ärztliche Direktor kamen aus dem Bereich der Traumatologie, was die Unterstützung erleichterte. Außerdem waren die Kommunikation und das Arbeitsklima auf den betroffenen Stationen besonders gut und die Aufgeschlossenheit für Veränderungen groß. Nicht zuletzt fanden sich in der Literatur viele Beispiele aus diesem Bereich.

Auch die Patientengruppen der nachfolgenden Clinical Pathways wurden aus ähnlichen Gründen ausgewählt. So folgte als Nächstes der Klinische Pfad für Patienten mit Pneumonie, der darauf folgende – COLD – wurde beispielsweise aufgrund der vorher gemachten, guten Erfahrungen vom Stationsteam selbst initiiert. Die weiteren Clinical Pathways zogen sich quer durch alle Abteilungen und richteten sich nach den Auswahlfaktoren Patientenanzahl, Höhe der Kosten, Variationen der Behandlung etc.

### 5.1.4.3 Teambildung

**Zusammensetzung der Arbeitsgruppe**

Hat man sich auf ein (oder mehrere) Ziel(e) und somit auf eine Indikation geeinigt, kann mit der Zusammensetzung der Arbeitsgruppe begonnen werden. Diese sollte – aus Gründen der Interdisziplinarität – aus Angehörigen der verschiedenen Berufsgruppen bestehen, vornehmlich denjenigen, die mit der Patientengruppe arbeiten, für die der Pfad entwickelt wird. Wer im Einzelnen dazugehört, muss in jedem Haus jeweils neu entschieden werden. Die Auswahl der Teammitglieder variiert je nach Patientengruppe.

Zwingend notwendig jedoch ist eine Beteiligung der Ärzte und Pflegenden der Abteilung, in der der Klinische Pfad implementiert wird. Eine Hinzuziehung der angrenzenden Fächer (z.B. Anästhesie bei chirurgischen Patienten) kann ebenso nötig sein. Ebenfalls dazu gehören die beteiligten Physiotherapeuten, bei häufig auftretenden Untersuchungen auch die Angehörigen der betreffenden Funktionsabteilung (z.B. Endoskopie, EKG), fakultativ Labormitarbeiter und Röntgenassistenten sowie Diätassistenten. Mitarbeiter der Verwaltung und aus der Führungsebene (z.B. Qualitätsbeauftragte) sind ein definitiver Bestandteil der Arbeitsgruppe. Sollte sich bei der Arbeit der Gruppe herausstellen, dass Mitglieder weiterer Disziplinen hilfreich sein könnten, so können diese – eventuell temporär – dazugebeten werden.

**Beispiel Spanien**

In Spanien wurde nach einer ersten Zusammenkunft der Klinikführung mit der ärztlichen und pflegerischen Leitung der traumatologischen Abteilung eine Arbeitsgruppe aus motivierten Ärzten und Pflegenden der einzelnen Stationen gegründet. Hinzu kamen die jeweiligen Leitungen sowie die der involvierten anderen Abteilungen (Röntgenabteilung, Physiotherapie, Diätküche, Sozialarbeit, Apotheke).

**Teamleitung**

Ein Teamleiter oder Teamkoordinator sollte gewählt oder benannt werden. Diesem fällt die Rolle zu, die Arbeitssitzungen zu leiten, und darüber hinaus die Hauptverantwortung für den jeweiligen Pfad. Diese Aufgabe bleibt auch nach Entwicklung des Klinischen Pfades hinsichtlich der Überprüfung des Erfolgs bei einem ersten Probelauf. Manchmal ist es auch nötig, eine Person einzusetzen, die allgemein im ganzen Haus die Wirksamkeit und die Umsetzung der Klinischen Pfade kontrolliert und überprüft bzw. auswertet.

**Beispiel Spanien**

Für jeden Klinischen Pfad wird auch in Spanien jeweils ein Koordinator eingesetzt. Dazu wurden zusätzliche Stellen geschaffen, die zeitlich begrenzt sind, bis sich die Arbeit mit den Clinical Pathways normalisiert. Aufgabe des Koordinators ist die Steuerung der Entwicklung, die Überwachung der Pilotphase, die Koordinierung der Implementierung und die Sammlung aller erforderlichen Daten. Darüber hinaus ist er Ansprechpartner für alle Beteiligten (Mitarbeiter und Patienten). Da die Pflegenden am meisten mit den Patienten zu tun haben, ist diese Person fast immer eine Krankenschwester oder ein Krankenpfleger. Von Anfang an wurde und wird diese Funktion gut akzeptiert, was auch mit der allgemein besseren Akzeptanz der Pflegenden in Spanien zu tun hat.

### 5.1.4.4 Entwicklung eines Clinical Pathways

**Zielformulierung**

Einen ersten Schritt für die Entwicklung stellt die Sichtung der vorhandenen Literatur dar. Hier können Anhaltspunkte für den Aufbau des Pfades und das Erreichen der gesteckten Ziele gefunden werden. Zusätzlich dazu werden die im Haus vorhandenen Daten ausgewertet und der Prozess der aktuellen Patientenversorgung sichtbar gemacht. Damit kristallisieren sich gleich zu Anfang Stärken und Schwachstellen heraus, die bei der Erarbeitung des Klinischen Pfades berücksichtigt werden müssen. Die Zielformulierung gehört zu den ersten Schritten, die bei der Entwicklung eines jeden Prozesses unternommen werden müssen.

**Behandlungsplan**

Zunächst werden also die Ergebnisse formuliert, daran anschließend der Behandlungsplan aufgestellt. Hilfreich ist an dieser Stelle auch der Pflegeprozess, da in diesem laut Definition Probleme, Ressourcen, Ziele und Maßnahmen festgelegt werden. Ebenso können vorhandene Leitlinien eingearbeitet werden. Eine Hilfe waren auch in Spanien schon vorhandene und evaluierte Leitlinien der Ärzte und Pflegenden, darüber hinaus existieren pflegerische Standards. Außerdem konnten die vorhandenen Informationsblätter der einzelnen Abteilungen zusammengefasst werden.

Bei diesem Schritt werden die vorher registrierten Schwachstellen verbessert. So können z.B. Routineuntersuchungen überprüft und eventuell verringert oder Abläufe neu strukturiert werden. Oft haben sich beispielsweise in die Therapieabfolge Blutuntersuchungen sozusagen „eingeschlichen", die nicht begründet sind und vielfach durch eine Verringerung genauso gut über das Behandlungsergebnis Aufschluss geben können.

Um die Übersichtlichkeit nicht aus den Augen zu verlieren, sind folgende W-Fragen wichtig:

**W-Fragen für mehr Durchblick**

- **Was** wird getan?
- **Wann** wird es getan?
- **Wer** tut es?
- **Wie** wird es getan?

**Zeitplan**

Der Zeitplan, in dem ein Klinischer Pfad vorliegt, kann Tage, Stunden, Phasen oder andere Einheiten betragen. Meistens umfasst er die Periode der stationären Aufenthaltsdauer der Patienten, manchmal auch mit prä- und/oder poststationärer Versorgung.

**Form**

Die Form, in der ein Clinical Pathway am Ende vorliegt, kann variieren und muss von jedem Team oder besser noch allgemein gültig für das ganze Haus festgelegt werden, jedoch sollte auf eine benutzerfreundliche Form geachtet werden. Dies gilt auch für die Sprache, die benutzt wird. Ebenso sollte darauf geachtet werden, dass Patienten und Angehörige den Klinischen Pfad verstehen können, ist er doch auch als Wegweiser für sie gedacht.

**Unterschiedliche Versionen**

Oft gibt es zwei Versionen eines Pfades,

- eine für die Klinikmitarbeiter und
- eine für die Patienten.

Meistens handelt es sich bei der ersten um eine Tabellenform, in der in den Spalten die Ziele definiert, die Aktivitäten und die jeweiligen Akteure festgelegt werden. Die Zeilen dienen als Zeitmesser. Ergänzend dazu sind Dokumentationsbögen für den Verlauf und eventuelle Abweichungen nötig. Für die Patienten haben sich Zeichnungen als nützlich herausgestellt, wie man am Beispiel Spanien sehen kann. Ebenso gehören Einwilligungserklärungen und Darstellungen der Untersuchungsmethoden oder der medikamentösen Therapie sowie Hilfen für den weiteren Krankheitsverlauf über die Entlassung hinaus dazu.

**Beispiel Spanien**

Man einigte sich in Spanien in der Form auf eine Matrix bestehend aus Spalten, Zeilen und Feldern. Die Spalten bezeichnen die Zeit, die in Tagen, manchmal auch bei bestimmten Interventionen in Stunden, festgelegt wurde. In den Zeilen werden die Aktivitäten beschrieben, aufgeschlüsselt nach Art und Berufsgruppe, die dann in den einzelnen Feldern ausführlich und konkret dargestellt werden. Eine Patientenversion wurde ebenfalls angefertigt. In dieser ist die Abfolge des Klinikaufenthaltes schriftlich und in Bildern zu sehen, was vor allem für leseunkundige oder ältere Patienten hilfreich ist.

***VÍA CLÍNICA HERNIA DE DISCO. INFORMACIÓN PARA EL PACIENTE***

| **DIA** | ❶ Dia 1 | ❷ Cirurgía Reanimación | ❸ Planta | ❹ Planta | ❺ Planta |
|---|---|---|---|---|---|
| **ACTIVIDAD** | Habitual | Reposo en cama | Empezar a levantarse | Levantarse y pasear | Alta |
| **MEDICACION** | Habitual | I.V. | Oral | Oral | Oral |
| **COMIDA** | Rica en fibra | | Rica en fibra | Rica en fibra | Rica en fibra |

*Abb. 2: Patientenversion des Clinical Pathways für die chirurgische Behandlung des Bandscheibenvorfalls*

**Dokumentation** Möglichkeiten zur ärztlichen und pflegerischen Dokumentation müssen in jedem Pfad vorhanden sein, wobei es ausreichend ist, wenn Abweichungen von avisierten Zielen dokumentiert werden. Der Klinische Pfad ersetzt die Pflegedokumentation und ist Teil der Klinikdokumentation.

**Schwierigkeiten** Schwierigkeiten bei der Entwicklung in Spanien gab es hauptsächlich dann, wenn ein Methodenwechsel diskutiert wurde, und manchmal auch durch generelle Kommunikationsprobleme zwischen Ärzten und Pflegenden.

**Zeitaufwand** Die Entwicklung eines Klinischen Pfades erfordert den größten Zeitaufwand von allen Schritten, jedoch lässt sich nicht genau sagen, wie hoch er ist. Dies differiert je nach Patientengruppe, Arbeitsteam oder vorhandenen Gegebenheiten des Hauses. Die Erfahrungen in Spanien benennen eine Zeitspanne von sechs Monaten für die ersten Pfade, mit der weiteren Erfahrung reduzierte sich diese Dauer auf drei Monate. Die Treffen der Arbeitsgruppe fanden im zweiwöchentlichen Rhythmus statt, wobei jeweils die Ergebnisse der zwischenzeitlich erarbeiteten Vorgehensweisen vorgestellt, diskutiert und zusammengefasst wurden.

#### 5.1.4.5 Datenauswertung

**Pilotphase**

Ist ein Klinischer Pfad fertig gestellt, gilt es, ihn in einer Pilotphase einzuführen. So können Daten gesammelt werden, die eine erste Überprüfung des Instrumentes in der praktischen Anwendung zulassen. Sie lassen sich anhand der mit dem Pfad verknüpften Dokumentation leicht auswerten und offensichtliche Hindernisse können gleich zu Anfang beseitigt werden. Zu diesen Daten gehören die Anzahl der nicht in den Klinischen Pfad aufgenommenen Patienten sowie die Gründe dafür, die Abweichungen von den durchgeführten Maßnahmen und die Verweildauer der Patienten. Die Auswertung führt zu einer Verbesserung des erprobten Pfades, bevor er endgültig implementiert wird.

**Beispiel Spanien**

In Spanien wurde während der Pilotphase die Zahl der Abweichungen vom Klinischen Pfad mit Angabe von Gründen vom beteiligten Personal erhoben, vom Koordinator gesammelt und in einem Bericht festgehalten. Dieser war die Grundlage für Verbesserungsvorschläge und -möglichkeiten, bevor der Pfad endgültig freigegeben wurde. Außerdem fanden regelmäßige Begehungen der Stationen statt, bei denen die Einhaltung der Clinical Pathways kontrolliert sowie stichprobenhaft die Patienten befragt wurden. Dies war ebenfalls Aufgabe des Koordinators.

**Datensammlung und Datenauswertung**

Kontinuierliche Datensammlung und Auswertung sollte auch während der weiteren Arbeit mit Clinical Pathways in regelmäßigen Abständen stattfinden. Nur so kann der Erfolg der Qualitätssteigerung gewährleistet werden. Hierzu erforderliche Messungen schließen gewöhnlich Verweildauer, Behandlungskosten und Kundenzufriedenheit mit ein. Diese Erhebungen sind Aufgabe des Teamkoordinators.

**Beispiel Spanien**

Die Ergebnisse können wie in Spanien mittels Indikatoren gemessen werden. Außerdem werden Patienten vor und nach Einführung der Clinical Pathways befragt. In Spanien war eine Steigerung der Zufriedenheit nachweisbar vorhanden, vor allem in folgenden Bereichen:

- Aufnahme – bessere Information in der Verwaltung und auf Station
- Pflege – bessere Information bei der Durchführung der Pflegemaßnahmen sowie über Aufenthalt und Krankheit
- ärztliche Behandlung – Verbesserung der Aufklärung und des Verhaltens gegenüber Patienten sowie der Behandlung
- Hotellerie – bessere Qualität und Pünktlichkeit des Essens
- Patienteninformation des Klinischen Pfades – positive Bewertung, umfassend und leicht verständlich (nur Patienten nach Implementierung)

Die Verweildauer konnte beim Klinischen Pfad für TEP insgesamt um sieben Tage (19 Tage vorher, 12 Tage nachher) gesenkt werden. Dieses Ergebnis wurde hauptsächlich durch eine signifikante Verminderung der prächirurgischen Tage erreicht (4,5 vorher, 1,5 nachher).

### 5.1.4.6 Ständige Weiterentwicklung

**Ständiger Prozess**

Klinische Pfade sind nicht statisch, sondern ein ständiger Prozess und bedürfen daher der regelmäßigen Erfolgskontrolle. Sie müssen den neuesten medizinischen und pflegerischen Standards oder veränderten Gegebenheiten des Hauses bzw. der Patientengruppen angepasst werden. Dies ist mit Hilfe der Arbeitsgruppe möglich, die erforderliche Kontrollen und Messungen unternimmt und Veränderungen durchsetzt. Ebenso können natürlich auch Veränderungen vom Mitarbeiterkreis initiiert werden, wenn diese nötig sind.

**Beispiel Spanien**

In Spanien wurde etwa bei der Evaluation des Clinical Pathways TEP festgestellt, dass die Röntgenabteilung Terminprobleme hatte, den angestrebten zweiten Tag (OP-Tag) für alle Patienten einzuhalten. Auch wiederholte Gespräche ergaben keine wesentliche Änderung, so dass der Klinische Pfad dahingehend geändert wurde, dass die Patienten erst am fünften Tag geröntgt werden. Ebenso hatte die Physiotherapieabteilung Termin- und Raumprobleme, die nicht gelöst werden konnten. Die Physiotherapie wird nun einzeln auf der Station durchgeführt.

Jedoch folgte ein Kompromiss bei der Einführung des dritten Klinischen Pfades (COLD): Die Patienten werden in einem freigeräumten Zimmer auf der Station gemeinsam physiotherapeutisch betreut. Geändert wurde auch die Aufnahmezeit, da sich herausgestellt hatte, dass eine spätere Uhrzeit (zwischen 10.00 und 12.00 Uhr) für alle hauptsächlich Beteiligten – Patienten und Pflegepersonal – angenehmer ist.

### 5.1.4.7 Schulung der Mitarbeiter

**Schulung als Motivation**

Für eine erfolgreiche Implementierung ist es natürlich von größter Bedeutung, dass alle Mitarbeiter im Hinblick auf Clinical Pathways geschult werden. Sie sollten die Bedeutung des Instrumentes kennen und eventuell auch mit der Entwicklung vertraut sein. Ebenso wichtig ist ihre Fähigkeit, Daten für die Auswertung zu sammeln und zu dokumentieren. Außerdem sind sie angehalten, Feedback zu geben über den praktischen Umgang mit Klinischen Pfaden, was zu Ergebnissen der Mitarbeiterzufriedenheit führen kann oder zumindest die Verbesserung des Pfades zur Folge hat.

Schulungen sollten zu Anfang in breitem Umfang stattfinden, später in regelmäßigen Abständen, etwa für neue Mitarbeiter oder zur Auffrischung. In diesem Zusammenhang sei auch erwähnt, dass Neuerungen und Änderungen bezüglich der vorhandenen Klinischen Pfade auch im Rahmen von Schulungen verbreitet werden können, zusätzlich zu den anderen Wegen (Intranet, Rundschreiben etc.).

**Beispiel Spanien**

In Spanien wurden die Mitglieder der Arbeitsgruppen in einem zweitägigen Kurs geschult. Hier erhalten sie im theoretischen Teil Informationen über das Instrument Klinische Pfade, im praktischen Teil sollen sie ansatzweise einen Klinischen Pfad entwickeln und das Ergebnis vorstellen. Ergänzend hierzu wurden die Kenntnisse über Leitlinien aufgefrischt, die Variationsmöglichkeiten im klinischen Alltag dargestellt sowie die Vorteile und Grenzen der Clinical Pathways und die Erfahrungen, die bisher gemacht wurden.

Die Mitarbeiter der Stationen wurden nicht ausführlich geschult, sondern in den Umgang mit Clinical Pathways kurz eingewiesen, dies auch hinsichtlich der Auswertung der Daten. Nach den vorliegenden Informationen scheint dieses Vorgehen ausreichend zu sein.

### 5.1.5 Fazit

Die Einführung von Clinical Pathways ist ein gutes Instrument zur Prozessoptimierung und für die damit verbundene Erstellung von DRG. Bei der Entwicklung lohnt sich ein Blick auf die Länder oder Kliniken, die schon damit begonnen haben. Außerdem gibt es in der Literatur viele Beispiele für erfolgreich implementierte Klinische Pfade, die sehr gut als Anhaltspunkt dienen können. Auch die Kliniken in Spanien haben nicht im luftleeren Raum mit der Entwicklung der Clinical Pathways begonnen. Sie mussten darüber hinaus feststellen, dass jeder Pfad etwas anders ausgerichtet ist – je nach Gegebenheit der Abteilungen –, so dass Änderungen bezüglich der spezifischen Situation des Hauses immer vorgenommen werden müssen. Dies wird auch in Deutschland nötig sein, im Großen und Ganzen lässt sich die Vorgehensweise jedoch übertragen.

#### Literaturempfehlungen

*Fischer, T.; Wagner, O.:* Medical Pathway Systems als modernes Instrument des Qualitätsmanagements. In: Österr. Krankenhauszeitung 1997, 38/9, Seite 22–25.

*Thiemann, H.:* Clinical Pathways, Instrumente zur Qualitätssicherung. In: f&w 5/96, 13. Jg., Seite 454–457.

## 5.2 Das Patient Data Management System (PDMS)

*von Joachim Burchgart*

Die Informationsrevolution hat die Krankenhäuser erreicht. Patienteninformationen werden gesammelt, aufbereitet und ausgewertet. Auf der jeweiligen Bettenstation, wo die erhobenen Daten zur klinischen Versorgung des Patienten benötigt bzw. wo sie ergänzt werden, treten die ersten Schwierigkeiten auf, wenn ein wesentlicher Teil der Dienstleistung dezentral am jeweiligen Bettplatz erbracht wird. Eine elektronische Krankenakte könnte Abhilfe schaffen. Ehe jedoch ein PDMS-System für den routinemäßigen klinischen Einsatz bereit ist, müssen eine Vielzahl von Hürden genommen werden. Im Beitrag berichtet der Autor von seinen Erfahrungen als Koordinator für die Pflege bei der Implementierung eines PDMS auf einer anästhesiologischen Intensivtherapieeinheit. Der Schwerpunkt seiner Darstellung liegt dabei im Bereich der operativ-organisatorischen Gegebenheiten dieser Tätigkeit, weniger in der Darstellung technischer Probleme bzw. deren Lösung.

### 5.2.1 Einleitung

Die Informationsrevolution hat, unbemerkt von vielen Pflegenden, längst die Krankenhäuser erreicht. Patienteninformationen werden gesammelt, aufbereitet und ausgewertet – häufig dort, wo sie von Pflegekräften nicht mehr einsehbar sind und keine unmittelbar spürbaren Auswirkungen mehr auf ihre Arbeit haben. Und trotzdem gibt es sie, diese Revolution. Aber ist sie wirklich so revolutionär, oder ist es eher wie mit dem „alten Wein in neuen Schläuchen"? Eigentlich ist es erstaunlich, wie verhältnismäßig spät sich ein High-Tech-Bereich wie das Krankenhaus von althergebrachten Speichermedien wie beispielsweise dem Papier löst. In ihrer Pauschalität ist diese Aussage jedoch unzulässig: Es ist vielmehr so, dass dort, wo sich in der Klinik Büros oder büroähnliche Arbeitsplätze (wie beispielsweise Arztzimmer) befinden, der Grad des Einzugs von Informationsmedien wie dem Computer ebenso hoch ist wie in ähnlich komplex organisierten Institutionen, zum Beispiel der öffentlichen Verwaltung.

**Datenbereitstellung und -erhebung am Krankenbett**

Ähnlich verhält es sich in den Bereichen der Diagnostik, in denen Befunde nicht nur über computerisierte Geräte erhoben, sondern darüber hinaus in den meisten Fällen auch archiviert werden. Dort allerdings, wo die erhobenen Daten unmittelbar zur klinischen Versorgung des Patienten gebraucht bzw. wo sie ergänzt werden, nämlich auf der jeweiligen Bettenstation, treten die ersten Schwierigkeiten auf. Hier wird nämlich ein wesentlicher Teil der Dienstleistung individualisiert und dezentral am jeweiligen Bettplatz erbracht. Bei der Leistungserbringung wird ständig auf Daten des jeweiligen Patienten zurückgegriffen (Labor, Diagnostik, operative Eingriffe etc.), oder aber es werden weitere Daten erhoben (klinische Untersuchung durch den Arzt, Vitalparameter durch die Pflegekräfte etc.).

**Funk-LAN**

Hier erweist sich die mangelnde Mobilität der üblichen Ein- und Ausgabegeräte, der Desktop-PCs, als Haupthindernis für eine den Arbeitsabläufen angepasste Nutzung des Mediums. Erste Versuche mit einem per Funk-LAN angebundenen Notebook in der anästhesiologischen Klinik der Universitätskliniken Freiburg (siehe Abb. 1) verliefen durchaus viel versprechend – dies jedoch auf der dortigen Intensivstation mit neun Bettplätzen.

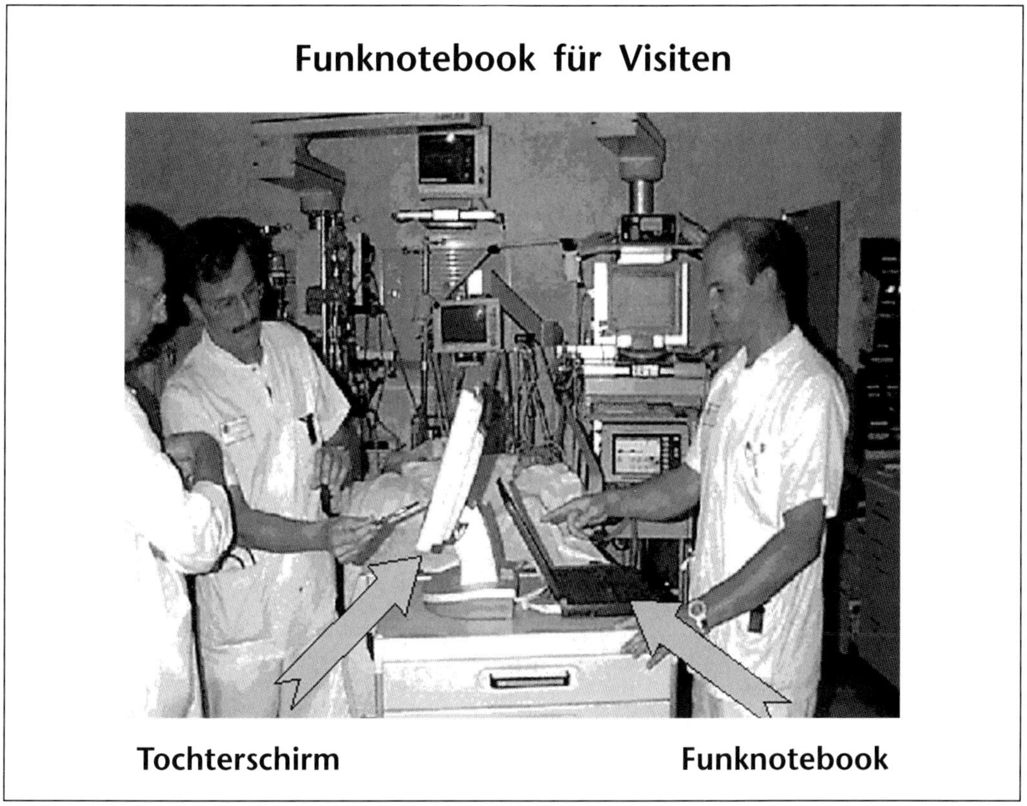


*Abb. 1: Mobile Lösung zur Datenerfassung bzw. -anzeige*

**Einsatz von PDAs**

Es ist fraglich, ob diese Technologie angesichts ihres Aufwandes (Installation eines lokalen Funknetzes, Aufbau eines Notebooks mit PCMIA-Funkkarte und zusätzlicher Stromversorgung über externen Akku) eine gangbare Lösung für den tagesstationären Bereich mit 30 oder mehr Patienten pro Einheit darstellt. Hier wäre eher an den Einsatz von PDAs (Personal Digital Assistant – als Beispiel siehe Abb. 2) zu denken, die direkt in der Dienstkleidung mitgeführt werden können.

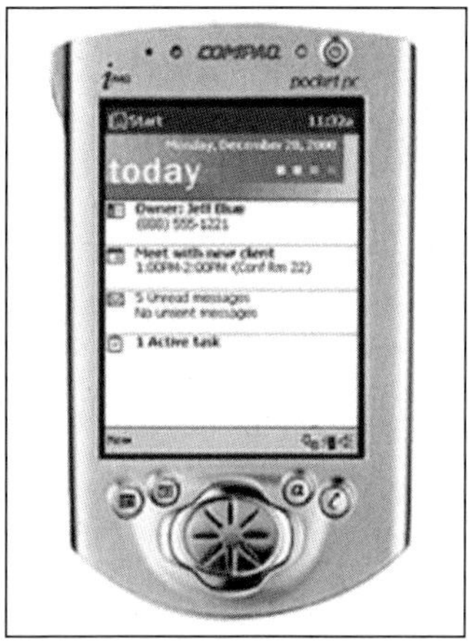


*Abb. 2: Ein Personal Digital Assistant (PDA)*

Sie würden die Datenbereitstellung bzw. -erhebung unmittelbar am Patientenbett ermöglichen. Die weitere Aufbereitung fände wiederum an einem Desktop-PC statt, wobei der Datenfluss zwischen beiden Geräten entweder über eine so genannte Dockingstation oder aber über eine Infrarotschnittstelle erfolgt. Im Herz-Zentrum Bad Krozingen wurden im August 2001 die ersten Versuche hierzu vorbereitet. Ziel ist es, über PDAs beispielsweise diagnostische Anordnungen unmittelbar während der Visite absetzen zu können, so dass eine weitere Bearbeitung danach nicht mehr erforderlich ist. Eines der weiteren geplanten Einsatzfelder ist die Essensbestellung. Abbildung 3 soll einen – wenn auch groben Eindruck – der Probleme vermitteln, die schon alleine in der elektronischen Implementierung eines mehr oder minder überschaubaren Arbeitsablaufs verborgen liegen.

**Beispiel Herz-Zentrum Bad Krozingen**

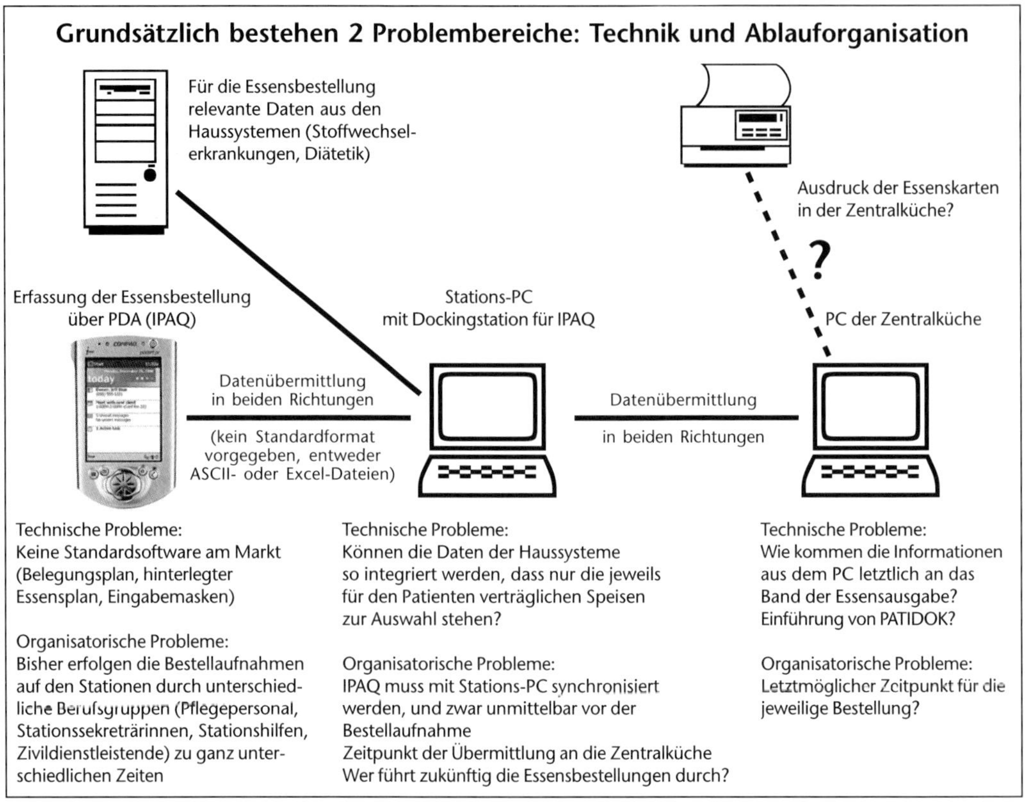


*Abb. 3: Technik- und Organisationsprobleme einer elektronischen Essensbestellung*

Nochmals: Die in Abbildung 3 grob skizzierten Probleme beziehen sich ausschließlich auf den Wechsel des Eingabemediums für einen einzigen Arbeitsablauf. In der Einführung einer so genannten „elektronischen Krankenakte", die die Eingabe einer Vielzahl solcher Abläufe und die Speicherung der daraus resultierenden Ergebnisse beinhaltet, steigen die Anzahl sowohl der technischen als auch der organisatorischen Probleme exponentiell an. Darüber hinaus sind die Bestimmungen des Datenschutzes bzw. medico-legale Vorgaben zu berücksichtigen, für die in den meisten dem Autor bekannten Fällen zunächst unter nicht unerheblichem Aufwand nach Lösungen gesucht werden muss.

**Keine Musterlösung**

Es ist falsch, zu glauben, es existierten am Markt fertige Lösungen für den sofortigen Einsatz. Stattdessen bestehen die einschlägigen Programme aus Rumpfmodulen, die für den jeweiligen Nutzer (eine Klinik oder eine Abteilung) individuell angepasst werden müssen. Der hierzu nötige Aufwand ist beträchtlich und sollte unter betriebswirtschaftlichen Gesichtspunkten nicht zugunsten des reinen Kaufpreises vernachlässigt werden. In der Softwarebranche existiert nicht umsonst der Begriff der „total cost of ownership", der die Summierung der Kaufkosten mit den Kosten für Einführung und laufenden Betrieb eines Programms umfasst. Auf lange Sicht können die beiden zuletzt genannten Kostenfaktoren den möglicherweise günstigen Kaufpreis bei weitem aufwiegen – eine Erfahrung, die nicht wenige Kliniken nach der Einführung EDV-gestützter Abrechnungssysteme machen mussten, wenn diese anderen Dienstleistungsbereichen entlehnt und nur so weit unbedingt erforderlich modifiziert waren.

**Aufbau eines PDMS**

Dem Autor ist bisher nur eine Klinik bekannt, die flächendeckend in all ihren Abteilungen eine „elektronische Krankenakte" oder ein „PDMS" (**P**atient **D**ata **M**anagement

System) erfolgreich eingeführt hat – das Pitt County Hospital in North Carolina/USA. Zumeist beschränkt sich der Einsatz bisher auf Funktionseinheiten wie (Erwachsenen- oder Neonatal-)Intensivstationen und die Geburtshilfe. Gemeinsam ist diesen Abteilungen ihre relativ geringe Bettenanzahl und die Tatsache der schon per se relativ hohen Technikdurchdringung, speziell natürlich im Bereich der Intensivmedizin und -pflege. Die kleine Bettenzahl in Verbindung mit der Organisationsform Bereichs- oder gar Einzelpflege mit entsprechendem ärztlichen Äquivalent ermöglicht den Aufbau und Betrieb eines Rechners pro Bettplatz, so dass sich das eingangs erwähnte Problem der mangelnden Mobilität der Ein- und Ausgabegeräte nicht stellt – ein ganz wesentlicher Faktor für den Einsatz eines PDMS.

**Praxisbeispiel**

Dennoch existieren eine Vielzahl von Hürden, die genommen werden müssen, bevor ein System für den routinemäßigen klinischen Einsatz bereit ist. Der Autor hat über einen Zeitraum von mehr als drei Jahren die Implementierung eines PDMS auf einer anästhesiologischen Intensivtherapieeinheit als Koordinator für die Pflege begleitet. Der Schwerpunkt der folgenden Darstellung liegt klar im Bereich der operativ-organisatorischen Gegebenheiten dieser Tätigkeit, weniger in der Darstellung technischer Probleme bzw. deren Lösung. Hierauf wird nur dort eingegangen, wo es unbedingt erforderlich ist. Nichtsdestotrotz steht der Autor auch für solche Nachfragen, die sich speziell auf den technischen Hintergrund beziehen, im Rahmen seiner Kenntnisse zur Verfügung.

## 5.2.2 Produktentscheidung und Planung der Implementierung

Die Anästhesiologische Klinik der Universitätskliniken Freiburg entschied sich im Jahre 1997 für die Einführung eines PDMS auf ihrer Intensivtherapiestation. Die Station besitzt neun Therapieplätze. Hauptsächlich werden dort Patienten zur elektiven Narkoseausleitung bei vorbestehenden Krankheitsrisiken, polytraumatisierte und/oder schädelhirntraumatisierte Patienten sowie solche mit schweren Gasaustauschstörungen behandelt. Hierzu steht beim Versagen herkömmlicher Behandlungsmethoden ein Therapieplatz zur ECLA (**E**xtra **C**orporeal **L**ung **A**ssist) zur Verfügung.

**Entscheidungskriterien**

Zur Versorgung der knapp 1.000 Patienten pro Jahr besitzt der Pflegedienst 43,5, der ärztliche Dienst 9,5 Planstellen. Die Produktentscheidung fiel auf das PDMS-System QS® (Quantitative Sentinel), das in Europa von der Firma Marquette-Hellige (heute GE Medical Systems) vertrieben wird. Ausschlaggebend für die Entscheidung für dieses System waren unter anderem folgende Punkte:

- Möglichkeit zur Integration in die schon bestehende EDV-Landschaft (vor allem in Bezug auf die Betriebssystemplattform, in diesem Fall Windows NT®)
- Verwendung von Standardprotokollen für die Kommunikation mit externen Diensten (Schwerpunkt HL 7)
- Möglichkeit zur Anbindung aller medizintechnischen Geräte der Station (Respiratoren, Monitore, Blutgasanalysegerät etc.)
- Konfigurierbarkeit und Skalierbarkeit (sprich die Möglichkeit der Anpassung auf verschiedenste quantitative und qualitative Erfordernisse der Datenerfassung)
- wirtschaftliche Stabilität der entwickelnden und vertreibenden Firmen
- Support und Zukunftssicherheit

**Kooperationsvereinbarungen**

Neben diesen eher allgemeinen Forderungen an das Leistungsprofil wurde im Vorfeld der Produktentscheidung von Seiten der Anästhesiologischen Klinik ein Pflichtenheft erstellt, in dem dezidiert die technischen Detailanforderungen an ein PDMS festgelegt wurden. Nach der Entscheidung für QS® ergab sich eine vertraglich geregelte Kooperation zwischen der Firma Marquette-Hellige und der Universitätsklinik Freiburg. Das schon erwähnte Pflichtenheft wurde Bestandteil des Kooperationsvertrages und regelte maßgeblich die von Firmenseite zu erbringenden Leistungen. Aufgabe der Universitätsklinik war hauptsächlich die deutsche Lokalisation des bisher nur in den USA vertriebenen Programms. Darüber hinaus sollte Freiburg ein Referenzklinikum für QS® werden, in dem Marquette-Hellige interessierten Besuchern das System in klinischer Umgebung vorführen konnte.

**Bildung einer Arbeitsgruppe**

Für die Lokalisierung bzw. den Aufbau eines lauffähigen PDMS für die anästhesiologische Intensivtherapiestation (AIT) bildete sich in der Klinik eine interdisziplinäre Arbeitsgruppe, bestehend aus je zwei Vertretern der Berufsgruppen EDV, Medizin und Pflege. Für den Bereich der Pflege wurde ein Mitarbeiter der AIT mit EDV-Kenntnissen und einem kurz zuvor abgeschlossenen Studium des Pflegemanagements als Koordinator eingesetzt und in monatlich wechselnden Prozentanteilen gemäß den aktuell anfallenden Anteilen von seinen bisherigen Dienstpflichten entbunden. Diese Anteile schwankten in den ersten sechs Monaten des auf eine Laufzeit von zunächst eineinhalb Jahren angesetzten Projekts zwischen 25 und 100 %.

**Stufen der Programmentwicklung**

In dem projektierten Zeitraum sollten drei Stufen der Programmentwicklung realisiert werden:

**1. Phase**

- Erstellung der Grundkonfiguration
- Anbindung der wichtigsten stationsinternen Geräte (Monitore, Respiratoren, Blutgasanalysegerät) sowie des Zentrallabors und der Patientenstammdatenverwaltung

**2. Phase**

- Anbindung weiterer externer Dienste wie Radiologie (schriftliche Befunde sowie später auch digitalisierte Bilder), Mikrobiologie, Pathologie etc.
- Anbindung seltener genutzter Medizintechnikgeräte der Station
- Konfiguration eines Fluid Managers (Anbindung der Spritzenpumpen an QS®)

**3. Phase**

- Datenexport aus QS® an externe Abteilungen wie z.B. Controlling, Patientendatenverwaltung (patientenbezogene, individuelle Leistungsabrechnungen)
- Apothekenbestellungen
- Anbindung an das Lagerbestellwesen

**Arbeitsteilung innerhalb der Arbeitsgruppe**

Die anstehenden Entscheidungen hinsichtlich der zukünftigen Arbeitsteilung innerhalb der Gruppe wurden erst nach Abschluss der Konfigurations- und Administrationseinweisung gefällt. Dabei blieben die Grenzen speziell zwischen den Zuständigkeitsbereichen der Pflege und der Medizin stets fließend, in Korrelation zur Arbeitsteilung innerhalb der Station. Konkret wurden alle Bildschirme, die für beide Berufsgruppen relevant waren, von deren Vertretern gemeinsam bearbeitet. Da die Wünsche, welche Informationen wie optisch aufbereitet werden sollten, überwiegend kongruent waren, ergaben sich hieraus über den gesamten Projektverlauf keinerlei Probleme. Die jeweils berufsspezifischen Bildschirme wurden von deren jeweiligen Vertretern bearbeitet und in einem wöchentlich anberaumten Arbeitstreffen den anderen Mitgliedern der Gruppe vorgestellt. Dies erwies sich als sinnvoll, um eine Überfrachtung des Systems mit verschiedenen Arbeitsgängen zum Bearbeiten grundsätzlich ähnlicher Arbeitsabläufe zu vermeiden und somit die Bedienung des Systems für die Anwender nicht noch zusätzlich zu erschweren.

**Vorkenntnisse**

Von den rund 50 Mitarbeitern des Pflegedienstes der AIT gaben bei einer vor der Einführung des Systems durchgeführten Befragung immerhin 38 vorbestehende PC-Kenntnisse an, wobei sich diese jedoch beim größten Teil der Befragten auf die Nutzung schon bestehender, kleinerer Anwendungsprogramme der Klinik beschränkten. Nur fünf Personen verfügten über Erfahrung auch mit komplexeren Anwendungen, wie beispielsweise einem Office-Paket. Alle anderen Mitarbeiter verfügten über keinerlei Vorkenntnisse. Vollkommen anders sahen die Verhältnisse bei den Medizinern aus: Hier besaßen alle Erfahrung mit komplexen EDV-Anwendungen.

**Ängste und Erwartungen**

Nicht zuletzt aufgrund des relativ geringen Kenntnisstandes der Pflegekräfte rief die Ankündigung der Einführung einer EDV-gestützten Patientendokumentation sehr konträre Reaktionen hervor. Die Spanne reichte von positiv gefärbter, gespannter Erwartung bis hin zu regelrechten Versagensängsten angesichts der Aussicht, neben der Versorgung von in der Regel zwei Patienten durch die Bedienung eines PCs am Bettplatz überfordert zu werden. Daneben spielte auch die Angst vor Überwachung der Dokumentation von „außen" eine nicht unerhebliche Rolle. Diese Ängste zu bearbeiten war in der Planungsphase eine zentrale Aufgabe vornehmlich des Koordinators der Pflege.

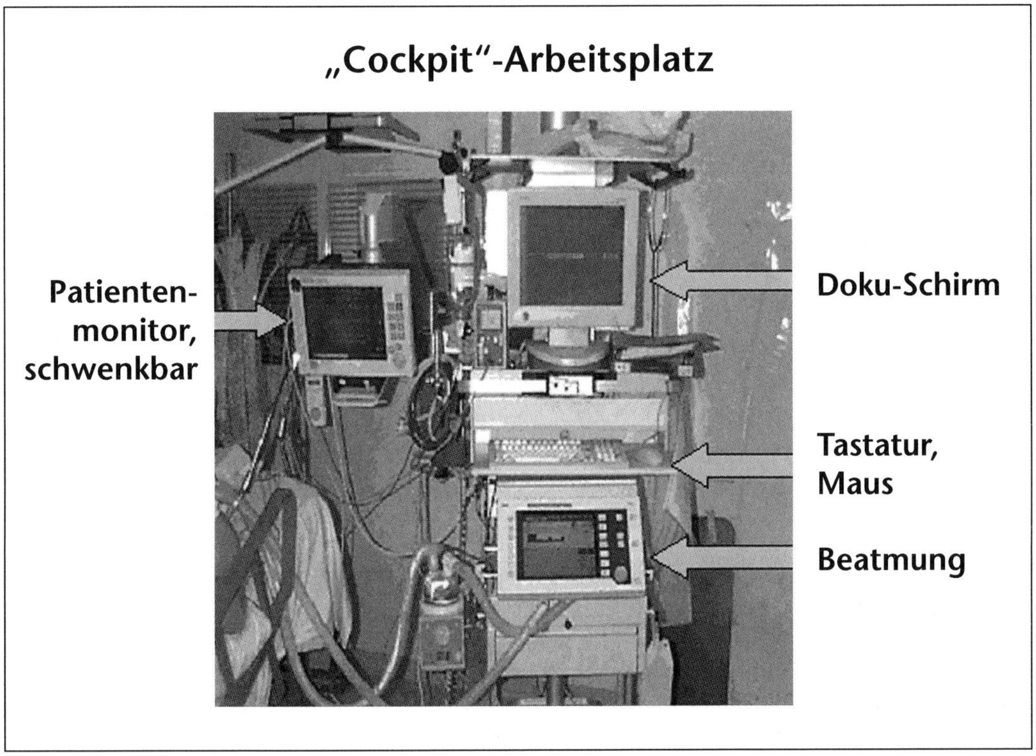


*Abb. 4: Arbeitsplatz einer Intensivstation mit einem PDMS*

Die konkreten Versagensängste bezüglich eines digitalisierten Arbeitsplatzes sind in ihrer Gesamtheit nur schwer zu beseitigen. Verständlich werden sie in jedem Fall, wirft man einen Blick auf das „Cockpit"-Arbeitsplatz (siehe Abb. 4) – nur ein kleiner Einblick in den Grad der Technisierung, den eine Intensiveinheit mit elektronischer Dokumentation zwischenzeitlich erreicht hat.

Zum Zwecke des Kennenlernens des Mediums für diejenigen ohne PC-Erfahrung installierte die Arbeitsgruppe einen Rechner im Stationsstützpunkt, auf dem einfache Spiele bzw. ein simples Textverarbeitungsprogramm installiert waren, um hier – auf Wunsch unter Anleitung – erste Erfahrungen zu sammeln.

**Probleme über Probleme**

Währenddessen zeigte sich, dass die in QS® vorhandene amerikanische Datenbank nur bruchstückhaft in einer deutschen Konfiguration verwendbar war. Die Arbeitsgruppe musste somit quasi „bei null" beginnen. Somit war der ursprüngliche Terminplan, der für die Systemkonfiguration 120 Manntage vorgesehen hatte, hinfällig. Daneben ergaben sich auf Seiten der Programmierer unerwartete Probleme in der Erstellung des vollkommen neuen Programmteiles für die Bearbeitung medikamentöser Anordnungen und der Flüssigkeitsbilanz. Ursprünglich für den Jahreswechsel 1997/98 geplant, erschien das so genannte MAR (**M**edical **A**dministration **R**ecord) in seiner Betaversion erst im Juni 1998, was die Kooperation zwischen Marquette-Hellige und der Universitätsklinik auf eine erste ernste Belastungsprobe stellte.

Erstmals nach Erscheinen des MAR konnte nunmehr an eine neue Zeitplanung für den klinischen Einsatz von QS® gedacht werden. Dieser sah aufgrund des Betacharakters und der somit noch fehlenden Zulassung eben dieses Programmteiles einen Probebetrieb des Programms an einem Bettplatz mit paralleler Führung der herkömmlichen Papierdokumentation vor. Sollte das System über drei Monate problemlos laufen, sollte der Betrieb auf drei Bettplätze unter Wegfall des größten Teiles der Papierdokumentation erweitert werden, nach weiteren zehn Wochen dann der Routinebetrieb an allen Plätzen beginnen.

**Vereinbarungen und Absprachen**

Zur Realisierung dieser Planung waren neben der termingerechten Fertigstellung bzw. Zulassung der Software eine ganze Reihe abteilungsinterner Absprachen unter Einbeziehung des Personalrates notwendig. So wurde für den Probebetrieb an einem Platz die Absprache einer durchgehenden 1:1-Konstellation zwischen Patient und Pflegekraft vereinbart, um die Mehrbelastung durch die „doppelte Kurvenführung" zu kompensieren. Außerdem wurde schriftlich fixiert, dass in dieser Zeit die Papierdokumentation rechtlich relevant sei und die im Computer erstellte Dokumentation nach ihrer Auswertung unter rein systemtechnischer Sicht gelöscht würde. Dies hatte in medico-legaler Hinsicht den Vorteil, dass Fehler in der Computerdokumentation zunächst keinerlei Konsequenzen für den Nutzer des Programms hatten und somit ein erheblicher Teil des psychischen Drucks von ihnen genommen wurde.

Weiterhin wurde vereinbart, zunächst nur den medizinischen Teil der Dokumentation zu digitalisieren, die Pflegeplanung und -dokumentation jedoch für die ersten sechs Monate des Routinebetriebes an allen Bettplätzen auf den bisherigen Formularen zu belassen. Hiermit sollte einer möglichen Überlastung des relativ PC-unerfahrenen Pflegepersonals Rechnung getragen werden.

**Freiwillige als Testnutzer**

Für die Aufrechterhaltung des Probebetriebes an einem Bett wurden im Pflegedienst Freiwillige gesucht und gefunden, die sofort nach Erscheinen des MAR bzw. seiner Konfiguration auf die erste Gesamtversion von QS® geschult wurden. Diese erste Nutzergruppe aus den Reihen der Pflegenden umfasste fünf Personen, um somit einen Drei-Schicht-Betrieb einschließlich aller Ausfallzeiten abdecken zu können. Sie sollten nach

Ablauf von etwa sechs Wochen eine erste Beurteilung des Systems aus klinischer Sicht geben, um vor der weitergehenden Einführung gegebenenfalls Änderungen der Konfiguration veranlassen zu können.

**Anwenderschulung**

Um einen Betrieb auf drei Bettplätzen zu garantieren, war die Schulung des gesamten Pflegepersonals notwendig. Sie sollte während der drei Monate des Ein-Platz-Betriebes stattfinden. Für die Anwenderschulung wurde ein Arbeitstag vorgesehen, wobei der Vormittag der Schulung der Editierfunktionen in den verschiedenen Bildschirmen gewidmet war, der Nachmittag schwerpunktmäßig dem MAR, da es die komplexesten Funktionen bietet und sich von der Nutzerführung her stark von den übrigen Programmteilen unterscheidet. Im Hinblick auf die Nutzerergonomie ist dies bis heute ein nicht zu unterschätzendes Problem.

Jede einzelne Schulungsgruppe bestand aus fünf Pflegekräften, die in Schulungsräumen, die das Klinikrechenzentrum zur Verfügung stellte, auf nicht an das eigentliche QS-System angeschlossenen Einzelplatzinstallationen ohne Angst vor Fehlbedienungen trainiert werden konnten. In diesem Zusammenhang sollte man mit einem Satz auf die positive Wirkung hinweisen, die eine Schulung außerhalb der Räumlichkeiten der „eigenen" Abteilung mit sich bringt.

**Persönliche Nachschulung**

Zum Abschluss des ganztägigen Trainings vereinbarte der Trainer mit jedem Teilnehmer einen individuellen Termin zu einer Nachschulung von etwa 60 bis 90 Minuten Dauer vor oder nach der Dienstzeit, und zwar rund eine Woche nach der ersten Schulung. Daneben machte er das Angebot weiterer Schulungen, auch direkt am Bettplatz beim Auftreten weiterer Unsicherheiten. Durch all diese Schulungsangebote ergab sich ein Gesamtzeitaufwand von rund acht Arbeitsstunden pro Mitarbeiter. Dieser relativ hohe Ressourceneinsatz sollte sich jedoch spätestens nach Aufnahme des Routinebetriebes bezahlt machen.

**Ausarbeitung eines Notfallkonzepts**

Stellte während des Probebetriebes an einem Bett ein Ausfall der Elektronik aufgrund der parallel geführten Papierdokumentation noch kein Problem dar, so musste zum weiteren Projektverlauf ein Notfallkonzept erstellt werden. Dieses sah vor, dass Probleme mit dem zentralen Applikationsrechner (Server) bzw. solche mit den Bettplatzrechnern (Clients) abteilungsintern durch die Mitglieder der Arbeitsgruppe zu lösen seien, Netzwerkprobleme indessen durch Mitarbeiter des Klinikrechenzentrums. Da dieser Service rund um die Uhr angeboten werden musste, wurde die Einrichtung eines Rufdienstes notwendig, den die Arbeitsgruppe abdeckt; ein Rufdienst des Klinikrechenzentrums bestand schon vorher.

Für den Ausfall eines Arbeitsplatzrechners standen zunächst Ersatzgeräte in speziellen Racks zum Austausch bereit, die im Fall des Falles nur noch auf den entsprechenden Bettplatz konfiguriert werden mussten. Später erhielt die Abteilung ein auf einen Wagen montiertes Notebook mit zusätzlichem Flachbildschirm, das einerseits die Anästhesisten während ihrer Visiten nutzen, andererseits aber auch als schon vorkonfigurierter Ersatzrechner dient. Der so genannte QS-Server wird als zentraler Applikationsrechner durch einen so genannten Backup-Server gesichert, der beim Ausfall des Ersteren in kurzer Zeit als neuer Server konfiguriert werden kann. Erst beim Ausfall beider Rechner ist das System de facto nicht mehr betriebsbereit.

**Weitere Sicherheitsvorkehrungen**

Dies bedeutet dann allerdings, dass die Dokumentation bis zur Behebung der Panne auf den herkömmlichen Papierkurven erfolgen muss, und dies möglicherweise ohne Zugriff auf die vorherigen Patientendaten, also ohne die Aufzeichnungen der Verordnungen und Bilanzen. Aufgrund dieser Problematik wurde die Einrichtung eines zweiten Backup-Rechners beschlossen, der räumlich von den anderen beiden getrennt sein sollte, um größtmöglichste Sicherheit vor einem Datenverlust, dauerhaft oder auch nur passager, zu gewährleisten. In jedem Fall ergab sich die Notwendigkeit, neue Mitarbeiter sowohl auf die digitale Dokumentation als auch auf die mittels Papier zu schulen.

**Genehmigung des Probebetriebes**

Erst nach Vorlage der Konzepte zur technischen Konfiguration, der Schulung und eines Ausfallkonzeptes erhielt die Abteilung vom Personalrat die zeitlich beschränkte Zustimmung zur Aufnahme des Probebetriebes. Größten Wert legte dieser dabei auf die Feststellung, dass keinerlei personalbezogenen Daten dauerhaft in QS® gespeichert werden.

### 4.1.3 Aufnahme des Probebetriebes

**Noch mehr Probleme**

Am 15. September 1998 wurde der Betrieb von QS® an einem Bettplatz aufgenommen. Von Anfang an war das einzige, dafür aber gravierende Problem der Einsatz des Moduls für Verordnungen und Bilanzen, also des MAR. Ließen sich anfänglich extrem häufige Programmabstürze durch Inkompatibilitäten zwischen amerikanischen und deutschen Maßeinheitsbezeichnungen erklären und beheben, so blieb ein grundlegendes Problem weiterhin bestehen: Es handelte sich um den dramatischen Verlust der Arbeitsgeschwindigkeit des MAR bei Patienten mit einer Liegedauer über zwei Wochen, die zu Bildschirmaufbauzeiten von bis zu 15 Sekunden führte. Damit war dieser Programmteil für den klinischen Einsatz noch ungeeignet, eine weitere Verschiebung der Termine zur Einführung unumgänglich.

Erst das Aufspielen einer neuen Programmversion im April 1999 behob diesen Mangel so weit, dass die Aufnahme des Betriebes an drei Betten ohne parallele Papierdokumentation möglich war. Zu diesem Zeitpunkt lag jedoch der Abschluss der Personalschulungen wiederum rund vier Monate zurück, da diese ja langfristig vorgeplant und auf einen Beginn des Betriebes an drei Betten ab Mitte Dezember 1998 ausgerichtet waren. Erschwerend kam hinzu, dass nur der bis dahin einzige Bettplatz nicht für alle Mitglieder des Pflegepersonals ausreichende Möglichkeiten zur Übung mit dem System geboten hatte. Es wurden erneut Nachschulungen notwendig, die im Schnitt pro Pflegekraft nochmals rund zwei Stunden beanspruchten.

**Stagnation und ein neuer Anfang**

Unterdessen waren die ursprünglich für alle drei Projektphasen angesetzten anderthalb Jahre abgelaufen und bisher nur der Betrieb an drei Bettplätzen realisiert. Aufgrund der weiterhin bestehenden Probleme mit dem MAR stagnierte das Projekt, die Freistellung im Pflegedienst wurde ausgesetzt. Im Herbst 1999, kurz nachdem Marquette-Hellige von General Electrics übernommen wurde, machte die Firma ein erneutes Kooperationsangebot einschließlich der Finanzierung der für die weitere Konfiguration in den Projektphasen 2 und 3 notwendigen Personalressourcen. Dieses Angebot wurde von Seiten der Universitätsklinik akzeptiert, jedoch nur unter der Vorgabe, dass MAR in der für den Januar 2000 vorgesehenen neuen QS®-Version für den klinischen Betrieb tauglich sei.

Im Pflegedienst erfolgten die erneuten Freistellungen über Drittmittelfinanzierung ab Januar 2000 mit dem Umfang von zwei Personen, im ärztlichen Dienst ab Mai mit einer Person. Das neue QS® Release erwies sich in der Tat als stabiles, performantes System, der Routinebetrieb an allen Bettplätzen begann im Februar 2000. In den ersten vier Wochen deckten die zwei Pflegekräfte über Schichtdienste die Zeit zwischen 8.00 und 24.00 Uhr ab, die verbleibende Zeit wurde durch Bereitschaftsdienste überbrückt, die bis heute außerhalb der Dienstzeiten des Konfigurationspersonals bestehen.

**Ende gut ...?**

Hiermit war zu Beginn des Monats März 2000 mit einer Verzögerung von rund einem Jahr die Projektphase 1 beendet. Im Verlauf des Sommers 2000 wurden Pflegeplanung und -dokumentation in QS® integriert, wobei GE Medical Systems an einer auf dem

MAR basierenden vollkommen neuen Lösung arbeitet, die im Herbst 2001 erhältlich sein wird. Vom Personalrat erhielt das System aufgrund einer innerhalb des Pflegedienstes durchgeführten Befragung eine zunächst auf sechs Monate begrenzte Betriebsvereinbarung, die erst nach Bearbeitung der in der Befragung zutage getretenen Mängel auf unbegrenzte Zeit erweitert werden sollte. Dies ist seit dem Sommer 2000 der Fall.

Derzeit liegen die Schwerpunkte der Arbeit der Konfigurationsgruppe auf den Themen

- Datenexport für das Controlling (unter Berücksichtigung der DRGs),
- Anbindung eines Fluid Managers an QS® sowie
- Vorbereitung des Einsatzes des Programmmoduls für Pflegeplanung und -dokumentation.

### 4.1.4 Erfolg oder Misserfolg – was bringt die digitale Dokumentation der Pflege?

**Übertragbarkeit der Erfahrungen**

Die geschilderte Einführung des Systems QS® auf der anästhesiologischen Intensivstation ist kaum repräsentativ für den Beginn digitaler Dokumentation am Bettplatz. Es muss bedacht werden, dass hier ein Projekt zur Portierung einer amerikanischen Software auf die Bedürfnisse zumindest im deutschsprachigen Raum initiiert wurde, erschwert durch das Testen eines vollkommen neuen Programmteiles zur Bearbeitung des zweifellos komplexen Gebiets medizinischer Anordnungen und Flüssigkeitsbilanzen. Es wurde also alles andere als ein fertiges Produkt eingeführt, und hier lag auch das größte Problem im Management des Projektes.

**Auswirkungen auf den Arbeitsablauf**

Der Zeitpunkt zum zielgerichteten Einsatz von Personalressourcen zur Konfiguration und Schulung des Systems war letztlich durch die noch laufende Entwicklung einer seiner zentralen Komponenten weitgehend fremdbestimmt. Durch die Verzögerung der Entwicklung um rund ein Jahr ergab sich eine nochmalige Steigerung des ohnehin nicht geringen Schulungsaufwandes in beträchtlicher Höhe. Ebenfalls ist zu bedenken, dass das Umstellen der Dokumentation eine ganze Reihe von Auswirkungen auf den Arbeitsablauf hat, die oftmals nicht ausreichend bedacht werden. Nachfolgend einige Beispiele.

#### 4.1.4.1 Validität der Daten

**Vollautomatisch versus manuell**

Wie soll die Datenübernahme von externen Geräten wie Monitoren und Respiratoren geschehen? Vollautomatisch (z.B. zu jeder vollen Stunde), manuell vom Nutzer getriggert oder eine Kombination beider Verfahren? Das Konfigurationsteam hat sich nach Rücksprache mit dem Datenschutzbeauftragten für die manuelle Triggerung entschieden, da in diesem Fall die Daten als vom Nutzer gesehen und somit validiert gelten. Validierung bedeutet in diesem Zusammenhang jedoch nur die nach Ansicht des Nutzers technisch gesehen korrekte Messung von Werten. Ob diese innerhalb des jeweiligen Normbereiches liegen oder nicht, ist eine vollkommen andere Problematik. Würden die Daten vollautomatisch übernommen, müsste die Validierung durch einen gesonderten Arbeitsschritt unmittelbar nach der Übernahme durchgeführt werden.

#### 4.1.4.2 Mündliche medizinische Anordnungen

Was geschieht, wenn der diensthabende Arzt bei einem Patienten gebunden ist und bei einem anderen Patienten eine dringende medizinische Anordnung getätigt werden muss? In der Papierdokumentation existierte ein separater Anordnungsbogen, die Dokumentation der vom Pflegepersonal bearbeiteten Verordnungen geschah andererseits in der Tageskurve. Diese Trennung besteht im MAR nicht mehr. Soll eine Verordnung als bearbeitet gekennzeichnet werden, so muss sie zwingend vorher im System eingegeben werden.

**Legitim oder nicht?**

Im oben genannten Fall bedeutet dies, die mündlich gegebene Verordnung wird in dringenden Fällen von der betreuenden Pflegekraft getätigt und erscheint unter ihrem Namen im System. Der Arzt muss sie zwingend später gegenzeichnen, um sie zu legitimieren. Dies darf nicht vergessen werden, da ansonsten der Eindruck einer durch eine Pflegekraft angeordneten Medikation entsteht. Dies ist hier noch fataler als in der Papierdokumentation, da der Name der Pflegekraft exakt in der Verordnung gespeichert wird. Also besteht zunächst einmal Klärungsbedarf, in welchen Fällen der Eintrag einer medizinischen Anordnung durch Pflegepersonal überhaupt legitim ist.

#### 4.1.4.3 Wie sieht das Konzept zur Archivierung der digitalen Patientenakten aus?

**Speichermedium CD-ROM**

Mussten während des Probebetriebes auf drei Betten die Unterlagen über einen automatisierten Druckauftrag noch einmal täglich gedruckt, auf Vollständigkeit kontrolliert und dann abgeheftet werden, läuft die Archivierung seit Aufnahme des Routinebetriebes über das Medium CD-ROM. Hierzu werden die Patientendateien einmal pro Woche auf zwei CD-ROMs gebrannt, wobei eine Kopie in der Abteilung verbleibt, die zweite dem Klinikrechenzentrum überbracht und dort in einem Safe verschlossen aufbewahrt wird. Im Fall einer juristischen Auseinandersetzung ist diese CD-ROM das eigentliche Beweismittel, da sie dem Zugriff durch die Klinik entzogen ist.

Dies sind nur drei, wenn auch grundlegend wichtige Faktoren, die bei der Einführung einer digitalen Patientenakte bedacht werden müssen. Sie sollen stellvertretend sein für eine Vielzahl von Vereinbarungen, die einerseits für einen möglichst reibungslosen Betrieb im klinischen Alltag, andererseits jedoch für eine medico-legal einwandfreie Dokumentation sorgen sollen. Vollkommen unbeachtet bleibt bisher jedoch die Frage, ob digitale Systeme zu einer tatsächlichen Entlastung des Personals führen und hiermit Ressourcen für die unmittelbare Patientenversorgung freimachen.

**Pro und Contra**

Hier kann keinesfalls verallgemeinert werden: Einerseits vermindert das System eindeutig den Zeitaufwand für Routinetätigkeiten wie Dokumentation von Vital- und Respiratordaten, Erstellen von Flüssigkeitsbilanzen, Übertragen medizinischer Anordnungen für den nächsten Tag etc. Andererseits ist bis heute das Eintragen abgearbeiteter Verordnungen bzw. der applizierten Flüssigkeiten relativ aufwändig. Von daher präsentiert sich die Umstellung auf eine digitale Dokumentation eher als Nullsummenspiel. Eine tatsächliche zeitliche Entlastung ist erst mit der Einführung eines Fluid Managers bzw. des Moduls zur Pflegeplanung und -dokumentation zu erwarten.

Doch selbst dann bleibt die Frage des Personalaufwandes für die Betreuung des Systems inklusive der Schulung einerseits neuer Mitarbeiter, andererseits neuer Features des Produkts weiterhin bestehen. Der Autor schätzt diesen Aufwand für den Routinebetrieb eines Systems wie des beschriebenen auf etwa 0,25 Planstellen pro beteiligter Berufsgruppe, sprich Medizin, Pflege und Medizintechnik. Die Vorstellung, ein Produkt quasi „von der Stange" kaufen zu können, das ohne oder zumindest mit nur wenig Konfigurationsaufwand die Bedürfnisse einer Intensiveinheit abdeckt, ist bei allen heute angebotenen Systemen vollkommen illusorisch. Bestenfalls können den Entscheidungsträgern innerhalb der Pflege, die über den notwendigen Einfluss auf die Beantwortung der

Frage pro oder contra Einführung eines PDMS verfügen, an dieser Stelle einige Denkanstöße zur Thematik mitgegeben werden.

**Einige Denkanstöße**

Bei in der Bevölkerung heftig umstrittenen Großtechnologien wie beispielsweise der Atomkraft stellte seinerzeit der Soziologe Ulrich Beck (Beck 1972) die Frage nach ihrer sozialen Verträglichkeit bzw. ihrer jeweiligen Relationen in Bezug auf Nutzen einerseits und materielle und eben auch soziale Kosten andererseits. Auch im Mikrokosmos einer Intensiveinheit mag diese Frage berechtigt sein und muss für jede einzelne von ihnen individuell beantwortet werden. Zu den möglicherweise entstehenden sozialen Kosten gehört, neben den vielfältigen Absprachen zwischen den Berufsgruppen, dem Leben dieser im Stationsalltag und den damit oftmals verbundenen Reibungen, auch die Frage, ob die zusehende Technisierung aller Bereiche der Intensivmedizin und -pflege nicht den Schwerpunkt pflegerischen Handelns noch weiter von dem, was Badura und Feuerstein „Beziehungsarbeit" nennen, hin zu technologisch monokausalem Erleben und Handeln in Pflegekontexten verschiebt (Badura/Feuerstein 1996).

Mag diese Befürchtung, zumal in der Sprache zweier Soziologen, noch so abstrakt erscheinen, so wurde sie doch von Pflegenden der AIT in ihrer Sprache ebenso geäußert – und dies zu einem Zeitpunkt, da das System nicht mehr so neu war, bei weitem nicht mehr so viel Aufmerksamkeit benötigte wie zu Beginn und nicht zuletzt in technischer Hinsicht problemlos funktionierte. Aufgrund der Schilderung der Programmeinführung, der damit verbundenen Schwierigkeiten in Bezug auf Ressourcenplanung, zeitliche Abläufe und bisher resultierender Funktionalität müsste die Frage, was es denn der Pflege an „Mehrwert bringt", zumindest zurückhaltend beantwortet werden.

**Viele Diskussionen und wenige Lösungen**

Es gibt jedoch durchaus Punkte, die trotz allem für den Einsatz der EDV im Bereich der Patientendokumentation auch oder sogar besonders durch die Pflegenden sprechen. Qualitative und quantitative Bestimmung sowie die Darstellung von Leistungen der Pflege sind nicht erst seit der Gesundheitsreform Thema von Arbeitsgruppen zur Leistungserfassung, Qualitätszirkeln und ganzen Pflegekongressen. So mangelt es zwar nicht an Diskussion, jedoch bis heute an methodisch unanzweifelbaren und/oder praktisch mit den vorhandenen Ressourcen umsetzbaren Lösungen.

**Fehlender gesetzlicher Druck**

Dies ist nicht zuletzt aufgrund des bisher fehlenden Drucks von Seiten der Legislative und Jurisdiktion der Fall und führt dazu, dass von Seiten der öffentlichen Hand keine Gelder dahin fließen, wo kein Bedarf zur Entwicklung pflegerelevanter Instrumente zur Leistungsdarstellung gesehen wird. Ganz im Gegensatz zur ärztlichen Dokumentationspflicht, die sich mit Einführung der DRGs nochmals verstärkt, zumal im Hinblick auf die Krankenhausfinanzierung die Leistungserfassung und -darstellung der Pflege auch in monetärer Hinsicht weitestgehend bedeutungslos bleibt. Ein Ansatz zur Lösung dieser Problematik mag in der Klärung der Frage liegen, wer zukünftig die ICD-Kodierung vornimmt: Es laufen in der Bundesrepublik mehrere Pilotprojekte, in denen sowohl Mediziner als auch Pflegekräfte kodieren – letztere Berufsgruppe die pflegerelevanten Nebendiagnosen, die durchaus erheblichen Einfluss auf die Höhe der Fallerlöse haben können. Es sei angemerkt, dass an keiner Stelle der DRG-Richtlinien die Kodierung als ausschließlich ärztliche Tätigkeit festgelegt ist: einzig die finale Kontrolle der eingegebenen Schlüssel ist allein Aufgabe des Mediziners.

**Akzeptanzprobleme**

In Bezug auf die Methodik, also die qualitative Komponente der Erfassung bzw. Darstellung von Pflegearbeit, bieten heutige PDMS alleine noch keine Lösung. Erst im Verbund mit einer methodisch abgesicherten zusätzlichen Software, möglicherweise selbst in das System integriert, oder bei kommerziellen Produkten (Beispiel LEP), die mittels speziell erstellter Schnittstellen mit dem PDMS interagieren können, ergibt sich ein gangbarer Weg. Allerdings ist dem Autor keine selbst erstellte und dann in ein PDMS integrierte

Lösung im deutschsprachigen Raum bekannt (sollte er irren, so wäre er an entsprechenden Informationen dringend interessiert). Die Anästhesiologische Klinik der Universitätskliniken Tübingen beispielsweise arbeitet an einer Lösung, die LEP-Methodik in ihr PDMS zu integrieren, nachdem sie einen Feldversuch mit „separatem" LEP-Einsatz inhaltlich erfolgreich abgeschlossen hat.

Die Integration kommerzieller Lösungen steht ebenfalls gerade erst am Anfang der Entwicklung. Dies gilt nicht unbedingt für die technische Umsetzung, in jedem Fall aber für ihre Akzeptanz durch die Kostenträger in Deutschland. In anderen europäischen Ländern ist die Entwicklung schon weiter, bezeichnenderweise jedoch nur in solchen ohne DRG-ähnliche Vergütungssysteme.

**Fehlen einer einheitlichen Nomenklatur**

Ein weiteres Problem, dem sich Leistungserfassung in der Pflege gegenübersieht, speziell im Hinblick auf ihren Einsatz als Instrument zur externen Budgetierung, ist das Fehlen einer einheitlichen Nomenklatur zur Klassifizierung pflegerisch relevanter Symptome ihrer Klientel. Hier hat sich bis heute weder national noch international ein anerkannter Standard setzen lassen. Stattdessen existieren diverse Ansätze (die bekanntesten sind zweifelsohne die ICNP- bzw. die NANDA-Klassifizierung). Neben der rein quantitativen Erfassung durch Systeme wie LEP erscheint eine qualitative Erfassung der Leistungserbringung in Form einheitlich verwandter Pflegediagnosen unerlässlich, synonym zur Kodierung im ärztlichen Bereich nach ICD und OPR. Denn ohne klare Benennung des Auslösers für pflegerische Aktivität, also einer Diagnose, fällt es schwer, von einer echten erbrachten Leistung zu sprechen, sondern es wird streng genommen nur ein Pflegeaufwand quantitativ gemessen.

Auch für den Einsatz von Pflegediagnosen im klinischen Bereich existieren mehrere EDV-basierte Lösungen. Was jedoch nach Wissen des Autors bisher in keinem Programm realisiert ist, jedoch sehr wünschenswert wäre, ist eine Koppelung zwischen ICD und einer Pflegediagnosenklassifikation. Dies würde den Einsatz von Pflegediagnosen enorm vereinfachen. Eine entsprechende Initiative des ICN zur inhaltlichen Integration beider Klassifikationssysteme ist jedoch schon vor Jahren gescheitert, damals aufgrund äthiologischer Mängel in der ICNP-Klassifikation.

**Versuch der Abwägung**

Versucht man vor dem an dieser Stelle grob skizzierten Hintergrund eine Abwägung, ob die Einführung eines PDMS zum jetzigen Zeitpunkt den damit verbundenen Aufwand lohnt, kann man sich des Eindrucks nicht erwehren, Pflege solle sich einerseits durchaus an einem von Seiten beispielsweise der Medizin initiierten Projekt beteiligen, andererseits jedoch nicht als „Lokomotive" der Entwicklung und Einführung fungieren. Dies ist exakt der Weg, der an der Universitätsklinik Freiburg gewählt wurde und letztlich zu einem für alle Berufsgruppen befriedigenden Abschluss der ersten Phase des Projektes QS® geführt hat.

Zu hoffen bleibt, dass die künftige Orientierung der Gesundheitspolitik der Pflege und der von ihr erbrachten Leistung in ihrer gesamten Komplexität endlich den ihr gebührenden Platz gewährt. Die seit langem formulierte Bereitschaft zum Transparentmachen ihres Tuns sollte endlich in die Entwicklung und Einführung geeigneter Instrumente münden können. Dann wird auch die Frage nach dem „Mehrwert" des Einsatzes eines PDMS für die Pflege eindeutig mit Ja zu beantworten sein.

### 4.1.5 Ein vorläufiges Fazit

**Wunsch und Wirklichkeit**

Die Ambivalenz in der Beurteilung des Nutzens einer „elektronischen Patientenakte" ergibt sich nicht aus grundsätzlichen Zweifeln am Sinn der elektronischen Datenverarbeitung. Ob von der Pflege gewollt oder nicht, wird zukünftig ein Arbeiten ohne sie unmöglich sein. Zweifel erwachsen vielmehr aus den relativen oder absoluten Mängeln, mit denen die verwendete Technik, sei es Hard- oder Software, bisher behaftet ist. Auch exakt 20 Jahre nach Einführung des Personal Computers fehlen ihm und der darauf basierenden Software eine Reihe von Fähigkeiten:

- uneingeschränkte Mobilität bei gleichzeitig ausreichender Leistungsfähigkeit
- standardisierte Softwareschnittstellen zwischen Anwendungsprogrammen, speziell über die Grenzen von Betriebssystemen hinweg (siehe in Abb. 3 das Problem des nicht standardisierten Datenaustausches zwischen PDA und Desktop-Computer)
- vorab eingebaute „Intelligenz" in den Anwendungsprogrammen
- intuitiv erlernbare Nutzeroberflächen, die den Anwender sicher durch Ein- und Ausgabeabläufe führen
- effiziente kontextsensitive Hilfestellung durch das Programm

Nicht zuletzt sei die häufig mangelhafte oder gar vollkommen fehlende Dokumentation zu erwähnen.

**Marketing und Produktplatzierung**

Andererseits muss anerkannt werden, dass in den meisten der genannten Punkte durchaus Bewegung in der Entwicklung feststellbar ist – ausgenommen den letzten Punkt, die Dokumentation. Am technischen Know-how der Hard- und Softwareproduzenten dürfte es kaum mangeln. Die Ursachen sind eher im Bereich des Marketings und der jeweiligen Produktplatzierung zu sehen. Bis heute bedeutet die Einführung eines proprietären Standards in einer Software zumeist, dass sich der Käufer dieser Software zumindest für längere Zeit an das Produkt respektive seine Nachfolger bindet. Nicht anders funktioniert dies im Bereich der PDMS-Systeme. Auf dieser Basis werden sich diese Produkte, ungeachtet aller anderen vorab erwähnten Probleme, mittelfristig nicht in beachtlichem Umfang absetzen lassen. Bliebe also auch an dieser Stelle die Hoffnung, dass der Markt es irgendwann schon richten wird!

## Literaturempfehlungen

*Badura, B.; Feuerstein, G.:* Systemgestaltung im Gesundheitswesen. Weinheim/München, 1996.

*Beck, U.:* Risikogesellschaft. Frankfurt am Main 1972.

# Dienstleistungsmanagement/Marketing 6

## 6.1 Kundenzufriedenheit im Krankenhaus?

*von Hans Hartmann*

Aus vielerlei Gründen gehören Kliniken und andere Gesundheitseinrichtungen zu den sehr restringierten Institutionen der Dienstleistungsbranche. Wirkliche Aushandlungsprozesse zwischen Krankenhaus und Patienten, die für Kunden-/Dienstleister-Beziehungen und eine daraus resultierende Kundensouveränität förderlich sind, bestehen nicht. So entsteht über die von den Kliniken betriebene, einseitige Sichtweise des Patienten als „Kunde" und die öffentliche Meinung nicht nur die Gefahr der Dienstbarmachung von Patienten und Diensttuenden, sondern es wird auch einer Form von „struktureller Gewalt" Vorschub geleistet. Der Autor hinterfragt den meist unreflektierten Begriff des „Kunden" und dessen Zufriedenheit im Klinikkontext. Er analysiert und kontrastiert „Kunde" und „Patient" vor dem Hintergrund eigener Erfahrungen für eine angemessene Verwendung der Begriffe in der Komplexität und Widersprüchlichkeit von Klinikwelten.

### 6.1.1 Archaische Klinik – Welt mit moderner Fassade?

**Steigende Ansprüche**

Seit den 90er-Jahren werden, nicht zuletzt durch einen gesellschaftlichen Wertewandel und durch gesundheitspolitische Entscheidungen, neue Diskussionen und Begriffe in die Krankenhäuser gebracht. Die Ansprüche an die Erfüllung der Gesundheitsbedürfnisse in der Gesellschaft werden immer höher, erwartet werden gleich bleibend gute diagnostische, therapeutische und pflegerische Angebote bei gleichzeitiger Kostendämpfung sowie die Transparenz dieser Leistungen. Daraus resultiert ein Servicedenken, das die Patienten immer mehr als Kunden dieser Leistung sieht. Kliniken und Krankenhausmanagement geraten in den letzten Jahren immer mehr unter Druck und damit in die Auseinandersetzung mit ihrer eigenen Klinikwirklichkeit.

**Nachweis der Leistungsfähigkeit und -bereitschaft**

Es wird zunehmend von ihnen gefordert, ihre Leistungsfähigkeit und Leistungsbereitschaft unter Beweis zu stellen und die Qualität der eigenen Arbeit nachzuweisen, um in Zeiten größer werdenden Konkurrenzdrucks auf dem Gesundheitsmarkt weiter zu bestehen. Damit werden Kliniken als moderne Dienstleistungsbetriebe gesehen und ihre Patienten als Kunden, von denen aufgrund weiterer Demokratisierung und einem gesetzlich gestärkten neuen Selbstbewusstsein sogar angenommen wird, dass sie mit den Füßen abstimmen werden, wo sie sich zukünftig behandeln lassen (Badura u.a. 1993). Qualitätsmanagementsysteme wie EFQM, Joint Commission oder DIN EN ISO, in Industriebetrieben oder anderen Dienstleistungsbereichen erprobt, sollen den deutschen Kliniken den Weg weisen (Hessische Krankenhausgesellschaft e.V. 2000).

**Klinik-Rankings**

Einen wichtigen Trend in diese Richtung in den 90er-Jahren zeigte ein Artikel aus dem Magazin „Focus" (38/1994), in dem zum ersten Mal in Deutschland bundesweite Hitlisten für Kliniken veröffentlicht wurden. Für das Erreichen der ersten Plätze war das gute Abschneiden bei sechs Kriterien bedeutsam:

- medizinische Qualität
- Organisation der Pflege
- Patientenfreundlichkeit
- Qualitätssicherung

- Service/Hotelqualität
- Gesundheitsförderung

**Beispiel Herz-Zentrum Bad Krozingen**

Diese gesellschaftlich-politischen Signale unterstrichen damals im Pflegebereich des Herz-Zentrums Bad Krozingen eine gewisse Aufbruchstimmung, die sich an intensiven Erfahrungen mit erfolgreichen Rollenveränderungen im Leitungsbereich und einer Organisationsentwicklung des Subbereiches nährte. Sie weckte die Hoffnung, über diese Verbindung und mit dem „Kunden" im Mittelpunkt des Klinikgeschehens die verhärteten Strukturen flexibler und die Kultur der Klinik für alle Beteiligten, insbesondere mit der Medizin, kommunikativer und kooperativer zu gestalten (Theune 2000).

**Kunden-Dienstleister-Beziehung**

Dieses neue Organisationsmodell wurde im Jahre 1994 mit Hilfe eines externen Trainers zunächst als „Bottom-up-Prozess" im Subbereich Pflege initiiert und ein Jahr später auf das Haupthaus ausgeweitet. Es greift unter dem Stichwort „TQM" (Total Quality Management) den Kundenbegriff systematisch auf und sieht nicht nur die Patienten als Kunden eines Krankenhauses, sondern sämtliche Arbeitsbeziehungen unter diesem Kunden-Dienstleister-Gesichtspunkt. Als zentrales Strukturschema der Organisation unterscheidet es mit partnerschaftlicher Prägung

- externe Kundenbeziehungen
  - zum Beispiel Patient – Krankenpfleger bzw. -schwester,
  - Patient – Arzt,
  - zuweisende Hausärzte oder Krankenkassen – Krankenhaus und
- interne Kundenbeziehungen
  - zum Beispiel Coronarographie – Chirurg,
  - klinisches Labor – Pflegestation/Arzt
  - Verwaltung – Medizin.

**Kundenorientierung als Hauptziel ...**

Dieses (prozessorientierte) Qualitätssicherungssystem und darauf bezogene Organisationsentwicklungsschritte klingen zunächst plausibel, stellen Patienten als Kunden radikal in den Mittelpunkt der Dienstleistungserbringung einer Klinik und machen offensichtlich endlich Ernst mit einer patienten- und mitarbeiterorientierten Organisation. Es erscheint als schlüssiger Weg von einem antiquierten, feudalistischen System hin zu einem modernen Dienstleistungsunternehmen (Biehal 1994). So versuchen in der Folge Kliniken, die Idee der Kundenorientierung aufzugreifen und für sich fruchtbar zu machen. Innovationsbemühungen in Kliniken werden auch äußerlich sicht- und spürbar. Im Zusammenhang mit zum Beispiel architektonischen Veränderungen und Neukonzeptionen bei An- und Neubauten von Kliniken, vielleicht sogar verbunden mit gezielten intensiven Schulungen, wird

- die Krankenhauspforte zum Empfang der Klinik,
- der Pforten(-schalter) zur Bedienungstheke,
- der (vielleicht mürrische, alte) Pförtner zur netten jungen Empfangsdame,
- der enge dunkle Warteraum zum hellen, künstlerisch gestalteten Eingangsbereich,
- die Patientenrufanlage und -auskunft zum modernen „Call-Center",
- das Krankenhaus mit Medizin und Pflege zum Gesundheitszentrum mit Hotellerie und Service und
- damit folgerichtig der Patient zum Kunden.

**... Wunsch oder Wirklichkeit?**

Befinden sich nun aber, so ließe sich kritisch fragen, durch diese äußerlich sehr beeindruckenden Veränderungen die Kliniken in einem wirklichen Wandlungsprozess, und sind die genannten Veränderungen ein Ausdruck davon und damit konstitutiv? Oder bleiben dies äußerliche, marginale Veränderungen, die das innerorganisatorische Leben solcher Einrichtungen, wie der gelebte Arbeitsalltag zeigt, weitgehend unverändert lassen und die die ausgeprägt hierarchische und stark berufsständische Verfasstheit und die inneren Strukturen der Krankenhäuser im Wesentlichen nicht tangieren?

Wie schwierig sich wirkliche Veränderungen im Krankenhaus gestalten, zeigte uns die weitere Entwicklung der im Pflegebereich initiierten „TQM"-Prozesse. Auch wenn ab dem Jahre 1995 vom Management der Klinik (eher appellativ) ein Gesamtanstoß für „TQM" gegeben wurde und dies zu einigen Verbesserungen bei Abläufen und Funktionen innerhalb der Organisation führte, resultierten diese nicht in einer strukturellen Veränderung der Gesamtorganisation. Die Neuerungen im Pflegereich waren den anderen Abteilungen, insbesondere dem dominierenden Medizinsystem, nicht vermittelbar, und die Bemühungen in den so genannten „TQM-Gruppen" versandeten im Laufe von zwei Jahren.

**Veränderungsresistenz von Krankenhäusern**

Solche und ähnliche Erlebnisse scheinen gängige Erfahrungen im Zusammenhang mit Entwicklungsbemühungen von Kliniken zu sein. Warum greifen diese Konzepte der Kundenorientierung nicht oder nur vereinzelt? Der gute Wille allein reicht nicht aus angesichts der Veränderungsresistenz von Krankenhäusern! Sie weisen auf Hindernisse hin und besagen, dass für solche Wandlungsprozesse das in Kliniken vorherrschende, technisch-instrumentelle Know-how gemäß dem medizinischen Paradigma nicht weiterhilft. Erforderlich sind andere Fähigkeiten und Fertigkeiten:

- Reflexionsfähigkeit,
- Kommunikation,
- das Verständnis von Klinik als sozialem Gebilde (Mikrogesellschaft) und
- Sozialkompetenz (vgl. Beitrag 3.1 in diesem Buch) sowie
- ein Verständnis dafür, dass eine Klinik nicht eine Kultur hat, sondern vor allem eine Kultur ist,

in der viele Fragen nach dem Zusammenarbeiten und -leben und dem Sinn der Arbeit gestellt und Antworten darauf gesucht werden müssen (Sievers 1993).

## 6.1.2 Der Patient scheint verloren – der Kunde noch nicht gefunden

**Werden Patienten nicht gefragt?**

Kritisch sehen das wohl auch die Patienten. In Umfragen stellt sich mehr und mehr heraus, zuletzt im Ergebnis einer Studie der Marktforschungsinstitute Emnid und emphasis (2000), dass 84 % der Deutschen davon überzeugt sind, dass sie keinen Einfluss auf gesundheitspolitische Entscheidungen nehmen können. Unter der Überschrift „Wir Patienten werden nicht gefragt ..." werden hauptsächlich Transparenz der Patientenrechte und die fehlende Bildung von Patientenorganisationen bemängelt, um eine größere Einflussnahme gegenüber Arzt und Krankenhaus wahrnehmen zu können und über eine entsprechende Lobby patientengerechte Reformen zu schaffen.

**Patientenwünsche ...**

Konkret heißt dies, dass sich viele Patienten gegenüber Arzt und Krankenhaus „ausgeliefert" fühlen. Das aber hat wenig zu tun mit dem allseits propagierten Bild des „mündigen" Patienten. Was Patienten stört und worunter sie in der Klinik leiden, ist die

Distanz zu ihrer Lebens- und Leidensgeschichte und die Empfindungslosigkeit der Mediziner und Therapeuten. Was sie vermissen und was sie brauchen, ist Interesse und Mitgefühl, Barmherzigkeit und Trost (Deutscher Caritasverband 2000).

Es bedarf einer umfassenderen therapeutischen Sichtweise auf der Basis eines bio-psycho-sozialen Modells des Menschen, das die Biografie der Patienten, deren soziale Lebenswelt und emotive Befindlichkeit wahr- und ernst nimmt und in die Behandlung einbezieht. Gerade deshalb entstehen ja Forderungen nach der Formulierung von Patientenrechten und nach Patientenfürsprechern. Genau darum wird auch die Einrichtung von Ethikforen und die Einbeziehung von Patientenvollmachten, zum Beispiel auf Intensivstationen so wichtig, mit deren Gewährung und Einrichtung sich manche Kliniken sehr schwer tun.

**... und Kundenwünsche**

Kunden jedoch brauchen keine Fürsprecher, sie stellen Forderungen, machen bei Unzufriedenheit Druck und wechseln wenn nötig den Anbieter! Patienten aber rebellieren nicht, die meisten stellen kaum Forderungen, sie sind in der Mehrzahl alt und krank, sie fügen sich in ihr Schicksal und müssen sich damit zufrieden geben, sie wechseln auch nicht das Krankenhaus, sondern viele von ihnen verstummen.

Doch auch die weitere Gegenüberstellung der Begriffe „Patient" und „Kunde" in ihrem jeweiligen Kontext gibt Anlass zum Nachdenken: So lässt sich der Begriff Kunde wohl nicht von „kundig" ableiten, sondern der Kunde ist ein Gast, den man kennt und der immer wieder (gerne) kommt. Der Patient aber ist einer, der leidet und geduldig sein muss. So ist die Übersetzung aus dem Lateinischen. Und die meisten kommen nicht freiwillig und müssen nach wie vor viel warten.

**Das Krankenhaus als Hotel**

Die Institution Krankenhaus wird immer wieder mit einem Hotel verglichen. Im Zusammenhang mit der Vorbereitung und Durchführung eines Pflegemanagementseminars im März 2001, in dem auch ein Forum stattfand mit dem Titel: „Wir sind doch hier nicht im Hotel! Oder können Patienten Kunden sein?", wurde uns im Kreise der vorbereitenden Pflegeleitungen klar, dass einerseits durch die Hotellerieleistungen der Klinik wie Verpflegung, Übernachtung und durch Dienstleistungen der verschiedenen Berufsgruppen gegenüber Patienten durchaus der Eindruck von Kundenbeziehungen entstehen kann. Andererseits sind aber gerade Kliniken in ihrem gesellschaftlichen Auftrag der Patientenversorgung durch Gesetzesordnungen und zahlreiche Auflagen (es geht ja auch um die Sicherheit der uns anvertrauten Patienten) sehr restringiert. Und nicht zuletzt haben wir es in diesen Einrichtungen mit komplizierten Abrechnungsverfahren zu tun – was eben in einem freien Markt gerade nicht der Fall ist.

**Behandlung/ Betreuung der Patienten**

Das wird auch bei den Pflegeleistungen (ganz besonders im häuslichen Bereich und in Pflegeheimen) sichtbar, bei denen Kommunikation und betreuende Pflege durch die Pflegekassen nicht berücksichtigt werden. So bezieht sich Pflege auf grundpflegerische Leistungen und auf spezielle Behandlungspflege, man tut sich aber schwer mit dem Begriff „Betreuung", denn der würde mehr beinhalten als Grund- und Behandlungspflege.

So besteht zwar in Kliniken und in der Pflege ein hoher Qualitätsanspruch, aber gekoppelt mit engen Abrechnungsgrenzen. So sagte Norbert Blüm schon 1994, dass die Beiträge nicht den Aufgaben, sondern die Aufgaben den festgesetzten Beiträgen folgen. Es entsteht in Einrichtungen wie dem Krankenhaus der Eindruck, dass gerade dort, wo es um humane Pflege geht, gespart werden soll. So ist der Terminus „kostenoptimal" im Klinikkontext eigentlich gleichzusetzen mit „rationeller arbeiten" und „sparen" (Petzold 1998). Gute Hotels aber investieren viel, vor allem in Personalentwicklung, damit sie gut bleiben oder sehr gut werden, sie arbeiten nie kostenoptimal!

**Will der Patient denn Kunde sein?**

Im Gegensatz zum Kunden ergibt sich für Patienten in der Klinik keine Unmittelbarkeit des rechtlichen Vertragsverhältnisses. Nach wie vor sind die Kliniken durch stark asymmetrische Beziehungsmuster geprägt. Dies hängt mit der stark hierarchischen Struktur von Kliniken zusammen. Patienten haben oft mit einem Statusdefizit zu kämpfen, sie sind krank und meist alt. Häufig haben Patienten keine Wahlmöglichkeiten und sind auf die Klinik in ihrer Nähe angewiesen.

Aufgrund dieser gravierenden Unterschiede kann man sich des Verdachtes nicht erwehren, dass durch Nichtthematisieren dieser Unterschiede und das Fehlen von Aushandlungsprozessen zwischen Anbieter und Kunde (und damit fehlender Kundensouveränität) durch die Klinik eine einseitige Zuschreibung des Patienten als Kunde erfolgt. Wenn aber die Klinik aus Patienten Kunden machen will und die Patienten (als ältere und kranke Menschen) gar keine Kunden sein können und/oder wollen, was wollen dann die Kliniken und was will eine gewisse öffentliche Meinung damit bezwecken? Und wie wollen die Kliniken über diese „Zweiteilung" der Patienten (die Kunden kommen zu Fuß in die Klinik, die Kranken/Patienten liegend) und mit dem Schwerpunkt auf die Kunden ihren gesellschaftlichen Auftrag noch verstehen (Eckhard u.a. 2000)?

### 6.1.3 „Der Patient/Kunde bleibt Mittel, Punkt."

**Prioritätenliste der Patientenwünsche**

In erster Linie wünschen Patienten keine besseren Serviceleistungen, sondern gute Medizin, personenbezogene Pflege mit hoher fachlicher Kompetenz, und sie wollen aufgehoben sein in der Klinik, ernst genommen werden und wieder genesen oder auch, und das wird allzu oft vergessen, in finalen Krankheitsstadien in der Klinik sterben dürfen. Diese Prioritätenliste der Nachfragen und Wünsche bezüglich Medizin, Pflege und an dritter Stelle „der hygienischen Verhältnisse" hat auch eine Umfrage bei Patienten unseres Zentrums im Sommer 2000 ergeben.

**Echte Zufriedenheit oder nicht eingetretene Befürchtungen**

Wie schwierig solche Umfragen zur Kundenzufriedenheit wirklich sind, zeigen die Überlegungen zu Messkriterien für diese Zufriedenheit und zur Einschätzung der Erwartungen von Patienten. Wahrscheinlich geht es bei den Befragungen mehr um nicht eingetretene Befürchtungen als um echte Zufriedenheit (Hunstein 1999). Das erklärt auch, warum die Zufriedenheit von Patienten während ihres Klinikaufenthaltes besser bewertet wird als danach. Tiefere Bedürfnisse und Sehnsüchte von (gerade alten und schwer kranken) Patienten, die vom Markt nicht befriedigt werden, nämlich Fragen ihres gelebten Lebens zu stellen oder/und auf einem Sterbeweg zu sein und dann auch sterben zu dürfen, wurden oft erst in unseren erfahrungsorientierten Pflegeseminaren und sich daran anschließenden Fallbesprechungsgruppen deutlich (Pulheim 1995).

Im Vordergrund steht wohl die große Abhängigkeit von der Klinik sowie Unsicherheit, und das in Zeiten immer kürzerer Aufenthalte bei steigendem Lebensalter der Patienten. Durch zunehmend schnellere Diagnostik und Akutbehandlung stellt sich die Frage, wie Kliniken mit den nicht mehr gestellten, existenziellen Fragen von Patienten, also Fragen des Lebens und des Sterbens, überhaupt umgehen wollen. Vielleicht wird der immer kürzer werdende Klinikaufenthalt für viele (alte und multimorbide) Patienten zunehmend eine Art Ausnahmezustand und die Zeit darin als „Allgegenwart" (Vortrag von Prof. K. Dörner) empfunden, ohne Vorher und Nachher.

**Kunden und Kundenbetreuer**

So birgt die unreflektierte Benutzung des Begriffs „Kunde" für Patienten auch die Gefahr, dass nur noch eine bestimmte (fitte) Patientenklientel gesehen wird, für die dieser Begriff noch zutreffen könnte, die meisten alten, multimorbiden, schwer kranken Patienten aber davon ausgeschlossen sind (Lustig 1999). Genau das würde aber eine Form „struktureller Gewalt" bedeuten (Petzold 1998). Dies alles hat mit dem eigentlichen

Begriff des Kunden nur noch wenig zu tun. Was soll dann aber mit Kundenzufriedenheit gemessen werden? Und warum werden Krankenschwestern und -pfleger nicht als Kundenbetreuer bezeichnet? Auch die werden nicht gefragt, obwohl sie nach dem TQM-Modell im Primärprozess der Leistungserbringung im Krankenhaus einen wichtigen Kundenstatus haben.

**Umdefinition der Identität des Patienten**

Viele Krankenschwestern und Krankenpfleger wollen den Kundenbegriff nicht, weil dies eine Umdefinition der Identität des Patienten und ihrer beruflichen Sozialisation als Krankenschwestern und -pfleger bedeuten würde. Diese Berufsgruppe erlebt zurzeit wieder einen „Pflegenotstand" (periodisch wohl alle zehn Jahre), ist gekennzeichnet durch Berufsflucht, ringt um Professionalität und ist doch ein „medizinaler Hilfsberuf" ohne Rechte, ohne Autonomie und ohne Gleichberechtigung. Genau das sind aber die längst bekannten Kriterien ihrer Berufszufriedenheit, ihrer Kundenzufriedenheit.

Krankenhäuser täuschen im Verständnis von Dienstleistungseinrichtungen mit der Einführung eines Kundenkonzeptes eine Klinikrealität vor, die es so meistens gar nicht gibt und von manchen sogar als „Feudalismus" oder „Kastensystem" beschrieben wird (Ronald 1991/Kathan 1999, Seite 173 f.). Soll somit der Kundenbegriff auch der ideologischen Verschleierung gravierender Einschnitte in der Qualität der Pflege dienen?

**Der Kundenbegriff als Marketinginstrument ...**

Im Kreise der Pflegeleitungen wurde uns aufgrund unserer eigenen Erfahrungen klar, dass eine zu schnelle und unreflektierte Übernahme des Kundenbegriffs in die Welt des Krankenhauses für Patienten sehr bedenklich ist. Geäußert wurde die Vermutung, dass die Verwendung des Kundenbegriffs im Pflegebereich des Herz-Zentrums Bad Krozingen seit Mitte der 90er-Jahre als ein Ausdruck der Hoffnung auf Verbesserungsbemühungen bei Abläufen und Absprachen, bei der Verringerung hoher Reibungsverluste durch weniger Schnittstellen, für eine höhere Patienten- aber auch Mitarbeiterzufriedenheit unter Marketinggesichtspunkten zu sehen ist. Diese Hoffnung hat sich nicht erfüllt, und der Versuch, über Kundenorientierung eine Organisationsentwicklung einzuführen, ist gescheitert, ebenso wie die Versuche der Umsetzung einer „Patientenorientierung" in der Vergangenheit.

**... und modernistisches Vehikel**

Wären die Bemühungen der letzten Jahrzehnte um mehr „Patientenorientierung" umgesetzt worden und stünde das Patientenwohl wirklich im Mittelpunkt des Klinikgeschehens, bräuchte es wohl für die dringend anstehenden Veränderungsprozesse in den Kliniken – gleichsam als modernistisches Vehikel – auch nicht das neue Konzept der Kundenorientierung. Das ändert auch nicht die Flut der in den letzten Jahren erschienenen Publikationen, die oft kontext- und geschichtslos das Kundenkonzept litaneiartig wie einen neuen Heilsweg für die Kliniken mit ihren ekklesialen Strukturen propagieren und beschwören. Vielfach wird so getan, als ginge es nur um technische Kenntnisse, die man sich mit Hilfe der Spezialisten (geschäftstüchtige Organisationsberater, die sich sehr schnell auf neue Trends und Moden aus Öffentlichkeit und Markt einstellen) innerhalb kurzer Zeit aneignen kann und die das Wunder der „Wandlung" vollbringen.

**Was bleibt: Patienten als Erlös-Erbringer**

Ob Patienten durch neueste Gesetzesinitiativen verbunden mit neuen Zuschreibungen als „Partner des Arztes" und „Co-Produzenten ihrer Gesundheit" über eine (erst noch zu organisierende) institutionalisierte Kundenberatung zum mündigen Patienten werden, mit eigener Konsumentensouveränität (ein neues Etikett?), bleibt als Lösung kritisch zu betrachten und abzuwarten (Reibnitz u.a. 2001). Dabei werden die Patienten/Kunden, auch ungefragt und unverstanden, den Kliniken weiter die Erlöse bringen, sie werden aber wohl keine Erlöserfunktion (Erlöser-Bringer) für diese Einrichtungen übernehmen.

Nur die eigene Selbstbesinnung, also

- organisationales Innehalten und Reflektieren auf allen Ebenen des Managements,
- die Selbstverpflichtung der Klinik auf vereinbarte Werte der Institution mit Leitbild und in Form von Qualitätssicherung (Wieland/Grüninger 2000) sowie
- Selbstbewertung und Fremdbewertung im Rahmen eines fest installierten Qualitätssicherungssystems wie zum Beispiel „KTQ" (Kooperation für Transparenz und Qualität im Krankenhaus)

**Wertereflexion und -management**

könnten den Boden bilden für eine Patienten-/Kundenorientierung und die Möglichkeit wirklicher Zufriedenheit aller Kunden in und mit dem Krankenhaus, insbesondere seiner Patienten.

## Literaturempfehlungen

*Badura, B.; Feuerstein, G.; Schott, Th. (Hrsg.):* System Krankenhaus. Weinheim u.a. 1993.

*Biehal, F.:* Dienstleistungsmanagement und die schlanke Organisation. In: ders.: Lean Service. Bern/Stuttgart 2. Auflage 1994, Seite 9–67.

*Deutscher Caritasverband:* Positionspapier „Der Deutsche Caritasverband als Anwalt und Partner Benachteiligter". In: neue caritas 13/2000, Seite 35–39.

*Eckhard, H.; Böhmer, K.; Resch, K.-L.:* Patientenzufriedenheit – Kundenzufriedenheit: Kritische Gedanken zu einem wichtigen Parameter der internen Qualitätssicherung. In: Phys Rehab Kur Med 10/2000, Seite 37–42.

Focus Nr. 38/1994.

*Hessische Krankenhausgesellschaft e.V. (Hrsg.):* Qualitäts-Management. Anforderungen 2000. Eine Orientierungshilfe für Krankenhäuser. Eschborn 2000.

*Hunstein, D.:* Messung der Patientenzufriedenheit. In: Balk-Info 38 (8/1999), Seite 34–36.

*Kathan, B.:* Das Elend der ärztlichen Kunst. Eine andere Geschichte der Medizin. Wien 1999.

*Lustig, E.:* „Das ist ja fast wie in einem Hotel!" Wieviel Hotellerie braucht der Patient? In: Pflegemanagement 2/1999, Seite 28–30.

*Petzold, H.G.:* „Kundenorientierung" in psychosozialen Institutionen und Organisationen – Kritische Überlegungen zu einer neuen Mode und zu einem „differentiellen Kundenbegriff". In: ders.: Integrative Supervision, Meta-Consulting und Organisationsentwicklung. Paderborn 1998, Seite 395–432.

*Pulheim, P.:* Das Krankenhaus: Ort des Sterbens, Ort des Gebets, Ort der Toten. In: Lebendige Seelsorge 46/1995, Seite 297–301.

*Reibnitz, C. von; Schnabel, P.-E.; Hurrelmann, K. (Hrsg.):* Der mündige Patient. Konzepte zur Patientenberatung und Konsumentensouveränität im Gesundheitswesen. Weinheim u.a. 2001.

*Ronald, H.:* „Expedition" in die ärztliche Berufswelt. In: Deutsches Ärzteblatt 88, Heft 14, 4. April 1991 (35), Seite 652–53.

*Sievers, B.:* Theorie und Praxis der Organisationsentwicklung. In: Pelikan, J.M. u.a. (Hrsg.): Gesundheitsförderung durch Organisationsentwicklung. Weinheim u.a. 1993, Seite 34–43.

*Theune, D.:* Patient befragt – Patient zufrieden? In: Seminarband zum 2. Pflegemanagement-Seminar 2001. Leiten und Führen im Pflegebereich des Herz-Zentrums. Bad Krozingen (Selbstdruck) 2001.

*Wieland, J.; Grüninger, S.:* EthikManagementSysteme und ihre Auditierung. Theoretische Einordnung und praktische Erfahrungen. In: Wieland, J. (Hrsg.): Dezentralisierung und weltweite Kooperationen. Die moralische Herausforderung der Unternehmen. Metropolis 2000.

# 6.2 Die Kundenzufriedenheitsbefragung als Instrument zur Qualitätsmessung in Senioreneinrichtungen

*von Thomas Messner und Winfried Zinn*

Die Zufriedenheit der „Kunden“ sollte im Mittelpunkt der Interessen einer Organisation stehen. Nur eine zuverlässige und kontinuierliche Zufriedenheitsbefragung ermöglicht die Beurteilung und Steuerung durchgeführter Verbesserungsmaßnahmen. Qualität wird transparent und messbar, so dass Senioreneinrichtungen die Möglichkeit haben, gezielt zu reagieren, statt blind zu agieren.

Der Artikel stellt die wesentlichen Aspekte dar, die bei der „Messung der Kundenzufriedenheit“, insbesondere bei Befragungen von Bewohnern und Angehörigen, berücksichtigt werden müssen.

## 6.2.1 Messung der Kundenzufriedenheit

**Kunde im Mittelpunkt**

Das Fundament jedes Kundenzufriedenheitsmanagements bildet die Annahme, dass die Kunden im Mittelpunkt der Interessen einer Organisation stehen. In Senioreneinrichtungen zählen zu den „Kunden“ folgende Personengruppen:

- Bewohner
- Angehörige
- Betreuer
- Hausärzte
- Krankenhäuser
- Krankenkassen
- Mitarbeiter

Das Hauptaugenmerk sollte auf die Bewohner, deren Angehörige und die Mitarbeiter einer Einrichtung gelegt werden, jedoch sind die Bedürfnisse der anderen Beteiligten ebenfalls ausreichend zu würdigen.

**Beweggründe**

Die Motivation einer Einrichtung, ein Kundenzufriedenheitsmanagement systematisch aufzubauen, kann vielfältig sein:

- entscheidende Verbesserung der Lebensqualität der Bewohner als Ausdruck konsequenter Kundenorientierung
- Aufzeigen der Verbesserungspotenziale und Stärken einer Einrichtung, beispielsweise für eine Image steigernde Öffentlichkeitsarbeit
- Aufbau einer strukturierten, internen und externen Qualitätssicherung mit regelmäßigen Kontrollen
- Schaffung einer Vergleichsmöglichkeit mit Mitbewerbern (Benchmarking)
- Hilfestellung bei der Klärung offener Fragen und zur Angebotsoptimierung
- Objektivierung von Gerüchten
- Motivationssteigerung bei Mitarbeitern

**Gesetzliche Verankerung im PQsG**

Nicht zuletzt die gesetzliche Verpflichtung (Verankerung im Pflege-Qualitätssicherungsgesetz [PQsG] seit dem 01.01.2002) führt viele Einrichtungen dazu, ein gezieltes Beschwerdemanagement und regelmäßige Kundenbefragungen durchzuführen. Die Bausteine, die das Fundament eines effektiven Kundenzufriedenheitsmanagements bilden, werden im Folgenden beschrieben.

### 6.2.1.1 Was ist Kundenzufriedenheit?

**Definition**

Bevor man sich Gedanken macht, weshalb wer, wann, wie zu befragen ist und wie man Kundenzufriedenheit am besten messen kann, muss man wissen, was unter Kundenzufriedenheit zu verstehen ist und wie diese entsteht:

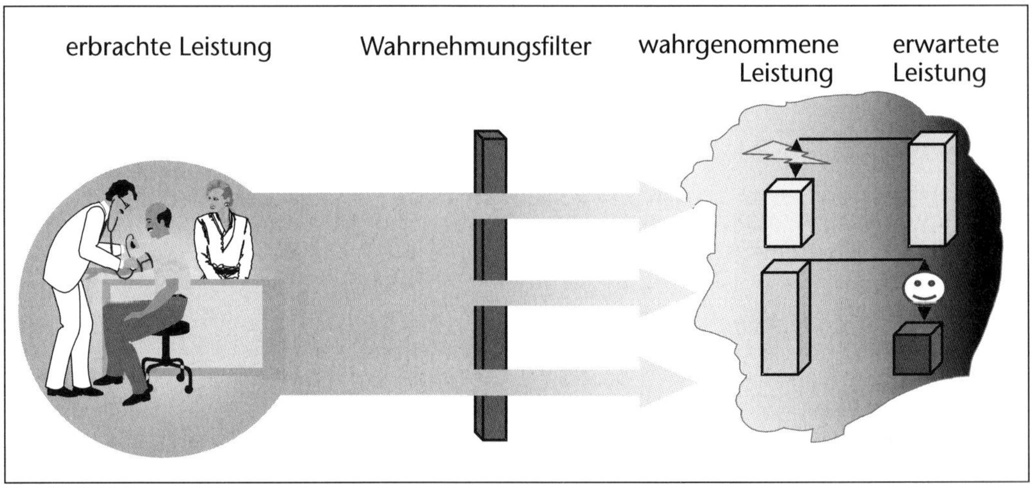


*Abb. 1: Entstehung von Kundenzufriedenheit*

Abbildung 1 zeigt, dass die erbrachte Leistung von den Kunden durch einen individuellen Wahrnehmungsfilter verändert wahrgenommen wird. Aus der real erbrachten Leistung wird die von Kunden wahrgenommene Leistung. Der Kunde vergleicht diese mit seinen Erwartungen und bewertet sie. Damit verbunden ist das Gefühl der Zufriedenheit oder Unzufriedenheit. Vereinfacht kann man sagen:

- Trifft oder übertrifft die wahrgenommene Leistung die erwartete Leistung, folgt Zufriedenheit,
- entspricht sie nicht der Erwartung, kommt es zu Unzufriedenheit.

**Messung der Kundenzufriedenheit**

Für die Messung der Kundenzufriedenheit sind damit zumindest die folgenden drei Aspekte wichtig:

- vom Kunden wahrgenommene Leistung
- vom Kunden erwartete Leistung (Kundenerwartung)
- Leistungsbewertung (Ergebnis des Vergleichs zwischen wahrgenommener und erwarteter Leistung)

#### 6.2.1.2 Wer sollte befragt werden?

**Jede Meinung ist wichtig**

Grundsätzlich ist es notwendig, sich mit der Zufriedenheit aller internen und externen Kunden zu befassen. In der Regel beginnt man mit der Erfassung der Zufriedenheit der primären Kunden, also der Bewohner. Die Angehörigenbefragung erfolgt sinnvollerweise zeitgleich. Auch die Umfrage unter den Mitarbeitern (als internen Kunden) sollte nicht viel später durchgeführt werden, da bei ihnen ansonsten das Gefühl entstehen könnte, dass ihre Interessen in der Einrichtung nicht mit mindestens der gleichen Wichtigkeit verfolgt werden. Die Zufriedenheit und Wünsche der restlichen Zielgruppen (niedergelassene Ärzte, einweisende Krankenhäuser, Krankenkassen) werden mit Hilfe einer Image- oder Einweiseranalyse erfasst.

Insgesamt lässt sich durch eine gezielte, kontinuierlich durchgeführte Befragung aller für eine Senioreneinrichtung relevanten Kundengruppen langfristig eine flexible und vor allem überlebensfähige Organisationsstruktur erreichen.

### 6.2.2 Die „optimale" Bewohner-/Angehörigenbefragung

Die Frage „Wie sieht die ‚optimale' Befragung aus?" lässt sich einfach beantworten: Es gibt sie nicht! Jedes Befragungsinstrument hat Stärken und Schwächen. Es lassen sich jedoch Eckpfeiler bestimmen, die die folgenden Punkte betreffen:

#### 6.2.2.1 Was will ich mit der Bewohner-/Angehörigenbefragung erreichen?

**Verschiedene Ansätze**

In Deutschland wird die Bewohner- und Angehörigenzufriedenheit in Senioreneinrichtungen mit unterschiedlichen Ansätzen abgefragt.

- Kummerkasten
- marketingorientierte Untersuchungen
- Benchmarking-Tools zur Qualitätssicherung und -steigerung

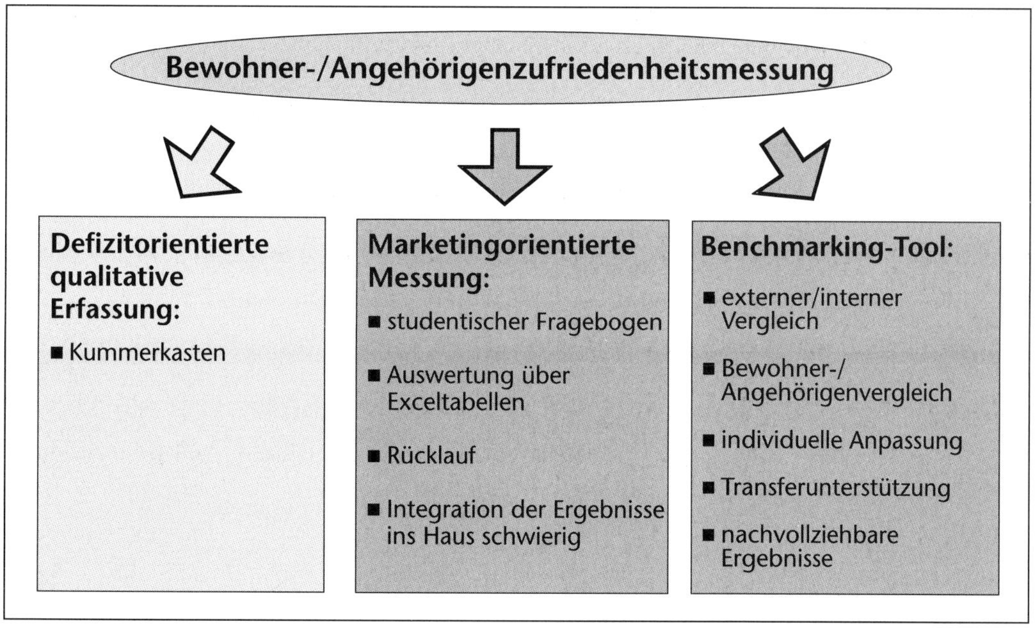


*Abb. 2: Befragungsansätze*

**Kummerkasten**

Der Kummerkasten ist die einfachste Form der Bewohner-/Angehörigenbefragung. In diesem Fall erhalten die Bewohner und ihre Angehörigen einen Fragebogen (meist eine Seite, die am Eingang der Einrichtung ausgelegt wird), auf dem sie ihre positiven und negativen Eindrücke kurz schriftlich niederlegen. In manchen Fällen wird dieser Bogen durch einige Fragen zum Ankreuzen ergänzt. Die Auswertung erfolgt mehr oder weniger systematisch, die Rücklaufquoten sind meist sehr niedrig. Gleichwohl können durch dieses Verfahren augenfällige Mängel schnell lokalisiert werden. Als valides Instrument zur Messung von Qualitätsindikatoren ist der Kummerkasten jedoch nicht geeignet.

**Marketingorientierte Untersuchungen**

Marketingorientierte Untersuchungen zeichnen sich dadurch aus, dass mit den Ergebnissen der Studie vorwiegend Öffentlichkeitsarbeit betrieben werden soll. Besonders augenfällige Ergebnisse lassen sich hierbei mit Notenskalen erzielen. Dabei werden die Bewohner und Angehörigen gebeten, Aspekte des Aufenthaltes im Altenheim zu benoten (Noten von 1 bis 6). Mit solchen Untersuchungsmethoden lassen sich für das einzelne Altenheim hervorragende Ergebnisse erzielen, die sich in der Öffentlichkeit (Medien) sehr gut verwerten lassen.

Da solche Untersuchungen vorzugsweise von Studierenden durchgeführt werden, scheint eine gewisse Wissenschaftlichkeit garantiert. Fraglich ist bei solchen Untersuchungen die Verwendbarkeit der Ergebnisse für ein internes Qualitätsmanagement. Auch fortlaufende Kontrollen sind in der Regel nicht vorgesehen, da die Studierenden nach der Untersuchung meist nicht mehr zur Verfügung stehen. Die Untersuchungen liefert zwar schöne Marketingargumente, valide Ergebnisse für eine interne Qualitätssicherung sind jedoch nur bedingt zu erwarten.

**Benchmarking-Tools**

Werden die Zufriedenheitsmessungen allerdings als Benchmarking-Tools mit wohnbereichsbezogener Auswertung konzipiert, sind sie für verschiedene Zwecke nutzbar. Einerseits wird damit der Vergleich mit anderen Häusern möglich – die eigenen Ergebnisse können anhand von Vergleichsgruppen eingeschätzt und relativiert werden. Andererseits sollte auch eine wohnbereichsbezogene Auswertung der Fragebögen erfolgen, da erst anhand einer solchen Detailauswertung die Ergebnisse für ein internes Qualitätsmanagement nutzbar gemacht werden. Ein Vergleich der Zufriedenheit bzw. der Erwartungen zwischen Angehörigen und Bewohnern ist ebenfalls gegeben, was im Anschluss zielgruppenspezifische Maßnahmen ermöglicht.

**Grafisch gestützte Auswertung**

Die grafisch orientierte Auswertung unterstützt die Einbindung der Ergebnisse in ein aktives Qualitätsmanagement, denn die Ergebnisse müssen auf Wohnbereichsebene verstanden und auch dort umgesetzt werden. Das heißt, Ergebnisse, die ein Statistiker verstehen und interpretieren kann, die jedoch in der Praxis nicht verwertbar sind, sind ungeeignet. Auch lange schriftliche Kommentare werden höchstens auf Heimleitungsebene gelesen, sind aber in der praktischen Arbeit auf den Wohnbereichen nur bedingt hilfreich.

**Der richtige Zeitpunkt**

Für ein intern gesteuertes Qualitätsmanagement ist ein möglichst früher Erhebungszeitpunkt sinnvoll, da eine solche Befragung aussagefähige Ergebnisse liefert und den Einrichtungen zeigt, wo ihre Stärken und Schwächen liegen. Zusätzliche Ansatzpunkte werden auch durch den Vergleich mit anderen Häusern aufgezeigt und sind seit dem 01.01.02 laut PQsG verpflichtend vorzulegen.

#### 6.2.2.2 Wer soll die Arbeit leisten?

Hat die Einrichtung sich dazu entschlossen, die Zufriedenheit der Angehörigen und Bewohner im Rahmen einer Untersuchung zu ermitteln, stehen die Verantwortlichen oft vor der Frage, wer die Arbeit leisten soll und was das Vorhaben kostet. Im Vordergrund stehen dabei zwei Hauptaufgaben:

- Erstellung eines qualitativ möglichst hochwertigen Fragebogens (angepasst an die Bedürfnisse der Einrichtung)

- Umsetzung bzw. Durchführung der Untersuchung

**Untersuchungen in Eigenregie**

Eine Möglichkeit ist, die Untersuchung in Eigenregie zu organisieren, also sowohl die Erstellung des Fragebogens als auch die Befragung selbst durchzuführen.

**Vorteile und Nachteile von Untersuchungen in Eigenregie**

\+ Es existiert im Haus bereits eine Vorlage, die genutzt werden kann.

\+ Die Akzeptanz ist hoch, weil der Fragebogen eigenständig entworfen wurde.

– Die Erstellung eines anspruchsvollen und aussagekräftigen Fragebogens ist sehr aufwändig.

– Ein Vergleich mit anderen Einrichtungen ist nicht möglich.

– Verzerrungen (z.B. soziale Erwünschtheit oder „Interviewer-Effekte") bei der Bewohnerbefragung werden in Kauf genommen, die „tatsächliche" Zufriedenheit wird nicht erfasst.

**Unabhängige Forschungsinstitute**

Einen anderen Weg eröffnen unabhängige Forschungsinstitute, die umfassende Analysen anbieten:

**Vorteile und Nachteile unabhängiger Forschungsinstitute**

\+ Methodisch einwandfreie Arbeit ist bei diesen Institutionen meist garantiert.

\+ Das primäre Interesse der Forschungsgruppen ist es, wissenschaftlich abgesicherte Ergebnisse zu erzielen und nicht Beratungsleistung zu verkaufen.

\+ Die Durchführung der Bewohnerbefragung kann durch speziell geschultes Personal vorgenommen werden.

\+ Der Vergleich mit anderen Einrichtungen (z.B. auch für einzelne Träger oder mit allen Einrichtungen bundesweit) und auf Wohnbereichsebene ist möglich.

\+ Der Vergleich der Bewohner- und Angehörigenzufriedenheit bzw. der Erwartungen ist möglich.

– Nicht alle Institute verfügen über ausreichend vergleichbare Analysen, so dass der externe Vergleich nicht immer gewährleistet ist. Hintergrund ist die häufige Veränderung des Fragebogens.

#### 6.2.2.3 Wie sieht ein guter Fragebogen aus?

**Themengebiete**

Fragen zu folgenden allgemeinen Themengebieten sollten auf jeden Fall enthalten sein:

- Qualität der medizinischen und pflegerischen Versorgung
- Kommunikation zwischen Bewohnern/Angehörigen und Personal/Heimleitung
- Atmosphäre des Hauses
- Infrastruktur (z.B. Zimmer, Erreichbarkeit, Parkplätze)
- Sauberkeit (Reinigung der Kleidung, Zimmer)
- Kontaktmöglichkeiten zu Mitbewohnern und Angehörigenintegration
- Qualität des Essens
- Seelsorge
- Beschäftigungsmöglichkeiten

Auf Wunsch einzelner Häuser können weitere Themenschwerpunkte eingebracht werden. Die entsprechenden Fragestellungen sind auf das Profil der Einrichtung abzustimmen.

**Spezifität**

Für jede Zielgruppe (Bewohner, Angehörige) sollte ein spezifischer Fragebogen eingesetzt werden. Dies gilt insbesondere auch für die Länge des Fragebogens, der an der jeweiligen Zielgruppe auszurichten ist.

**Für Bewohner gilt: maximaler Zeitaufwand für die Befragung = 30 Minuten!**

Grundsätzlich sollte versucht werden, mit einem Minimum an Fragen maximale Informationen zu gewinnen.

**Fragetypen**

Man kann im Allgemeinen zwei verschiedene Fragetypen unterscheiden:

- Reportfragen
- Ratingfragen

Ratingfragen liefern allgemeine Einschätzungen der Patienten zu umfassenden Themengebieten. Reportfragen hingegen beziehen sich auf beobachtbares Verhalten. Die Bewohner und Angehörigen werden gebeten zu beschreiben, ob gewisse Situationen eingetreten sind oder nicht. Die Bewertung der von den Bewohnern/Angehörigen beschriebenen Zustände wird dann den Experten überlassen. Problematisch ist jedoch die Tatsache, dass es grundsätzlich zahllose Reportfragen zu einem einzelnen Vorgang (Prozess) gibt. Folgendes Beispiel verdeutlicht dies im Zusammenhang mit der Aufnahme des Bewohners:

- Die Pflegerin begrüßte mich innerhalb von zwei Minuten.
- Sie gab mir bei der Begrüßung die Hand.
- Sie stellte sich persönlich mit Namen und Funktion vor.
- Sie lächelte bei der Begrüßung.
- [...]

Dieses einfache Beispiel verdeutlicht, dass eine Eingrenzung der relevanten Fragen bei den Reportfragen schwierig ist. Abbildung 3 veranschaulicht die Vor- und Nachteile der beiden Fragetypen:

| | **Rating** (Einschätzung/Zufriedenheitsfragen) | **Report** (beobachtbares Verhalten) |
|---|---|---|
| **Vorteil** | allgemeine Einschätzung im Sinne eines Gesamturteils | „objektiv" von außen überprüfbar |
| **Nachteil** | geringe Differenzierung durch hohe Zufriedenheitswerte | unüberschaubare Anzahl von Fragestellungen |

*Abb. 3: Vor- und Nachteile von Rating- und Reportfragen*

**Antworttypen**

Die „Forschungsgruppe Metrik" testete zuerst drei verschiedene Antworttypen:

**Antworttyp 1**

- stimmt gar nicht
- stimmt weitgehend nicht
- stimmt eher nicht
- stimmt eher
- stimmt weitgehend
- stimmt völlig

**Antworttyp 2**

- stimmt gar nicht
- stimmt eher nicht
- stimmt eher
- stimmt völlig

**Antworttyp 3**

- ja
- nein

**Bodeneffekt**

Alle Antworttypen wiesen ähnliche Probleme auf. Die Teilnehmer an der Befragung kreuzten vor allem den positiven Bereich an. Negative Beurteilungen fielen kaum ins Gewicht (meist war der Anteil in diesem Abschnitt unter 15 %). Ein extremer „Bodeneffekt" (floor effect) machte eine Differenzierung zwischen guten und schlechten Häusern fast unmöglich. Metrik kam deshalb der Empfehlung von J.A. Hall nach und testete die Fünfer-Skala.

**Antwortmöglichkeiten nach der Fünfer-Skala von J.A. Hall**

- schlecht
- akzeptabel
- gut
- sehr gut
- erstklassig

**Fünfer-Skala nach J.A. Hall**

Mit Hilfe dieser Skala kann eine fundamentale Verbesserung der statistischen Kennwerte erreicht werden. Bei vielen Fragen lässt sich nun nahezu eine Gleichverteilung, bei manchen Skalen sogar eine Normalverteilung beobachten. Da die Fünfer-Skala den „Bodeneffekt" behebt, gewährleistet sie eine Differenzierung zwischen besseren und schlechteren Einrichtungen – beziehungsweise zwischen besseren und schlechteren Wohnbereichen.

Zusätzlich sollte neben der Zufriedenheit auch die Relevanz (Wichtigkeit) der betreffenden Themen erfragt werden, nur so lassen sich vertiefende statistische Analysen durchführen:

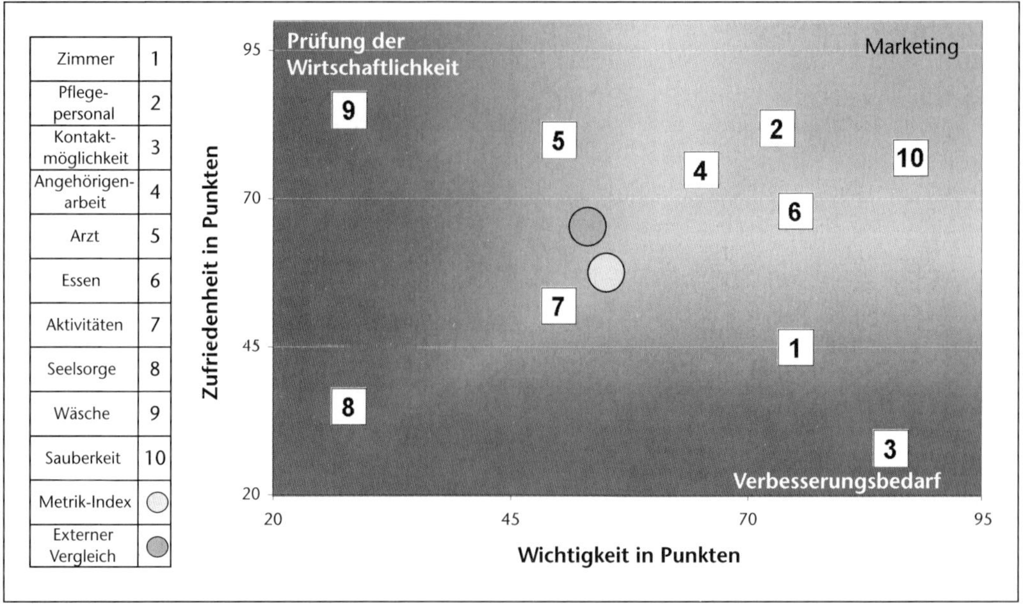


*Abb. 4: Wichtigkeits-Zufriedenheits-Matrix*

### 6.2.2.4 Wo sind die Grenzen einer Bewohner-/Angehörigenbefragung?

**Bewohnerbefragung**

Die Grenzen einer Bewohnerbefragung sind schnell umrissen: Letztendlich sind nur diejenigen Personen zu befragen, die aufgrund ihres Gesundheitszustandes noch befragt werden können. So sollten beispielsweise geistig stark verwirrte Menschen oder Bewohner, die aktuell besonders psychisch belastet sind, von einer Befragung ausgeschlossen werden. Aussagen über das Wohlbefinden dementer Personen zu treffen ist derzeit nur mit Hilfe eines Beobachtungsverfahrens möglich.

**Angehörigenbefragung**

Die Grenzen bei der Angehörigenbefragung sind oft durch eine extrem niedrige Rücklaufquote gegeben. Liegt diese nicht bei mindestens 30 %, sind die Ergebnisse nicht repräsentativ und die Aussagekraft der Studie ist mehr als fragwürdig.

### 6.2.2.5 Wie gelingt die Durchführung der Befragung?

**Vorbereitung**

Grundsätzlich ist für die erfolgreiche Umsetzung der Befragung eine gute Vorbereitung und Informationspolitik notwendig. Die Befragung der Bewohner und Angehörigen darf von den Mitarbeitern nicht als Kontrollinstrument empfunden werden. Dies kann unter anderem durch folgende Maßnahmen erreicht werden:

### Wahrung der Anonymität

Auf die Wahrung der Anonymität sollte bereits im Vorfeld der Befragung im Gespräch mit Bewohnern und Angehörigen ausführlich eingegangen werden, um so den Ängsten der betreffenden Personen entgegenzuwirken. Der Einsatz geschulter, externer Interviewer bei der Bewohnerbefragung sowie die intensive Kommunikation und die Erklärung des Ziels der Befragung sind dabei unverzichtbare Voraussetzungen. Gelingt es nicht, bei Bewohnern und Angehörigen eine Vertrauensbasis herzustellen, wird die Folge eine bedeutend niedrigere Rücklaufquote sein. Die Repräsentativität und somit auch die Aussagekraft der Befragung sind damit fragwürdig.

**Ängsten entgegenwirken, Vertrauen schaffen**

### Rücksendung der Fragebögen

Um bei der Angehörigenbefragung einen reibungslosen Ablauf und eine möglichst hohe Beteiligung (Rücklaufquote) zu gewährleisten, ist es notwendig, dass die Angehörigen die ausgehändigten Fragebögen problemlos abgeben können. Für Angehörige, die regelmäßig in die Einrichtung kommen, können verschlossene Urnen/Boxen zum Einwerfen der Fragebögen aufgestellt werden. Bei einer postalischen Befragung ist auf jeden Fall ein kostenloser Rückumschlag beizulegen. Liegt die Rücklaufquote nach vier Wochen noch unter 20 %, sollten die Angehörigen mit einer Postkarte nochmals höflich zur Rücksendung des Fragebogens aufgefordert werden.

**Einfaches Handling erhöht die Quote**

### Auswahl der Bewohner

Bei der Befragung der Bewohner ist es notwendig, sich im Vorfeld ein detailliertes Bild darüber zu verschaffen, wer mit Hilfe des Fragebogens (und eines Interviewers) tatsächlich noch befragt werden kann. Vor Beginn der Befragung sollte eine Liste vorliegen, in der diese Bewohner vermerkt sind (einschließlich eventueller Besonderheiten, auf die bei der Befragung geachtet werden muss). Im Zweifelsfall entscheidet der geschulte Interviewer, ob die Person befragt werden kann. Je nach Einrichtung liegt der Prozentsatz der Bewohner, die für eine Befragung zur Verfügung stehen, zwischen 30 und 70 %. Die Einrichtung sollte sich weiterhin fragen, ob es für sie wichtig ist, das Wohlbefinden der restlichen Bewohner mit einer anderen Methode (z.B. dem Dementia Care Mapping) zu erfassen.

**Im Zweifelsfall entscheidet der Interviewer**

## 6.2.2.6 Welche Anforderungen an die Ergebnisdarstellung gibt es?

Neben den methodischen Voraussetzungen der Fragebogenerstellung und der Durchführung der Befragung ist die Darstellung der Ergebnisse einer der wichtigsten Grundpfeiler der Befragung. Denn was nützen die schönsten statistisch abgesicherten Ergebnisse, wenn diese von der Basis nicht verstanden werden? Die Chance auf eine praktische Umsetzung der Ergebnisse besteht nur dann, wenn die Mitarbeiter diese nachvollziehen können. Als besonders hilfreich haben sich daher grafische Darstellungen der Ergebnisse erwiesen, denn ein Bild ist aussagefähiger als tausend Worte. Ausschweifende Analysen werden von den wenigsten gelesen und haben somit nur eine geringe Chance, umgesetzt zu werden.

**Nachvollziehbarkeit statt ausschweifender Analysen**

Im Idealfall werden die Ergebnisse den Mitarbeitern von einer fachkundigen Person präsentiert. So lassen sich wichtige Ergebnisse hervorheben und eventuelle Fragen direkt beantworten. Wenn es gelingt, die Mitarbeiter zur Planung und Durchführung konkreter Verbesserungsmaßnahmen zu motivieren, kann man von einem Meilenstein der Qualitätsentwicklung im eigenen Altenheim sprechen.

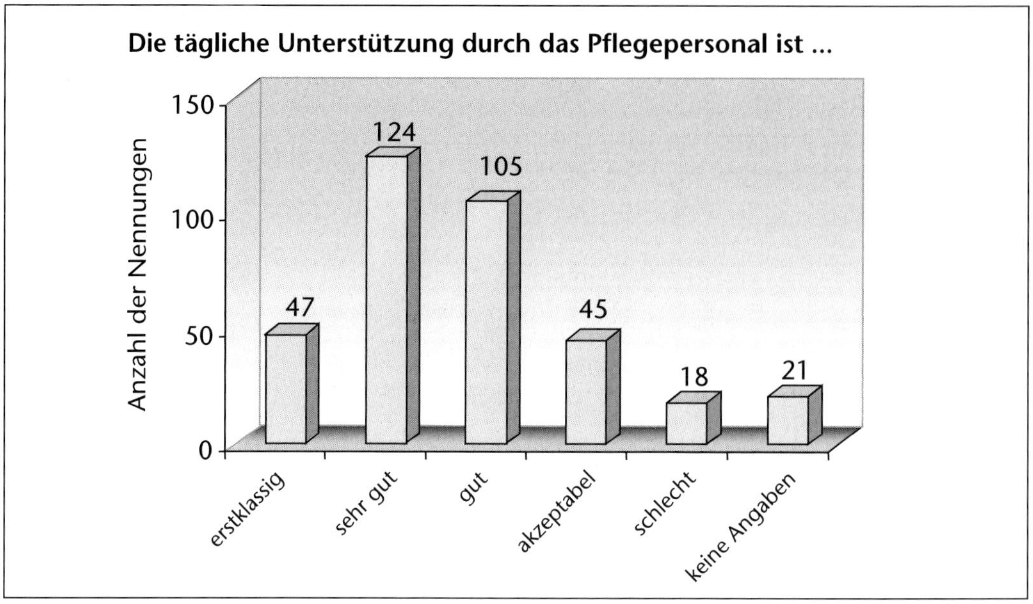


*Abb. 5: Grafische Darstellung der Zufriedenheitsbeurteilung*

#### 6.2.2.7 Wie sollen die Ergebnisse verwertet werden?

**Unterschiedliche Reaktionen**

Im Anschluss an die Ergebnispräsentation einer Bewohner-/Angehörigenzufriedenheitsanalyse sind meist sehr unterschiedliche Reaktionen zu beobachten:

- Die Ergebnisse werden ignoriert und der Bericht wird im „Tresor verwahrt". Dies ist meist der Fall, wenn die Einrichtung sich nicht bewegen will.
- Die Ergebnisse werden als reines Controllinginstrument genutzt. Der Druck auf die Mitarbeiter wird weiter erhöht und die Angst vor Repressionen steigt.
- Die Analyse wird ausschließlich für Zwecke der Öffentlichkeitsarbeit genutzt. Es erscheinen Berichte in der Hauszeitung und die regionale Presse wird informiert. Vorzugsweise werden die Stärken der Einrichtung herausgestellt.

Den größten Nutzen erzielt man jedoch über folgende Schritte:

- Der Bericht und die Präsentation werden als Basis für intensive Diskussionen in der gesamten Einrichtung genutzt: Gespräche finden statt innerhalb der Mitarbeiterschaft, zwischen Mitarbeitern und Bewohnern, eventuell zwischen Heimbeirat und Angehörigen etc.
- Auf der Basis dieses Austausches lassen sich Verbesserungsprojekte planen und anschließend durchführen.
- Der Erfolg dieser Projekte wird mittels Folgebefragungen ermittelt, gegebenenfalls werden die Maßnahmen korrigiert. Diese Maßnahmen werden somit Teil eines systemorientierten Qualitätsmanagements.
- Das Altenheim „lernt", sich den Bedürfnisse und Anforderungen der Kunden anzupassen.

Denn nur so wird das Hauptziel eines Qualitätsmanagementsystems, nämlich kontinuierliche Verbesserungsprozesse in der Einrichtung zu initiieren, erreicht. Es entsteht eine „Lernende Organisation", die sich flexibel an Kundenbedürfnissen orientiert und damit überlebensfähig bleibt.

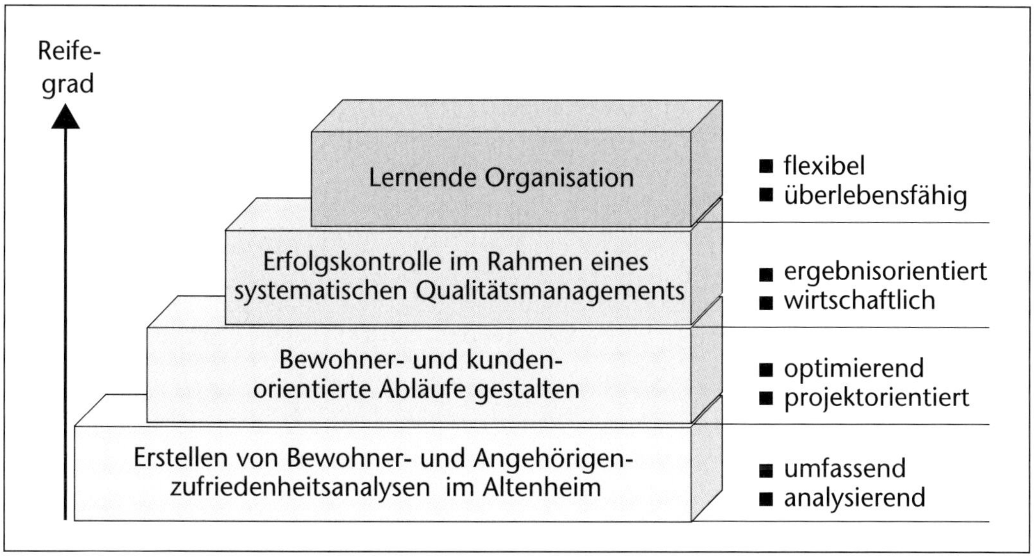


*Abb. 6: Der Reifegrad einer Organisation*

**Literaturempfehlungen**

*Aaronson, W.E. et al.:* Do For-Profit and Not-For-Profit Nursing Homes Behave Differently? The Gerontologist, 34/1994, Seite 775–786.

*Adams, A.S. et al.:* Evidence of self-report bias in assessing adherence to guidelines. International Journal for Quality in Health Care 11/1999, Seite 187–192.

*Ammentorp, W. et al.:* Quality assurance for long-term care providers. London 1991.

*Arling, G. et al.:* Risk Adjustment of Nursing Home Quality Indicators. In: The Gerontologist 37/1997, Seite 757–766.

*Atteslander, P.; Kneubühler, H.U.:* Verzerrungen im Interview. Beitrag zu einer Fehlertheorie des Interviews. Opladen 1976.

*Ax, W.:* Schrittweise zum Erfolg – gelebtes Qualitätsmanagement im Marienheim in Siegen. In: Altenheim 9/1998, Seite 24–29.

*Berger, G.; Gerngross-Haas, G.:* Wo liegen die Stärken und Schwächen? Von der Qualitätsdiagnose zur Qualitätssicherung. In: Altenheim 3/1997, Seite 28 ff.

*Berger, G.; Gerngross-Haas, G.:* Schlagwort zum Praxiskonzept. SIESTA: Für mehr Kundenorientierung im Pflegeheim. In: Altenheim 10/1999, Seite 14 ff.

*Berger, G.; Gerngross-Haas, G.:* Siesta Qualitätsdiagnose, Konzeption, Durchführung. In: Altenheim 10/1999, Seite 14 ff.

*Berger, P.L.; Majerovitz, D.:* Stability of Preferences for Treatment Among Nursing Home Residents. The Gerontologist 38/1999, Seite 217–223.

*Bettal Quality Consultancy/Fraunhofer-Institut für Arbeitswirtschaft und Organisation:* Gemeinschaftsprojekt-Handbuch zur Qualitätssicherung, Pilota-Mobiles Fortbildungsteam Altenhilfe: Handbuch Selbstbewertungssystem für stationäre Einrichtungen der Altenhilfe. Stuttgart/Frankfurt a. M. 1998.

*Bliesmer, M.; Earle, P.:* Nursing Home Quality Perceptions. Journal of Gerontological Nursing 19/1993, Seite 27–34.

*Blonski, H.:* Service-Management in der Pflege. Hagen 1998.

*Borg, I.:* Affektiver Halo in Mitarbeiterbefragungen. ZUMA-Arbeitsbericht 03/2000.

*Bortz, J.; Döring, N.:* Forschungsmethoden und Evaluation. Berlin/Heidelberg, 2. Auflage 1995.

*Bucher-Wachter, B.:* Lebensqualität im Altenheim: Vorstellungen des Personals und der Bewohnerinnen im Vergleich. Seminararbeit am Pädagogischen Institut der Universität Zürich, Zürich 1997.

*Canadian Council on Health Service Accreditation (CCHSA):* Standards for Long Term/Continuing Care Organizations. A Client-centred Approach. Ottawa 1997.

*Chassin, M.R. et al.:* The Urgent Need to Improve Health Care Quality. JAMA, 280/1998, Seite 1000–1005.

*Cohen-Mansfield, J.: Ejaz, F.K.; Werner, P.:* Satisfaction surveys in long-term care. New York 2000.

*Eisenreich, T.:* Soziale Dienstleistungen erfolgreich verkaufen. Professionelle Vertriebsstrukturen mit Konzept. Starnberg 2001.

*Gebert, A.; Kneubühler, H.-U.:* Qualitätsbeurteilung und Evaluation der Qualitätssicherung in Pflegeheimen – Plädoyer für ein gemeinsames Lernen. Bern/Göttingen/Toronto/Seattle 2001.

*Griffin, A. et al.:* Die besten Methoden zu mehr Kundenzufriedenheit. Harvard Business Manager, 3/1995, Seite 65–76.

*Hall, J.A.; Dornan, M.C.:* What patients like about their medical care and how often they are asked: a meta-analysis of the satisfaction literature. Soc.Sci.Med., Vol. 27, No. 9/1988, Seite 935–939.

*Kämmer, K.; Hennecke, M.; Trapp, F.; Bruns-Waigand, W.:* Qualitätsverfahren im Überblick: Der Weg zum besten System. In: Reihe Qualität. Hannover 2001.

*Knäpple, A.:* Verbesserung der Qualität der Pflege. Die Ersatzkasse 3/2000.

*Lavizzo-Mourey, R.J. et al.:* Ability of Surrogates to Represent Satisfaction of Nursing Home Residents with Quality Care. Journal of the American Geriatric Society, 40/1992, Seite 39–47.

*Mattimore, T.J. et al.:* Surrogate and Physician Understanding of Patients' Preferences for Living Permanently in a Nursing Home. In: Journal of the American Geriatric Society, 45/1997, 818–824.

*Meffert, H.:* Marketing. Wiesbaden 1998.

*Meyer-Hentschel Management Consulting:* Handbuch Seniorenmarketing. Frankfurt/M. 2000.

*Morton, I.:* Person-Centred Approach to Dementia Care. Bicester 1999.

*Müller-Hergl, Ch.:* De-menz und Re-menz: Positive Personenarbeit und Dementia Care Mapping. Geriatrie Praxis, 6/1996, Seite 18–23.

*Paul-Lempp-Stiftung:* Was versteht man unter menschenwürdiger Pflege? Studie des Instituts für Demoskopie Allensbach, Stuttgart 1997.

*Paul-Lempp-Stiftung:* Demenz – Verstehen kommt von Beobachten: Abbildung des Wohlbefindens von demenziell Erkrankten mit der Methode „Dementia Care Mapping" (DCM). Begleitstudie einer Pilotphase bei der Anwendung von Messinstrumenten. Paul-Lempp-Stiftung, Stuttgart 2001.

*Preyer, H.R.:* Kundenzufriedenheit. Frankfurt/M. 1998.

*Quarterpelle, A.Q.; Larsen, G.:* Kundenzufriedenheit: Wie Kundentreue in Dienstleistungsbereich die Rentabilität steigert. Berlin/Heidelberg 1996.

*Schmitz, M.; Hofmann W.:* Qualitätsmanagement für Senioreneinrichtungen DIN EN ISO 900l – § 80 SGB XI – Aus der Praxis für die Praxis. Hannover 2000.

*Schuhen, A.:* Marketing in der stationären Altenhilfe. Zeitschrift für öffentliche und gemeinwirtschaftliche Unternehmen, Beiheft 22/1997.

*Sehlbach, O.:* Marketing Praxis: Am Kunden orientieren – die Belegung sichern. In: Reihe Management. Hannover 1999.

*Sehlbach, O.:* „Am Puls der Kunden" – Befragungen in stationären Altenhilfeeinrichtungen. In: Heim und Pflege, 2/2000, Seite 56–63.

*Sehlbach, O.:* Wie Wünsche erforscht werden. In: Altenheim 11/2000, Seite 24–26.

*Stiftung Warentest:* Lückenhaft bis ärgerlich. Test der Beratung von Altenheimen. In: Stiftung Warentest (Hrsg.): Test Heft 10/1997.

*Titz, K.; Paratsch, F.:* Unser Ziel: Ihre Zufriedenheit. Gemeinsam mit Bewohnern die Qualität verbessern. In: Altenheim 10/2001, Seite 26–29.

*Töpfer, A.:* Zehn Schritte zur Messung und Steigerung der Kundenzufriedenheit. In: Töpfer, A. (Hrsg.): Kundenzufriedenheit messen und steigern. Neuwied/Kriftel/Berlin 1996, Seite 229–274.

*Töpfer, A.; Mann, A.:* Kundenzufriedenheit als Meßlatte für den Erfolg. In: Töpfer, A. (Hrsg.): Kundenzufriedenheit messen und steigern. Neuwied/Kriftel/Berlin 1996, Seite 25–81.

*Wing, M.J.:* The Arthur Andersen Guide to Talking with your Customers. What they will tell you about your business, when you ask the right questions. New York 1997.

*Zinn, J.S. et al.:* Measuring Satisfaction with Care in the Nursing Home Setting: The Nursing Home Resident Satisfaction Scale. The Journal of Applied Gerontology, 12/1993, Seite 452–465.

## 6.3 Werte als strategisches Erfolgspotenzial konfessioneller Organisationen

*von Thomas Eisenreich*

Die zunehmende Ökonomisierung sozialer und gesundheitlicher Dienstleistungen stellt vor allem konfessionelle Dienstleister des Sozial- und Gesundheitsmarktes vor eine große Herausforderung: Wie können die traditionellen, christlich und kirchlich geprägten Werte in der Zukunft bewahrt werden, wenn die Kostenträger auf diese Kriterien in Budget- und Pflegesatzverhandlungen nicht eingehen? In diesem Beitrag werden Möglichkeiten vorgestellt, wie diese Herausforderung zukünftig erfolgreich bewältigt werden kann.

### 6.3.1 Ausgangslage

**Produktorientierung**

In allen Sparten des Gesundheits- und Sozialwesens gewinnt die so genannte Produktorientierung zunehmend Gewicht. Mittels Leistungsbeschreibungen werden für alle Anbieter vergleichbare Leistungen hinsichtlich der Struktur-, Prozess- und Ergebnisqualität beschrieben. Zeitgleich geht der Trend hin zu Durchschnittspreisen für bestimmte Leistungstypen. Besteht im Rahmen der Leistungsvereinbarungen zumindest noch theoretische die Chance, organisationsspezifische Werte einfließen zu lassen, so wird dieser Ansatz bei Abschluss von einheitlichen Vergütungen zwangsläufig zunichte gemacht.

**Grund- und Wahlleistungen**

Ein Ausweg aus diesem Dilemma bietet gerade diese zunehmende Ökonomisierung des Gesundheits- und Sozialmarktes. Zwar spricht die offizielle Politik noch nicht von einer gewollten Teilung der Leistungen in Grund- und Wahlleistungen. De facto ist aber dieser Weg schon längst eingeschlagen und an vielen Stellen bereits realisiert worden. Die öffentlichen Kostenträger beispielsweise verweigern zunehmend Leistungen oder kürzen diese. Zunehmende Ökonomisierung bedeutet also heute, dass der Bürger zunehmend Eigenleistungen erbringen muss. So lag der Ausgabenanstieg der Privathaushalte zwischen 1998 und 2000 für Gesundheitsausgaben bei über 50 % (Bundesamt für Statistik 2002). Es ist davon auszugehen, dass sich dieser Trend auch im Zeitraum 2000 bis 2002 und in den Folgejahren entsprechend fortsetzt.

### 6.3.2 Entscheidungskriterien bei der Anbieterauswahl

Aufgrund dieser Entwicklung bekommen der direkte (primäre) Nutzer der Angebote sowie dessen Angehörige eine zunehmende Entscheidungsmacht. Das Verhalten der Nutzer bei der Auswahl des für sie passenden Anbieters orientiert sich dabei an den bekannten Verhaltens- und Entscheidungsmustern, die aus dem Dienstleistungs- und Verbrauchsgüterverkauf bekannt sind.

**Subjektiver Nutzen**

So ist nicht die formale Produkt- oder Dienstleistungsgüte das entscheidende Auswahlkriterium, vielmehr sind die weichen Faktoren, der so genannte subjektive Nutzen bzw. Mehrwert, entscheidend. Sehr plakativ werden häufig die Freundlichkeit der Mitarbeiter, die primäre Kundenorientierung des Dienstleistungsunternehmens oder vergleichbare Kriterien genannt. Im Grunde geht es immer darum, dass der Kunde als Partner mit seinen Wünschen erst einmal ernst genommen wird. Das bedeutet nun aber nicht, immer nach „seiner Pfeife zu tanzen". Vielmehr müssen beide Parteien, Kunde und

Anbieter, sich über eine Leistung nebst sämtlichen angrenzenden Bedingungen einigen. Nur dann wird der Anbieter bereit und in der Lage sein, seine Leistung zu erbringen, und auf der anderen Seite der Kunde diese Leistung auch bezahlen wollen.

**Preissensibilität der Kunden**

Die Preissensibilität der Kunden nimmt dabei bei durchgehender Erfüllung der Kundenerwartungen und steigendem subjektiven Nutzen regelmäßig ab. Beeinflusst wird dies auch vom Image einer Marke. Aus dieser Erkenntnis heraus reduzieren sich viele Beschwerden in Einrichtungen des Sozial- und Gesundheitswesen auf eine fehlende Erfüllung von Erwartungen und einem damit einhergehenden, subjektiv als zu hoch empfundenen Preis der Leistung. Die subjektiv wahrgenommene Qualität aus Kundensicht stimmt dabei oftmals nicht mit den eher formalen Qualitätskriterien der Einrichtungen überein. Drastischer ausgedrückt: Was helfen die besten Fortbildungsstandards, wenn die Bewohner eines Pflegeheimes sich nicht wohl fühlen und die Mitarbeiter sich nicht um sie kümmern?

## 6.3.3 Besondere Kundenbeziehung

**Kunden- und Mitarbeiterzufriedenheit**

Der Kundenbegriff und die zu erreichende Kundenzufriedenheit werden oftmals sehr einseitig diskutiert und interpretiert. Kundenzufriedenheit wird darauf reduziert, dem Kunden jeden Wunsch recht zu machen, egal mit welchem Aufwand oder mit welchem Verlust an Motivation der Mitarbeiter. Wie schon gesagt: Es sind immer zwei Parteien beteiligt. Die dienstleistungserbringende Einrichtung muss also klar definieren, was ihre konkrete Form der Kundenorientierung ist und bis zur welcher Grenze die Kundenforderungen erfüllt werden können. Wird diese Grenze überschritten, muss die „Nichterfüllbarkeit" dem Kunden kommuniziert werden, da man den Kunden ernst nimmt und daher mit ihm nach Lösungen suchen muss, damit beide Seiten zusammenarbeiten können. Im Grunde entspricht dies dem christlichen Menschenbild, in welchem der Mitmensch mit seinen Sorgen, Nöten und Wünschen ernst genommen wird. Dabei sind sowohl die Kunden wie auch die Mitarbeiter zu betrachten.

## 6.3.4 Spezifische Problematik im Sozial- und Gesundheitsmarkt

### 6.3.4.1 Abhängigkeitsprinzip

**Erwartungserfüllung auch in Notsituationen**

Nun sind im Gesundheits- und Sozialmarkt auf den ersten Blick die oben genannten Grundregeln des Dienstleistungsmanagements nicht einfach zu übertragen. Vorrangig werden hier die Notlagen bzw. Abhängigkeitsbeziehungen der Kunden in Krankenhäusern und Pflegeeinrichtungen genannt. Allerdings stimmt dies, wenn man sich andere Branchen ansieht, nicht. In vielen Fällen sind wir bei der Beauftragung von Dienstleistern in Situationen, in denen wir Hilfe und Unterstützung benötigen, und ärgern uns, wenn unsere Erwartungen als Kunden nicht erfüllt werden. Zu nennen sind beispielsweise Werkstätten, die Reparaturtermine nicht einhalten, nachdem der Wagen eine Panne hatte, oder Handwerker, die ein verstopftes Abflussrohr reinigen sollen und nicht zum vereinbarten Termin erscheinen.

Die Beispiele lassen sich beliebig fortsetzen. Gemeinsam ist ihnen, dass man zähneknirschend bezahlt, mit der Leistung aber nicht zufrieden ist. Ein anderes Bild ergibt sich, wenn die eigenen Erwartungen hinsichtlich Schnelligkeit, Freundlichkeit etc. erfüllt werden. Bekommt man zusätzlich noch einen guten Tipp, wie man zukünftig einen drohenden Rohrverschluss rechtzeitig erkennen und beheben kann, dann entsteht ein subjektiver Nutzen – nicht nur dadurch, dass man die Toilette wieder benutzen kann, sondern auch, dass man vor einer Wiederholung der Situation bewahrt bleibt. Man wird dann sicherlich auch eine Empfehlung aussprechen, also positiv über den Dienstleister kommunizieren.

**Marken bestimmen Kaufverhalten**

Kaufentscheidungen werden wesentlich von Marken beeinflusst. Dies gilt nicht nur für einmalige Käufe, sondern auch für laufende Beschaffungen. So gilt dies für unseren Autokauf, für die Buchung einer Reise, aber auch für Waschmittel. Marken geben uns Sicherheit, das richtige Produkt oder die richtige Dienstleistung gekauft zu haben. Nicht zu vernachlässigen ist das Markenimage, das dem Nutzer eines Produktes oder einer Dienstleistung die Zugehörigkeit zu einer bestimmten Lebensweise, einer Einkommensgruppe etc. vermittelt. Marken sind weniger auf die direkten Produkteigenschaften ausgerichtet, sondern zielen auf subjektiven Mehrwert des Käufers ab.

**Subjektiver Mehrwert bestimmt Preis**

Die Investition in eine Marke hat immer das Ziel, einen höheren Preis für eine Dienstleistung oder ein Produkt zu erzielen. Der subjektive Mehrwert ist in Euro bewertet, die Differenz des Preises eines Markenproduktes im Vergleich zu einem Nichtmarkenangebot mit gleichen oder vergleichbaren objektiven Produkt- oder Dienstleistungseigenschaften. Nur durch diese realisierte positive Erlösdifferenz rechnen sich die Investitionen in das Marketing, in das Qualitätsmanagement und die Mitarbeiter. Im weiteren Text wird der zu erreichende subjektive Mehrwert aus der konfessionellen Ausrichtung einer Organisation bzw. einer Einrichtung als *konfessioneller Mehrwert* bezeichnet.

**Kaum Markenpolitik**

Konfessionelle Träger und Einrichtungen haben es bisher kaum Markenpolitik betrieben. Einige private Betreibergesellschaften sind auf diesem Weg ein Stück weiter, aber auch nur sehr vereinzelt. So sind auch konfessionelle Einrichtungen heute als eine einheitliche Marke nicht oder kaum wahrnehmbar, wobei allein schon die konfessionelle Ausrichtung ein wesentliches Markenkriterium darstellen könnte. Denn Marke bedeutet auch, dass es Elemente geben muss, durch die sich Markenprodukte von anderen Angeboten unterscheiden, und dies möglichst auch auf der Ebene der eigentlichen Produkt- bzw. Dienstleistungseigenschaften (Produktqualität) sowie des subjektiven Mehrwerts.

**Leistungen zum Einheitspreis**

Genau dies können christliche Werte im Rahmen einer sozialen oder gesundheitlichen Dienstleistung abdecken, sofern sie denn als solche erkannt, beschrieben und durchgehend umgesetzt werden. Nur bei einer nachhaltigen wertorientierten Erbringung der Dienstleistung entsteht sukzessive ein Markenprodukt; daher darf es kein Zufall sein, wann und wie christliche Werte in einer konfessionellen Organisation zum Ausdruck kommen. Jedoch liegt die Schwierigkeit derzeit darin, dass durch die Kostenträger die Leistungen zum Einheitspreis angeboten werden (sollen), also die Zielsetzungen einer Investition in den Aufbau einer „klassischen" Marke, nämlich höhere Preise, nicht erzielt werden können.

**Ziele der konfessionellen Marke**

Daher müssen konfessionelle Organisationen nun erst einmal bestimmen, welche Zielsetzung denn ihre Marke haben soll. Dient sie der Durchsetzung höherer Preise oder der Durchsetzung von christlichen Werten in einer zunehmend materialistischen und ökonomischen Ausrichtung des Gesundheits- und Sozialwesens?

### 6.3.4.2 Kundensegmentierung

**Zielgruppe: wohlhabend und einkommensstark**

Solange eine alleinige Konzentration auf eine zahlungsfähige Zielgruppe seitens der Dienstleister des Sozial- und Gesundheitsmarktes stattfindet, lassen sich die Erfahrungen aus dem Dienstleistungsmanagement relativ einfach übertragen. Man muss nur die Kundenerwartungen erfüllen, eine Marke mit einem hohen Imagewert aufbauen und alles mit einem entsprechenden Preis koppeln, der dem konfessionellen Mehrwert entspricht, dann sind alle Schwierigkeiten gelöst. Damit ist aber erst einmal nur die faktische Umsetzung der sich abzeichnenden Differenzierung des Marktes in Grund- und Wahlleistungen nachvollzogen. Die Marke „konfessionell" würde in diesem Fall zunächst rein auf die Durchsetzung eines höheren Preises abzielen.

**Berücksichtigung der Tradition**

Jedoch ist die Zielgruppe der potenziellen Kunden mit einer ausreichend hohen privaten Absicherung oder einem Einkommen bzw. Vermögen nicht unendlich groß. Sie wird sicherlich aufgrund der zunehmenden Notwendigkeit privater Absicherung für das Alter oder vor Krankheiten zunehmen, jedoch vorrangig Bevölkerungsgruppen betreffen, die ein Einkommen haben, welches eine Vorsorge erst ermöglicht.

Sich nur auf eine Bevölkerungsgruppe mit ausreichendem Einkommen oder Vermögen zu konzentrieren, entspricht zudem nicht unbedingt den Werten konfessioneller Organisationen. Zudem zeigt sich in der Praxis, dass gerade konfessionelle Organisationen und Einrichtungen mit einem Image kämpfen müssen, aus der Tradition heraus eigentlich billiger sein zu müssen als vergleichbare private Anbieter. Die christlichen Werte wirken sich, rein markentechnisch betrachtet, negativ aus, da der Preis durch das Image nicht positiv beeinflusst wird.

**Christliche Werte als Mehrwert**

Ziel des Aufbaus einer „konfessionellen" Marke würde in diesem Zusammenhang bedeuten, dass christliche Werte als ein Mehrwert verstanden werden, der sich zumindest nicht durch niedrigere Preise als die vergleichbarer Angebote kennzeichnet.

### 6.3.5 Mitarbeiterperspektive

**Werte der Mitarbeiter**

Bei der weiteren Betrachtung sind die Mitarbeiter als die zentrale Ressource jeglicher Dienstleistung im Sozial- und Gesundheitswesen nicht zu vernachlässigen. Hohe Fluktuation und Unzufriedenheit mit der gesellschaftlichen Anerkennung hat vielfach mit der fehlenden Realisierung der individuellen Werte des Personals in den traditionellen Strukturen, insbesondere konfessioneller Dienstleister, zu tun. Gerade beim Stellenwechsel fällt vielen Mitarbeitern auf, dass sich kaum Unterschiede zwischen den konfessionellen und anderen gemeinnützigen oder Gewinn orientierten Anbietern feststellen lassen. Die auf der christlichen Werteeinstellung basierende Motivation der Mitarbeiter in konfessionellen Einrichtungen bedarf es zu erhalten. Eine klare Werteorientierung in der strategischen Ausrichtung einer Organisation kann dabei das entscheidende Kriterium der Mitarbeitergewinnung werden, was sich damit auch positiv auf die Erfüllung der Kundenerwartungen auswirken kann.

**Herausforderung der Zukunft**

Die Herausforderung der Zukunft besteht somit darin,

- die christlichen Werte in den professionellen Dienstleistung so einzubringen, dass sie einen positiven Effekt auf die Durchsetzung eines leistungsgerechten Preises haben;
- die christlichen Werte so einzubringen, dass nicht nur die einkommensstarken Bevölkerungskreise davon profitieren;
- den konfessionellen Mehrwert zu beschreiben und kontinuierlich zu realisieren;
- einen Rahmen zu bieten, in dem die Mitarbeiter ihre Motivation durch die Einbringung ihrer Wertvorstellungen zugunsten der Ziele der Organisation einbringen können.

### 6.3.6 Umsetzung

**Klare Strategieplanung**

Der erste Schritt ist eine klare Strategieplanung für die Organisation oder für eine einzelne Einrichtung. Dabei muss auf die branchenspezifischen Umfeldbedingungen natürlich Rücksicht genommen werden. Daher wird im Folgenden eine Differenzierung nach Einrichtungstyp vorgenommen.

#### 6.3.6.1 Krankenhaus

**Christliche Werte und DRG**

Mit Einführung der DRG werden die Krankenhäuser dazu gezwungen, sich auf Kernkompetenzfelder zu fokussieren. Fast alle Kliniken planen ihre strategische Ausrichtung, insbesondere aufgrund des ökonomischen Drucks, auf Basis der medizinischen Kompetenzen sowie der Erlös- und Kostenstrukturen. Letztendlich gleichen sich, bei zunehmendem Wettbewerbsdruck der Krankenhäuser um lukrative Patienten, alle Häuser, da überall vergleichbare formale Kriterien zur Ausrichtung der Klinik gewählt werden. Als formale Selektionskriterien, z.B. im Rahmen einer ABC- oder Portfolioanalyse, gelten hierbei die Hauptergebnisträger oder fachliche Aspekte (Diagnosegruppen, Indikationsgruppen).

**Zielkonflikte**

Baut man nun die strategische Planung in einem ersten Schritt auf der Wertorientierung – und damit auf der konfessionellen Tradition des Hauses – auf und ergänzt diese erst in einem weiteren Schritt mit den oben genannten formalen Kriterien der strategischen Planung, dann treten in der Regel Zielkonflikte auf. Beispielsweise kommt immer die Frage auf, ob man sich aufgrund der Werte des Krankenhauses auf die Beschränkung auf bestimmte Fachrichtungen oder Hauptergebnisträger (Diagnosegruppen) einlassen darf. Ausgehend von diesem erkannten und dokumentierten Zielkonflikt muss nun eine Balance zwischen den qualitativen ideellen (konfessionellen) Zielen und den ökonomischen Zielsetzungen geschaffen werden. Praktisch ausgedrückt bedeutet dies: Wie hoch muss der Ergebnisanteil der Hauptergebnisträger sein, der für die Co-Finanzierung von betriebswirtschaftlich nicht ausreichend rentablen Leistungen, die aus dem konfessionellen Selbstverständnis heraus angeboten werden (müssen), zur Verfügung gestellt werden soll?

**Ergänzende Leistungen**

Eine analoge Vorgehensweise ergibt sich, wenn man zwar ein aus der formalen strategischen Planung resultierendes beschränktes Leistungsangebot hat, aber innerhalb dessen besondere wertebasierte Leistungen, die insbesondere auf den konfessionellen Mehrwert abzielen, anbieten möchte, z.B. regelmäßige seelsorgerische Gespräche, Zeit des Pflegepersonals für individuelle Gespräche mit dem Patienten etc. Auch hier muss letztendlich genau berechnet und geklärt werden, auf wie viel erwirtschafteten Überschuss eines rein unter betriebswirtschaftlichen Zielsetzungen geführten Krankenhauses zugunsten der Realisierung explizit definierter christlicher Werte verzichtet wird.

**Zahlen ermöglichen Vergleich**

Die Ermittlung solcher Zahlen kann nun kalkulatorisch innerhalb des Hauses, aber auch mittels eines Benchmarkings erfolgen. Gerade das Benchmarking ermöglicht dabei einen detaillierten Vergleich zwischen den Teilnehmern des Vergleichsringes, so dass nicht nur die monetären Fakten, sondern auch die erbrachten Leistungen sowie die Prozesse in den Vergleich einfließen. Damit wird eine Aussage zur Umsetzung der christlichen Wertorientierung möglich, zumindest wenn am Vergleichsring Krankenhäuser teilnehmen, die keine deutliche konfessionelle Wertorientierung bzw. einen konfessionellen Mehrwert in ihrer strategischen Planung zum Ausdruck bringen.

Privatpatienten

Privat versicherte Patienten sind lukrative Patienten. Zwar sind die Preisgestaltungsspielräume auch hier eingeschränkt, jedoch ist für die Rentabilitätsbetrachtung eher die Zahl der Privatpatienten entscheidend. Der konfessionelle Mehrwert kann nun hier voll zum Tragen kommen, da der Patient eine freie Krankenhauswahl hat und diese erfahrungsgemäß auch nutzt. Somit wirkt die Wertorientierung nicht direkt auf den Preis (Pflegesatz), sondern primär auf den Anteil privat versicherter Patienten des Krankenhauses. Wird der konfessionelle Mehrwert seitens der Patienten wahrgenommen, so steigt deren Anteil an den Belegungstagen. Durch die daraus resultierenden höheren Ergebnisse können nun die ergänzenden wertorientierten Leistungen für alle Patienten des Krankenhauses erbracht werden. Hierbei handelt es sich um eine Ergebnisverwendung, die durch die konfessionellen Werte des Hauses geprägt und bestimmt wird.

Konfessionelle Ergebnisverwendung

Zusammenfassend kommt es in der Regel darauf an, in welchem Maß auf einen rechnerisch erzielbaren Überschuss bei einer rein betriebswirtschaftlich orientierten Führung des Krankenhauses zugunsten des konfessionellen Mehrwerts verzichtet wird (konfessionelle Ergebnisverwendung). Die erwirtschafteten Überschüsse aus der Behandlung von Privatpatienten kommen im Rahmen der Ergebnisverwendung allen Patienten in Form ergänzender wertorientierter Leistungen zugute.

### 6.3.6.2 Pflegeheime

Realisierung im Pflegeheim

In Pflegeheimen und ambulanten Pflegediensten fällt die Realisierung theoretisch erst einmal leichter. Hier bestimmt zwar der Kostenträger die Höhe des Pflegesatzes maßgeblich mit, er trägt jedoch die Gesamtkosten nur zu einem Teil. Solange ein Bewohner ausreichende eigene Mittel zur Verfügung hat, kann er dabei prinzipiell eine seinen Vorstellungen entsprechende Einrichtung auswählen. Jedoch wird gerade an dieser Stelle deutlich, dass die eigene Tradition schnell verlassen werden kann, wenn man sich nur auf das zahlungskräftigere Klientel einlässt.

Einbringung in die Leistungsbeschreibung

Daher geht man in diesen Fällen den Weg, die Wertorientierung an der Bereitschaft der Bewohner und deren Angehörigen zur Zahlung eines in der Regel über dem Wettbewerb liegenden Preises zu messen. Dabei muss sich die Wertorientierung auch in bestimmten Leistungen manifestieren, sie muss also ein Bestandteil der Leistungsvereinbarung werden. Nur wenn die Erbringung dieser Leistung in der Wahrnehmung der Bewohner und deren Angehörigen erfolgreich erbracht wird, lässt sich in der Praxis die Preissensibilität der Kunden senken, d.h. lassen sich über dem Marktdurchschnitt liegende Preise realisieren. Dabei muss der Preisunterschied jedoch ein vertretbares Maß einhalten.

Finanzierung von Leistungen

Die Herausforderung liegt auch hier in der klaren Beschreibung der wertorientierten Leistungen. Mit bloßen plakativen Aussagen ist es dabei nicht getan. Erst wenn die beschriebene Leistung tatsächlich erbracht wird, lassen sich wertorientierte Leistungen, wie „Wir geben unseren Bewohnern die Möglichkeit eines täglichen Gebetes zusammen mit unseren Mitarbeitern", auch nach außen darstellen. Nun wird jeder Heimleiter an seinen Personalschlüssel denken und direkt auf eine solche Leistung verzichten wollen. In der Praxis lässt sich dies nur über einen Umweg realisieren, wie Erfahrungen in anderen kirchlichen Bereichen zeigen: Zahlungskräftigere Angehörige und Bewohner, aber auch andere Gemeindemitglieder müssen dafür gewonnen werden, zur Finanzierung der Bereitstellung der beschriebenen Leistungen einem Förderverein oder ähnlichen Institutionen beizutreten.

**Erbschaftsfundraising**

Auch die Gründung einer Stiftung zum Zwecke der Finanzierung solcher seelsorgerischen oder den christlichen Werten entsprechenden Leistungen stellt eine Möglichkeit dar. Besonderes Augenmerk gilt dabei dem Erbschaftsfundraising. Werden die konfessionellen Mehrwerte erbracht, wird ein Teil der Bewohner, aber auch andere Erblassen, bereit sein, dem Förderverein oder der Stiftung ein Vermächtnis zukommen zu lassen. Sichergestellt werden muss allerdings, dass die Finanzierungsteile für den konfessionellen Mehrwert der Einrichtung nicht durch falsch organisierte Pflegeprozesse versickern. Erste Versuche einer eher entgeltorientierten Vergütung diakonischer oder karitativer Leistungen, die separat von den übrigen Pflegeleistungen beschrieben und zeitlich bewertet sind, sind sehr viel versprechend.

**Kundenbefragung**

Auch mittels einer Kundenbefragung lassen sich dabei die Wahrnehmungen der Zielgruppen erfassen und damit an der Realisierung von Werten arbeiten. Oftmals sind dies allerdings nicht harte Fakten, sondern Grundstimmungen. Gerade deshalb muss auch bei der Personalauswahl auf die Prüfung der individuellen christlichen Werte wieder vermehrt Rücksicht genommen werden. Zudem muss die Einrichtung klar formulieren, was z.B. die Realisierung christlicher Werte im täglichen Pflegealltag bedeutet.

**Planung der Ergebnisverwendung**

Auch in den Organisationen und Einrichtungen der Altenhilfe muss strategisch geplant werden, auf welchen Teil des ökonomischen Erfolgs zugunsten der christlichen Wertorientierung verzichtet werden soll.

**Mehrmarkenstrategie**

Eine andere Möglichkeit ist die Mehrmarkenstrategie im herkömmlichen Sinne. Durch ein ergänzendes Angebot, dass sich an Pflegekunden mit hohen Einkommen richtet, also klassische Residenzangebote, lassen sich Überschüsse erwirtschaften, die in den anderen Einrichtungen des Trägers den Pflegekunden mit unzureichenden Einkommenspotenzialen in Form von wertorientierten Leistungen zugute kommen.

### 6.3.7 Kommunikation

**Ohne Kommunikation kein Erfolg**

Marken leben vom Marketing. Diese Grundregel müssen konfessionelle Organisationen und Einrichtungen beherzigen. Nicht die formale Qualität der Pflege oder der Behandlung, sondern der konfessionelle Mehrwert muss im Marketing hervorgehoben und in persönlichen Gesprächen verkauft werden. Nur dadurch wird sich die gesellschaftliche Einstellung zu den Preisen konfessioneller Einrichtungen ändern. Wenn die interne Umverteilungsfunktion ganz im Sinne der kirchlichen Traditionen ernst genommen wird, zielt das Marketing auf die Bevölkerungskreise ab, die ausreichende Einkommen und Vermögenswerte haben.

**Messung des Mehrwertes**

Der von den Kunden wahrgenommene konfessionelle Mehrwert bedarf einer Messung, z.B. in Form von Kundenbefragungen, um die Erwartungen sowie die erbrachten wertorientierten Leistungen aufeinander abzustimmen. Einrichtungen, die den konfessionellen Mehrwert bewusst leben, haben in der Regel auch heute schon weniger Probleme, neue Mitarbeiter zu gewinnen. Die Integration der mitarbeiterindividuellen Werte in die gesamte Wertorientierung der Einrichtung oder einer Gesamtorganisation bringt damit oftmals eine deutliche Kostenentlastung bei der Mitarbeitersuche, z.B. durch Wegfall von Stellenanzeigen, der dauernden Einarbeitung neuer Mitarbeiter sowie der Realisierung der Bezugspflege. Das kundenorientierte Marketing zum Verkauf des konfessionellen Mehrwerts wirkt sich somit auch direkt positiv auf die Mitarbeiterseite aus.

### 6.3.8 Instrumente zur Realisierung

Als hervorragende Instrumente haben sich die Balanced Scorecard sowie EFQM-Branchenversionen bewährt.

**Balanced Scorecard**

Mittels der Balanced Scorecard lässt sich die Balance zwischen den ökonomischen Forderungen, den Kundenerwartungen und den Ansprüchen der Mitarbeiter gut über die kennzahlenunterlegten strategischen Ziele steuern.

**EFQM-Branchenversion**

Die qualitative Steuerung kann dabei unterstützend durch Branchenversionen des EFQM erfolgen, wie sie z.B. von der frey Akademie angeboten werden. Anhand der Vergleichsdaten lässt sich das Ergebnis des konfessionellen Mehrwertes gut ablesen und anschließend auch nach außen kommunizieren.

**Kundenbefragungen**

In jedem Fall sollten die Kunden und deren Angehörigen in die Definition der wertorientierten Leistungen einbezogen werden, da ansonsten bestehende, aber nicht bekannte Erwartungen nicht erfüllt werden und alle Anstrengungen der Einrichtung sowie der Mitarbeiter ins Leere laufen. Helfen können hier Kundenbefragungen, die in einem gesonderten Kapitel die wertorientierten Kriterien abfragen.

### 6.3.9 Fazit

**Beschreibung des konfessionellen Mehrwerts**

Notwendig ist eine eindeutige Beschreibung des zu erreichenden konfessionellen Mehrwerts, der das Ergebnis wertorientierter Leistungen ist. Die Erbringung dieser Leistungen muss geplant und überwacht werden. Gleiches gilt auch für die Prüfung, ob die Kunden die Wertorientierung auch wahrnehmen. „Es darf nicht nur ‚christlich' draufstehen, es muss auch ‚christlich' drin sein": So oder ähnlich könnte es zusammengefasst sein.

**Gemeinsame Markenentwicklung**

Christliche Werte zu einem konfessionellen Mehrwert werden zu lassen ist kein Projekt von kurzer Dauer. Hier muss man sich den Erfahrungen des Markenmarketings beugen: Eine gut eingeführte Marke braucht Jahre, bevor weite Konsumentenkreise eine Marke wahrnehmen und dahinter liegende Eigenschaften kennen. Um dies in Deutschland zu erreichen, bedarf es allerdings für die konfessionell geführten Häuser einer gemeinsamen Markenentwicklung, die z.B. über die jeweiligen Dachverbände nachhaltig durchgeführt werden könnte. Was spricht dagegen, eine Marke „konfessionelle Einrichtung" im Markt zu platzieren, wenn zugleich sichergestellt wird, dass darunter spezifische christliche Wertorientierungen der einzelnen Organisationen und Einrichtungen Platz finden? Gemeinsame Standards, wie der konfessionelle Mehrwert erreicht werden muss, stellen eine gemeinsame Basis dar, die jedoch nicht alle konfessionellen Einrichtungen gleich macht, sondern die Vielfalt erhält. Denn gerade diese erwartet der Kunde.

Eins ist jedoch sicher: Wenn ein solcher Weg der klaren christlichen Wertorientierung nicht beschritten wird, stellt sich für den Kunden die Frage: Woran unterscheidet sich nun eigentlich eine Einrichtung eines konfessionellen Trägers von übrigen Einrichtungen, außer anhand des Logos?

## 6.4 Neue Angebote in der Altenhilfe – das Begegnungs- und Kommunikationszentrum Bad Pyrmont

*von Andreas Harth*

Für die ambulanten Dienste kündigen sich große Umwälzungen an. Kennzeichen für diesen Umbruch sind umfassendere Gesetze, anspruchsvollere Patienten, neue Wettbewerbe und der permanente Mangel an Fachkräften. Zudem herrscht ein Überangebot an ambulanten Dienstleistern. Der Markt ist in vielen Regionen übersättigt und eine Marktbereinigung unausweichlich.

Ambulante Dienste müssen also mehr denn je Angebotsformen entwickeln, die unabhängig von der Refinanzierung durch Versicherungssysteme funktionieren. Die Diakonie Caritas Bad Pyrmont gGmbH hat den veränderten Rahmenbedingungen Rechnung getragen und den Pflegedienst zu einem Dienstleistungszentrum für die ältere Generation ausgebaut. Der nachfolgende praxisorientierte Beitrag stellt die inhaltliche Konzeption des Begegnungs- und Kommunikationszentrums Bad Pyrmont dar und soll andere ambulante Diensten als Anregung dienen, wie sie den klassischen Leistungsbereich durch Neuangebote ergänzen können.

### 6.4.1 Wie sieht die häusliche Pflegelandschaft der Zukunft aus?

Nach einer Prognose des Statistischen Bundesamtes wird der Anteil der über 60-Jährigen von zurzeit rund 20 % bis zum Jahr 2030 auf etwa 35 % der Gesamtbevölkerung ansteigen. Die deutsche Bevölkerung vergreist also zusehends. Finanzieren heute noch drei Erwerbstätige einen Rentner, wird es in 30 Jahren nur noch ein Erwerbstätiger sein.

**Der „Hamsterrad-Effekt" im ambulanten Bereich**

Die Krankenversicherungsträger sehen sich angesichts steigender Kosten und leerer Kassen zunehmend gezwungen, durch Kosteneinsparungen die Beitragssätze stabil zu halten. Für den Kostenanstieg im ambulanten Bereich wird von ihnen der so genannte „Hamsterrad-Effekt" verantwortlich gemacht. Demzufolge bewirkt die Zunahme der Anbieter eine künstliche Erhöhung der Nachfrage nach Leistung, denen kein wirklicher Bedarf gegenübersteht. Vielmehr wird durch die Anbieter ein Bedarf erzeugt, um ihre wirtschaftliche Existenz zu sichern.

**Erschwerte Bedingungen reduzieren Zahl der Anbieter**

Durch die Ablehnung vermeintlich nicht benötigter Leistung, Verzögerung und Erschwernis im Antrags- und Genehmigungsverfahren sowie über verschärfte Prüfungen und Auflagen kann kurzfristig die Anzahl der Leistungen, mittelfristig die Anzahl der Anbieter, reduziert werden. Eine weitere Methode hat sich dahingehend etabliert, Maßnahmen des SGB V dem Leistungskatalog des SGB XI zuzuordnen oder Leistungen nach dem SGB V mit Hinweis auf SGB XI zu verweigern. Häufig erfolgt die Bewilligung nur nach langwierigen Widerspruchs- und Klageverfahren.

**Neue Erlösquellen statt sinkender Erlösspannen**

Das Fazit der Kostenentwicklung: Die Situation der Krankenkassen zwingt diese immer mehr dazu, ihre Regelleistungen im Rahmen der Kostensenkung zu reduzieren. Auch mittelfristig werden die Erlösspannen im klassischen Bereich der ambulanten Alten- und Krankenpflege weiterhin absinken. Auf diese Entwicklung und Trends müssen die Pflegedienste reagieren und neue Erlösquellen mit hohen Deckungsbeiträgen erschließen. Entscheidend wird sein,

- sich dem Kostendiktat der Kostenträger zu entziehen,
- neue Märkte zu erschließen und
- Kooperationen sowie Vernetzungen zu entwickeln.

### 6.4.2 Weichen für die Zukunft stellen – ein ambulanter Dienst in Bewegung

Die Zukunft in die Hand nehmen, Veränderungen wagen und neue Projekte initiieren ist auf dem heutigen Pflegemarkt nicht mehr selbstverständlich. Zu sehr prägen die Furcht vor Konflikten und die Angst ums Überleben das Bild.

**Diakonie Caritas Bad Pyrmont gGmbH**

Die Diakonie Caritas Bad Pyrmont gGmbH aus Bad Pyrmont zeigt, dass es trotz schwieriger Rahmenbedingungen möglich ist, neue Wege zu gehen und erfolgreich zu arbeiten.

#### Vernetzung der Dienste als Erfolgsfaktor – die Unternehmensstruktur der Stiftung Bethesda und Diakonie Caritas Bad Pyrmont gGmbH

**Dienstleistungszentrum für ältere Generationen**

Nur durch die Einführung neuer integrierter Versorgungsformen wird es möglich sein, den heute bereits bestehenden und den sich in den kommenden Jahren vermehrt entwickelnden Bedarf an häuslicher Pflege und Versorgung zu organisieren. In diesem Zusammenhang hat die Stiftung Bethesda in Bad Pyrmont bereits 1998 die Chance ergriffen, mit zwei weiteren Gesellschaftern die Diakonie Caritas Bad Pyrmont gGmbH zu gründen. Das Ziel war die Vernetzung des häuslichen, ambulanten und stationären Bereichs, um damit beim Übergang vom Krankenhaus zur ambulanten Pflege oder zum Pflegeheim die kontinuierliche Qualität der Pflege sicherzustellen.

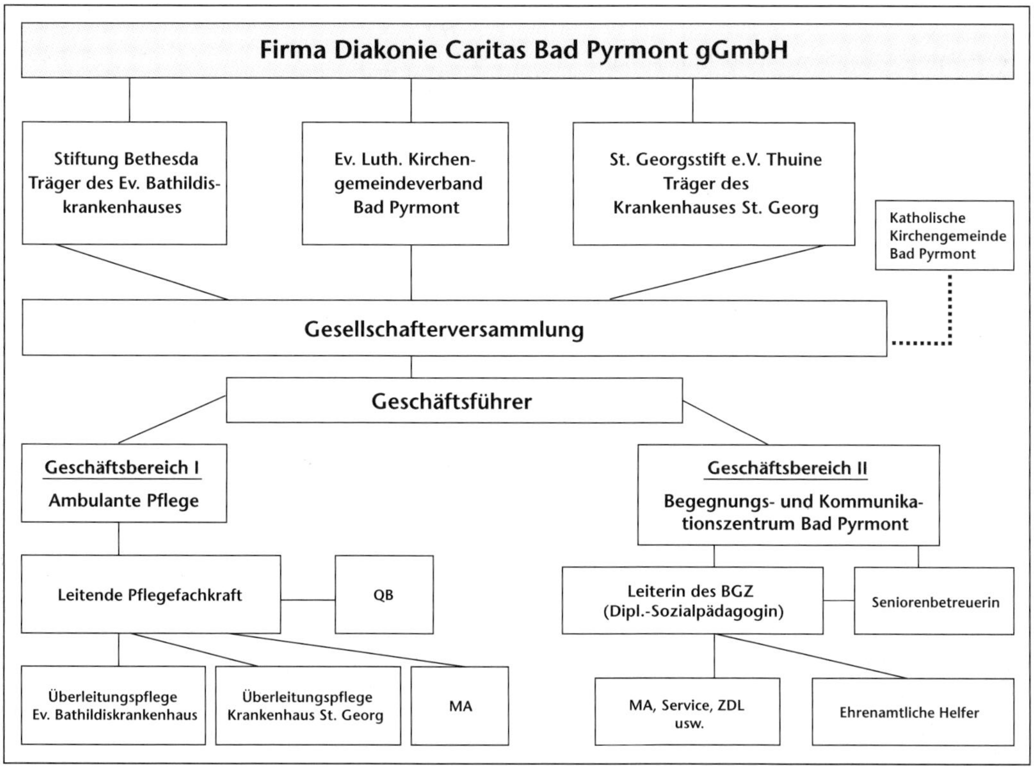


*Abb. 1: Organigramm der Diakonie Caritas Bad Pyrmont gGmbH*

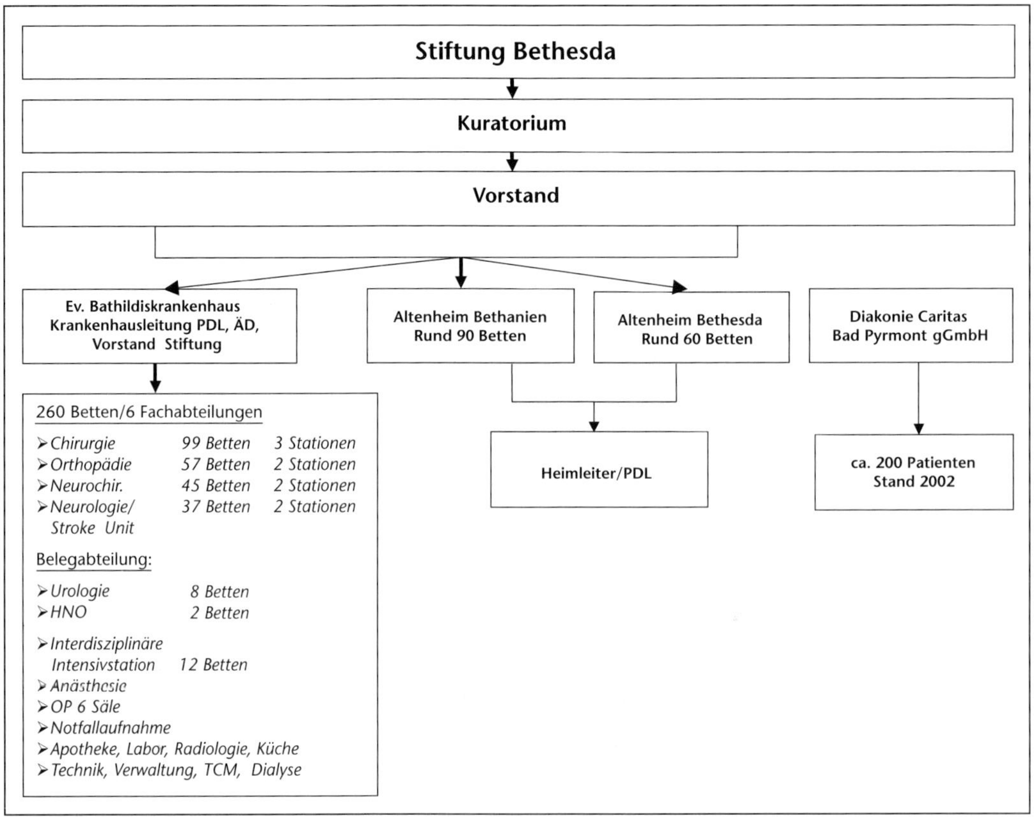


*Abb. 2: Organigramm der Stiftung Bethesda*

**Neues Rollenverständnis**

Aufgrund der engen Vernetzung mit den Krankenhäusern in Bad Pyrmont musste die Diakonie Caritas Bad Pyrmont gGmbH ihr klassisches Rollenverständnis im Gesundheitswesen neu überdenken. Dieses sollte an den eingangs beschriebenen veränderten gesellschaftlichen Rahmenbedingungen ausgerichtet werden. Die Unternehmensführung war der Ansicht, dass eine Beschränkung auf traditionelle Leistungen der Grund- und Behandlungspflege dem heutigen Bedarf nicht mehr gerecht werden würde – geschweige denn dem zukünftigen. Somit galt es, Kompetenzen und Dienstleistungen zu entwickeln, die über das Bisherige hinausgehen.

**Der neue Weg**

Vor diesem Hintergrund hat sich die Diakonie Caritas Bad Pyrmont gGmbH vor einem Jahr auf den Weg gemacht, den Pflegedienst zu einem Dienstleistungszentrum für ältere Generation auszubauen.

## 6.4.3 Das Begegnungs- und Kommunikationszentrum Bad Pyrmont

### 6.4.3.1 Ausgangslage des Projektes und Darstellung der Konzeption

Aufgrund betriebsinterner Umstrukturierungen stand der Altbau des Alten- und Pflegeheimes Bethesda nicht mehr der stationären Altenpflege zur Verfügung. Somit wurden seitens des Trägers Überlegungen zu einer neuen Nutzung der Räumlichkeiten angestellt, die das bisherige Angebot der ambulanten und stationären Pflege und Versorgung älterer Menschen ergänzt und abrundet. Im Bereich der Stadt Bad Pyrmont gab es bislang noch kein Angebot für ein Begegnungszentrum, das den kompletten Bereich abdeckt:

- die Kommunikations- und Freizeitinteressen älterer Menschen,
- den Bildungs- und sozialkulturellen Bereich und
- ein umfassendes Beratungsangebot.

*Abb. 3: Begegnungszentrum*

**Bedarfsanalyse**

Unterschiedliche Aktivitäten wurden in der Verantwortung von Kirchengemeinden und sonstigen Verbänden angeboten, liefen jedoch parallel nebeneinander her. Die aktuelle Altersstruktur sowie die eingangs beschriebenen Prognosen der demografischen Entwicklung, insbesondere auch innerhalb der Stadt Bad Pyrmont, lassen einen deutlichen Bedarf erkennen. Dieser Bedarf wurde in etlichen Interviews evalutiert, die im Rahmen einer Bedarfsanalyse von Mitarbeitern der Firma Contec Gesellschaft für Organisationsentwicklung mbH, Bochum, bei politischen, gesellschaftlichen und kirchlichen Interessenvertretern durchgeführt wurden. Die Gesprächspartner wurden zu folgenden Themen befragt:

**Fragenkatalog: Interviews im Rahmen der Bedarfsanalyse**

- Sehen Sie in Bad Pyrmont Bedarf für die Etablierung eines Begegnungszentrums?
- Würden Sie die Etablierung eines Begegnungszentrums mit Priorität verfolgen?
- Eventuell: Welche Verwendungsmöglichkeiten würden Sie zur Nutzung des Hauses präferieren?
- Welche Zielgruppe sollte dieses Begegnungszentrum ansprechen?
- Welche Angebote sollte dieses Begegnungszentrum vorhalten?
- Zu welchen Angeboten tritt ein Begegnungszentrum in Bad Pyrmont in Konkurrenz?
- Mit wem sollte kooperiert werden?
- Wie stellen Sie sich eine Finanzierung dieses Begegnungszentrums vor?

**Ergebnisse der Interviews**

Als Ergebnisse der durchgeführten Interviews lassen sich die folgenden Punkte zusammenfassen:

1. Es gibt kein derartiges Leistungsangebot in Bad Pyrmont.
2. Es herrscht Einigkeit bei allen Beteiligten über die positiven Möglichkeiten des Projektes.
3. Viele der befragten Beteiligten denken in den klassischen Kategorien der Seniorenarbeit, die sich durch folgende Prämissen auszeichnet:
   - zeitlich befristetes Angebot in Seniorenkreisen ein- bis zweimal im Monat für etwa zwei Stunden
   - thematische Eingrenzung auf bestimmte Bereiche (Seniorentanz, Gesprächskreis, Handwerk)
   - relativ geschlossene Benutzergruppe
   - stark kirchlich/wohlfahrtsorientiert aufgebaut
4. Es herrscht derzeit ein unterschiedliches Bild über die mögliche Zielgruppe des Zentrums.
5. Eine Finanzierung als laufende Zuschussfinanzierung wird von den Interviewpartnern für unwahrscheinlich gehalten.
6. Kirchliche Träger sind bereit, dieses Projekt mit personellen Ressourcen zu unterstützen.
7. Politische Träger sind bereit, dieses Projekt ideell und bei der Möglichkeit, Projektmittel zu beantragen, zu unterstützen.

**Anforderungen an ein Begegnungszentrum**

In den durchgeführten Interviews wurde deutlich, dass ein Begegnungszentrum

- eine neue, interessante und motivierende Palette von Angeboten unterbreiten musste,
- die sich von der klassischen Seniorenarbeit unterscheidet und
- das Haus zu einem attraktiven Zentrum des gesellschaftlichen Lebens der Senioren, zu einer Kommunikations- und Aktionsstätte für die älteren Bürger der Stadt werden lässt.

**Inhaltliche Konzeption**

Auf Basis der Interviewergebnisse sowie weiterer interner Diskussion wurde folgende, im weiteren Verlauf dargestellte inhaltliche Konzeption erstellt: Das Begegnungs- und Kommunikationszentrum musste ein breites, für alles offenes Leistungsangebot vorhalten. Daraus ergaben sich für die Errichtung und Betreibung des Begegnungs- und Kommunikationszentrums folgende Vorgaben:

- Aufbau und Betrieb eines Beratungs- und Kommunikationszentrums für Senioren
- inhaltliche Oberbegriffe: Kommunikation – Bildung – Kultur
- offener Zugang für Senioren und an der Zielgruppe interessierte Menschen
- aktive Integration von Senioreninitiativen, z.B. Filmclub, Literatur-/Poesiewerkstatt, Autorenlesungen etc.
- Absicherung der Grundfinanzierung durch hohe Leistungsverzahnung
- Leitung erfolgt sowohl durch professionelle hauptamtliche wie auch durch eine ehrenamtliche Leitungsstruktur

- Leistungsangebote sollten durch vorhandene Strukturen der Stiftung Bethesda unterstützt werden

**Leistungsangebot**

Das Konzept basiert zusammenfassend auf dem nachfolgend aufgeführten Leistungsangebot:

- Café/Restaurant mit Frühstück, Mittagessen und Abendbrot sowie allgemeinem Cafeteriaangebot
- Kursangebote im künstlerisch-handwerklichen sowie Bildungsbereich
- Internetzugang und Internetangebote
- Wellnessangebote wie Massage/Fußpflege u.Ä.
- Gesundheitscheck (Blutdruck und Blutzuckerkontrolle)
- Gymnastik und Sport (u.U. mit Kooperationspartnern)
- Beratungsangebote
- Shopangebote – Produktverkauf Seniorenshop

Es sollten also offene Leistungsangebote für jeden Interessierten zugänglich werden, ohne dass der kirchliche Charakter bei Nutzung des Hauses im Vordergrund steht.

### 6.4.3.2 Leistungsstruktur nach Geschossen des Begegnungszentrums

**Geschossaufteilung**

Auf Basis der grundsätzlichen inhaltlichen Konzeption wurde das Architekturbüro Zugermeier & Meinen in Oldenburg damit beauftragt, die Bauvorplanung zu erstellen. Auf diese Vorplanung erfolgte dann Ende 2001 die Erstellung der wesentlichen Baukonzeption. Mit der Umsetzung wurde im Januar 2002 begonnen. Folgende Geschossaufteilung, korrespondierend mit dem aus der inhaltlichen Konzeption entwickelten Leistungsangebot, wurde umgesetzt:

| Erdgeschoss | |
|---|---|
| Leistungskategorie | ■ Gastronomie, Kommunikation und Begegnung |
| Leistungsarten | ■ Frühstückscafé und Restaurantbetrieb<br>■ Erlebnisgastronomie<br>■ gastronomische Themenwochen<br>■ thematische Vortragsveranstaltungen, z.B. medizinischer Sonntag etc.<br>■ allgemeine Beratungsleistungen, z.B. Wohnraumberatung<br>■ Leseraum mit aktuellen Tages- und Wochenzeitungen<br>■ Autorenlesungen<br>■ Vorleseangebote in Zusammenarbeit mit der Blindenhörbücherei für sehbehinderte Menschen<br>■ Buchbesprechungen und Vorstellung von Neuerscheinungen |
| Vorhandene Räumlichkeiten | ■ Cafeterienbereich – groß<br>■ Cafeterienbereich – klein/Beratungsbereich<br>■ Eingangsbereich<br>■ Küche<br>■ Garderobe |

*Abb. 4: Leistungsangebot Erdgeschoss*

| **1. Obergeschoss** | |
|---|---|
| Leistungskategorie | ■ neue Medien und Internet<br>■ Bildung und Handwerk<br>■ Computer<br>■ Beratung – Seniorenbeirat |
| Leistungsarten | ■ Internetcafé<br>■ Internet-Einstiegskurse<br>■ Weiterbildungsmöglichkeiten für Fortgeschrittene<br>■ eMail-Adressen für Besucher in Verbindung mit der eigenen Webseite<br>■ PC-Einsteigerkurse<br>■ PC-Kurse für Fortgeschrittene<br>■ Hardware- und Softwarevorstellungen<br>■ PC-Nutzung für eigenen Schriftverkehr<br>■ Kurse für Erwachsenenbildung<br>■ Gesprächskreise zu aktuellen Themen<br>■ jahreszeitorientierte Bastelkurse<br>■ Handwerkskurse (z.B. Metall- und Holzbearbeitung)<br>■ Hospizverein |
| Vorhandene Räumlichkeiten | ■ EDV-Bereich<br>■ Beratungs- und Leitungsbüro<br>■ 3 große Multifunktionsräume<br>■ 1 Multifunktionsraum mit zugehöriger Küche für den Seniorenbeirat<br>■ kleiner Cafeterien-/Beratungsbereich<br>■ Eingangsbereich<br>■ Küche<br>■ Garderobe |

*Abb. 5: Leistungsangebot 1. Obergeschoss*

| **2. Obergeschoss** | |
|---|---|
| Leistungskategorie | ■ Reise und Erholung durch externes Reisebüro<br>■ Gesundheit und Ernährung in Zusammenarbeit mit externem Dienstleister, Physiotherapeuten<br>■ Sport in Zusammenarbeit mit Stadtsportbund oder externen Vereinen<br>■ Sanitätshaus<br>■ geburtshilfliche Vorbereitung |
| Leistungsarten | ■ zielgruppenspezifische Kultur- und Bildungsreisen<br>■ begleitete Urlaubsreisen<br>■ Gruppenreisen |

| 2. Obergeschoss (Fortsetzung) | |
|---|---|
| Leistungsarten | ■ Kurztrips und Naherholungsaktionen<br>■ Beratung zu allen gesundheitlichen Themen und Fragestellungen<br>■ Massage und Wellness<br>■ Ernährungsberatung<br>■ Wanderungen<br>■ Gymnastik- und Bewegungskurse<br>■ Übungs- und Sportgruppen verschiedener Sportarten<br>■ Kurse im geburtsvorbereitenden Bereich |
| Vorhandene Räumlichkeiten | ■ Bereich Physiotherapiepraxis<br>■ Bereich Reisebüro<br>■ Bereich Sanitätshaus<br>■ Bereich Geburtsvorbereitung |

*Abb. 6: Leistungsangebot 2. Obergeschoss*

**Investitionskosten**

Die Investitionskosten aus Baumaßnahmen im unmittelbaren Zusammenhang mit dem Begegnungszentrum sowie der Bereich Ausstattung betrugen rund 500.000,00 € brutto. In diesem Zusammenhang wurden zahlreiche Förderanträge gestellt. Um eine Aussage zu den zu erzielenden Deckungsbeiträgen zu ermöglichen, wurde eine Maßzahl für die Größe der potenziellen Zielgruppe ermittelt. Dazu wurde anhand der Bevölkerungsstatistik der Stadt Bad Pyrmont zunächst die Anzahl der Personen im Alter ab 55 Jahren festgestellt und in entsprechende Altersgruppen geclustert sowie mit einer vorsichtigen Quote zum Erreichungsgrad versehen.

**Mitgliedschaft und Clubkarte**

Die Kalkulation ging davon aus, dass aus der zu erreichenden Klientel ein entsprechender Anteil die Bindung an das Begegnungs- und Kommunikationszentrum im Rahmen einer Mitgliedschaft wünscht. Durch den Verkauf einer Clubkarte mit fest umrissenem Leistungsumfang wurde eine Grundfinanzierung ermöglicht. Die weiteren Deckungsbeiträge sind über freie Mieteinnahmen, freie Angebote im gastronomischen sowie im weiteren Angebotsbereich des Begegnungszentrums zu bestreiten. Die Prognosen für die ersten vier Betriebsjahre gehen von einem Erreichen des Break-Even-Points nach 24 Monaten aus.

**Synergieeffekte – Bündelung altersspezifischer Angebote**

Von besonderer Bedeutung für das Begegnungszentrums ist seine zukünftige Rolle als zentrale Einrichtung der offenen Altenhilfe in Bad Pyrmont. Neben der Vernetzung mit anderen Angeboten und Einrichtungen der offenen Altenhilfe in Bad Pyrmont, z.B. durch den Seniorenbeirat, ergeben sich eben durch das Begegnungszentrum gute Möglichkeiten, betroffene alte Menschen, die zurzeit noch nicht unter das Leistungsgerüst der Pflegeversicherung fallen, ebenfalls zu erreichen und zu begleiten.

**Leistungsangebote im vorpflegerischen Bereich**

Um dieser Aufgabe gerecht zu werden, sollten neben den bekannten Leistungsangeboten auch spezifische Leistungen im vorpflegerischen Bereich angeboten werden. Vor allem die Bereiche der hauswirtschaftlichen sowie sozialpflegerischen Dienste fallen unter das SGB XI, so dass hier eine Vielzahl von betroffenen Menschen keinerlei Angebote zur Verfügung gestellt bekommen. Entsprechend dem Niedersächsischen Pflegegesetz wird eine Beratungs- und Koordinierungsstelle in das Begegnungszentrum eingegliedert, um die vorpflegerischen präventiven Angebote und Maßnahmen koordiniert und effizient erbringen zu können.

| Altersbereich | Anzahl männlich | Anzahl weiblich | Altersgruppierung | Summe männlich | Summe weiblich | Summe gesamt | Nutzungsschätzung Prozent | Nutzungsschätzung Anzahl |
|---|---|---|---|---|---|---|---|---|
| 55 | 109 | 118 | | | | | | |
| 56 | 122 | 109 | | | | | | |
| 57 | 124 | 149 | | | | | | |
| 58 | 119 | 122 | | | | | | |
| 59 | 146 | 171 | Gruppe 55–59 | 620 | 669 | 1289 | 3,00 % | 39 |
| 60 | 154 | 194 | | | | | | |
| 61 | 161 | 171 | | | | | | |
| 62 | 135 | 169 | | | | | | |
| 63 | 145 | 152 | | | | | | |
| 64 | 127 | 176 | Gruppe 60–64 | 722 | 862 | 1584 | 5,00 % | 79 |
| 65 | 137 | 186 | | | | | | |
| 66 | 121 | 162 | | | | | | |
| 67 | 103 | 114 | | | | | | |
| 68 | 101 | 130 | | | | | | |
| 69 | 103 | 148 | Gruppe 65–69 | 565 | 740 | 1305 | 5,00 % | 65 |
| 70 | 100 | 159 | | | | | | |
| 71 | 111 | 150 | | | | | | |
| 72 | 99 | 185 | | | | | | |
| 73 | 96 | 149 | | | | | | |
| 74 | 95 | 165 | Gruppe 70–74 | 501 | 808 | 1309 | 3,00 % | 39 |
| 75 | 103 | 186 | | | | | | |
| 76 | 78 | 191 | | | | | | |
| 77 | 74 | 184 | | | | | | |
| 78 | 77 | 199 | | | | | | |
| 79 | 71 | 180 | Gruppe 75–79 | 403 | 940 | 1343 | 2,00 % | 27 |
| 80 | 73 | 240 | | | | | | |
| 81 | 65 | 138 | | | | | | |
| 82 | 38 | 110 | | | | | | |
| 83 | 31 | 99 | | | | | | |
| 84 | 36 | 121 | Gruppe 80–84 | 243 | 708 | 951 | 0,50 % | 5 |
| 85 | 44 | 117 | | | | | | |
| 86 | 39 | 138 | | | | | | |
| 87 | 54 | 136 | | | | | | |
| 88 | 30 | 121 | | | | | | |
| 89 | 35 | 89 | Gruppe 85–89 | 202 | 601 | 803 | 0,30 % | 2 |
| 90 | 29 | 75 | | | | | | |
| 91 | 21 | 72 | | | | | | |
| 92 | 15 | 58 | | | | | | |
| 93 | 8 | 53 | | | | | | |
| 94 | 10 | 38 | Gruppe 90–94 | 83 | 296 | 379 | 0,25 % | 1 |
| 95 | 5 | 22 | | | | | | |
| 96 | 4 | 15 | | | | | | |
| 97 | 3 | 10 | | | | | | |
| 98 | 1 | 7 | | | | | | |
| 99 | 2 | 1 | Gruppe 95 und älter | 15 | 65 | 80 | 0,25 % | 0 |
| 100 | | 1 | | | | | | |
| 101 | | 3 | | | | | | |
| 102 | | 4 | | | | | | |
| 103 | | 1 | | | | | | |
| 104 | | | | | | | | |
| 105 | | | | | | | | |
| 106 | | | | | | | | |
| 107 | | 1 | | | | | | |
| **ges. (100 %)** | **3.354** | **5.689** | | **3.354** | **5.689** | **9.043** | | **257** |

| | | |
|---|---|---|
| **maximal zu erreichender Personenkreis** | **100 %** | **257** |
| **Erreichungserwartung im 1. Jahr** | **10 %** | **26** |
| **Erreichungserwartung im 2. Jahr** | **40 %** | **103** |
| **Erreichungserwartung im 3. Jahr** | **75 %** | **193** |
| **Erreichungserwartung im 4. Jahr** | **100 %** | **257** |

*Abb. 7: Alterspyramide Bad Pyrmont und potenzielle Nutzungsermittlung*

**Rechtliche Grundlagen**

Dieser Leistungsrahmen fällt unter § 17 NPflegeG, hier insbesondere § 2 bis § 5 dieser Richtlinie, wonach bis zu 40 % der Personalkosten sowie 10 % der Sachkosten im ersten und 6 % der Sachkosten in den Folgejahren zuwendungsfähig sind. Der Personalkostenzuschuss von Seiten des Landes wurde ebenfalls gewährt, da die örtliche Kommune einer Förderung zugestimmt hatte.

### 6.4.3.3 Bisheriger Projektverlauf

Abbildung 8 zeigt den bisherigen Projektverlauf:

| Jahr | Monat | Bezeichnung |
|---|---|---|
| 2001 | März/April | ■ grundsätzliche Vorüberlegungen und Grundevaluation durch Interviews mit Trägern der bisherigen offenen Seniorenarbeit in Bad Pyrmont |
| 2001 | Mai | ■ erste konzeptionelle Überlegungen sowie Darstellung einer ersten Kostenabschätzung sowie weitere Projektplanung |
| 2001 | Juni bis Juli | ■ weitere inhaltliche Projektkonkretisierung und Präsentation der Ergebnisse vor Trägern der kirchlichen Altenarbeit Bad Pyrmont<br>■ Diskussion der Ergebnisse und Anpassung der bisherigen Konzeption |
| 2001 | Juli | ■ grundsätzlicher Beschluss der Diakonie Caritas Bad Pyrmont gGmbH zur Bauplanung und endgültigen Konkretisierung des Projektes |
| 2001 | Juli bis August | ■ Erstellung einer Betriebskonzeption, Durchführung von betriebswirtschaftlichen Simulationsrechnungen<br>■ Erstellung der Bauvorplanung<br>■ Vorbereitung wesentlicher Organentscheidungen |
| 2001 | September | ■ Beschluss der Diakonie Caritas Bad Pyrmont gGmbH über den Aufbau eines Begegnungs- und Kommunikationszentrums<br>■ Beginn der Erstellung der Ausführungsplanung des beratenden Architekturbüros |
| 2001 | Oktober | ■ Gespräche mit der Kommune über mögliche Förderung des Zentrums, insbesondere unter den Bedingungen des § 17 NPflegeG. Beantragung entsprechender Mittel bei der Stadt Bad Pyrmont<br>■ Entscheidung des Kuratoriums der Stiftung Bethesda über die Investitionskosten bezüglich des Aufzugs |
| 2001 | Oktober | ■ Beantragung Zuschuss beim Diakonischen Werk |
| 2002 | Januar | ■ Bewilligung der Förderung durch die Kommune |
| 2002 | März | ■ Beginn der Bauphase |
| 2002 | September bis Oktober | ■ Eröffnungsphase |

*Abb. 8: Projektverlauf*

### 6.4.4 Ausblick

**Agieren statt reagieren**

Ein großer italienischer Romantiker des 19. Jahrhunderthunderts und ein deutscher Philosoph des 18. Jahrhunderts haben mit unterschiedlichen Worten, aber identischer Intention auf den Punkt gebracht, was für die Diakonie Caritas Bad Pyrmont gGmbH der Ausgangspunkt für die Entwicklung eines über das Jahr 2002 hinausreichenden integrativen Konzeptes ist:

> „Wenn wir wollen, dass alles bleibt, wie es ist, dann ist es nötig, dass sich alles ändert."
>
> *Tomaso di Lampedusa*
>
> „Es ist nicht gesagt, dass es besser wird, wenn es anders wird. Wenn es aber besser werden soll, muss es anders werden."
>
> *Georg Christoph Lichtenberg*

Di Lampedusa und Lichtenberg thematisieren vor mehr als 200 Jahren – jeder auf seine Weise – die innovative Kraft von Veränderung und Wandel. Übertragen auf den ambulanten Dienst sind es die demografische Entwicklung und die Kostensituation, die dazu zwingen, neue Ideen für die Zukunft zu entwickeln, zu agieren und nicht zu reagieren.

# Anhang 7

## 7.1 Termine

### Messen, Kongresse und Tagungen 2003

| | |
|---|---|
| **06.–10.01.03**<br>Helsinki (Finnland) | **MEDICINE – The Finnish Medical Convention and Exhibition 2003**<br>**Kontakt:** The Finnish Fair Corporation, Helsinki Fair Centre<br>P.O.Box 21, Messuaukio 1, FIN-00521 Helsinki<br>Tel.: (+358) 91 50 91, Fax: (+358) 91 50 92 18<br>eMail: info@finnexpo.fi, Internet: www.finnexpo.fi |
| **19.–22.01.03**<br>Bagdad (Irak) | **MEDICARE 2003**<br>**Kontakt:** iFP – International Fairs & Promotions s.a.r.l.<br>P.O.Box 55576, Tannous Tower Dora Highway, Beirut<br>Tel.: (+961) 1-26 34 21, Fax: (+961) 1-26 12 12<br>eMail: ifp@ifp.com.lb, Internet: www.ifpexpo.com |
| **24.–25.01.03**<br>Berlin | **Fachkongress Pflege 2003**<br>**Kontakt:** Urban & Vogel Medien und Medizin Verlagsgesellschaft mbH & CO.KG, Kongressbüro<br>Heidelberger Platz 3, 14197 Berlin<br>Projektleiterin: Andrea Tauchert<br>Tel.: (0 30) 8 27 87-54 06, Fax: (0 30) 8 27 87-56 12<br>eMail: tauchert@springerkongress.de |
| **31.01.–02.02.03**<br>Stuttgart | **MEDIZIN 2003 – Süddeutsche Fachmesse für Medizintechnik, Pharmazie, Praxis- und Klinikbedarf**<br>**Kontakt:** Stuttgarter Messe- und Kongressgesellschaft mbH<br>Am Kochenhof 16, 70192 Stuttgart<br>Kompetenz-Team Medizin & Gesundheit<br>Projektleitung: Andreas Wiesinger<br>Tel.: (07 11) 25 89-3 39, Fax: (07 11) 25 89-6 54<br>eMail: andreas.wiesinger@messe-stuttgart.de<br>Internet: www.messe-stuttgart.de/MEDIZIN |
| **22.02.03**<br>Mannheim | **7. Mannheimer Anästhesie- und Intensivpflegetag**<br>**Kontakt:** MCN Medizinische Congressorganisation Nürnberg AG<br>Zerzabelshofstraße 29, 90478 Nürnberg<br>Tel.: (09 11) 3 93 16 16, Fax: (09 11) 33 12 04<br>eMail: mipt@mcnag.de, Internet: www.mcn-nuernberg.de/mipt2003.htm |
| **26.02.–01.03.03**<br>Guadalajara (Mexiko) | **9th International Qualitative Health Research Conference**<br>**Kontakt:** Dr. Francisco Javier Mercado, Jesús Galindo y Villa # 2941, Jardines de la Paz, C.P. 44860, Guadalajara, México<br>Tel.: (+52) 33 36 17-78 46, Fax: (+52) 33 36 17-99 34<br>eMail: 9ciics@cucs.udg.mx, Internet: www.cucs.udg.mx/progics/congreso03 |
| **01.–03.03.03**<br>Dubai (U.A.E.) | **I.M.D. 2003 – International Medical Care & Diagnostic Conference and Exhibition**<br>**Kontakt:** Index Conferences & Exhibitions Organization Est, P.O. Box 13636, Dubai<br>Tel.: (+971) 4-2 65 15 85, Fax: (+971) 4-2 65 15 81<br>eMail: index@emirates.net.ae, Internet: www.indexexhibitions.com |

| | |
|---|---|
| **04.–07.03.03**<br>Utrecht (NL) | **MEDICA – Internationale Fachmesse für Anstaltsbedarf**<br>**Kontakt:** Jaarbeurs Exhibitions & Media<br>Postfach 88 00, 3503 RV Utrecht<br>Tel.: (+31) 30-2 95 50 81, Fax: (+31) 30-2 95 58 78<br>eMail: viv.europe@jaarbeursutrecht.nl, Internet: www.jaarbeursutrecht.nl |
| **07.–08.03.03**<br>Wolfsburg | **3. Norddeutscher Anästhesie- und Intensivpflegetag (NAI)**<br>**Kontakt:** MCN Medizinische Congressorganisation Nürnberg AG<br>Zerzabelshofstraße 29, 90478 Nürnberg<br>Tel.: (09 11) 3 93 16-16, Fax: (09 11) 3 3 12 04<br>eMail: nai@mcnag.de, Internet: www.mcn-nuernberg.de/3nai.htm |
| **14.03.03**<br>Düsseldorf | **Fachtagung Multimedia in der Pflege 3**<br>**Kontakt:** Universitätsklinikum Düsseldorf<br>Weiterbildungsstätte Intensivpflege und Anästhesie<br>Stichwort: MiP 3, Moorenstraße 5, 40225 Düsseldorf<br>Tel.: (02 11) 81-1 87 53, Fax: (02 11) 81-1 68 73<br>eMail: info@nursing.de, Internet: www.nursing.de |
| **20.–22.03.03**<br>Paris (Frankreich) | **4. Europäische ACENDIO-Konferenz**<br>Leitthema: „Pflege sichtbar machen"<br>**Kontakt:** Konferenzsekretariat Oud Consultancy - c/o Synopsis<br>PO Box 93, 2000 AB Haarlem, The Netherlands<br>Tel.: (+ 31) 23 551 86 31, Fax: (+ 31) 23 532 50 63,<br>eMail: oudnico@netscape.net, Internet: www.acendio.net |
| **25.–27.03.03**<br>Nürnberg | **Altenpflege und HealthCare 2003 – Fachmesse mit Kongress**<br>**Kontakt:** Vincentz Verlag Veranstaltungsdienste<br>Postfach 62 47, 30062 Hannover<br>Tel.: (05 11) 99 10-1 75, Fax: (05 11) 99 10-1 99<br>eMail: veranstaltungen@vincentz.net, Internet: www.altenpflege-healthcare.de |
| **25.–27.03.03**<br>Dubai (U.A.E.) | **REHAB 2003**<br>**Kontakt:** INDEX Conferences and Exhibitions Organisation Est<br>P.O.Box 13636, Dubai, U.A.E<br>Tel.: (+971) 4-2 65 15 85, Fax: (+971) 4-2 65 15 81<br>eMail: index@emirates.net.ae, Internet: www.rehab-dubai.com |
| **09.–11.04.03**<br>Dresden | **9. Interdisziplinärer Pflegekongress**<br>**Kontakt:** Urban & Vogel Medien und Medizin Verlagsgesellschaft mbH & CO.KG,<br>Kongressbüro, Heidelberger Platz 3, 14197 Berlin<br>Projektleiterin Andrea Tauchert<br>Tel.: (0 30) 8 27 87 54 06, Fax: (0 30) 8 27 87 56 12<br>eMail: tauchert@springerkongress.de |
| **24.–26.04.03**<br>Osaka (Japan) | **BARRIER FREE 2003 – Internationale Ausstellung für Rehabilitation Senioren- und Behindertenpflege**<br>**Kontakt:** Secretariat of BARRIER FREE 2003, 1-7-7, Hommachi, 541-0053 Osaka, Japan<br>Tel.: (+81) 6-62 67-82 13, Fax: (+81) 6-62 67-82 12<br>eMail: infobf@itp.gr.jp, Internet: www.itp.gr.jp/bf |

| | |
|---|---|
| **07.–10.05.03**<br>Karlsruhe | **REHAB – Fachmesse für Rehabilitation, Pflege und Integration**<br>**Kontakt:** interService BORGMANN®GMBH<br>Hohe Straße 39, 44139 Dortmund<br>Tel.: (02 31) 12 80 10, Fax: (02 31) 12 80 09<br>eMail: info@rehab-fair.com, Internet: www.rehab-fair.com |
| **16.–18.05.03**<br>Erfurt | **Gesundheitsmesse – Fachmesse für Pflege, Rehabilitation, Gesundheit und Sport**<br>**Kontakt:** Messe Erfurt AG<br>Gothaer Straße 34, 99094 Erfurt<br>Tel.: (03 61) 4 00-0, Fax: (03 61) 4 00-11 11<br>eMail: messeinfo@messe-erfurt.de, Internet: www.messe-erfurt.de |
| **20.–22.05.03**<br>Fredericia (Dänemark) | **REHAB-HOSPITAL – Fachmesse für Rehabilitationsgeräte und Krankenhausausrüstung**<br>**Kontakt:** Forsorg & Hospital A/S<br>Bredballe Byvej 63 , 7120 Vejle<br>Tel.: (+45) 75 81 40 88, Fax: (+45) 75 81 46 05<br>eMail: forsorg-hospital@lfd.dk, Internet: www.forsorg-hospital.dk |
| **03.–05.06.03** | **SWISS CAREFAIR Fachmesse für Pflege, Therapie, Rehabilitation**<br>**Kontakt:** CareFair GmbH<br>Butzenstrasse 39, CH-8038 Zürich<br>Tel.: (+41)14 87 43 80, Fax: (+41) 14 87 43 83<br>eMail: info@carefair.ch, Internet: www.carefair.ch |
| **20.–25.06.03**<br>Rio de Janeiro<br>(Brasilien) | **8. Weltkongress Pflegeinformatik:**<br>**NI2003 – 8th International Congress in Nursing Informatics**<br>**Kontakt:** Rua Napoleão de Barros, 754. São Paulo, SP 04024-002<br>Tel.: (+ 55) 11 96 29-02 17<br>eMail: heimar@ni2003.com, Internet: www.ni2003.com |
| **25.–27.06.03**<br>Berlin | **Der Hauptstadtkongress Medizin und Gesundheit**<br>**Kontakt:** Palisadenstraße 48, 10243 Berlin<br>Tel.: (0 30) 42 02 81-84, Fax: (0 30) 42 02 81-90<br>eMail: info@hauptstadtkongress.de, Internet: www.hauptstadtkongress.de |
| **14.–18.07.03**<br>Ockenheim | **3. Deutsche Sommerschule für Pflegeinformatik**<br>**Kontakt:** Manuela Raiß, Altenpflegerin<br>Mainzer Str. 52A, 55218 Ingelheim<br>eMail: mraiss@web.de |
| **02.–04.09.03**<br>Genf (Schweiz) | **11. Konferenz der Europäischen Arbeitsgruppe für Pflegeforschung**<br>**Kontakt:** SBK/ASI<br>Choisystrasse 1, Postfach 8124, CH-3001 Bern<br>Tel.: (+31) 3 88 36 36, Fax: (+31) 3 88 36 35<br>eMail: kongress.sbk@bluewin.ch |
| **13.–16.09.03**<br>Porto (Portugal) | **AJUTEC – Internationale Ausstellung Hilfen und neue Technologien für Behinderte**<br>**Kontakt:** EXPONOR – Feira Internacional do Porto,· 4450 Leca da Palmeira<br>Tel.: (+351) 22-9 98 14 00, Fax: (+351) 22-9 95 74 99<br>eMail: info@exponor.pt, Internet: www.exponor.pt |

**23.–25.09.03**
Leipzig

**Pflegemesse Leipzig 2003**
**Kontakt:** Leipziger Messe GmbH
Messe-Allee 1, 04356 Leipzig, Postfach 100 720, 04007 Leipzig
Projektleiter: Ronald Beyer
Tel.: (03 41) 6 78-82 61, Fax: (03 41) 6 78-82 62
eMail: r.beyer@leipziger-messe.de, Internet: www.pflegemesse.de

**15.–18.10.03**
Düsseldorf

**REHA CARE International – Internationale Fachmesse für Menschen mit Behinderung und Pflegebedarf**
**Kontakt:** Messe Düsseldorf GmbH
Messeplatz 1, 40474 Düsseldorf
Tel.: (02 11) 45 60-9 00, Fax: (02 11) 45 60-6 68
eMail: info@messe-duesseldorf.de, Internet: www.reha-care.de

**16.–18.10.03**
Freiburg

**saniMEDICAL – Fachmesse für Medizintechnik und Rehabilitation**
**Kontakt:** Messe Freiburg GmbH & Co. KG
Hermann-Mitsch-Straße 3, 79108 Freiburg
Tel.: (07 61) 70 37-1 05, Fax: (07 61) 70 98 85
eMail: info@sanimedical.de, Internet: www.messe-freiburg.de

**22.–23.10.03**
Nürnberg

**ConSozial – 5. Fachmesse und Congress für den Sozialmarkt in Deutschland**
**Kontakt:** Besucherbüro ConSozial 2003
Postfach 11 61, 90588 Schwarzenbruck
Tel.: (0 91 28) 50 26 01, Fax: (0 91 28) 50 26 02
eMail: info@consozial.de, Internet: www.consozial.de

**19.–22.11.03**
Düsseldorf

**MEDICA 2003**
**Weltforum für Arztpraxis und Krankenhaus – Internationale Fachmesse mit Kongress**
**Kontakt:** MEDICA Internet Services/New Media
c/o Messe Düsseldorf GmbH
Postfach 10 10 06, 40001 Düsseldorf
Tel.: (02 11) 45 60-5 29, Fax: (02 11) 45 60-8 75 29
eMail: info@medica.de, Internet: www.medica.de

## 7.2 Pflegestudiengänge in Deutschland*

Die folgenden Fachhochschulen, Hochschulen und Universitäten bieten Pflege-, Gesundheitswissenschafts-, Weiterbildungs-, Onlinestudiengänge, Studienschwerpunkte und Weiterbildung an. Dabei steht „V" für Vollstudium und „B" für berufsbegleitendes Studium.

| Studienort | Hochschule | Adresse | Studiengang | Art |
|---|---|---|---|---|
| Berlin | Alice-Salomon-Fachhochschule Berlin | Alice-Salomon-Platz 5<br>12627 Berlin<br>Tel.: (0 30) 9 92 45-0, Fax: -2 45<br>eMail: asfh@asfh-berlin.de<br>Internet: www.asfh-berlin.de | Pflege/Pflegemanagement | V |
| Berlin | Evangelische Fachhochschule Berlin | Teltower Damm 118–122<br>14167 Berlin<br>Tel.: (0 30) 8 45 82-0, Fax: -4 50<br>eMail: info@evfh-berlin.de<br>Internet: www.evfh-berlin.de | Pflege/Pflegemanagement | V |
| Berlin | Humboldt-Universität zu Berlin | Unter den Linden 6<br>10099 Berlin<br>Tel.: (0 30) 20 93-0, Fax: -27 70<br>eMail: studienberatung@uv.hu-berlin.de<br>Internet: www.rz.hu-berlin.de | Medizin-/Pflegepädagogik<br>Nursing Science | V<br>B |
| Bielefeld | Fachhochschule Bielefeld | Fachbereich Pflege und Gesundheit<br>Am Stadtholz 24<br>33609 Bielefeld<br>Tel.: (05 21) 1 06-74 34, Fax: -71 78<br>eMail: pflege-und-gesundheit@ fh-bielefeld.de<br>Internet: www.fh-bielefeld.de | Pflegepädagogik | V/B |
| Bochum | Evangelische Fachhochschule Rheinland-Westfalen-Lippe | Immanuel-Kant-Straße 18–20<br>44803 Bochum<br>Tel.: (02 34) 3 69 01-0, Fax: -1 00<br>eMail: efh@efh-bochum.de<br>Internet: www.efh-bochum.de | Pflege | V |
| Bremen | Hochschule Bremen | Neustadtswall 30<br>28199 Bremen<br>Tel.: (04 21) 59 05-27 51,<br>Fax: -27 53<br>eMail: fbsozial@fbsw.hs-bremen.de<br>Internet: www.hs-bremen.de | Internationaler Studiengang für Pflegeleitung (ISP) | V |
| Bremen | Universität Bremen | Bibliothekstraße 1<br>28359 Bremen<br>Tel.: (04 21) 2 18-95 95, Fax: -47 68<br>eMail: studber@uni-bremen.de<br>Internet: www.uni-bremen.de | Lehramt Pflegewissenschaft | V |

| Studienort | Hochschule | Adresse | Studiengang | Art |
|---|---|---|---|---|
| Darmstadt | Evangelische Fachhochschule Darmstadt | Zweifalltorweg 12<br>64293 Darmstadt<br>Tel.: (0 61 51) 87 98-0, Fax: -58<br>eMail: efhd@efh-darmstadt.de<br>Internet: www.efh-darmstadt.de | Pflegewissenschaft | V |
| Düsseldorf-Kaiserswerth | Kaiserswerther Diakonie mit Ev. Fachhochschule Ludwigshafen | Alte Landstraße 179<br>40489 Düsseldorf<br>Tel.: (02 11) 4 09-0, Fax: -21 11<br>Internet: www.kaiserswerther-diakonie.de | Pflegepädagogik | B |
| Esslingen | Fachhochschule Esslingen | Flandernstraße 101<br>73732 Esslingen<br>Tel.: (07 11) 3 97-49, Fax: -45 95<br>eMail: zulamt@vw.hfs-esslingen.de<br>Internet: www.hfs-esslingen.de | Pflege/Pflegemanagement<br>Pflegepädagogik | V<br>V |
| Frankfurt/ Main | Fachhochschule Frankfurt am Main | Nibelungenplatz 1<br>60318 Frankfurt am Main<br>Tel.: (0 69) 15 33-0, Fax: -24 00<br>eMail: post@fh-frankfurt.de<br>Internet: www.fh-frankfurt.de | Pflege<br>Pflegemanagement | V<br>V |
| Freiburg | Katholische Fachhochschule Freiburg | Karlstraße 63<br>79104 Freiburg<br>Tel.: (07 61) 2 00-4 88, Fax: -4 44<br>eMail: rektorat@kfh-freiburg.de<br>Internet: www.kfh-freiburg.de | Pflegemanagement<br>Pflegepädagogik | B<br>B |
| Fulda | Fachhochschule Fulda | Marquardstraße 35<br>36039 Fulda<br>Tel.: (06 61) 96 40-0, Fax: -1 99<br>eMail: marliese.v.keitz@pg.fh-fulda.de<br>Internet: www.fh-fulda.de | Pflege | V |
| Göttingen | Fachhochschule im DRK | Reinhäuser Landstraße 19–21<br>37083 Göttingen<br>Tel.: (05 51) 5 07 50-8 00, Fax: -8 01<br>eMail: kontakt@drk-fachhochschule.de<br>Internet: www.drk-fachhochschule.de | Pflegemanagement<br>Sozialmanagement | V<br>V |
| Halle | Martin-Luther-Universität Halle-Wittenberg | 06099 Halle (Saale)<br>Tel.: (03 45) 55-20, Fax: -2 70 77<br>Internet: www.uni-halle.de | Pflege- und Gesundheitswissenschaft | B |
| Hamburg | Hochschule für angewandte Wissenschaften Hamburg | Fachbereich Sozialpädagogik<br>Studiengang Pflege/Geschäftsstelle<br>Saarlandstraße 30<br>22303 Hamburg<br>Tel.: (0 40) 4 28 63-36 04,<br>Fax: -25 76<br>eMail: soffner@sp.haw-hamburg.de<br>Internet: www.haw-hamburg.de | Pflege und Gesundheit | V |

| Studienort | Hochschule | Adresse | Studiengang | Art |
|---|---|---|---|---|
| Hamburg | Fern-Fachhochschule Hamburg | Studienberatung/Sekretariat<br>Auf der Union 10<br>45141 Essen<br>Tel.: (01 80) 5 23 52 10,<br>Fax: (01 80) 5 33 96 97<br>eMail: info@fern-fh.de<br>Internet: www.fern-fh.de | Pflegemanagement | B |
| Hannover | Evangelische Fachhochschule Hannover | Blumhardtstraße 2<br>30625 Hannover<br>Tel.: (05 11) 53 01-0, Fax: -1 95<br>eMail: info@efh-hannover.de<br>Internet: www.efh-hannover.de | Pflegemanagement<br>Pflegepädagogik | B<br>B |
| Jena | Fachhochschule Jena | Fachbereich Sozialwesen<br>Carl-Zeiss-Promenade 2<br>07745 Jena<br>Tel.: (0 36 41) 2 05-8 50, Fax: -8 51<br>eMail: pflege@fh-jena.de<br>Internet: www.fh-jena.de | Fernstudiengang Pflege | B |
| Köln | Katholische Fachhochschule Köln | Wörthstraße 10<br>50668 Köln<br>Tel. : (02 21) 77 57-0, Fax: -1 80<br>eMail: postmaster@kfhnw-koeln.de<br>Internet: www.kfhnw-koeln.de | Pflegemanagement<br>Pflegepädagogik | B<br>B |
| Ludwigshafen | Evangelische Fachhochschule | Maxstraße 29<br>67059 Ludwigshafen<br>Tel.: (06 21) 5 91 13-0, Fax: -59<br>Internet: www.efhlu.de | Pflegeleitung<br>Pflegepädagogik | V<br>V |
| Mainz | Katholische Fachhochschule Mainz | Saarstraße 3<br>55122 Mainz<br>Tel.: (0 61 31) 2 89 44-0, Fax: -50<br>eMail: info@kfh-mainz.de<br>Internet: www.kfh-mainz.de | Pflegemanagement/<br>-pädagogik | V/B |
| München | Katholische Stiftungsfachhochschule München | Fachbereich Pflege<br>Preysingstraße 83<br>81667 München<br>Tel.: (0 89) 4 80-9 23 40, Fax: -19 07<br>eMail: pflegemanagement@ksfh.de<br>Internet: www.ksfh.de | Pflegemanagement | V |
| München | Technische Universität München | Arcisstraße 21<br>80333 München<br>Tel.: (0 89) 2 89-01, Fax: -2 20 00<br>eMail: pressestelle@tu-muenchen.de<br>Internet: www.tu-muenchen.de | Lehramt an beruflichen Schulen | V |

| Studienort | Hochschule | Adresse | Studiengang | Art |
|---|---|---|---|---|
| Münster | Fachhochschule Münster | Fachbereich Pflege<br>Röntgenstraße 7–9<br>48149 Münster<br>Tel.: (02 51) 8 36 58-51, Fax: -52<br>eMail: fbpflege@fh-muenster.de<br>Internet: www.fh-muenster.de | Pflegemanagement<br>Pflegepädagogik | V<br>V |
| Neubran-denburg | Fachhochschule Neubrandenburg | Brodaer Straße 2<br>17033 Neubrandenburg<br>Tel.: (03 95) 56 93-0, Fax: -1 99<br>eMail: pflege@fh-nb.de<br>Internet: www.fh-nb.de | Pflegewissenschaft/<br>Pflegemanagement | V |
| Nürnberg | Evangelische Fachhoch-schule Nürnberg | Bärenschanzstraße 4<br>90429 Nürnberg<br>Tel: (09 11) 2 72 53-6, Fax: -7 99<br>eMail: zentrale@evfh-nuernberg.de<br>Internet: www.evfh-nuernberg.de | Pflegemanagement | V |
| Osnabrück | Fachhochschule Osnabrück | Postfach 19 40<br>49009 Osnabrück<br>Tel.: (05 41) 9 69-0, Fax: -20 66<br>eMail: pressestelle@fh-osnabrueck.de<br>Internet: www.fh-osnabrueck.de | Krankenpflegemanagement<br>Pflegewissenschaft<br>Pflege- und Gesundheits-management | V<br>V<br>B |
| Osnabrück | Katholische Fachhochschule Norddeutschland | Detmarstraße 2–8<br>49074 Osnabrück<br>Tel.: (05 41) 3 58 85-0, Fax: -35<br>eMail: Sekretariat-Pflege@kath-fh-nord.de<br>Internet: www.kath-fh-nord.de | Pflegemanagement<br>Pflegepädagogik | B<br>B |
| Osnabrück | Universität Osnabrück | Neuer Graben/Schloss<br>49069 Osnabrück<br>Tel.: (05 41) 9 69-0<br>eMail: pressestelle@uni-osnabrueck.de<br>Internet: www.uni-osnabrueck.de | Lehramt an berufsbildenden Schulen Fachrichtung Pflegewissenschaften | V |
| Witten | Universität Witten/Herdecke | Institut für Pflegewissenschaft<br>Stockumer Straße 12<br>58453 Witten<br>Tel.: (0 23 02) 6 69-3 58, Fax: -3 18<br>eMail: pflegewis@uni-wh.de<br>Internet: www.uni-wh.de | Pflegewissenschaft | V |
| Wolfsburg | Fachhochschule Braun-schweig/Wolfenbüttel | Fachbereich Gesundheitswesen<br>Wielandstraße 1–5<br>38440 Wolfsburg<br>Tel.: (0 53 61) 83-13 01, Fax: -13 02<br>Internet: www.fh-wolfenbuettel.de | Management im Gesundheitswesen | V |

| Studienort | Hochschule | Adresse | Studiengang | Art |
|---|---|---|---|---|
| Würzburg | Fachhochschule Würzburg-Schweinfurt | Fachbereich Sozialwesen und Pflegemanagement<br>Mariannhillstraße 1c<br>97074 Würzburg<br>Tel.: (09 31) 35 11-4 20<br>eMail: pflegeman@mail.fh-wuerzburg.de<br>Internet: www.fh-wuerzburg.de | Pflegemanagement | V |
| Zwickau | Westsächsische Hochschule Zwickau (FH) | Fachbereich Gesundheits- und Pflegewissenschaften i.G.<br>Dr.-Friedrichs-Ring 2a,<br>08056 Zwickau<br>Tel.: (03 75) 5 36 32-59, Fax: -60<br>eMail: FB.GP@ fh-zwickau.de<br>Internet: www.fh-zwickau.de | Pflegemanagement | V |

* Quelle: www.pflegestudium.de – letzte Änderung 15. August 2002

## 7.3 Autoren und Herausgeber

**Ulrike Ackermann**
war zunächst als examinierte Krankenschwester tätig, ehe sie das Studium „Pflegemanagement" an der Katholischen Fachhochschule Köln aufnahm. Zurzeit ist sie als Dipl. Pflegemanagerin (FH) beim TÜV Rheinland/Berlin-Brandenburg als TÜV CERT Leit-Auditorin beschäftigt und für Zertifizierungen im Gesundheitswesen zuständig.

**Ingrid Backhaus**
ist Diplom-Sozialarbeiterin und gründete 1995 den ambulanten psychiatrischen Pflegedienst ALPHA gGmbH, ein Tochterunternehmen des Sozialwerks St. Georg e.V. Seit Gründung des Unternehmens ist sie dort als Geschäftsführerin tätig.

**Birgit Bank**
studierte an der Sektion Wirtschaftswissenschaften, Fachrichtung Ergonomie/Arbeitswissenschaften, der Universität Leipzig und war dort viele Jahre im Bereich der Organisations- und Prozessanalyse sowie Personalbedarfsrechnung beschäftigt, davon mehr als zehn Jahre am Klinikum der Universität. Zurzeit ist sie bundesweit als Organisationsberaterin für Krankenhäuser zu den Gebieten Tätigkeits- und Organisationsanalyse sowie Personalberechnung tätig.

**Peter Bechtel**
ist Leiter des Pflegedienstes am Herz-Zentrum Bad Krozingen und an der Theresienklinik Bad Krozingen. Außerdem ist er Vorstandsmitglied der Bundesarbeitsgemeinschaft Leitender Krankenpflegepersonen (BALK) und in verschiedenen wissenschaftlichen Beiräten tätig. Er verfügt über jahrelange Erfahrung in unterschiedlichen Führungspositionen des Pflegedienstes mit dem Schwerpunkt Personalentwicklung.

**Jörg Blaesius**
ist Dipl. Ing. (FH) Gesundheitswesen, QM-Auditor der DGQ und KTQ®-Krankenhausberater. Er baute 1996 bis 2000 das bundesweite Projekt „QM plus Arbeitsschutz in Betrieben des Gesundheits- und Sozialwesens" der Berufsgenossenschaft Gesundheitsdienst und Wohlfahrtspflege, Hamburg, auf. Seit 2000 ist er Fachberater der contec GmbH in Bochum mit dem Schwerpunkt QM im Gesundheits- und Sozialwesen. Er führte verschiedene QM-Projekte in Krankenhäusern durch, unter anderem an den Kliniken Erlabrunn gGmbH während der KTQ®-Pilotphase sowie eine Ist-Analyse in allen Kliniken und patientennahen Bereichen des Universitätsklinikums Leipzig AöR.

**Joachim Burchgart**
ist Krankenpfleger und Diplompflegewirt (FH) und betreute als Koordinator der Pflege über mehrere Jahre die Einführung eines PDMS in der Anästhesiologischen Klinik der Universitätskliniken Freiburg. Seit März 2001 arbeitet er als Koordinator für EDV in der Pflege am Herz-Zentrum Bad Krozingen.

**Thomas Eisenreich**
hat nach seiner Ausbildung als Bankkaufmann und Sparkassenbetriebswirt sowohl im Privat- als zuletzt auch im Firmenkundengeschäft bei der Stadtsparkasse Köln gearbeitet. Als kaufmännischer Leiter der Johanniter-Unfall-Hilfe Regionalverband Köln sammelte er Erfahrungen im Sozialmarkt und wechselte 1997 als Leiter des Beratungs- und Seminarbereichs in die contec GmbH, Management- und Unternehmensberatung für die Sozialwirtschaft und das Gesundheitswesen. Seine Beratungsschwerpunkte liegen im Bereich Marketing/Vertrieb, Controlling, Prozessmanagement, Strategische Steuerung. Seit 1999 ist Thomas Eisenreich auch 1. Vorsitzender der Deutschen Gesellschaft für Controlling in der Sozialwirtschaft e.V.

**Sabine Girts**
ist Leiterin der Referats Krankenpflege und Qualitätsmanagement der Hessischen Krankenhausgesellschaft e.V., Eschborn. An ihre Ausbildung als Krankenschwester und Tätigkeit als Pflegedienstleiterin schloss sich ein Studium der Betriebswirtschaftslehre (VWA) und eine Qualifikation zur Qualitätsmanagerin im Gesundheitswesen (DGQ) an. Ihre Aufgaben umfassen die Beratung und Information von Krankenhäusern zu den Themen Aufbau- und Ablauforganisation in der Krankenpflege, Qualitätssicherung und Qualitätsmanagement, Umwelt und Energie im Krankenhaus, Krankenhaushygiene.

**Andreas Harth**
ist nach 2-jähriger Weiterbildung zur Pflegedienstleitung an der Krankenpflegehochschule Agnes-Karll des DbfK in Offenbach seit 1994 Pflegedienstleiter am Ev. Bathildiskrankenhaus Bad Pyrmont und in Personalunion seit 1997 Geschäftsführer der Diakonie Caritas Bad Pyrmont gGmbH. Von 1996 bis 1999 absolvierte er ein Studium zum Dipl.-Krankenhausbetriebswirt an der Akademie für Krankenhaus-Management (AKM) e.V. in Osnabrück.

**Hans Hartmann**
ist Krankenpfleger, Diplom-Theologe und Supervisor (DGSv). Seit 1990 ist er als Stellvertretender Pflegedienstleiter im Herz-Zentrum Bad Krozingen tätig. Seine Schwerpunkte liegen im Bereich der Fortbildung, Beratung und Begleitung im Pflegebereich. Seit Mitte 1990 ist er beteiligt am Totenraum-Projekt der Klinik einschließlich dessen Neukonzeption und künstlerischer Gestaltung (1997) sowie der weiteren Begleitung und Arbeit mit dessen Wirkungsgeschichte.

**Christoph Langewitz**
absolvierte eine Ausbildung zum Krankenpfleger. Im Anschluss an eine mehrmonatige Tätigkeit in einem Entwicklungshilfeprojekt in Südostasien begann er ein Studium Pflegemanagement an der Alice-Salomon-Fachhochschule in Berlin. Nach einer mehrjährigen Tätigkeit als Pflegedienstleiter, Projektleiter und Qualitätsmanagementbeauftragter für große private Pflegedienste machte er sich im Juni 2002 als Unternehmensberater mit den Schwerpunkten Beratung, Training, Marketing im Gesundheitswesen selbständig. Seit dieser Zeit ist er Competence Partner der contec GmbH.

**Roland Mangold**
ist Diplom-Kaufmann und Gründer und Leiter der frey Akademie Österreich. Weiterhin ist er tätig als Geschäftsführer des European Institute for Human Development (Wien) und Vorstand von Projektmanagement Austria. Er ist Projektpartner von renommierten Sozial- und Gesundheitsorganisationen und Regierungen in Deutschland, Österreich und der Schweiz. Weiterhin ist er als Experte im Aufbau von Lern- und Entwicklungsprozessen in Organisationen tätig.

**Thomas Messner**
studiert seit 2002 Public Health an der Universität Bielefeld und ist seit 2000 Mitglied der Forschungsgruppe Metrik, wo er unter anderem Bewohner-/Angehörigen- und Mitarbeiterbefragungen für Senioreneinrichtungen entwickelte und optimierte. Nach einer Ausbildung als Rettungsassistent (1993/94) folgte ein Studium der Psychologie an der Universität Koblenz-Landau (1994–2000). Er absolvierte Weiterbildungen in klientenzentrierter Gesprächsführung, Notfallpsychologie und Traumamanagement, Aufbau eines Kriseninterventionsdienstes.

**Ilona Michels**
ist Fachkrankenschwester für Intensiv und Anästhesie und Lehrerin für Pflegeberufe. Sie studiert im Fachbereich Gesundheitsökonomie und ist als freie Beraterin im Gesundheitswesen tätig.

**Jürgen Müller**
ist Volljurist und war vor seinem Eintritt in die Versicherungskammer Bayern als Rechtsanwalt tätig. Ab 1990 war er zunächst als Referent der Schadenabteilung der Versicherungskammer zuständig für die Bearbeitung von Schadensfällen, hauptsächlich aus dem Bereich Arzt- und Krankenhaushaftpflicht. Seit April 1999 betreut er schwerpunktmäßig die bei der Versicherungskammer Bayern versicherten Krankenhäuser in Risk Management- und Haftpflichtversicherungsangelegenheiten. Seit dem Jahr 2001 nimmt er zusätzlich die Aufgaben des stellvertretenden Abteilungsleiters der Abteilung „Heilwesen Schadenabteilung Risk Management" wahr. Die von der Versicherungskammer Bayern und der MediRisk Bayern Risk Management GmbH entwickelten Risiko-Meidungs-Strategien im Rahmen der Risk Management-Nachsorge hat er durch seine langjährige Erfahrung wesentlich mitgeprägt.

**Sabine Parlow**
arbeitet als Abteilungsleiterin einer kardiologischen Station mit 52 Betten im Herz-Zentrum Bad Krozingen. Bei insgesamt 20 Berufsjahren verfügt sie über 10 Jahre Erfahrung im „Leiten und Führen".

**Christoph Reichel**
ist Theologe und Pädagoge sowie EFQM-Assessor und Mitarbeiter der frey Akademie Dornbirn und Wien. Als selbstständiger Coach und Begleiter von Führungskräften im Sozial- und Gesundheitsbereich hat er langjährige Erfahrung im Bereich Erwachsenenbildung/Coaching von Führungskräften.

**Ronald Richter**
ist Rechtsanwalt, Fachanwalt für Steuerrecht, Mitinhaber und Partner der Rechtsanwalts- und Wirtschaftsprüfersozietät Roggelin, Witt, Wülfing, Dieckert in Hamburg. Er ist seit Jahren auf dem Gebiet des Heim- und Pflegerechts tätig und durch zahlreiche einschlägige Publikationen bekannt. Weiterhin ist er als Lehrbeauftragter an der Fernfachhochschule Hamburg, Fachhochschule Düsseldorf, für die Deutsche Anwalt Akademie und das Vincentz Forum tätig.

**Claudia Schwill**
war nach ihrem Examen als Krankenschwester in der Intensivpflege und Anästhesie sowie in der Fort- und Weiterbildung tätig. Im Jahr 2000 beendete sie ihr Studium als Dipl. Pflegewirtin (FH) und arbeitete danach als Auditleiterin im Bereich Zertifizierung für das Gesundheitswesen beim TÜV Rheinland Berlin Brandenburg. Seit 2002 ist sie Organisationsberaterin im Team der contec GmbH – Unternehmensberatung für das Gesundheitswesen und die Sozialwirtschaft. Sie berät und begleitet Einrichtungen im Gesundheitswesen bei der Einführung von Qualitätsmanagement(-systemen) und im Bereich Arbeitslogistik. Ihr Schwerpunktthema ist die Entwicklung von Clinical Pathways.

**Markus Stein**
ist Krankenpfleger und Diplom-Dokumentar (FH). Er arbeitet in der Verwaltungsdirektion am Klinikum Ludwigshafen und ist Vorsitzender des Deutschen Verbandes Medizinischer Dokumentare e.V.

**Carmen Steinmetz-Ehrt**
ist ausgebildete Krankenschwester und Pädagogin sowie Qualitäts-Auditorin und EFQM-Assessorin im Gesundheitswesen. Sie ist Leiterin des Kinaesthetics Institut Deutschland und als Projektleiterin an der frey Akademie Österreich in Deutschland tätig. Sie gilt als Expertin auf dem Gebiet der Gesundheitsentwicklung von älteren Menschen und hat umfassende Erfahrung im Aufbau von Qualitätsprozessen in Sozial- und Gesundheitsorganisationen.

**Monika Stumpf**
ist Geschäftsführerin von STUMPF + PARTNER Management Consulting in Innsbruck, Mastertrainerin von INSIGHTS Management Development Instruments (Deutschland, Österreich, Schweiz, Italien) sowie Lehrbeauftragte der Universitäten Innsbruck und St. Gallen in den Bereichen Strategisches Management und Organisations- und Personalentwicklung. Sie verfügt über eine langjährige Projekterfahrung im Krankenhausmanagement und als Dozentin in diversen internationalen Ausbildungskursen im Gesundheitswesen.

**Walter Teichmann**
lehrt an der Fachhochschule Flensburg das Fach Krankenhaus-Management. Nach einer fast 20-jährigen Tätigkeit in der Krankenhauspraxis und in der Beratung im Krankenhauswesen wechselte er 1999 an die Fachhochschule Flensburg. Neben seiner Lehrtätigkeit engagiert er sich auch für die praxisbezogene Weiterbildung insbesondere von Ärzten und Pflegekräften aus Krankenhäusern.

**Winfried Zinn**
ist Diplompsychologe und absolvierte eine einjährige Krankenpflegeausbildung mit verschiedenen Therapieausbildungen. 1995 war er stellvertretender Leiter des Fortbildungszentrums der Pfalzklinik Landeck (Klingenmünster), bevor er 1996 bei der Unternehmensberatung ACG im Bereich Krankenhaus u.a. verschiedene Projekte zu den Themen Kundenzufriedenheit und Mitarbeiterschulungen durchführte. Danach folgte ein einjähriger Lehrauftrag an der Katholischen Fachhochschule in Mainz, bevor er 1997 die Forschungsgruppe Metrik gründete (Schwerpunkte: Patientenbefragungen in Krankenhäusern, Begleitung verschiedener wissenschaftlicher Studien, Mitarbeiterbefragungen).

## 7.4 Glossar

**Ambulante Fachpflege** — Zur ambulanten Fachpflege zählen Leistungen im Rahmen der häuslichen Krankenpflege, die sich auf ein Krankheitsbild oder einen speziellen Personenkreis spezialisieren. Zu ambulanten fachpflegerischen Leistungen zählen z.B. die häusliche Kinderkrankenpflege, die ambulante psychiatrische Pflege und die ambulante Finalpflege.

**Ambulante Behandlungspflege** — Die ambulante Behandlungspflege ist eine ärztlich angeordnete Leistung und wird von Pflegefachkräften erbracht. Finanziert wird diese nach § 37 Abs. 2 SGB V über Einzelbeantragung durch die gesetzliche Krankenversicherung.

**Ambulantisierung** — Ambulantisierung beinhaltet den Ausbau komplementärer und ambulanter Dienste in allen Bereichen des Gesundheits- und Sozialwesens. Die Durchführung ambulanter Leistungen soll Priorität vor stationären Hilfen haben. Ein Ziel der Ambulantisierung ist der Verbleib des Betroffenen in seinen gewohnten Lebensfeld.

**Assessment** — (urspr.: Erhebung) Mit dem Begriff bezeichnet man die systematische Vorgehensweise einer Überprüfung, einschließlich der Sammlung und der nachfolgenden Analyse und Interpretation der gewonnenen Daten, z.B. im Rahmen einer Ist-Analyse. Prüft sich ein Krankenhaus im Hinblick auf Qualität anhand vorgegebener Daten selbst, ist die Rede von „Self-Assessment". (Bundesministerium für Gesundheit 1998)

**Behandlungspfade/ -leitlinien** — Behandlungspfade bzw. Behandlungsleitlinien führen die Leistungen aller Berufsgruppen und aller Leistungsstellen auf, die bei einem „typischen" Fall zu erbringen sind. Sie sind idealerweise als multidisziplinäre Behandlungspfade konzipiert und enthalten standardisierte Pflegepläne als integralen Bestandteil.

**Bezugspflege** — Bei der Bezugspflege wird die Zuordnung kranker, behinderter oder pflegebedürftiger Menschen zu eindeutig benannten Pflegefachkräften vorgenommen. Die Pflegefachkraft erhält einen Aufgaben- und Verantwortungsbereich und ist in diesem Rahmen zuständiger Ansprechpartner und Case-Manager für die benannten Bezugspatienten.

**Clinical Pathways/ Klinische Pfade** — Instrument des Qualitätsmanagements, mit dem die Patientenbehandlung indikationsbezogen festgelegt werden kann. Weitere Merkmale sind: Interdisziplinarität, Ergebnisorientierung, Zeitplan.

**Controlling** — Controlling dient der zielorientierten Koordination von Planung, Informationsversorgung, Steuerung und Kontrolle. Controlling umfasst ein soziales und technisches Planungs-, Informations- und Überwachungssystem. Die Controllingmitarbeiter liefern Führungskräften der gesamten Organisation Daten, bereiten Entscheidungen vor, erstellen Analysen und entwickeln Szenarien. Dezentrale Teilpläne werden im Controlling koordiniert, Planabweichungen erhoben und analysiert. Die Verantwortung für die Unternehmensführung verbleibt beim Management.

**Controllingsoftware** — Eine Controllingsoftware stellt die technische Umsetzung des Controllinggedankens dar. Steuerungsrelevante Daten werden aus unterschiedlichen Vorsystemen importiert und in ein →Data-Warehouse eingelesen. Die Controllingsoftware bietet zur Bearbeitung dieser Daten unterschiedlichste Werkzeuge an, welche die Planung, Analyse, Darstellung und Ausgabe der Informationen unterstützen.

**Data Warehouse** — Ein Data Warehouse ist ein DV-System, in das Daten aus operativen Vorsystemen gefiltert, verdichtet und standardisiert eingelesen werden. Zielsetzung ist eine solide

Datenbasis, um die Entscheidungsfindung aller Mitarbeiter und Führungskräfte zu unterstützen. Rohdaten aus operativen Vorsystemen werden im Data Warehouse in entscheidungsrelevante Informationen überführt und dort permanent gepflegt und aktualisiert.

**Dementia Care Mapping (DCM)** Das DCM-Verfahren (Dementia Care Mapping), entwickelt von einer Arbeitsgruppe um Professor Tom Kitwood an der Universität Bradford (GB), stellt ein Beobachtungsverfahren dar, um das relative Wohlbefinden von Menschen mit Demenz detailliert festzuhalten und um Rückschlüsse auf die personelle Qualität der Pflege zu ziehen. Verhaltens- und Wohlbefindlichkeitsprofile, degenerative Verläufe, positive Ereignisse und personelle Entmächtigungen gleichen einem Fingerabdruck der Pflegeumgebung. Auf dem Hintergrund dieser Messungen können konkrete Anhaltspunkte gefunden werden, um die Praxis zu verändern, indem quantifizierbare Entwicklungsziele vom Team erarbeitet und beschlossen werden. Diese lassen sich bei der nächsten Messung überprüfen.

**DIN EN ISO 9001:2000** DIN EN ISO 9001:2000 ist eine weltweit gültige Norm zur Einführung und Umsetzung eines →Qualitätsmanagementsystems.

**DRG-System** Die zukünftige Krankenhausvergütung in Deutschland basiert auf einem DRG-(Diagnosis Related Groups)System. Dabei sind zu unterscheiden das Patientenklassifikationssystem, welches die Definition der Fallgruppen/DRGs und das Verfahren der Eingruppierung von Patienten in diese DRGs liefert, und das Vergütungssystem, welches den Preis einer DRG und andere Vergütungsbestandteile festlegt.

**EFQM** EFQM steht als Abkürzung für European Foundation for Quality Management. Die EFQM hat ein Managementmodell entwickelt, das Gesichtspunkte liefert, mit denen Betriebe eine umfassende Standortbestimmung durchführen können.

**EFQM-Branchenversion** Die Allgemeinheit des EFQM-Modells kann bei der Anwendung in bestimmten Branchen oder sachlichen Zusammenhängen zu Problemen führen. Wissenschaftler und Fachexperten haben daher branchenspezifische Konkretisierungen von EFQM vorgenommen, die so genannten „EFQM-Branchenversionen". Die im Pflegebereich international etablierte EFQM-Branchenversion ist QAP® – Qualität als Prozess.

**KMPG-Kalkulationsmodell** Gemäß der Vereinbarung zwischen DKG und GKV-Spitzenverbänden/PKV-Verband soll die Kalkulation der DRGs auf der Basis bundesdeutscher Daten auf der Grundlage eines Ist-Kostenansatzes vorgenommen werden. Um eine einheitliche und transparente Kalkulationsmethodik in den am Kalkulationsverfahren beteiligten Krankenhäusern zu garantieren, haben sich die Vertragsparteien darauf verständigt, ein verbindliches Kalkulationsschema vorzugeben. Die mit der Erstellung des Schemas beauftragte KPMG hat vor einiger Zeit die Endfassung dieses Kalkulationsschemas vorgelegt. Diese Fassung soll allerdings im Rahmen eines so genannten „Methoden-Pretests" evaluiert und für die Erstkalkulation noch entsprechend überarbeitet werden. Im Internet steht das Handbuch auf verschiedenen Webseiten in der jeweils gültigen Fassung zum Download zur Verfügung, so dass der folgende Link als ein Beispiel anzusehen ist: http://www.nkgev.de/html/dload.htm.

**Managementinformationssystem** Ein Managementinformationssystem versorgt Führungskräfte regelmäßig und zeitnah mit den für sie notwendigen Daten und Fakten. Die Datenhaltung findet in einem →Data-Warehouse statt, in dem entscheidungsrelevante Informationen abgelegt und gepflegt werden. Die Informationsversorgung erfolgt über definierte Informationsbedarfe, Volltextsuchmaschinen und Schlagwortregister. Managementinformationssysteme beziehen ihre Daten aus den untergeordneten Kunden-, Personal-, Material- und Finanzinformationssystemen.

**Marketing**
Marketing bezeichnet die aktive Gestaltung von Märkten einschließlich ihrer Erschließung und wird anhand von Hauptzielen weiter unterteilt (z.B. ökologisches M., humanes M., soziales M.). Marketing wurde früher oft im Sinne von „Absatz" verwendet.

**NANDA**
Die North American Nursing Diagnosis Association (NANDA) ist ein nationales Institut in den USA, das den Auftrag hat, Pflegediagnosen zu entwickeln, sie auf ihre Qualität hin zu prüfen und zu aktualisieren. Die Änderungen werden alle zwei Jahre auf Konferenzen diskutiert und beschlossen und anschließend veröffentlicht.

**Patient Data Management System (PDMS)**
Ein PDMS ist ein computergestütztes Programm zur papierlosen Dokumentation und Verwaltung von Patientendaten („elektronische Patientenakte").

**Patientenklassifikationssysteme**
Systeme von Patientenkategorien bzw. Behandlungsfallgruppen, denen Patienten aufgrund von Patienten- und eventuell auch Behandlungsmerkmalen zugeordnet werden, deren klinischen Probleme sich gleichen und deren Behandlungen erwartungsgemäß ähnlich viel kosten werden.

**Personalportfolio**
In einem Personalportfolio werden die Mitarbeiter nach der Höhe ihres Leistungsverhaltens und Entwicklungspotenzials bewertet; wichtige personalbezogene Schlüsse können auf diese Weise abgeleitet werden.

**Personenbezogene Hilfen**
Personenbezogene Hilfen beinhalten, dass die Bedürfnisse des Patienten im Vordergrund der Hilfeart und der Hilfeleistung stehen. Der Betroffene hat das Wahlrecht in Bezug auf die Art der Leistung und den Leistungsträger. Ist er in seiner Entscheidungsfähigkeit eingeschränkt und nicht in der Lage, seine Bedürfnisse zu äußern, erhält er Assistenz.

**Pflegediagnose**
Eine Pflegediagnose ist eine zusammenfassende Aussage über bestimmte Aspekte des pflegebezogenen Zustandes eines Menschen. Diese Aussage bezieht sich auf Informationen, die in der Interaktion eines Pflegenden mit dem zu Betreuenden erhoben werden und als Handlungsanleitung für pflegerische Maßnahmen dient.

**Pflegediagnostik**
Pflegediagnostik umfasst den Prozess von wahrnehmen, beobachten, sammeln und interpretieren von Daten. Als Produkte können →Pflegediagnosen aus diesem Prozess hervorgehen. Die Art und Weise der Ausgestaltung der Pflegediagnostik leitet sich von den pflegetheoretischen Bezügen ab.

**Pflegedokumentation**
Die Pflegedokumentation ist die schriftliche Fixierung von Aspekten, welche durch den Pflegebedarf des Patienten und durch ärztliche Anordnungen entstanden sind, auf dafür vorgesehenen Formularen.

**Pflegeleitbild**
Ein Pflegeleitbild formuliert die in der Zukunft zu erreichenden Pflegeziele. Diese Ziele sollen zugleich visionär und realistisch, d.h. erreichbar sein. Leitbilder gehen von ethischen Grundhaltungen und Normen aus und formulieren darauf aufbauend die pflegerischen Ziele.

**Pflegeprozess**
Der Pflegeprozess stellt ein grundsätzliches Handlungsprinzip in der Pflege dar. Im Zentrum steht die Interaktion mit dem Patienten. Sie zielt darauf ab, dem Patienten seine eigenen Fähigkeiten zur Problemlösung bewusst zu machen und diese für die Förderung seiner Gesundheit zu nutzen. Aufgrund ihrer fachlichen – insbesondere ihrer kommunikativen – Kompetenz unterstützen die Pflegenden den Patienten in

der Gestaltung des gesamten Prozesses beratend, teilweise oder vollständig kompensatorisch. Der Pflegeprozess umfasst folgende Schritte: Assessment, Ziele, Durchführung und Evaluation.

**Pflegevisite**

Pflegevisite bedeutet die kritische Überprüfung des Status quo des Pflegeprozesses eines Patienten mittels Krankenbeobachtung und die Überprüfung von Standardvorgaben durch Pflegende. Die Pflegevisite ist das zentrale Instrument der Pflege zur Sicherung der fortlaufenden Anpassung des Pflegeplans an neue Informationen über den Pflegebedarf. Wegen ihrer herausragenden Stellung als Motor des Pflegeprozesses ist eine redundante und sich ergänzende Planung von Pflegevisiten unterschiedlichen Grades empfehlenswert.

**Qualitätsaudit**

Qualitätsaudits werden oft auch Verfahrensaudits, Systemaudits, Produktaudits oder Dienstleistungsaudits genannt. Von Verfahrensaudit, Produktaudit oder Dienstleistungsaudit wird gesprochen, wenn die Wirksamkeit von Qualitätsmanagementelementen anhand von Verfahren, Produkten oder Dienstleistungen untersucht wird. Von Systemaudit spricht man, wenn die Wirksamkeit des Qualitätsmanagementsystems als Ganzes untersucht wird. Qualitätsaudits können für interne oder externe Zwecke durchgeführt werden. (Deutsche Gesellschaft für Qualität e.V. 1995)

**Qualitätsmanagement (QM)**

Unter Qualitätsmanagement versteht man die Gesamtheit aller Prozesse und Tätigkeiten, mit denen Qualitätsziele erreicht werden sollen: z.B. Optimierung der Arbeitsabläufe, optimales Leistungsangebot für den „Kunden" (Patienten), Verkürzung der Wartezeiten, Schaffung von Transparenz etc.

**Qualitätsmanagementsystem (QMS)**

Ein Qualitätsmanagementsystem ist die Aufbau- und Ablaufstruktur, mittels derer →Qualitätsmanagement organisiert wird. Ein QMS standardisiert die Kernleistungen einer Dienstleitung oder Produktion und schafft die Voraussetzungen, diese schnell an neue Kundenanforderungen anzupassen. Es gibt den Mitarbeitern Orientierung und hat zum Ziel, die Kundenzufriedenheit auf dem höchstmöglichen Niveau zu halten. Die zielgerichtet Lenkung der betrieblichen Dynamik auf den vier Managementstufen „planen, durchführen, kontrollieren, anpassen" ist das steuerungsleitende Grundmuster aller QMS.

**QAP**

QAP steht als Abkürzung für „Qualität als Prozess". QAP ist ein von der frey Akademie entwickeltes Verfahren, das a) für die Einleitung und Aufrechterhaltung von Lern- und Entwicklungsprozessen, b) für die Erfassung von zuverlässigen Qualitätsdaten und c) für die Qualitätszertifizierung genutzt wird. QAP ist in Fachkreisen auch als „EFQM-Branchenversion®" bekannt.

**QAP Leistungs- und Qualitätsbericht**

Betriebe, die den Qualitätsstand mit QAP regelmäßig selbst erfassen, führen die Ergebnisse im qualitativen Berichtswesen zusammen. Diese Berichte enthalten einen Satz von 30 bis 60 Qualitätskennzahlen, eine Analyse des Leistungs- und Qualitätsfortschritts seit dem letzten Berichtstermin und Vergleichswerte aus der Branche (Benchmarking).

**Risikomanagement**

Risikomanagement ist die Gesamtheit aller organisatorischer Maßnahmen und Regelungen zur Risikoerkennung und zum Umgang mit den Risiken unternehmerischer Betätigung.

**TÜV-CERT-Auditor/-Auditleiter**

TÜV-CERT-Auditoren und -Auditleiter sind fachlich ausgebildete und akkreditierte TÜV-Mitarbeiter, die Zertifizierungen durchführen.

**Überwachungsaudit**
Einmal jährlich wird im Rahmen eines Überwachungsaudits die zertifizierte Einrichtung (→Zertifizierung) geprüft. Dabei wird überprüft, ob das →Qualitätsmanagementsystem weiter verbessert wird. Ist dies der Fall, wird das Zertifikat bestätigt.

**Unternehmensrisiko**
Unter Unternehmensrisiko wird die Gefahr verstanden, dass Ereignisse oder Handlungen ein Krankenhaus daran hindern, seine Ziele zu erreichen bzw. seine Strategien erfolgreich umzusetzen.

**Wiederholungsaudit**
Ein Wiederholungsaudit ist fällig, wenn das Zertifikat (→Zertifizierung) abläuft, in der Regel also nach drei Jahren. Es erfolgt immer eine erneute Dokumentenprüfung sowie der Besuch der Einrichtung und die anschließende Verlängerung des Zertifikats um weitere drei Jahre.

**Zertifizierung**
Eine Zertifizierung ist die externe Beglaubigung durch eine unabhängige, nicht-staatliche Stelle, dass bestimmte Anforderungen erfüllte werden, z.B. also ein →Qualitätsmanagementsystem eingeführt und verbessert wird. Eine derartige Zulassung wird freiwillig beantragt und entspricht z.B. dem Grad einer beruflichen Befähigung.

**Zertifizierungsaudit**
Ein Zertifizierungsaudit ist ein Besuch vor Ort, je nach Einrichtung von etwa ein- bis fünftägiger Dauer. Dabei werden die in der Dokumentation beschriebenen alltäglichen Abläufe mit der Realität verglichen.

## 7.5 Stichwortverzeichnis

BLANCO

# Speisenverteilung

## Damit das Essen bestens ankommt.

Speisenverteilung ist immer eine Frage des richtigen Timings, des hygienischen Transports und des passenden Warmhaltesystems. BLANCO bietet Ihnen die gesamte Kette einer reibungslos funktionierenden, ökonomischen Speisenverteilung.

Vom High-Tech Induktions-Trolley über zahlreiche Warmhalte-Systeme und Transportwagen bis hin zum Speisenausgabewagen.

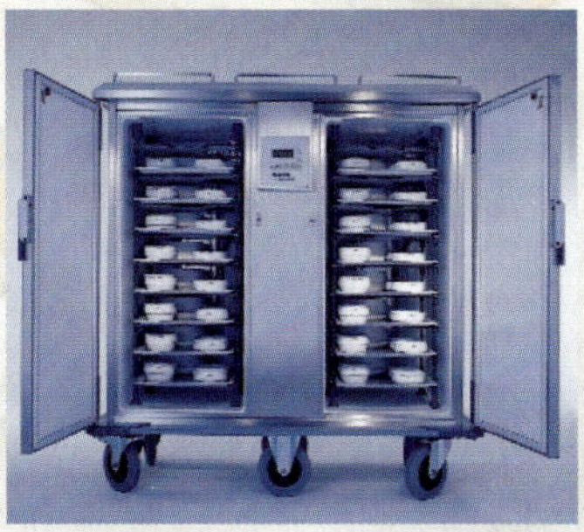

Aktive Speisenverteilung mit dem RECALDO-CLASSICO heißt Wärmezufuhr durch innovative Induktionstechnik. Das bedeutet gleichmäßiges Erwärmen just in time, aber auch Kühlhalten – ohne Qualitätsverlust.

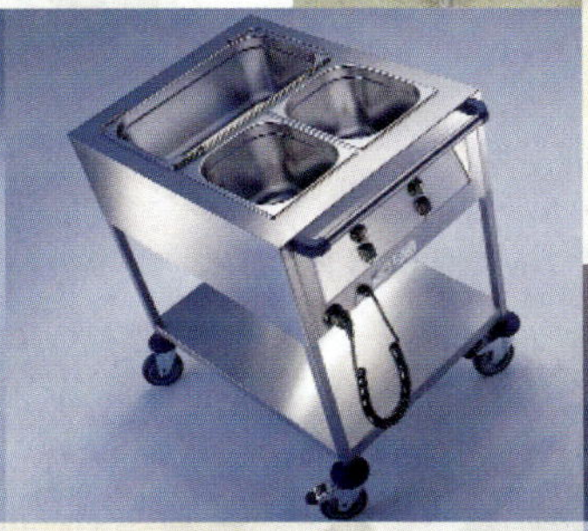

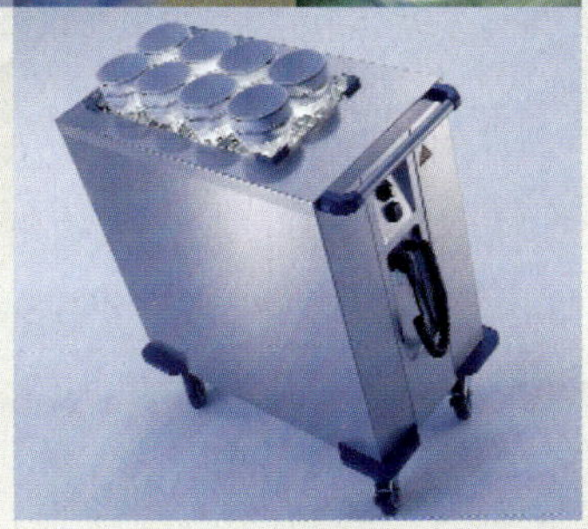

Ein Speisenverteilband beschleunigt die Verteilung schon in der Küche. Die Speisenverteilbänder von BLANCO überzeugen durch stufenlos einstellbare Laufgeschwindigkeiten, durch umfangreiches Zubehör und individuelle Ausführungen.

Die Speisenausgabewagen von BLANCO wurden mit einzigartigen Vorteilen ausgerüstet: solide konstruiert für das Verteilen am Band, den Speisentransport oder das Warmhalten an der Speisenausgabe. Es gibt sie offen oder geschlossen mit Schrankfächern – beheizt oder gekühlt.

Die BLANCO Spender bieten Ihnen ausgefeilte, praxiserprobte Lösungen für zahllose Einsatzgebiete. Im BLANCO Universalspender lassen sich die verschiedensten Porzellanteile flexibel positionieren und sicher stapeln.

BLANCO GmbH + Co KG
Gemeinschaftsverpflegung
Flehinger Straße 59
75038 Oberderdingen
Tel 07045/44-330
Fax 07045/44-245
gv@blanco.de
www.gv.blanco.de

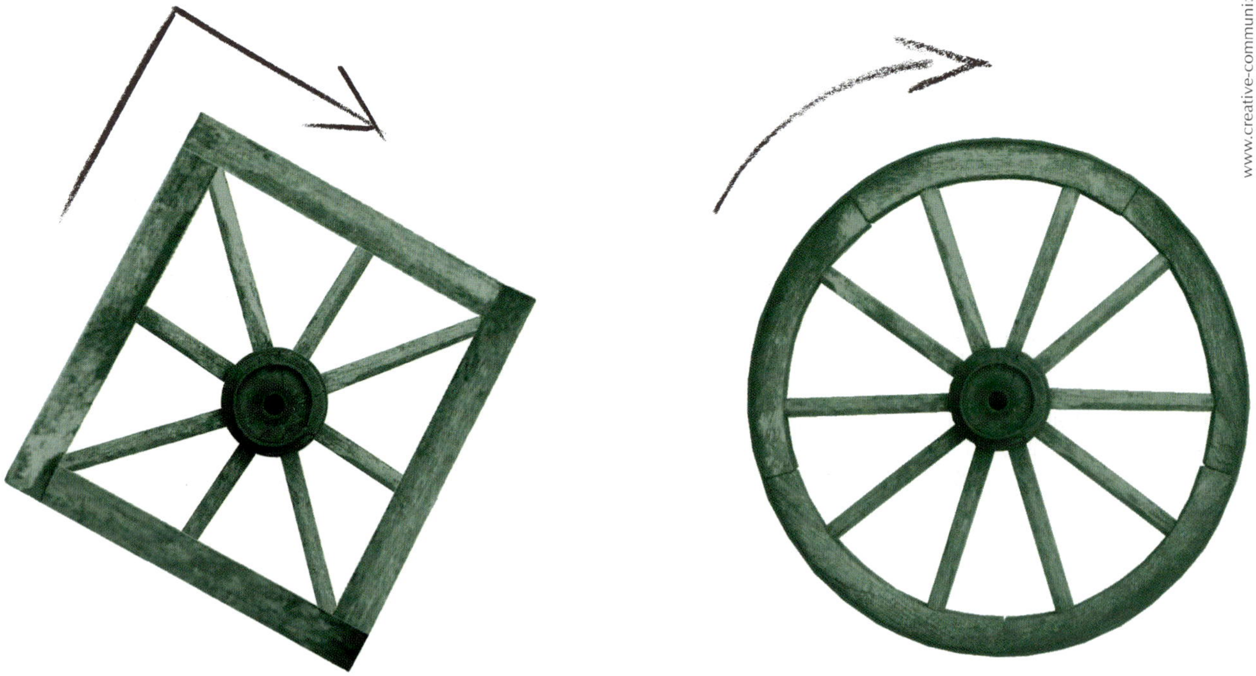

Anzeige

# Erlösoptimierung in Krankenhaus und Pflege

**Als Tochter der PVS Rhein-Ruhr verfügt die PriA über 75 Jahre Abrechnungserfahrung im Gesundheitswesen.**

Seit 1995 maximiert der Auswertungsspezialist Erträge aus ambulant erbrachten Pflegedienstleistungen."Wir schöpfen das Ertragspotential unserer Kunden voll aus. Dabei profitieren PriA Kunden natürlich auch vom enormen fachlichen und technologischen Know-how der PVS. 2 Mio. privatärztliche Abrechnungen mit einem Umsatz von 337 Mio. Euro jährlich und das bei einem Zahlungseingang von über 99%. Die Fakten sprechen wohl für sich", erläutert Klaus Asbeck, Leiter Marketing und Vertrieb. „Dazu kommt unsere Dienstleistungskompetenz." So wird zeitgemäßer Service auch bei der PriA besonders groß geschrieben. Denn in Flexibilität, Aktualität und Innovation sieht das Unternehmen die Basis für Kundenzufriedenheit und langfristigen Erfolg.
Deshalb setzt man bei der Überprüfung der Dokumentation und der Abrechnung auf fundiert geschultes Personal und die effiziente hauseigene Software.

Vom Sitz in Mülheim/Ruhr und der Niederlassung in Berlin aus betreut die PriA ihre Kunden bundesweit. Zum Standard gehören das Auswerten aller Leistungsdokumente, Plausibilitätskontrollen, die Überwachung des Zahlungsverkehrs, die Korrespondenz mit Kostenträgern, Kassen- bzw. Privatpatienten und das vorgerichtliche Mahnwesen.

Neben Pflegediensten rechnet die PriA für Krankenhäuser die gesamten Institutsleistungen und die Chefarzt-KV Ermächtigung. Zusätzliche individuelle Leistungen erbringt der Dienstleister je nach Anforderungsprofil und Kundenwunsch.

Wir rechnen Ihre gesamten, ambulant erbrachten Leistungen ab. Mit Kostenträgern, Kassen- und Privatpatienten. Kompetent und konsequent. Bis zum Inkasso.

Die PriA. Abrechnungsexperten für Krankenhäuser, CA KV Ermächtigung, Pflegeeinrichtungen.

**PriA**
Dienstleistungen im Gesundheitswesen GmbH

| | | | | |
|---|---|---|---|---|
| **PriA GmbH** | Remscheider Straße 16<br>45466 Mülheim a. d. Ruhr | Tel. 0208/4847-710<br>Fax 0208/4847-798 | www.pria.de<br>info@pria.de | Im Verbund mit der<br>Privatärztlichen VerrechnungsStelle Rhein-Ruhr. |
| **Niederlassung Berlin** | Hardenbergstraße 15<br>10623 Berlin | Tel. 030/319008-32<br>Fax 030/3121020 | www.pria.de<br>info@pria.de | Im Verbund mit der<br>Privatärztlichen VerrechnungsStelle Berlin-Brandenburg. |